레닌과 미래의 혁명

자본주의 위기 시대에 레닌과 러시아혁명을 다시 생각한다

레닌과 미래의 혁명—자본주의 위기 시대에 레닌과 러시아혁명을 다시 생각한다

초판 1쇄 인쇄 _ 2008년 12월 15일
초판 1쇄 발행 _ 2008년 12월 20일

지은이 · 박노자, 이진경, 조정환, 루이 알튀세르, 보리스 카갈리츠키, 박정수, 금민, 김남섭, 류한수
옮긴이 · 진태원, 최진석

펴낸이 · 유재건 | 주간 · 김현경
편 집 · 박순기, 박재은, 주승일, 강혜진, 임유진, 진승우, 박광수, 김혜미
마케팅 · 이경훈, 이은정, 정승연, 서현아 | 영업관리 · 노수준, 조동규, 양수연

펴낸곳 · 도서출판 그린비 | 등록번호 · 제10-425호
주소 · 서울시 마포구 동교동 201-18 달리빌딩 2층 | 전화 · 702-2717 | 팩스 · 703-0272

ISBN 978-89-7682-718-0 04340
이 도서의 국립중앙도서관 출판시 도서목록(CIP)은 e-CIP홈페이지(http://www.nl.go.kr/ecip)에서
이용하실 수 있습니다.(CIP제어번호: 2008003750)

그린비 출판사 나를 바꾸는 책, 세상을 바꾸는 책
홈페이지 · www.greenbee.co.kr | 전자우편 · editor@greenbee.co.kr

세르게이
알렉스 캘리니코스
박노자 이진경 정정훈
자본주의 위기 시대에 레닌과 러시아혁명을 다시 생각한다

레닌과 미래의 혁명

LENIN

FUTURE REVOLUTION

B
그린비

머리말을 대신하여
레닌을 불러오는 이유

불과 17년 전, 레닌은 전 세계적으로 "과거의 유령"쯤으로 보였다. 동구권이 몰락해 서구권에 편입돼 가는 과정에서는 레닌의 동상들이 무너지고 레닌의 전집들이 도서관에서 수거돼 폐지 처리되었을 뿐만 아니라 레닌에 대한 "기억"마저도 알아보지 못할 만큼 변모돼 버렸다.

68세대만 해도, 레닌의 "오류"들을 어느 정도 인정하면서도 "위대한 혁명가"로서 집권 이전의 레닌을 살리려고 했다. 소련 페레스트로이카 시기(1987~90)의 이념가들만 해도, 집권 이후의 레닌을 상당히 문제시하면서도 "노동자, 소비에트 민주주의"만큼은 죽어 가는 소련을 살릴 만한 처방으로 봤다.

하지만 소련과 동구권의 몰락으로 이와 같은 입장마저도 설 자리를 잃고 말았다. 온건한 사람들마저도 레닌을 "실패한 정치인"으로 치부하게 되었고, 공산주의 이후 동구 정권들은 거의 범죄인으로 취급하기 시작했다. 두 번 세 번 여론의 재판에서 죽은 레닌의 만신창이 시체 위에 서서 프랜시스 후쿠야마와 같은 야심만만한 미국식 자유주의 이념가들은 "역사의 종말"까지 선언했다. "역사의 종말", 자유주의적 "천년 왕국"의 승리는, 레닌의 영원한 죽음, 레닌에게의 무한한 저주를 의미했다. 1991년 당시만 해도, 그것은 적어도 유럽이나 미국에서 역사의 최종 재판에서 내려진 판결문으로 읽혀지기까지 했다. "피고 레닌에게 사형! 사형! 사형!" 물론 유럽이 그렇게 갔다고 해서 세계체제의 주변부나 준주변부가 이를 그대로 따를 리는 없었다. 준주변부의 터키나 한국, 주변부의 콜롬비아나 네팔에서 오늘날 유럽인들이 상상하기 어려운 탄압을 뚫기 위해 인신의 자유를 포기하며 감옥행을 각오하는 투사들에게 레닌은 여전히 변혁의 상징으로 남았다. 그러나 시간이 얼마 흐르지 않아 그들에게마저도 레닌의 유산은 거의 시의성을 잃은 듯했다. 1990년대 중후반의 한국을 생각해 보라. 계속 비좁아지는 일부 "운동권"의 영역 외에서 과연 레닌을 다시 불러오는 이들이 존재라도 했던가?

그러나 오늘날 "역사의 사형수 레닌"에게 곧 "사면"이 내려질 듯한 감이 팽배하다. 이유는 아주 간단하다. 레닌을 우상으로 만들어 놓아 레닌의 이름으로 폭정과 민주주의 파괴를 합리화한 스탈린주의가 약 20년 전에 비틀거리기 시작했듯이, 스탈린주의 동구권 국가들을 잠식해 버린 세계 자본주의체제도 이제 아주 심각하게 비틀거리기 시작했기 때문이다. 물론 동구권과 비교하기 어려운 "힘"을, 생산성과 소비능력 등을 보유하고 있는 세계 자본주의가 1990년대 초반의 동구권처럼 보기 좋게 한꺼번에 몰락해 버리는 것을 기대하기는 힘들다.

가난뱅이와 중산층 사이에 고통을 "분담"시켜 자본가들의 이윤을 높이고, 일시적으로 보호주의로 회귀해 국내 산업의 수익성을 복귀시키고, 전쟁이라도 크게 일으켜 "잉여생산 시설"을 파괴시키는 등 과잉생산의 위기를 정면 돌파해서라도 이번에도 자본주의가 궁극적 몰락을 면할 확률이 아주 몰락해 버릴 확률보다 더 높을지도 모른다.

그러나 야만으로 돌아가서라도 몰락을 면한다고 해서 자본주의의 "명예 복원"이 이루어지는 것은 아니다. 사실, 이번 세계적 경제 위기에서 우리가 볼 수 있는 것은, 바로 자본주의의 본질적인 그 어떤 개혁으로도 완전히 치유될 수 없는 구조적 결함들이다. 예컨대 체제의 옹호자들이 이 위기의 규모를 일부러 축소시켜 "금융 위기"라 하지만, 미국 등 여러 나라에서 2000~01년부터 되갚을 능력이 뻔히 없는 이들에게까지 주택융자 등 금융상품들을 억지로라도 강매해 위기를 자초한 본질적 이유는 무엇인가? 그렇게라도 하지 않으면 건설 등 실물 경제의 경기를 유지시킬 수 없기 때문에, 즉 소비력을 초과하는 과잉생산의 문제를 해결할 방법이 따로 없기 때문이다.

　　결국 이번 위기도 맑스 시대와 다를 것이 없는 과잉생산의 위기이다. 자본주의가 아무리 "개혁"을 많이 한다 해도 이윤율 저하와 과잉생산의 위기를 전혀 모면할 수 없다는 것이 이제 만천하에 밝혀진 것이다. 과잉생산뿐인가? 이번의 위기는 과잉생산에 국한되지 않는, 자본주의체제의 다면적이며 본질적인 위기다. 금융과 생산·소비의 위기에다가 점차적 자원 고갈의 문제, 이미 전 세계적 대재앙의 수준이 된 온난화 등 환경 문제, 그리고 2008년 친미 지향의 그루지아와 러시아 사이에서 벌어진 전쟁이 잘 보여 준 열강 사이의 무력 충돌 내지 지속적 대리전의 위험 등도 다 이번 위기의 중요한 일부분이다.

　　17년 전에 레닌을 장송하여 그의 무덤에 저주를 퍼부었던 이들은 자유주의의 "천년 왕국"을 평화와 번영의 왕국으로 알았지만, 지금 우리가 보는 자본주의의 진면목은 끝없는 전쟁과 녹아 버린 북극의 얼음, 차마 호흡할 수 없는 중국 도시들의 공기, 그리고 계속 솟아오르는 대한민국의 자살률과 바닥을 치는 출산율이다. 자본주의의 지속적 존재는 이제 지구 그 자체를 위협한다. 바로 이 대목에서 우리에게 20세기의 가장 철저한 반자본주의 혁명가, 즉 레닌을 무덤에서 불러올 필요성이 생기는 것이다. 레닌이 생각이 다 옳아서도 아니고, 레닌이 사용한 자본주의 전복 방법이 다 옳고 좋아서도 아니다. 단지 자본주의를 초월하는 본격적인 "변화"의 가능성들을 이제 심각하게 고려해야 할 필요성이 있기 때문이고, 이 고민에서 레닌이 빠질 수 없기 때문이다.

이 책의 레닌은 우상화의 대상도 비난과 타도의 대상도 아니다. 17년 전에 동구권에서 했던 것처럼 우리가 레닌을 심판할 일도 없지만, 그렇다고 "정통적 레닌주의"로 일사불란하게 돌아갈 일도 없다. 우리에게 레닌은 객관적인 고찰의 대상이기도 하지만 무엇보다도 위기 시대의 실천적인 고민의 대상이다. 레닌의 전위당 이론, 레닌이 생각했던 "제헌권력", 레닌의 정치적 사고에서의 "외부성", 레닌이 생각했던 노동자 민주주의, 그리고 레닌이 결국 실천하게 된 소련의 "비자본주의적 근대화 프로젝트"……. 우리는 이처럼 다양한 레닌의 실천적 사고로부터 우리에게 절실히 필요한 "자극"을 받으려고 하고, 자본주의 위기 시대에 우리가 다시 이용할 수 있는 유효한 부분들을 애타게 찾는 것이다. 세계 사상사에서 "정답"이란 없는 것이고, 레닌이 제시한 현실적 도전들에 대한 응답의 논리도 꼭 "정답"이었다고 우길 일이 없다.

그러나 "정답"과 "오답"을 가리기 전에, 레닌적 사고의 본질적인 급진성, 부르주아적 일상의 한계를 뛰어넘는 혁명성을 인정해야 한다. 구체적인 현실에 대한 레닌의 판단이 옳았든 글렀든, 레닌은 시종일관 결함투성이의 체제, 자본주의와 혁명적인 "각"을 늘 세웠다. 그렇기에 자본주의 속에 살면서 어쩔 수 없이 그 사고가 내면화되어 있는 우리를 깨어 있게 하기 위해서라도 도전적인 레닌, 현실에 안주하려는 이들에게 늘 불편한 레닌은 꼭 필요하다.

레닌이 제시한 답에 문제가 있더라도 레닌이 던진 질문, 즉 "자본주의를 어떻게 현실적으로 철거시킬 수 있는가, 착취와 위계질서가 없는 사회를 어떻게 만들 것인가"라는 질문은 옳았다. 이것은 우리 역시 늘 우리에게 던지는, 우리의 영원한 화두다.

2008년 12월

박노자

CONTENTS

| 일러두기 |

1 이 책의 1부에 실린 글들은 그린비 출판사에서 주최한 학술심포지엄(2008년 7월 8일 개최)의
발제문이며, 2부는 동 심포지엄의 토론문이다.

2 러시아 인명 및 지명 등 고유명사 표기는 2002년에 〈국립국어원〉에서 펴낸 '외래어 표기
법'을 따랐다.

3 전집·단행본·정기간행물의 제목은 겹낫표(『 』) 안에 두었으며, 논문·단편·시·회곡·영
화·기사 등의 제목은 낫표(「 」) 안에 두어 표시했다.

LENIN

REVOLUTION

FUTUR

레닌의 정치학에서 외부성의 문제

레닌, 반反자유주의적 민주주의 혁명의 항문

레닌의 재현전략, 그 현행화의 맥락

레닌의 정치학에서
외부성의 문제

이진경

1. 붕괴 이후의 레닌

모든 혁명은 자신의 시대와 대결하고자 한다. 그것은 자신에게 주어진 세계, 자신에게 주어진 시간을 전복하고자 한다는 점에서 '반시대적 사유'일 수밖에 없다. 그것은 '시대정신'에 충실하다고 보일 때조차도, 그것에 반하여 사유한다. 이미 지배적인 사유, 이미 지배적인 시간에 충실한 혁명이 대체 어떻게 혁명일 수 있을까?

레닌 역시 그랬다. '혁명'이 하나의 시대정신인 시대에 살았다고 할지도 모르지만, 그 역시 불가능해 보이는 혁명을 꿈꾸었다. 뿐만 아니라 한 개인의 사상에서 간신히 벗어난 혁명적 사유가 제2인터내셔널에 의해, 혹은 러시아에서라면 플레하노프에 의해 하나의 정형화된 '이념'이 되기 시작한 시대에, 그 이념의 정형성에 반하여 사유해야 했다. 이미 성립되기 시작한 '정통적' 이론에 반하여, 그 정통적 통념과 대결하여 사유해야 했다. 당의 개념이나 혁명의 개념, 전쟁과 국가에 대한 사유에서도 그는 자신의 동시대적 통념에서 벗어나며 사유해야 했다.

이런 점에서 지금 레닌에 대해 말한다는 것은 적어도 레닌에 관한 한 더 없이 적절해 보인다. 왜냐하면 지금처럼 레닌에 대해 말하는 것이 시대착오처럼 보이는 때도 없을 것이기 때문이다. 그의 이름으로 이루어졌던 혁명은 거대한 붕괴로 파산했고, 그의 이론은 모두 스탈린이라는 끔찍한 이름으로 귀착된 체제의 기원이 되었다고 믿어지는 시기에, 레닌에 대해 말한다는 것처럼 반시대적인 게 또 있을까? 역으로 혁명 자체가 낡은 것으로 간주되는 지금이야말로 혁명에 대해 사유하기에 가장 좋은 시대라고 해야 하지 않을까?

그렇지만 지금 레닌에 대해 말한다는 것이 단지 레닌이 말했던 것을 다시 불러내어 상기시키는 것일 수는 없다. 맑스도, 레닌도, 혹은 다른 누구라도 마찬가지일 것이다. 지나간 시간에 속하는 누군가를 불러내어 말한다는 것을, 그간의 모든 오해와 비난을 젖히며 원본적인 형태로 되살려내는 것으로 이해해선 안 된다. 그것은 그를 지금의 시간 속으로 불러내는 것이 아니라 내가 그의 시간 속으로 불려 가는 것이고, 그를 불러내어 새로운 반시대적 사유를 작동시키는 게 아니라 그의 시대에 대한 또 하나의 충실한 역사를 만들어 내는 것이다. 그것은 실증주의적 환상 속에서 역사를 쓰는 것이 될지는 모르지만, 지금의 삶 속에서 혁명을 사유하는 것은 되지 못할 것이다.

지금 레닌을 불러낸다는 것은 뼈아픈 실패 속으로 들어가는 것이다. 그 실패 속에서 실패를 사유하는 것이다. 그렇지만 실패를 사유한다는 것은 단지 그 실패의 원인을 찾는 것도, 그 실패의 책임자를 찾는 것도 아니다. 거꾸로 실패를 사유한다는 것은 실패로 귀착된 어떤 성공의 요인을 찾는 것이다. 그리고 바로 그 요인이 실패로 귀착되게 되는 조건을 찾는 것이다. 그리고 거기서 혁명에 대해, 혹은 혁명적 사유에 대해 다시 사유하는 것이다. 그 실패를 통해 새로운 출구를 찾는 것이다. 실패가 진정 실패인 것은 그것이 거대한 성공 끝에 온 것이기 때문이고, 성공이 진정 성공일 수 있는 것은 그런 실패를 넘어설 수 있을 때이기 때문이다.

그렇다면 어떻게 불러낼 것인가? 자주 차용되는 맑스의 어법을 빌려 말하자면, '무엇을' 불러내는가, '누구를' 불러내는가 이상으로 더 중요한 것은 '어떻게' 불러내는가 하는 것이라고 해야 한다. 이미 말했듯이 누군가를 지금 불러낸다는 것은 원래의 그가 속했던 것과는 다른 조건, 지금 여기에 펼쳐진 현재적 장 속에 불러내는 것이고, 그 장 속에서 그로 하여금 말하게 하는 것이다. 그러나 그것이 불러내는 방식으로 말하는 것인 한, 그가 말한 것을 가지고 그가 채 말하지 못한 것을 말하게 하는 것이다. 그것은 필경 현재적 장 속에서 그에게 다른 형상을 부여하는 것이다. 따라서 지금 이 자리에 레닌을 불러낸다는 것은 현재의 정세적 조건 속에서, 그가 사유했지만 명시적으로 말하지 못했던 것에 현재적인 언어를 부여하는 것이다. 혹은 그가 사유했지만 충분히 사유하지 못했던 것, 혹은 그가 사유하려고 했지만 그것과 상충되는 다른 무엇에 의해 질식되거나 변형되어 버린 것을 다시 사유의 대상으로 불러들이는 것이다.

이제 이러한 관점에서 나는 레닌의 사유에서 '외부성'의 개념을 추출하고자 할 것이다. 그가 외부성을 사유하려던 시도의 요소들을 주목하고, 그것들에 부여된 의미의 차이를 좀더 분명하게 구별하여 드러내고자 한다. 그러나 동시에 외부성을 사유하려는 시도가 레닌으로서는 쉽게 버릴 수 없었던 다른 이론적 요소들을 통해 무효화되고 있음 또한 정확하게 보아야 할 것이다. 그것은 레닌으로서는 피할 수 없던 어떤 이율배반이나 딜레마를 보는 것이다. 이를 통해 오히려 우리는 외부성과 결부된 개념들을 명시화하여 유효하게 작동하게 하기 위한 조건을 좀더 분명하게 할 수 있을 것이다. 이럼으로써 레닌적 사유가 어떻게 다른 양상으로 변환될 수 있는지, 혹은 변화되어야 하는지를 그려 보고 싶다.

2. 계급과 당

레닌은 노동자계급과 맑스주의, 노동자계급과 사회주의 간의 관계를 '외부성'에 의해 정의한다. 그에 따라 노동자계급과 당적인 조직 간 관계 또한 외부성에 의해 정의되게 된다. 요컨대 레닌은 계급과 당의 문제를 외부성을 통해 사유하고자 한다.

　　노동자계급과 사회주의 내지 맑스주의에 대해 사람들은 흔히 계급과 계급의식이란 관계로 이해한다. 맑스주의 내지 사회주의란 노동자계급의 계급의식이란 것이다. 이에 대해서는 레닌 역시 동일한 생각을 갖고 있을 것이다. 그런데 맑스주의의 통념화된 '역사 유물론'에 따르면 사회적 의식은 사회적 존재에 의해 규정되는 것이다. 따라서 노동자계급의 계급의식은 노동자계급의 존재 그 자체에 의해 규정되며, 그것에 상응한다. 그리고 이 상응 내지 조응의 관계는 이해관계의 논리에 의해 설명된다. 모든 계급이 자신의 이해관계에 따라 사유하고 행동하는데, 노동자계급의 경우 또한 이와 다르지 않다. 계급적 이해관계가 노동자계급의 계급의식을 규정한다. 이해관계를 통해 계급에 상응하는 형태로 계급의식이 규정되는 것이고, 이런 점에서 계급의식은 계급적 이해관계에, 혹은 계급 자체에 대해 내부적이라고 말할 수 있을 것이다.

　　그러나 레닌은 놀랍게도 노동자계급의 정치의식으로서 사회주의란 노동자계급에 내부적인 어떤 것으로 설정하는 견해를 '경제주의'라고 간주하며 비판한다. 그것은 노동자계급의 경제적 이해관계 안에 머무르는 것을 뜻한다. "모든 경제주의자들이 공통적으로 범하고 있는 근본적 오류란 노동자의 계급적 정치의식을 **내부로부터** …… 발전시키는 것이 가능하다고 믿는 것"[1]이다. 여기서 '내부로부터'라는 말은 직접적으로는 '경제투쟁으로부터'를 뜻한다. 경제투쟁이란 노동자계급의 경제적 이해관계를 위한 투쟁이라는 점에서, 이 '내부'란 경제적 이해관계의 내부를 뜻하는 것이다. "우리가 경제투쟁의 틀 안에 머무는 한, 절대로 노동자들의 정치의식을 (사회민주주의적 정치의식 수준으로까지) 발전시킬 수 없을 것이다."[2] 여기서 경제투쟁이란 단지 임금인상투쟁만을 뜻하는 것은 아니다. 여기서 레닌이 직접적으로 비판하고 있는 대상은 "경제투쟁 자체에 정치적 성격을 부여한다"는 마르티노프Alexander Martinov의 명제, 다시 말해 경제투쟁을 정치투쟁의 경제적 바탕으로 삼으려는 견해, 정치투쟁이란 이런 식으로 경제투쟁에 기초하여, 혹은 그것을 반드시 경유하여 발전되어야 한다는 식의 견해다.[3] 즉 경제투쟁에 안주하려는 태도만이 아니라, 정치투쟁을 노동자들의 경제적 이해관계 내부에 제한하거나 경제투쟁을 통해서만 발전시켜야 한다는 '내부성'의 논리 그 자체를 겨냥하고 있는 것이다.

그런 식으로 이해되는 정치활동은 "사회민주주의적 정치활동이 아니라 단지 노동조합주의적 정치활동"이고, 이는 "정확히 **부르주아적** 정치활동"이다.[4] 이와 대비하여 레닌은 "계급적 정치의식은 **단지 외부로부터만**, 즉 오직 경제투쟁의 **바깥으로부터만**, 그리고 노동자들과 고용주들 사이의 관계 영역 **바깥으로부터만** 노동자들에게 가져다줄 수 있는 것"이라고 단언한다.[5] 요컨대 노동자의 계급적 정치의식이란 노동자와 자본가 간 고용관계 외부를, 경제적 이해관계 외부를 사유할 때에만 가능한 것이라는 것이다.

이러한 혁명적 정치의식을 노동자들에게 가져다주기 위해 무엇을

1] 레닌, 「무엇을 할 것인가」, 『레닌저작집 1: 당창건을 위한 사회민주주의자들의 투쟁』, 김탁 옮김, 전진, 1988, 228쪽.
2] 같은 책, 228쪽.
3] 같은 책, 215쪽.
4] 같은 책, 232쪽.
5] 같은 책, 229쪽.

할 것인가? 맑스주의나 사회주의적 이론을 들고 노동자 속으로 들어가 전파하면 될 것인가? 아마도 이것이 악명 높은 '외부로부터의 도입'이라는 레닌의 말로 흔히들 표상하는 것일 게다. 그러나 그에 대해 레닌은 "노동자 속으로 들어가는 것이 답이 될 수는 없다"면서 이렇게 말한다. "노동자들에게 정치적 의식을 가져다주기 위해서 사회민주주의자들은 **모든 계급의 주민 속으로** 들어가야 한다. 그들은 그들의 단위부대들을 모든 방향으로 파견해야 한다."[6] 앞의 통념적 표상에 따르면 이는 어이없는 대답이다. 외부에서 얻은 어떤 이념을 들고 노동자들에게 들어가 전파하는 게 아니라, 모든 계급 속으로 들어가야 하고 **모든 방향으로** 파견해야 한다는 것은 기성의 정치의식을 노동자들에게 **전파**한다는 것과 거리가 멀기 때문이다. 그것은 차라리 정치의식을 **얻기** 위한 것이라고 해야 할까? 분명한 것은 노동자계급 '외부로부터의 도입'이란 무엇보다 먼저 노동자계급 '외부로 들어가는 것'을 뜻한다는 것이다. 노동자의 계급적 이해관계의 외부로부터 정치를 사유한다는 것은 노동자들이 사는 세계의 바깥, 노동자의 외부세계 속으로, 그 모든 주민, 그 모든 방향으로 들어가서 그들의 삶을 포착하고 사유하는 것임을 부인한다면 이 말을 어떻게 이해할 수 있을 것인가?

따라서 레닌은 사회민주주의자의 이상은 "노동조합 서기가 아니라 인민의 **옹호자**tribune"이어야 한다고 주장한다. 억압의 희생자가 "어느 계급, 어느 계층이 되든 불문하고 저항"할 수 있어야 한다고 주장한다.[7] 요컨대 레닌에게 혁명적 정치, 사회주의적 정치란 노동자계급의 이해관계를 반영하고 **대변하는** 활동이 아니라 그러한 계급적 이해관계를 **넘어서는** 활동이고, 그 관계의 **외부를** 이해하고 사유할 수 있을 때 가능한 것이다. 노동자의 계급적 정치란 노동자의 경제투쟁을 정치투쟁으로, "고용주와 정부에 대한 투쟁"으로 확장하는 것이 아니며, 노동자의 문제를 다른 계급의 일반적 문제로 확장하는 것이 아니다. 그것은 내부로부터 외부로 나아가는 것이고, 내부를 외부화하는 것이며, 노동자의 이해를 전체의 이해로 일반화하는 것에 지나지 않는다. 차라리 역으로 나아가야 한다. 노동자계급의 외부, 모든 계급, 모든 계층 속으로 들어가 그들이 겪는 고통에 귀 기울이고 그들의 삶을 주시하면서 그들과 더불어 저항하는 '인민의 옹호자'가 되는 것을 통해서 노동자계급의 정치를 사유해야 한다. 노동자계급의 외부를 통해 노동자계급의 문제를 사유하는 것, 계급의 내부로부터 외부로 나아가는 게 아니라 반대로 그 **외부로부터 내부로 나아가는 것**, 결국 노동자의 진정한 이해란 그 외부를 내부화하는 것임을 이해하는 것이다. 이를 다음과 같은 테제로 바꿔 말해도 좋을 것이다. **'노동자계급'에게 혁명이란 노동자계급 자신의 이해관계에 대해 외부적인 것을 통해 정의된다.**

레닌은 혁명적인 정치를, 혁명적 정치와 결합된 계급으로서 프롤레타리아트를 '외부'라는 개념을 통해 계급적 이해를 넘어선 계급으로서, 다른 계급 다른 계층의 모든 이들을 자신의 문제로 감지하고 사유하는 계급으로 정의하고 있다고 해야 한다. 그가 굳이 그런 구별을 했던 것은 아니지만, 맑스처럼 자본가에게 고용된 사람들의 집단을 의미하는 '노동자계급'과 구별하여 자본주의를 전복하려는 혁명적 계급으로서 프롤레타리아트를 정의할 수 있다면,[8] 우리는 레닌의 이러한 생각을 좀더 밀고 나아가 이렇게 말할 수 있을 것이다. "노동자계급이란 이해관계의 내부에

---

6) 레닌, 「무엇을 할 것인가」, 앞의 책, 229쪽.

7) 같은 책, 229~230쪽.

8) 이러한 프롤레타리아트의 개념은 「헤겔 법철학 비판 서설」에서 명시적으로 출현한다. 발리바르는 『자본』에서 자본가에게 고용된 존재, 자본에 포섭된 존재를 지칭하기 위해 대부분 '노동자계급'이란 개념이 사용되는 반면, 프롤레타리아트는 본원적 축적 등 자본의 외부와 관련해서만 드물게 사용된다는 점을 지적한 바 있다(발리바르, 「맑스의 계급정치 사상」, 서관모 편역, 『역사 유물론의 전화』, 민맥, 1993, 216~217쪽). 우리는 이 두 개념의 차이를 좀더 명확히 하면서 노동자 '계급'과 달리 프롤레타리아트가 차라리 '비계급'으로 정의되어야 함을 주장한 바 있다(이진경, 「계급과 비계급의 계급투쟁」, 『미-래의 맑스주의』, 그린비, 2006).

있는 계급이라면, 프롤레타리아트란 이해관계의 외부를 통해서 정의되는 '계급'이다." 즉 **프롤레타리아트는 그 외부성에 의해서 노동자계급과 구별된다.** 따라서 우리는 프롤레타리아트에 대해 다음과 같이 새로이 정의할 수 있을 것이다. "프롤레타리아트는 자신의 계급적 이해를 넘어선 계급이고, 이런 한에서 계급성을 초과한 계급, 혹은 계급이기를 중지한 계급이다." 그것은 "시민사회의 어떤 계급도 아닌 한 계급"이다.[9]

이러한 외부성의 개념은 당에 대한 레닌의 이론에서도 반복되어 나타난다. 즉 노동자계급의 투쟁이 순수하게 자연발생적인 운동에 머물러 있는 한, 그것은 노동조합주의를 벗어날 수 없다. 즉 노동자의 혁명적 의식, 사회주의적 의식은 "외부로부터 주어져야" 한다.[10] 즉 목적의식적으로 도입되어야 한다. 목적의식적으로 도입되어야 하는 것이란 점에서 이는 '자연발생적 성장'과 대립된다. 노동자계급 외부로부터 사회주의적 정치의식을 도입하는 목적의식적 활동, 그것이 그가 생각하는 정치다. '대중의 자연발생성과 사회민주주의자들의 의식성'이 「무엇을 할 것인가」 전반에 걸쳐 주된 대립선을 긋고 있는 것은 이런 이유에서다. 노동조합주의적 정치활동과 사회민주주의적 정치활동이 이에 대응하는 정치적 대립이라면, 조합이라는 노동자의 자연발생적 조직과 혁명가의 조직으로서 당이 이에 대응하는 조직적 대립이다(이 세 쌍의 대립이 각각 「무엇을 할 것인가」의 2장, 3장, 4장의 제목이다).

그런데 여기서 자연발생성과 대립되는 '의식성'이란 개념에는 두 가지 다른 의미가 종착되어 있다. 한편으로 '목적의식적으로 도입되어야 한다'고 주장할 때의 '의식성'은 그냥 두어도 내적인 논리에 의해 자연발생적으로 출현하는 것이 아니란 점에서, '외부로부터' 의식적으로 도입되어야 함을 말하려는 것이다. 이런 점에서 그것은 계급적 이해의 외부, 계급적 생존조건의 외부와 연결되어 있다. 여기서 의식성은 모든 계급 계층

속으로 들어가 '의식적으로' 찾아내고 드러내거나, 외부로부터 '도입'하려는 행위의 의식성을 지칭할 뿐이며, 어떤 의식 안에 있는 '내용'을 지칭하는 것은 아니다. 이런 의미에서 의식성은 자연발생성과 불연속적이며 근본적으로 대립된다.

다른 한편에서 '의식성'이란 각성된 의식을 뜻하며, 또한 그렇게 각성된 의식에 의해 파악된 것, 그래서 이미 어떤 이론적 형태로 만들어진 것을 뜻한다. 이런 의미에서 의식성이란 자연발생성과 연속성을 갖는다. 즉 "자연발생적 요소란 미숙한 형태의 의식성을 의미할 뿐이다."[11] 그것은 각성되기 시작한 의식이지만, 시작에 불과하기에 여전히 부르주아적 이해관계, 부르주아적 '이데올로기'에 포섭되어 있는 의식이다. 이 경우 외부에서 도입되어야 할 것으로서의 '의식성'이란 부르주아 이데올로기에서 벗어나 이론화된 의식, 완전히 각성된 의식이다. 그것은 의식된 것, 의식 안에 있는 어떤 내용을 지칭한다.

외부성이 의식성과 이런 식으로 짝 지어질 때, 그것은 유물론적 사유의 근본적인 지점에서 벗어난다. 왜냐하면 관념론이 외부세계조차 의식이나 관념 내부적인 것으로 설정하며, 우여곡절을 거친다고 해도 결국은 의식에 의해 규정되고 의식에 의해 통제 가능한 것으로 본다면, 유물론은 세계란 의식에 의해 포착될 때조차도 의식에 대해 외부적인 것이어서 의식이 하고자 하는 대로 할 수 없는 무엇이라고 보기 때문이다. 앞서 레닌이 말한 '외부'가 노동자의 계급적 이해의 외부라고 할 때, 그것은 노동자들이 자동적으로 이해할 수 있는 것의 바깥을 뜻하고, 노동자들이 자연발생적으로 갖게 되는 어떤 '의식' 바깥에 있는 것을 뜻한다. 또한 그것은

---

9) 맑스, 「헤겔 법철학 비판 서설」, 『헤겔 법철학 비판』, 홍영두 옮김, 아침, 1989, 202쪽.
10) 레닌, 「무엇을 할 것인가」, 앞의 책, 116쪽.
11) 같은 책, 193쪽.

노동자들의 **의지 바깥**에 있는 것, 그래서 노동자들의 뜻대로 할 수 없는 것을 뜻한다. 그렇기에 이를 사유하기 위해선 먼저 "모든 계급, 계급 속으로, 모든 방향으로 들어가야" 하고, 자기와 다른 계급 계층의 처지와 고통, 그들의 목소리에 끊임없이 귀 기울여야 한다. 노동자 자신의 의지대로 되는 것이 아니기에 그들의 의지를 받아들이고, 그들이 하고자 하는 바를 앞장서 하고자 하는 '전위' 내지 '옹호자'의 역할을 필요로 한다. 이런 점에서 외부성은 **'의식' 자체에 대해서도 외부적인** 어떤 것이다. 반면 의식된 어떤 내용으로서, 충분히 각성된 의식내용이 된다면, 그것은 의식에 의해 이미 포착된 것, 의식 안에 있는 것, 따라서 의식에 의해 쉽게 사유되고 쉽게 통제 가능한 어떤 것이 된다. 의식성이 '지도'의 개념과 쉽게 등치되는 것은 이런 이유 때문일 것이다.

이는 의식성과 자연발생성을 전혀 다른 방식으로 대립시켰던 로자 룩셈부르크와 대조하면 좀더 명료하게 드러난다. 로자가 말하는 자연발생성은 부르주아 이데올로기에 포섭된 노동자 대중의 일상과 무관하며, 그 일상에서 깨어나기 시작한 의식 같은 게 아니다. 그것은 "대중의 건강한 혁명적 본능과 생생한 지성의 표시"로서, 혁명적 시기에 드러나는 것이고, 일상적 시기에는 억압되거나 감추어지는 것이다.[12] 따라서 로자가 말하는 자발성은 "초보적인 형태의 의식성"이 아니라, 무의식적인 힘이라는 점에서 의식성과 대립된다. 로자가 이 힘을 표현하기 위해 '본능'이나 '감정'이라는 말을 사용하거나 의식적인 형태의 시위나 지도에 대립하여[13] 사용하는 것은 이런 이유에서다. 로자가 보기엔 이처럼 자연발생적인 힘이 의식적인 지도에, 의식적 활동에 대해 일차적인 위상을 갖고 있다. "무의식적인 것the unconscious이 의식적인 것the conscious에 선행한다"고 하는 것은 이런 의미에서일 것이다.[14] 따라서 로자에게서 자연발생성은 점차 각성하면서 의식성으로 진화하는 게 아니라, 처음부터 의식에 의해 통제되지 않는 힘, 의식에 의해 예측되거나 계산되지 않은 힘, 따라서 의식의 외부에 있는 어떤 힘을 지칭한다. 요컨대 그것은 의식의 외부인 것이다.

그러나 레닌에게 혁명적 정치란 노동자계급이나 모든 계급의 이해관계나 고통을 조사하는 연구활동 같은 게 아니다. 그것은 한편으로는 일상적으로 노동자나 대중들에게 자본주의에서 착취와 억압에 대해 알도록 폭로하고, 그런 각성이 저항이나 투쟁이 되도록 자극하며 그런 투쟁이 지속성을 갖도록 조직화하는 것이다. 다른 한편 그것은 혁명적 상황처럼 뜻하지 않게 발생하여 뜻하지 않은 방향으로 흘러가는 사태에 대하여 최대한의 통제력을 발휘하여 혁명으로, 혁명적 전복으로 나아가도록 통제하고 조직하는 활동이다. 사실 혁명적인 상황에조차 자연발생적으로 진행되는 대중의 흐름을 따라간다는 것은, 레닌이 보기에 '자연발생성에 대한 추종'에 불과하고, 따라서 로자 룩셈부르크의 대중투쟁 개념은 그로서는 받아들일 수 없는 것이었음이 분명하다.

이런 점에서 레닌의 '의식성' 개념에서 '외부성'을 뜻하는 첫번째 의미보다는 오히려 조직화된 지도력으로서 의식성을 뜻하는 두번째 의미가 일차적 위상을 갖고 있었음 또한 분명하다. 이는 상반되는 방식으로 공존하던 이론적 긴장이 의식성이 외부성을 대체하는 것으로 귀착되리라는 것을 의미한다. 이제 계급의 외부를 사유하려는 태도는 노동조합주의나 경제주의에 대한 비판으로 충분히 확보되는 것으로 간주되게 된다. 즉 전체적 관점에서 노동자계급의 문제를 보는 **당이라는 조직에 의해** 계급적 이

---

12) R. Luxemburg, "Mass Strike, Party, and Trade Unions", ed. D. Howard, *Selected Political Writings of Rosa Luxemburg*, Monthly Review Press, p.232.

13) R. Luxemburg, ibid., pp.288~289.

14) R. Luxemburg, "Organizational Problems of Russian Social Democracy", ibid., p.293.

해관계의 외부성은 충분히 담보되는 것으로 간주되게 된다. 그리고 그 조직이 사고와 결정의 통일성을 확보하기 위한 민주집중제에 의해 작동하게 되었을 때, 조직의 외부, 아니 계급의 외부는 중앙으로 귀결되는 조직의 내부가 외부에 대해 규정하고 그 내부의 의지가 외부로 확장되고 관철되는 프로세스로 변형된다. "당이 결정하면 우리는 한다"는 슬로건은 이를 아주 잘 보여 준다. 외부를 통해 사유하는 유물론적 태도가, 실질적 힘을 갖는 조직화된 관념론으로 대체되었던 거라고 해야 할까?

그렇다면 여기서 우리는 지금 불려 나온 레닌에게 다시 질문할 수도 있을 것이다. 조직화된 '의식성'이 확대되고 관철되는 것과는 달리, 외부성에 의해 사유하고 외부성을 통해 작동하는 의식적 활동, 의식적 조직이 가능할까? 혹은 의식으로 환원되지 않는 자연발생성의 개념을, 대중의 자연발생적 흐름을 포기하지 않고, 계급의 외부, 대중적 흐름의 외부성을 좀더 명료하게 사유하면서 정치를 다시 정의할 수 있을까? 그런 정치에 부합하는 또 다른 조직형태가 과연 가능할까? 우리는 이 문제를 이론적 긴장을 야기하는 요소들 가운데 어느 하나를 제거하거나 지배적 요소의 자리를 대체하는 손쉬운 해결책을 벗어나 사유해야 한다. 그것은 필경 조직운영방식에 대한 어떤 개선이 아니라, 조직 개념 자체를, 혹은 계급에 관한 사유 자체를 바꿀 것을 요구할지도 모른다.

3. 국가와 혁명

레닌에게서 외부성의 개념이 단초적으로 등장하는 또 하나의 계기는 혁명과 이행을 사유하는 지점이다. 자본주의와 공산주의는 근본적으로 다른 생산양식이고 다른 체제며, 그렇기에 다른 논리에 의해 작동한다. 혁명과 이행의 문제가 이 두 개의 전혀 다른 체제 '사이'를 사유하는 것이라면, 그것은 하나의 체제에서 그와는 전혀 다른 논리에 의해 작동하는 다른 체제로의 이행이 어떻게 가능한가를 사유하는 것이다. 따라서 이행의 문제는 논리나 체제의 외부를 사유하는 문제다. 그러나 동시에 그것은 하나의 체제에서 다른 체제로 이어지는 지대zone를 사유하는 것이기에, 종종 연속적인 표상에 의해 포획되는 문제기도 하다. 연속성과 불연속성, 내부성과 외부성이 뒤섞이는 지대인 것이다. 레닌은 이 문제를 두 개의 다른 주제를 통해 사유한다. 하나는 이행의 '수단'인 국가 개념과 관련되어 있고, 다른 하나는 이행의 '과정'인 사회주의 개념과 관련되어 있다.

먼저 국가의 문제를 보자. 맑스주의자들은 통상 혁명이란 '국가의 문제'로 요약된다거나 국가의 문제로 귀착된다고 말한다. 혁명을 위해선 그것을 저지하고 있는 부르주아 국가권력을 무력화시켜야 할 뿐 아니라, 새로운 사회를 창출하기 위해 국가권력을 이용해야 한다고 보기 때문이다. 여기서 혁명이란 국가권력을 장악해서 그것을 이용해 다른 체제로 이행해 가는 문제로 해석된다. 따라서 혁명적 정치의 첫째 과제는 무엇보다 먼저 국가권력을 장악하는 것이 된다. 그 결과 정치투쟁은 정치적 사안을 둘러싼 투쟁이 되고, 정치조직인 당은 국가권력을 '장악'하는 것을 목표로 하게 된다. 여기에 대표 내지 대의의 개념이 들어가면 정확하게 근대적인 정당의 개념과 겹쳐지게 된다. 그리고 집권을 위한 가장 일반적인 통로로 선거가 설정되게 되면, 선거의 제도적 절차와 제도적 요건을 준수하면서 대중의 표를 모으는 통상적인 정당 개념과 포개지게 된다. 근대 정치의 절차, 혹은 부르주아적 논리에 따라 국가권력에 다가가고 그것을 통해 국가권력을 장악하는 것이 혁명의 일차적 과제가 되는 것이다. 그리고 이러한 관점에서 보자면 국가권력의 장악을 지향하지 않는 활동은 '비정치적인 것'이고, 혁명을 포기하는 것으로 보이게 된다. 이러한 논리에 따라 혁명적 정치는 '운동'보다는 차라리 제도적 의미에서의 '정치'에 가까운 것이 되고, 운동은 차라리 당보다는 '시민단체'나 '운동단체', 혹은 '노동조합' 같은 것에 가까운 것이 된다.

이러한 사태가 특히 1970년대 이래 유로코뮤니즘에서 두드러지게 나타난 바 있지만, 사실 그것은 프롤레타리아 정치가 선거와 정당정치를 위해 프롤레타리아 독재라는 원칙을, 혹은 공산주의라는 목표나 지향점을 명시적으로 포기하게 되는 것이란 점에서 주목을 받았다고 해야 한다. 이는 부르주아적 정치논리에 따라 정치를 이해하는 이러한 논리 안에 이미 묵시적으로 포함되어 있었던 것이라고 해야 한다. 적어도 레닌의 관점에서 보자면 그것은 분명하다. 따라서 이러한 변화는 명시적으로 그런 지향점을 포기하기 이전으로 거슬러 올라간다고 해야 한다. 레닌이라면 그런 변화의 문턱을 넘은 것은 이미 제1차 세계대전을 전후한 시기라고 말할 것 같다. 이론적 징후는 그 전부터 있었다. 카우츠키가 "국가권력의 파괴 없이도 권력획득의 가능성을 인정"했을 때(「사회혁명」, 1902), 혹은 "프롤레타리아 독재라는 문제를 미래로 아주 안전하게 떠나보내"려는 베른슈타인의 입장을 방치하고 용인했을 때(1899)가 그것이다.[15] 1912년 판넨쾨크와의 논쟁에서 카우츠키는 사회민주주의와 무정부주의의 차이를 국가권력을 쟁취하려는 입장과 파괴하려는 입장의 대립으로 정의하면서, 판넨쾨크는 그 둘을 모두 말한다고 비판한다. 즉 "정권을 쟁취하기도 전에 그 국가권력의 폐지를 논의하고 있다"는 것이다.[16]

『국가와 혁명』에서 레닌의 주 타깃은 카우츠키로 대표되는 이러한 입장이다. 이를 위해 그는 국가권력의 쟁취와 폐지를 대비하고 양자를 가르는 변별점을 분명히 하기 위해 '폭력혁명'의 필연성을 강조한다. 여기서 폭력혁명은 폭력 그 자체를 뜻하는 것 이상으로 부르주아 국가권력과 프롤레타리아 국가권력의 불연속성을 강조하기 위한 것이다. "이전의 모든 혁명이 국가장치를 개선했던 반면, 앞으로의 혁명은 국가장치를 타도해야 한다."[17] 이러한 불연속성을 강조하기 위해 그는 엥겔스가 사용했던 '사멸'이란 개념을 받아들이면서도 그 사멸이란 개념 안에 불연속성이 있음을 반복해서 강조한다. "부르주아 국가는 '사멸' 과정을 통해서 자연스럽게 프롤레타리아 국가로 대체될 수 있는 것이 아니라, 오직 폭력혁명을 통해서만 프롤레타리아 국가로 대체된다."[18]

물론 레닌은 엥겔스가 국가권력의 '사멸'에 대해 이야기했던 이유를 잘 알고 있고, 또 그것을 존중하고자 한다. 즉 '사멸'이란 개념을 국가장치의 폐지 내지 파괴와 공존할 수 있는 형태로 재정의한다. 이는 폐지나 파괴 이후의 국가권력에 대한 것으로, 즉 부르주아 국가권력과 무관한 것으로 정의하는 것이다. "엥겔스에 의하면 부르주아 국가는 '사멸'되는 것이 아니라 혁명과정에서 프롤레타리아트에 의해 '폐지'되는 것이다. 혁명 후에 사멸하는 것은 프롤레타리아 국가, 또는 반-국가semi-state이다."[19] 사멸하는 국가는 사회주의 혁명 이후의 국가라는 것이다. 덧붙이면 레닌은 프롤레타리아트에게 필요한 국가, 즉 사회주의 혁명 이후의 국가는 반드시 '사멸해 가는 국가'여야 한다고 명시한다.[20] 이는 나중에 공산주의라는 개념과 이어지게 된다.

이러한 레닌의 주장을 분석적으로 살펴보면, 국가에 대해 세 개, 아니 네 개의 구별되는 계기가 설정되어 있음이 드러난다. 먼저 부르주아 국가에 대해서는 국가권력의 쟁취와 국가장치의 파괴라는 두 계기가 필요하다. 다음으로, 사회주의 혁명 이후 프롤레타리아 국가는 사멸하지만,

15] 레닌, 「국가와 혁명」, 김영철 편역, 『국가와 혁명』, 논장, 1988, 132~133쪽.
16] 같은 책, 138~139쪽.
17] 같은 책, 42쪽.
18] 같은 책, 34쪽.
19] 같은 책, 30쪽.
20] 같은 책, 38쪽.

그것이 부르주아 국가와 다른 것인 한, 다시 말해 부르주아 국가를 대강 바꾸어서 사용할 수 있는 게 아닌 한, 먼저 만들어져야 한다. 그러나 그것은 소수가 다수를 억압하는 사회가 아니라 그 반대의 사회이기에 특별한 억압장치가 없어도 되며 만들어지자마자 사멸하기 시작하는 국가라는 점에서[21] '반-국가'다. 즉 반-국가의 수립과 사멸이라는 두 계기가 사회주의 국가에 대해 설정된다. 파괴의 계기 없는 국가권력의 쟁취라는 관념이 프롤레타리아 혁명을 부르주아 정치 속으로 포섭한다면, 소멸의 계기 없는 장악이란 관념은 "소수가 다수를 지배하는" 또 다른 종류의 억압적 사회를 지속시킬 것이 분명하다. 이런 이유로 인해 카우츠키에 반대하여 '폐지'나 '파괴'의 계기를 강조하면서도, 연속성의 오해를 야기하기도 했던 사멸이란 개념을 다시 분명하게 부각시키고 있는 것이다.

이러한 레닌의 입장은 먼저, 프롤레타리아 국가는 부르주아 국가에 대해 외부적이라는 테제로 요약할 수 있을 것이다. 프롤레타리아 국가는 부르주아 국가의 작동방식이나 작동논리와 근본적으로 다르다는 점에서 후자에 대해 외부적이다. 그것은 후자의 폐지 이후 "**새로운 방식으로** 민주적인 국가가 되어야 하며, **새로운 방식으로** 독재적인 국가가 되어야 한다."[22] 그런데 이는 부르주아 국가권력의 쟁취 이후에 새로이 추가되면 족한 그런 것이 아니라 장악 방식 자체를 선규정하는 것이고, 부르주아 국가에 관계하는 방식 자체를 선규정하는 것이다. 왜냐하면 어떻게 장악하는가, 어떻게 관계하는가가 장악 이후의 과정을 규정하기 때문이다. 가령 선거로 장악한 국가권력이 국가장치의 파괴로 나아갈 수 있으리라고 생각하긴 어려울 것이다. 레닌이나 판넨쾨크가 카우츠키나 제2인터내셔널이 아직 국가권력을 잡기 이전에, 따라서 폐기가 실질적인 문제가 되기 이전에 그들을 '기회주의'라고 비판했던 것은 폐기가 아니라 권력장악을 향한 투쟁, 혹은 정치적 활동 자체에 문제가 있다는 판단 때문이었을 것이다. 그렇다면 이는 필경 국가권력의 쟁취로 모든 정치투쟁을, 정치적 활동이나 운동을 귀착시키는 관념 자체에 대해 근본에서 다시 사유하게 하는 게 아닐까? 그러한 활동이나 운동이 국가와 관계하는 방식 자체에서 '외부성'이 선규정하며 작동해야 함을 뜻하는 게 아닐까? 이는 국가장치의 장악으로 귀착되지 않는 정치, 국가권력에 대해 외부적인 정치를 사유해야 함을 뜻하는 게 아닐까? 따라서 우리는 앞의 테제로부터 다음의 테제를 끄집어낼 수 있다. **프롤레타리아 정치는 부르주아 국가권력에 대해 외부적이다.**

이는 국가권력에 대한 레닌의 또 다른 테제와 결부된 것이기도 하다. 국가권력에 관해 앞서 요약한 네 개의 계기는 국가권력에 대한 또 다른 테제를 함축한다. **프롤레타리아 혁명은 국가권력 자체에 대해 외부적이다.** 이유는, 부르주아 국가권력에 대한 두 계기에서 레닌이 핵심적이라고 보는 것은 국가장치의 파괴였다. 프롤레타리아 국가권력에 대해서도 마찬가지다. 그는 수립의 계기는 명시적으로 말하지 않으면서도 '사멸'이라는 계기에 대해서는, 연속성의 오해를 무릅쓰고 반복하여 강조한다. 사회주의 이후의 국가, 프롤레타리아 국가에서도 일차적인 것은 국가권력의 사멸의 논리인 것이다. 사멸하기 시작한 국가, 필경 사멸할 운명 속에 있는 국가, 그러한 국가의 역설적 성격을 강조하기 위해 그는 굳이 '반-국가'라는 개념을 사용했던 것이다. 이는 프롤레타리아 국가가 처음부터 그 사멸의 논리에 의해, 즉 국가권력의 작동논리에 외부적인 요소에 의해 정의되어야 하고 그 외부성이 수립방식, 작동방식 자체를 선규정해야 함을 뜻하는 것이다. 이런 점에서 보면, 부르주아 국가에 대해서나 프롤레타리

---

21) 레닌, 「국가와 혁명」, 111쪽. 여기에 그는 대중이 행정에 참여할 수 있게 되고, 대중이 회계와 통제를 장악하는 것, 이로써 다른 종류의 규율과 습속이 발생하고 자리 잡아 가는 것을 또 다른 차이로 들고 있다(같은 책, 124~126쪽).

22) 같은 책, 50쪽.

아 국가에 대해서나 혁명은 국가권력에 대해 외부적이라고 말해야 한다. 이는 다음의 테제로 변환시킬 수 있을 것이다. **혁명적 정치란 국가권력 자체에 대해 외부적이다.**

그러나 이러한 입장은 그 현실적 작동 이전에 근본적인 이론적 딜레마를 포함하고 있는 것이었다. 그의 입장에 따르면 프롤레타리아 국가란 국가권력을 이용해서 국가장치를 사멸의 길로 인도하는 그런 권력이어야 한다. 국가권력을 이용해서 국가권력을 사멸케 해야 한다는 것은 그 국가가 일종의 '자살'을 감행하는 국가, 이행기라는 시간 동안 '장기적 자살'을 하는 국가여야 함을 뜻한다. 그러나 맑스주의에서 국가란 그 토대를 이루는 관계를 재생산하는 장치고, 이런 의미에서 보존과 유지를 본질로 하는 장치라고 해야 하지 않을까? 그런 장치가 자살적 과정으로 스스로를 밀고 간다는 것은 국가라는 정의 자체에 모순되는 것처럼 보인다. 그것이 정말 가능할까?

다행인지 불행인지, 레닌은 이런 모순적인 상황에 실질적으로 들어가게 된다. 국가를 이용해 국가를 해체해야 한다는 자신의 이론을 실행시킬 국가수반의 자리에 들어서게 된다. 그런데 알다시피 상황은 어려웠다. 국내적으로는 부르주아와 백군들의 끈질긴 내전이 새로이 탄생한 프롤레타리아 정권을 위협하고 있었고 여기에 무정부주의나 사회혁명당 등 입장을 달리하는 운동세력의 저항이 더해지고 있었으며, 국제적으로는 제국주의적 자본주의의 포위와 공격에 시달리고 있었다. 이러한 상황에서 국가권력을 국가장치를 파괴하는 데 사용할 수 있을까? 거꾸로 국가권력을 좀더 강력하게 행사하지 않고선 혁명 자체를 근본적 위협에 처하게 하리라고 생각하게 되는 게 오히려 자연스럽다고 해야 할 듯하다. 그리고 혁명이 국내적·국제적으로 부르주아지에 대한 계급투쟁인 한, 그리고 부르주아지가 자신의 권력이 탈취된 사태에서 그저 손 놓고 투항하리라고 말할 수 없는 한, 이는 아마 어떤 혁명도 사실은 피할 수 없는 상황일 것이다. 그렇다면 이는 상황적인 문제가 아니라 프롤레타리아 국가권력 자체와 결부된 근본적 딜레마일 것이고, '자살국가론'의 이론적 아포리아라고 해야 하지 않을까?

실제로 레닌은 국가권력을 장악하고 나서 2개월이 지난 후, "무질서와 내전, 혼란"이 지배하는 상황에서 「낡은 것의 붕괴에 대한 두려움과 새로운 것을 향한 투쟁」이라는 상징적 제목의 글에서 이러한 딜레마로부터 그가 나아가려는 방향을 명확하게 선택한다. 그는 맑스와 엥겔스의 이름으로 파리코뮨의 실패 요인에 대해 이렇게 요약한다. "코뮨은 착취자들의 저항을 억압하기 위해 자신의 무력을 충분히 강력하게 사용하지 않았다는 것."[23] 그리고 이러한 충분히 강력한 분쇄작업에 대한 과학적 명칭이 '프롤레타리아 독재'라고 말한다. 하지만 이를 '사멸하기 시작한 국가'라고 말하기는 어려웠기에, 즉 프롤레타리아 국가, 사회주의 국가의 정의와 상충되기에 자본주의와 사회주의 사이에 또 하나의 과도기(이행기)가 있다고 말하며, 그것을 과도기 국가라고 명명한다. "우리는 자본주의와 사회주의 사이에 기나긴 '산고'의 기간이 놓여 있다는 것 …… 즉 프롤레타리아 독재는 부르주아 사회와 사회주의 사이의 과도기에 조응한다는 것을 말해 왔다."[24] 이행기로서의 사회주의 앞에 다시 '이행기'가 끼어들고, 사회주의의 '반semi-국가' 대신에 강력한 과잉-국가가 프롤레타리아 독재의 자리를 차지하게 된 것이다.

이는 사실 혁명 이전에 이미 말했던 것이기는 하다. 「임박한 파국, 그것에 어떻게 대처할 것인가」에서 그는 코르닐로프 반란 이후 소비에트에

---

23) 레닌, 「낡은 것의 붕괴에 대한 두려움과 새로운 것을 향한 투쟁」, 이창휘 편역, 『임박한 파국, 그것에 어떻게 대처할 것인가』, 새길, 1990, 108쪽.
24) 같은 책, 108쪽.

의해 장악된 국가를 '혁명적 민주주의 국가'라고 명명하면서, 그런 국가에서 소비에트에 의해 노동의무제가 도입된다면 이는 "아직 사회주의는 아니겠지만 더 이상 자본주의도 아닐 것"이고, 그것은 "사회주의로의 거대한 한 걸음일 것"이라고 주장한다.[25] 여기서 차이는 아마도 사회주의와 여전히 대응된다고 보았을 것인 프롤레타리아 독재 대신에 혁명적 민주주의 국가라는 명칭이 사용되고 있다는 점이다.

그렇다면 이러한 내전이 끝나 사회주의로 이행한 이후라면 국가 사멸의 과정이 시작될 것인가? 「좌익 유아성과 프티부르주아 심리」에서 레닌은 부르주아지를 질식시킨 이 과도기(이행기)가 1917년 10월에서 1918년 2월 사이라고 말한다. 그런데 '낡은 국가장치를 '분쇄'하고 '폭파'해야 한다'고 주장하는 부하린을 비판하면서 그러한 작업은 그 기간에 수행되었다고 말한다.[26] 부르주아지를 질식시키고 분쇄하기 위해 국가장치를 충분히 강화해야 했던, 그래서 사회주의로의 이행기라는 또 하나의 시기를 도입해야 했던 그 시기에, 부르주아 국가장치의 분쇄와 폭파가 진행되었다는 것이다. 따라서 이제 국가장치는 파괴나 해체의 대상이 아니다. 그렇다면 새로운 프롤레타리아 국가의 수립과정이라고 해야 할까? 그 국가가 '반-국가'임을 잊지 않는다면 그렇게 말해도 좋을 것이다. 그것은 부르주아 국가와 전혀 다른 새로운 방식으로 만들어져야 할 것이다. 그러나 부하린을 비판했던 바로 그 글에서 레닌은 "대가를 아끼지 말고 자본주의가 훈련시킨 가장 숙련된 사람들을 우리 편으로 획득"해야 한다고 하면서 이를 통해 "소비에트 권력은 자본가들의 손에 경영을 맡기면서, 경영자의 모든 수단 방법을 관찰하고 경영 경험을 배워야"한다고 주장하고 있다.[27] 이유는 "트러스트의 조직자들로부터 배우지 않고서는 사회주의를 창조하거나 도입하는 것은 불가능"하며, "일급의 자본주의적 전문가들을 빼놓고는 트러스트 방식에 따라 대규모 생산을 조직할 수 있

는 능력을 획득할 다른 방도가 없"기 때문이다.[28]

이렇게 만들어진 국가가 부르주아 국가와 근본적으로 다른 국가일 수 있을까? 이렇게 만들어진 국가가 처음부터 사멸하기 시작하는 국가일 수 있을까? 그럴 리는 없을 것이다. 그들에게 배우는 것은 부르주아 국가의 조직방식일 것이고, 부르주아 국가를 경영하는 방법일 것이기 때문이다. 그러나 레닌은 그런 방식으로 도입되는 것이 '국가자본주의'일 것이라는 점을 인정한다. 그러나 당시 정세에서 "국가자본주의는 일보전진이 될 것"이라고 믿는다. 국가자본주의를 두려워하지 않는 것은 이미 자신들의 국가가 **소비에트 국가이기 때문**이라고 한다.[29]

이럼으로써 애초에 외부성을 통해, 즉 사멸이라는 계기를 통해 프롤레타리아 국가를 정의하려던 역설적 시도는 결정적으로 포기되는 것 같다. 꿈에서 깨어난 것일까, 아니면 꿈을 버린 것일까? '자살하는 국가'라는 불가능한 것일지도 모를 역설 내지 딜레마에서 벗어난 국가장치는 이제 점점 강력한 국가장치로 확장되어 간다. 그리고 거기서 역설은 반전된다. **사멸을 위해선 국가를 강화해야 한다**는 입론이 출현한다. "우리는 국가의 사멸을 주장한다. 반면 우리는 그와 함께 오늘날까지 존재해 온 국가권력 중에서도 가장 강력한, 가장 강대한 권력인 프롤레타리아 독재의 강화를 주장한다. 국가권력 사멸을 위한 조건을 준비하는 것을 목적으로 하는 국가권력의 가장 고도한 발전, 이것이 맑스주의의 정식이다."[30]

25) 레닌, 「임박한 파국, 그것에 어떻게 대처할 것인가」, 이창휘 편역, 앞의 책, 90~91쪽.
26) 레닌, 「좌익 유아성과 프티부르주아 심리」, 같은 책, 158쪽.
27) 레닌, 「좌익 유아성과 프티부르주아 심리」, 같은 책, 153쪽.
28) 같은 책, 155쪽.
29) 같은 책, 131, 138쪽.
30) 스탈린, 「소련공산당(볼셰비키) 제16차 대회에 대한 중앙위원회의 정치보고」(1930), 김영철 편역, 『국가와 혁명』, 197쪽.
     국가강화에 의해 국가가 사멸할 것이라는 이러한 주장은 이후 「제1차 5개년 계획의 결과」, 「소련공산당(볼셰비키) 제16
     차 대회에 대한 중앙위원회의 정치보고」 등에 반복하여 등장한다.

이것이 모순임을 스탈린은 잘 안다. 그러나 그것은 "살아 있는 모순"이고 "맑스주의 변증법을 반영하는 모순"이라고 간주된다. 그러나 부르주아의 내전도 거의 사라지고, '전 인민의 국가'가 선언된 시기에, 국가 권력의 강화가 어떻게 국가 사멸의 길로 이어질 것인지 상상하는 것은 결코 쉬운 일이 아니다. '변증법'이라는 말이 정작 사유해야 할 것을 너무 쉽게 해결해 준 것이다. 이로써 그것은 사유의 대상에서 사라지고 말았다. 변증법을 통해 사멸된 것은 국가가 아니라 '혁명과 이행에서 국가의 문제'였던 것이다.

혁명 이후 국가권력의 변화과정이 우리에게 명확하게 가르쳐 주는 것이 있다. 그것은 '사멸하기 시작하는 국가'라는 역설적 개념에서 사멸의 계기를 만들려는 노력이 없다면, 혹은 좀더 거슬러 가서 국가를 장악하여 이용하려는 시도가 그것을 해체하여 사멸로 이끌 계기를 결여하고 있다면, 장악과 이용의 논리가 혁명을 통해 국가를 더욱 강화하는 길로, 가장 강화된 국가로 인도할 것이라는 사실이다. 국가의 외부를 통해, **국가장치의 외부를 통해 혁명과 국가를 사유하지 않는다면, 장악의 논리는 혁명의 정치학을 다시 부르주아적 국가로, 부르주아적 정치로 인도할 것이라는 사**실이다.

4. 사회주의와 이행

다음은 사회주의와 이행의 문제다. 이 문제는 알다시피 자본주의에서 공산주의로의 이행이 단번에 진행되는 것은 불가능하기에 두 시기 사이에 사회주의라고 하는 이행기가 설정되는 것과 관련되어 있다. 「고타강령비판」에서의 맑스의 입론에 따라 레닌은 공산주의 사회를 두 개의 단계로 나눈다. 첫째 단계인 사회주의는 자본주의의 모태에서 태어난 사회고, 자본주의적 척도에서 벗어나지 못한 사회다. "능력에 따라 일하고, 일한 양에 따라 분배받는" 것이 그 사회의 생산과 분배원칙을 정의해 주는데, 여기서 누구에게나 동등하게 주어지는 이 권리는 "여전히 하나의 '부르주아적 권리'"다.[31] 이와 달리 공산주의 사회란 '능력에 따라 일하고, 필요에 따라 분배받는 사회'다. 이러한 원칙이 사회를 완전히 포섭할 때, 다시 말해 "인민들이 사회적 교류의 기본규칙을 준수하는 데 익숙해지고 그들의 노동이 자신의 능력에 따라 자발적으로 노동할 만큼 아주 생산적으로 되었을 때, 국가는 완전히 사멸하게 될 것이다."[32]

이러한 두 개의 단계가 앞서 말한 국가의 개념과 상응하고 있음은 분명하다. 사회주의가 프롤레타리아적 국가의 수립에 대응된다면, 공산주의는 국가가 소멸한 단계를 뜻할 것이다. 여기서 "자본주의와 '무계급사회'인 공산주의를 분리시키는 역사적 시기를 위해서" 프롤레타리아 독재가 필요하다고 말할 때[33] 레닌은 "자본주의와 공산주의가 전적으로 다른 사회, 단적으로 분리시킬 수 있는" 사회라는 것을 잘 알고 있다. 사실 이는 레닌이 아니라 맑스주의자라면 누구나 잘 알고 있는 것이다. 그런데 문제는 이 두 시기 사이에서의 이행이 어떻게 가능한가 하는 것이다. 왜냐하면 레닌도 지적하고 있듯이, "생산물이 '수행한 노동의 양에 따라' 분배되는 한, 계속해서 지배적으로 남아 있는 '부르주아적 권리'라는 불평등과 결함을 제거할 수는 없"기[34] 때문이다. 다시 말해 사회주의의 분배원리는 그 자체로 자본주의적인 것이기에, 그것만으로는 결코 공산주

31] 레닌, 「국가와 혁명」, 115쪽. 이러한 권리가 필요한 것은 사회주의가 새로이 탄생한 사회이기는 하지만 "자본주의를 전복시킴으로써 인민이 일시에 그 어떤 권리기준도 없이 사회를 위해 일하는 것을 배우게 되리라고는 생각할 수 없기" 때문이다(같은 책, 117쪽).
32] 같은 책, 119쪽.
33] 같은 책, 50쪽.
34] 같은 책, 116쪽.

로 이행할 수 없다. 그 자체의 논리로는 "남보다 반 시간 더 일했다든가 대가를 더 적게 받았다든가 하는 식의 샤일록 같은 냉혈적인 계산심리를 강요하는 '편협한 부르주아적 권리의 지평'을 제거"하기는커녕[35] 오히려 강화할 것이다. 요컨대 **사회주의란 공산주의로의 이행기로 설정되지만, 사회주의의 '기본법칙'은 그런 이행의 계기를 갖고 있지 못하다**는 역설이 존재한다는 것이다.

공산주의로의 이행을 위해선 인민들이 사회적 교류의 규칙을 준수하는 데 익숙해지고, 자신의 능력에 따라 자발적으로 노동할 수 있어야 한다는 것을 레닌은 알고 있다. 다시 말해 이행을 위해선 공산주의적 계기가 이미 처음부터 있어야 한다는 것이다. 사회주의 자체 내에, 그 전체를 규정하는 기본법칙과 전혀 다른, 그런 점에서 '사회주의의 외부'라고 할 무엇이 처음부터 존재해야 한다는 것이다. 공산주의는 자본주의에 대해서만이 아니라 사회주의에 대해서도 외부라는 것이다! 따라서 **사회주의를 이행기로 정의한다는 것은 그것을 사회주의에 대해 외부적인 것을 통해 정의한다는 것**을 뜻한다. 자본주의는 물론 사회주의에서도 그 사회의 외부를 사유하고 그 외부를 그 사회 내부의 한복판으로 끌어들이지 못한다면, 공산주의로의 이행은 불가능하다고 해야 한다.

그러나 공산주의로 이행하기 위해서 공산주의가 이미 존재해야 한다는 것은 논리적으로는 순환론이고 현실적으로는 자기모순처럼 보인다. 도달해야 할 곳이 처음부터 있어야 한다는 말이기 때문이다. 그러나 사실 이는 논리적으로만 난점일 뿐이다. 이행이란 부재하는 곳을 향해 가는 것이 아니라, 가려는 세계를 지금 현재 만들어 가는 과정이고, 그러한 과정이 확장되거나 심화되는 것이기 때문이다. 즉 모든 이행은 도달하고자 하는 어떤 것을 지금 현재 국지적인 한 지점에서부터 만들어 가기 시작하는 것이다. 따라서 모든 이행은 어떤 사회, 어떤 관계 속에 그것에 대해 **외부**

적인 지대를 만들어 내는 것이다. 이런 점에서 이행의 문제는 외부성의 문제다. 주어진 상태로 귀착되거나 환원될 수 없는 어떤 논리, 어떤 관계를 창안하고 만들어 가는 것.

그러나 혁명과정의 중심에 국지적인 영역이 아니라 전체적인 사회를 두고, 이행을 '사회주의'라는 전 사회적 범주로 사유하려는 순간, 국지적 외부를 창출하는 것은 이행기 안에 또 다시 이행의 지대를 설정하는 것처럼 보이게 된다. 이는 중복적인 것일 뿐 아니라 이행기로서의 사회주의를 무효화시키는 것처럼 보인다. 더욱이 그것이 사회주의 자체에 대해 외부적인 것이라면. 따라서 사회주의 개념 안에서 이러한 이행의 개념을 받아들이는 것은, 차라리 자본주의 안에 그런 이행의 지대를 설정하는 것보다 더 어려운 일인지도 모른다. 그러나 이는 프롤레타리아 국가, 즉 이행기 국가를 사멸하기 시작하는 국가, 비-국가적 내지 반反-국가적 메커니즘을 그 자체에 포함하는 역설적 국가와 동형적인 것이기도 하다. 그가 국가에 대해 사유했던 것을 그대로 밀고 나가 본다면, 사회주의란 처음부터 '사멸하기 시작하는 사회주의'라고 정의해야 마땅할 것이다. 이행기란 이처럼 스스로 사멸하는 어떤 체제로, 다시 말해 **외부성이 그 사회의 원리 자체를 이루는 체제**로 정의되어야 한다. 그러나 반半-국가의 개념을 제안했던 레닌도, 사회주의 개념과 관련해서 이러한 논리를 포착하지는 못했던 것 같다. 그것은 국가와 달리 '사멸하는 사회주의'로 사회주의를 정의하기도 어렵지만, 그렇게 정의한다고 해도 이를 '반半-사회주의'라고 개념화할 수 없다는 점과도 무관하지 않을 것이다.

그래서 그가 찾아낸 이행의 계기는 '생산력의 고도의 발전'이라는 안이하고 통상적인 대답이었다.[36] 사실 생산력이 발전한다고 해서 일한

---

35) 레닌, 「국가와 혁명」, 119쪽.
36) 레닌, 「국가와 혁명」, 118~119쪽.

만큼 분배받는다는 부르주아적 권리의 개념이 공산주의적 권리 개념으로 대체되리라고 할 이유는 찾기 어렵다. 가치법칙에 따라 계산하는 샤일록 같은 심리가 그대로인 한 생산력의 발전은 부르주아적 권리를 확대할 뿐이고 계산적 심리의 확장을 야기할 뿐일 것이다. 그것은 부르주아적 권리와 가치법칙에 따른 계산이 지배하는 부르주아 사회에서 생산력 발전이 아무리 진행되어도 공산주의로 이행할 가능성이 없다는 사실에서 이미 충분히 확인할 수 있는 것이다. 이러한 생산력 발전의 개념이란[37] 사회주의에 내적인 논리이기에 쉽게 말할 수 있는 것이었지만, 그것은 그것이 부르주아적 권리의 지평에 있는 요소라는 것을 뜻한다는 사실을 잊어선 안 된다. 외부성을 통해 사유해야 할 지점에서 그는 내부성의 논리를 찾아내고 있는 것이다.

이러한 문제는 이후 이행의 계기와 관련해 전혀 다른 두 가지 요소들에 대한 레닌의 태도로 이어진다. 하나는 '소비에트 테일러주의' Soviet Taylorism고, 하나는 '공산주의적 수보트니키Subbotniki' 다.

먼저 소비에트 테일러주의. 레닌은 맑스주의의 전통적 통념에 따라 생산력을 생산성으로 이해했고, 이런 점에서 자본주의에서 그것과 사회주의 내지 공산주의에서 그것이 동질적인 것이라고 보았다. 다만 생산관계가 달라짐에 따라 생산력 발전의 성과가 자본에 의해 착취되는지 아니면 노동자 자신에 의해 영유되는지가 다를 뿐이라고 믿었다. 아, 생산관계가 달라지면 자본주의에서 질곡에 빠진 생산력이 좀더 빠르게 발전하리라고 보았던 것은 물론이다. 그러나 사회주의에서도 생산력은 발전되어야 했고, 더욱이 그것은 현실적으로는 내전으로 피폐화된 조건에서 시급히 회복되어야 할 것이었으며, 이론적으로는 방금 본 것처럼 공산주의로의 이행을 담보하는 핵심적 요인이었다. 그가 테일러주의에 대해 보인 진지한 관심과 적극적 태도는 이런 맥락에서 이해할 수 있을 것이다. 그가 보기에 테일러주의가 나쁜 것은 그것을 자본가들이 착취를 위해 이용한다는 것이지, 그것 자체가 나쁜 것은 아니다. 오히려 그것이 창출하는 생산력 자체는 역사적 관점에서 매우 긍정적인 것이었다. 더욱이 그것이 소비에트라는 노동자 자신에 의해 영유되는 조건에서라면 그것은 더욱더 적극적인 의미를 갖는 것이었다.

테일러주의는, 그 고안자들이 알지도 못했고 바라지도 않았지만, 프롤레타리아트가 사회적 생산을 장악하고 자신의 노동자위원회로 하여금 모든 사회적 노동을 적절하게 분배하고 합리화하도록 하는 그런 시기를 준비하고 있는 것이다. 대규모 생산, 기계, 철도, 전화——이 모두는 조직된 노동자의 작업시간을 3/4으로 줄이고 그들이 오늘날 하는 것보다 4배는 더 낫게 해줄 수많은 기회를 제공할 것이다. 그리고 노동조합에 의해 지지되는 노동자위원회는, 노동이 자본에 의한 노예화에서 벗어나는 그때, 사회적 노동을 합리적으로 분배하는 이 원리들을 적용할 수 있게 될 것이다.[38]

---

37) 나아가 맑스주의에서 생산력이란 그 결과물을 양화한 지표인 생산성이 아니라 '자연과 인간 간의 관계' 라는 점을 고려한다면, 자본주의와 공산주의에서 생산력이 동질적일 것이라는 가정 자체 또한 근본적으로 부적절한 것이 분명하다. 이에 대해서는 이진경, 「맑스주의에서 생산력 개념의 문제」, 『마르크스주의 연구』, 3권 2호, 2006 참조.

38) V. I. Lenin, "The Taylor System: Man's Enslavement by the Machine", Collected Works, Vol.20, p.154. 소비에트 테일러주의는 신경제정책(NEP)의 시작과 더불어 본격적으로 도입된다. 금속노조의 가스테프(A. Gastev) 등은 산업노동강령을 작성·제출하였고, 또한 이들의 주장으로 1918년 4월까지 엄격한 노동규율, 생산표준, 성과급과 상여금 등의 도입이 채택되었다(Steve Smith, "Taylorism Rules OK: Bolshevism, Taylorism and the Technical Intelligentsia in the Soviet Union, 1917~1941", Radical Science Journal, No.13, 1983, pp.13~15). 그리고 그는 1920년 과학적 노동조직(NOT)을 연구하고 대중화하는 것을 목적으로 중앙노동연구원(CIL)을 창립한다. 이에 대해 단일한 입장만 있었던 것은 아니다. 가령 베틀레임(Ch. Bettelheim)은 가스테프와 달리 대중운동의 방식으로 테일러주의를 근본적으로 재구성하고자 했던 케르젠체프(Kerzhentsev)의 시도와 그것의 좌절에 대해 강조한다. 그는 인민들의 생활방식이나 노동방식, 노동규율의 문제를 해결하기 위한 방법으로 대중운동적 접근방식을 제안하며, 노동 및 생활방식을 합리화하기 위해 합리적인 시간 이용의 가치 아래 '시간동맹'(Time League) 운동을 전개한다(Ch. Bettelheim, Class Struggle in the USSR: 1923~1930, trans. B. Pearce, MRP, 1978, pp.239~241).

다음으로, 수보트니키. '공산주의적 토요일'을 뜻하는 수보트니키란 매일 한 시간씩을 절약하여 두었다가 토요일에 6시간의 추가노동을 임금 지불 없이 하는 것을 뜻한다. 이는 내전 상황에서 무정부주의자 지도 아래 있던 철도노조집행위Vikjel의 태업으로 물자의 수송이 위기에 처해 있던 1919년 1월, 수송의 재활성화를 이룰 수 있는 혁명적 노동을 호소하는 레닌의 제안에 부응하여, 그해 5월 모스크바와 카잔 구간의 철도에서 처음으로 시작되었다. 이는 이후 여러 지역으로 확산되어 갔으며, 지역 간 노동자의 경쟁을 야기하기도 했다.[39]

레닌에 따르면, 이는 보급은 물론 노동조건이 매우 열악한 상황에서 이루어진 것이었지만, 노동자들의 열정과 팀 정신으로 인하여 이전보다 250~300%를 상회하는 예상치 못했던 높은 생산성의 증가를 보여 주었고, 작업은 기쁨으로 가득찬 채 이루어졌으며, 작업이 끝난 뒤에는 자연스럽게 '인터내셔널'이나 기쁨에 넘치는 노래를 불렀다고 한다. 수보트니키에 대해 레닌은 이렇게 쓰고 있다.

노동자 대중 자신의 창발에 의해 조직된 코뮌주의적 토요일은 정말로 거대한 중요성을 갖는다. 분명히 그것은 출발일 뿐이지만, 실로 거대한 중요성을 지니는 출발이다. 그것은 부르주아지의 분쇄보다도 훨씬 어렵고 훨씬 생생하며 훨씬 근본적이고 훨씬 결정적인 혁명의 출발이다. 왜냐하면 그것은 우리 자신의 보수주의와 무규율, 소부르주아적 이기주의에 대한 승리요, 지긋지긋한 자본주의에 의해 노동자와 농민에게 유산처럼 남겨진 습관에 대한 승리기 때문이다.[40]

레닌은 수보트니키의 노동에서 '자유로운 개인들의 자발적인 연합'의 기초를 발견한다. 그것은 "사회 전체의 이익을 위해, 전체 근로 인민의 이익을 위해 보수 없이 노동하는 것"이다.[41] 여기서 그는 '공산주의적 노동'에 대한 명확한 정의를 얻는다.

> 협의의 엄격한 의미에서 공산주의적 노동은 사회의 이익을 위한 무보수 노동이고, 정해진 의무에 의한 노동이 아니라 특정한 생산물을 얻기 위한 노동이며, 사전에 만들어지고 법적으로 고정된 할당량에 따른 노동이 아니라 그런 할당량에 무관한 자발적 노동이다. 그것은 보상을 예견하지 않으며 보상을 조건으로 하지 않고 수행되는 노동이다. 이제 노동이 행해지는 것은 공동선common good을 위해 작업하는 습관이 되었기 때문이고, 공동선을 위해 일할 필요성을 의식적으로 실현하는 것이다(이것이 습관이 된다).[42]

수보트니키가 실제로 어떻게 진행되었던가와 무관하게 레닌이 수보트니키를 통해 사회주의 사회 안에서 그것에 외부적인 노동의 형태가, 즉 '공산주의적 노동'의 형태가 출현하고 있음을 보았던 것은 분명하다. 이는 분명히 사회주의에서 이행의 문제를 외부성의 개념을 통해서 새로이 사유할 수 있는 현실적인 계기가 될 수 있었고, 그 자체만으로 또 그랬던 것 같다. 그러나 레닌은 이러한 이행의 계기가 갖는 외부성을 기이하게도 자본주의적 생산의 물질적 조건과 결부시킨다. 수보트니키에서 나타나는 '노동자 자신의 자유롭고 의식적인 새로운 규율' 조차 자본주의의 물질적

39) V. I. Lenin, "A Great Beginning: Heroism of the Workers in the Rear, 'Communist Subbotniks'", *Collected Works*, Vol.29, p.412.

40) ibid., p.411.

41) ibid., p.431.

42) V. I. Lenin, "From Destruction of the Old Social System to the Creation of the New", *Collected Works*, Vol.30, p.517.

생산이라는 토대로 환원하여 생산력의 논리로, 자본주의적 생산의 논리 안으로 내부화한다.

> 사회주의를 향한 첫걸음인 사회적 노동의 코뮨주의적 조직은 지주와 자본가의 속박을 벗어던진 근로 인민 자신의 자유롭고 의식적인 규율에 의거하며, 시간이 지날수록 더욱더 그렇게 될 것이다. 이 새로운 규율은 하늘에서 떨어지지 않으며, 경건한 소망에서 탄생하는 것도 아니다. 그것은 대규모 자본주의적 생산이라는 물질적 조건에서, 오직 그것으로부터만 성장한다.[43]

이런 점에서 공산주의적 노동으로서 수보트니키는 소비에트 테일러주의와 본질적으로 동일한 위상을 갖는 것이 되고 만다. 따라서 사회주의에서 이행의 계기를 그것의 외부를 통해 사고하려던 시도는 중단되고, 자본주의에서 사회주의, 공산주의로 이어지는 단일한 생산의 논리가 역사 전체를 포섭하게 된다. 계산과 통제의 외부에서 찾았어야 할 이행의 계기가, 무정부성을 대신하는 전 사회적 계획과 계산으로 대체되고, 국가의 소멸에서 찾았어야 할 이행의 계기가 국가에 의한 통제로 대체되는 아이러니 또한 이와 무관하지 않을 것이다.

공산주의적 외부, 그것은 사회주의의 시작부터 있어야 한다. **사회주의란 그러한 지대가 자본주의와 달리 쉽게 확장되고 좀더 강력한 촉발이 되어 번져 가는 체제라고 다시 정의해야 한다.** 아직 국가권력을 장악하지 않았던 시기의 책인 『국가와 혁명』에서 읽은 다음의 문장은 그런 가능성을 그가 생각하고 있었던 것이라고 생각하게 한다. "사회주의만이 최초로 다수를 포함하는, 따라서 공적 생활과 사생활 등 모든 영역에서 대중 전체를 포함하는 급속하고 성실하며 진정한 대중운동의 시작일 것이다."[44] 그러나 그 가능성은 이후 훨씬 강력한 실제적 사태 앞에서 확장되기보다는 축소되어 갔다. 우리는 그렇기에 좀더 분명하게 말해야 한다. 자본주의는 물론 사회주의에서도 **코뮨주의적 외부를 사유하고 그것을 창안하며 작동시키는 정치적 실천이 없이는** 코뮨주의를 향한 어떠한 이행도 불가능할 것이라고.

5. 외부성의 사유

지금까지 우리는 계급과 당, 국가와 혁명, 사회주의와 이행이라는 세 개의 영역에서, 외부성이란 개념을 통해 레닌의 정치적 사유를 다시 검토함으로써 몇 개의 새로운 테제들을 추출할 수 있었다. 먼저 정치의 지반으로서 계급과 정치적 활동의 조직으로서 당 개념에서 외부성의 개념이 노동자계급으로부터 프롤레타리아트를 구별하여 정의하게 해준다고 주장했다. 프롤레타리아트란 이해관계의 외부성, 계급성의 외부를 자신의 본질 안에 포함하는 계급이라는 테제가 거기서 추출될 수 있었다. 이런 의미에서 혁명적 정치란 계급성을 초과하는 계급성, 계급이기를 그친 계급을 통해 정의할 수 있었다.

　다음으로, 국가의 문제와 결부해 세 개의 유사해 보이는 테제를 추출할 수 있었다. 첫째, 프롤레타리아 정치는 부르주아 국가권력에 대해 외부적이다. 둘째, 프롤레타리아 혁명은 국가권력 자체에 대해 외부적이다. 셋째, 혁명적 정치란 국가권력 자체에 대해 외부적이다. 이 세 개의 테제에 공통된 것은 혁명, 혹은 혁명적 정치란 국가조차도 국가에 대해 외부적인 것을 통해 사유하고, 국가를 장악하거나 이용하고자 할 때조차도 국

---

43) V. I. Lenin, "A Great Beginning", ibid., p.420.
44) 레닌, 「국가와 혁명」, 앞의 책, 123쪽.

가에 대해 외부적인 것을 작동시키며 장악하거나 이용해야 한다는 것이다. 이런 점에서 정치를 국가문제로 귀착시키고, 국가의 문제를 권력의 장악으로 귀착시키는 것은 혁명적 정치, 혹은 프롤레타리아적 정치와 근본적으로 다른 것임을 명확히 할 수 있었다. 이는 역으로 국가의 외부에서 정치를 사유할 것을 요구한다. 그것은 국가의 문제를 회피하는 사유라기보다는 국가로 귀속되지 않는 정치를 사유하는 것이고, 국가의 문제에 관심을 갖지 않는 것이라기보다는 국가의 문제를 언제나 국가에 반하는 성분, 국가에 외부적인 것을 통해서만 사유하는 것이다.

세번째로 이행의 문제를 사유하는 데서 외부성의 개념이 결정적이라는 점이 뚜렷해졌다고 믿는다. 사회주의는 이행기로 정의되지만, 우리가 아는 사회주의의 '기본법칙'에는 이행의 계기가 없다는 것, 공산주의는 사회주의 사회에 대해서도 외부적이라는 것이 사회주의를 정의하는 근본적 역설이었다. 이 역설을 통해서 다음의 테제가 추출될 수 있었다. 이행기로서의 사회주의란 자신의 기본법칙에 대해 외부적인 것을 근본원리로 삼는 체제다. 이로부터 좀더 일반화된 테제가 가능하다. 이행기란 외부성을 원리로 하는 체제다. 이를 시간과 관련된 개념으로 표현하면 다음과 같다. 도래할 것이 현재 속에 존재하지 않는다면, 도래할 것은 도래하지 않는다. **도래할 것이 존재하는 현재**, 그것이 이행기다.

지금까지 제시된 테제들에서 사용되는 외부성의 개념은 결코 동일하지 않다. 계급과 관련해서 외부성이 이해관계의 외부, 계급적 정체성identity의 외부를 뜻하는 것이었다면, 국가의 경우에 외부성은 작동방식의 근본적 차이를 뜻하는 것이었고, 이행과 관련해서는 원리나 법칙의 근본적 차이를 뜻하는 것이었다. 그러나 어느 경우든 동질성이나 동일성을 부여해 주는 어떤 논리나 원리에서 벗어나는 것을 뜻한다는 점에서 공통성을 갖고 있다.

외부성이란 내부성과 대립하지만, 공간적 외연의 구분처럼 서로 배제하는 방식으로 대립하지 않는다. 도래할 것이 현재 존재할 때에만 이행도, 도래도 가능한 것처럼, 어떤 사회, 어떤 세계의 변혁을 사유한다는 것은 그것의 외부를 사유한다는 것이고, 그 외부를 통해 내부를 사유하는 것이며, 그 외부를 내부의 한가운데로 끌어들여 사유하는 것이다. 자본주의의 외부, 자본주의 이후를 정치적으로 사유한다는 것은 그 도래할 외부를 통해 현재의 운동을 사유하는 것이고, 그 외부를 통해 현재의 정치를 가동시키는 것이다.

이런 점에서 맑스주의에서 정치란 **외부를 통한 사유**고, 외부성을 통해 계급과 정치, 정치와 조직, 그리고 국가와 혁명을 사유하는 것이라고 해도 좋을 것이다. 레닌이 외부성의 개념을 명시적으로 사용한 적이 없음에도 불구하고, 또 변증법과는 거리가 먼 그런 종류의 사고방식에 익숙할 리 없었음에도 외부를 통해 사유하는 것이 가능했던 것은 이런 이유 때문이었을 것이다. 맑스주의자로서 정치를 사유하려고 하는 한, 혁명적 정치를 사유하려 하는 한, 외부를 통해 사유해야 했기 때문일 것이다. 우리가 외부성의 개념을 좀더 뚜렷하게 부각시키고 개념화하려고 했던 것 역시 이런 이유에서다.

하지만 외부를 통해 사유한다는 것은 생각보다 쉬운 일은 아닌 것 같다. 그것은 필경 어떤 역설에 직면하게 만들기 때문이다. 역설 앞에서 '현실적인 조건'이나 '상황'의 이유를 들어 어느 하나를 선택하는 순간, 외부를 통한 사유는 중지되고 하나의 단일한 논리에 의해 사유는 내부화되고 만다. 지금까지 레닌에게서 외부성의 요소들을 추적하면서, 그러한 사유가 중지되고 좌초하는 지점들 또한 드러내고자 했는데, 그 지점들이 바로 역설을 배타적 선택지로 받아들여 그 중 하나로 사유가 단일화되는 지점이었음을 아는 것은 그리 어려운 일이 아닐 것이다. 거기는 바로 혁명적 사유가 좌초하는 지점이기도 했다. 맑스주의자가 정치를 사유한다는 것은 심지어 그런 조건에서조차, 그리하여 내부적 단일화가 실제로 요구되는 조건에서조차 외부성이 작동케 하는 것을 잊지 않는 것이라고 해야 하지 않을까? 역설 없는 통일성, 내부적 단일성이 출현하는 지점마다 외부성이 배제되고 있는 것은 아닌가 다시 환기하는 것이라고 해야 하지 않을까? 그리하여 난감한 상황, 차선은커녕 차악을 선택해야 하는 상황에서도, 그 외부성의 요소가 소멸하지 않고 작동하게 할 수 있는 여지를 창안하는 것이라고 해야 하지 않을까?

레닌의 제헌권력,
그 열림과 닫힘

조정환

1. 머리말

1980년대에 레닌은 한국 사회운동의 사표師表였고, 그의 저작들은 혁명운동의 교과서였다. 정권의 금압에도 불구하고 그의 책들은 지하망을 통해 빠르게 유통되었다. 그러나 레닌은 1991년 현실 사회주의 국가들이 붕괴하는 것과 동시에 급속히 잊혀졌다. 『레닌저작집』의 출간마저 중단되었다. 한 시대의 정신을 지배했던 사상가 중에서 그만큼 빠른 속도로 잊혀지고 묻혀진 경우를 찾기는 쉽지 않을 것이다.

한국의 운동과 사상이 그를 강박적일 정도로 빨리 잊고자 한 이유가 무엇일까? 엘리트주의자, 권위주의자, 주의주의자, 독재자라는 부정적 인상들만이 남고 현실에서 제기되는 문제와 부딪히며 그것을 혁명적 방식으로 해결하고자 했던 그의 노력이 사장되어 버린 이유는 무엇인가? 이것은 다양한 이유들이 함께 작동한 결과이지만 우리가 간과하지 말아야 할 중요한 이유 중 하나는 레닌이 한국에 제한적으로 도입된 방식과 당대 한국의 역사적·정치적 맥락이다. 한국에 도입된 레닌은 첫째로는

『두 가지 전술』의 레닌이었으며, 둘째는 『무엇을 할 것인가』의 레닌이었다. 『국가와 혁명』의 레닌이나 「4월 테제」의 레닌은 1980년대의 한국 혁명운동에 본격적으로 도입되지 않았다. 요컨대 1905년 혁명의 레닌은 도입되었지만 1917년 혁명의 레닌은 도입되지 않았다. 한국의 레닌은 부르주아 민주주의 혁명의 레닌이었지 프롤레타리아 혁명의 레닌은 아니었다. 한국의 운동에 알려진 레닌은 부르주아 민주주의적 제헌의회 소집을 주장하고 외부로부터 사회민주주의적 목적의식을 주입하기 위한 비합법 전위정당을 주장했던 레닌이지 모든 권력을 소비에트로 넘겨야 한다고 주장한 레닌, 제헌의회를 해산한 레닌이 아니었다.

1987년 6월 29일, 호헌파와 개헌파의 야합으로 직선제 개헌이 수용된 후 제헌파의 제헌의회 주장은 힘을 잃었다. 비합법활동에 대한 탄압이 지속되는 가운데 1990년대에 확장된 합법공간은 비합법전위정당 노선의 폐기를 가져온 조건이었다. 신자유주의적 자유화와 함께 확장된 형식적 민주화는 부르주아 민주주의 혁명의 혁명가 레닌의 용도를 폐기하는 것으로 작용했다. 대의 민주주의의 확대와 더불어 이루어진 인터넷의 빠른 보급은 직접 민주주의적 욕망에 불을 지피는 것으로 작용했다. 1905년 혁명의 레닌은 더 이상 한국사회를 설명하고 변혁하는 사표로 기능할 수 없게 되었다. 이것이 레닌 망각 현상의 한국적 조건이 아닐까?

급속한 산업화와 프롤레타리아의 대대적 창출, 첨단산업으로의 산업재구조화와 정보화, 사회 전체의 공장화, 세계시장 속으로의 급속한 통합 등 지난 20년간에 걸친 일련의 사회변화는 대부분의 인구의 프롤레타리아화라고 해도 좋을 상황을 창출했다. 10 대 90의 비율로 빈곤은 보편화되었고 정규직 형태로건 비정규직 형태로건 사회적 삶의 모든 활동이 노동으로 흡수되었다고 해도 좋을 정도로 되었다. 사회 전체는 국내 독점 자본과 초국적 금융자본의 지배 아래에 놓여졌다. 국가는 지구제국의 마디가 되어 자본의 수익을 국익과 동일한 것으로 간주하게 되었다. '1%를 위한 정치'라는 말이 지나친 말이 아니게 된 것이다. 이러한 조건은 한국에서 더 이상 부르주아 민주주의를 위한 혁명을 말할 수 없게 만든다. 그렇다면 혁명의 필요성이 사라진 것인가? 결코 아니다. 사회적 갈등은 유례없이 깊고 넓으며, 근본적 변혁이 없이는 어느 것 하나 사람들에게 만족을 줄 수 없는 상태로 발전했다. 그렇다면 오늘날 우리 사회가 당면한 혁명은 어떤 성격의 혁명인가? 그것이 더 이상 부르주아 민주주의 혁명이 아니라면 프롤레타리아 혁명, 그것도 전 세계적 수준에서의 프롤레타리아 혁명의 일부로서 지역적 프롤레타리아 혁명인 것인가? 그렇다면 프롤레타리아는 누구이며 어디에서 어떤 형상으로 움직이고 있는가?

이러한 물음들이 떠오를 때 우리 눈에 다시 들어오는 것은 1917년 전후의 레닌이다. 1917년 2월혁명으로 부르주아 민주주의 혁명이 완결되었다고 보면서 이것의 프롤레타리아 혁명으로의 연속이 필요하다고 생각하기 시작한 레닌. 즉 프롤레타리아 혁명의 레닌이 현재적인 과제이자 미래적인 비전으로서 다시 주목된다. 이것은 과거의 레닌의 단순한 반복일 수 없다. 프롤레타리아 혁명의 당면성에 대한 인식은 레닌으로 하여금 제헌의회와는 다른 방식의, 새로운 유형의 제헌을 사고하도록 만들었다. 의회적 방식의 제헌은 부르주아 혁명의 과제였다. 프롤레타리아 혁명은 코뮨적, 소비에트적 유형의 제헌의 필요성을 제기한다는 것이 레닌의 변화된 생각이었다. 레닌은 1905년 혁명의 패배 이후 오랜 망명기에 맑스와 엥겔스의 문헌을 다시 읽으면서 다가오는 프롤레타리아 혁명의 이론을 정립한 바 있다. 1914년의 전쟁과 제2인터내셔널 주류의 사회애국주의적 노선으로의 전환은 레닌으로 하여금 사회민주주의 노선 일반에 관한 근본적 재검토를 하도록 만들었다. 이것은 베른슈타인과 카우츠키로 대표되는 제2인터내셔널 우파와 좌파의 혁명이론에 대한 비판뿐만 아니라 이전의 자신의 혁명이론에 대해서까지 철저하게 재검토하도록 만들었다. 『국가와 혁명』은 레닌의 이러한 도약의 정점에 놓여 있는 문헌이다. 제국주의 전쟁 중에 연구되고 집필된 이 책은 1917년 혁명을 이끄는 정신으로 작동했다. 이제 『국가와 혁명』에서 정점에 이른 레닌의 제헌권력 개념의 진화를 살펴보면서 러시아의 무장봉기와 한국의 촛불봉기 사이에 놓인 90여 년이라는 역사적 거리와 상황적 차이 속에서 우리 시대에 레닌의 제헌관이 갖는 철학적 정치적 타당성과 그 한계를 밝히고 새로이 열어야 할 지평의 윤곽을 그려내 보도록 하자.

2. 제헌권력의 개념과 레닌

레닌의 제헌권력 개념의 타당성과 한계를 생각하려 하자마자 우리는 '제헌권력이 무엇인가?'라는 문제에 부딪힌다. 사법이론에서 제헌권력 pouvoir constituant은 헌법을 제정하도록 만드는 권력이며, 제정권력pouvoir constitué은 제정된 헌법에 기초하여 행사되면서 그것을 개정할 수 있는 권력이다. 이 용어가 사법이론에서 주로 사용되어 왔지만 이 두 용어의 긴장과 모순은 물론이고 제헌권력에서 pouvoir권력와 constituant제헌하는/구성하는 사이의 긴장이 보여 주듯이 제헌권력은 사법의 틀을 넘어서는 연관성을 갖는다. 제헌권력은 권력이면서도 권력이 아닌 권력, 즉 준권력quasi-pouvoir이다. 제정권력은 사법적 틀 내에서 상당한 정도로 설명될 수 있지만 제헌권력은 사법 이전의 입법의 문제에 연관되며, 입법 이전에 입법의 필요성과 가능성을 제시하고 그것에 모델을 제공하는 사회적 삶 자체의 생산과 재생산에까지 그 의미영역이 확장되기 때문이다. 제헌권력이라는 개념은 현실적 권력으로 기능하면서도 인간성을 제한하고 그것을 감금하는 모든 것에 대립하면서 자신을 해방하는 주체로서의 삶이라는 이미지를 함축한다. 삶의 잠재적으로 구성적인 역능(구성력)이 제정된 법과 대면하면서 새로운 삶의 요청에 따라 새로운 법의 제정을 요구하고 또 강제하는 저 긴장된 혁신의 장 속에서 제헌권력의 개념이 어렴풋이 등장하는 것이다. 그러므로 제헌권력의 개념은 **한편에서는** 삶의 절대적 생성, 절대적 자유의 역능과 행동을 향해 뻗어 있고 **다른 한편에서는** 기존의/대안의 법과 질서를 향해 뻗어 있는 야누스의 얼굴을 갖고 있다.

전자는 시간성이다. 시간성은 인간의 생산적 역능, 생성의 존재론이며 구성적 과정의 연속성, 존재론적 축적의 차원이다. 맑스는 활동성, 산 노동die lebendige Arbeit 등의 개념을 통해 이 시간성의 차원을 설명하려 했다. 그에게서 산 노동은 생산, 발전, 혁신의 기반이자 동력이다. 산 노동은 제헌권력의 잠재력이며 제헌권력이 표현될 수 있는 조건을 제헌권력에게 제공한다. 제헌권력은 산 노동의 협력적 직접성에 의거한다. 그러므로 제헌권력에 대해 사고하기 위해서는 산 노동이 오늘날 거주하고 움직이는 장소와 그것의 특질과 경향을 앞서 정의해야 한다.

그러나 계급 사회에서 제헌권력은 제정된 법과 그 질서를 통해 재현되고 조직되며 가시화되어 왔다. 부르주아적 사법이론은 죽은 노동에 의한 산 노동의 과잉결정 형태이다. 그것은 산 노동을 죽은 노동의 논리에 따라 재현하는 방식이다. 그것은 제헌권력을 승인하면서도 그것에 한계를 부여하는 방식이다. 그리하여 그것은 제헌권력이 이동할 수 있는 특정한 공간을 그려낸다. 시간성으로서의 제헌권력은 제정권력 속에서 공간화된다. 제헌권력은 내적으로 혁명과 연결되어 있고 새로운 삶을 위한 반역, 저항, 변혁, 창조의 형상을 취하는데 제정권력은 그것들을 탈법, 일탈, 폭력, 범죄로 정의하곤 한다.

그래서 제헌권력은 다시 완전하고 무제한한 자기활동성으로, 수립되어야 할 사태나 이상이 아니라 현재의 질서를 폐지하는 운동으로, 제한 속에 묶여 왔던 개인적 능력들의 개방으로 자신을 드러냄으로써 제정된 것과의 간극, 그것과의 대립을 천명한다. 민주주의적 구성이 다시 점화된다. 그래서 우리는 산 노동의 제헌권력이 민주주의로 자신을 표현한다고 말할 수 있다. 민주주의는 무질서, 무정부, 폭력에의 탐닉이 아니며 국가, 질서, 법에의 현혹도 아니다. 그것은 특이한 구성적 힘들의 공통관계의 구축과 그 혁신에 대한 추구이다. 그것은 제헌권력과 제정권력의 새로운 관계를 탐구한다. 맑스가 코뮨을 마침내 발견된 프롤레타리아의 정부라고 불렀을 때, 여기에는 제헌권력의 역사적 담지자가 프롤레타리아라는 인식 외에도 코뮨이 제헌권력과 제정권력 사이를 연결할 역사적으로 새로운 방식이라는 인식이 표현되어 있다. 이러한 인식을 가능케 하는 것은 제헌권력 자체이다. 이런 의미에서 제헌권력은 새로운 과학의 원동력이기도 하다.

그렇다면 제헌권력의 문제와 레닌은 어떤 상관이 있는가? 레닌은 제헌권력과 제정권력의 관계 문제를 혁명의 근본문제로 사고한 점에서 우리의 관심을 끌기에 충분하다.

우리는 혁명의 근본쟁점이 권력이라고 말했다. 이제 여기에 매 단계마다 실제 권력이 어디에 있느냐 하는 문제를 흐리는 방식을 보여 주고 형식적 권력과 실제 권력 사이의 차이를 드러내는 것이 바로 혁명이라고 덧붙여야겠다. 이것이 모든 혁명기의 주된 특징 가운데 하나다. 1917년 3월과 4월에는 진정한 권력이 정부의 손에 있는지 아니면 소비에트의 손에 있는지 분명하지 않았다.[1]

이것은 1917년 7월 중순에 레닌이 쓴 「슬로건에 관하여」의 일절이다. 전술구호를 결정하기 위한 이 구절 속에 레닌의 혁명이론의 근본적 문제의식이 드러난다. 형식적 권력과 실제적 권력 사이의 차이를 드러내는 것이 바로 혁명이라고 말할 때 그는 무엇을 표현하고 있는 것일까? 이 구절을 1900년대 초의 레닌과의 연속 속에서 고찰해 보면 우리는 그의 생각의 핵심을 다음과 같이 정식화해 볼 수 있다. 혁명의 근본문제는 권력의 문제다. 권력문제를 해결하는 방법은 혁명적 제헌이다. 제헌은 두 가지의 과정으로 이루어진다. 하나는 대중의 혁명적 행동을 통해 새로운 권력관계를 사회 속에 도입하는 것이다. 이것이 물질적 제헌의 과정이다. 또 하나는 이 물질적 제헌의 결과를 헌법으로 성문화하는 것이다. 이것은 형식적 제헌의 과정이다. 물질적 제헌은 항구적이며 영속적인 변화이다. 형식적 제헌의 결과는 단속적이며 상대적으로 안정된다. 그 결과 이 양자 사이에는 부단한 시차가 발생하게 되고 이것이 혁명을 불가피한 것으로 만든다. 혁명은 이 양자의 간극, 갈등을 해결하는 역사적 사건이다.

일반적으로 제헌은 두번째의 과정으로 좁게 이해되곤 한다. 하지만 레닌은 이 두번째 과정을 첫번째 과정의 법적 재현으로 이해함으로써 제헌권력에 대한 유물론적 개념을 확고히 한다. 대중의 혁명적 행동은 법제정적 권력이다. 입법과 행정과 사법, 즉 국가권력은 이 행동의 결과를 보존하는 권력, 즉 법 보존적 권력이다. 여기서는 전자를 제헌권력이라고 부르고 후자를 제정권력이라고 부르도록 하자. 물론 이 두 가지 권력은 법에서 독립적인 삶의 구성적 역능 혹은 구성력puissance constituant에 의존한다. 제헌권력과 제정권력을 명확히 구분하고 이들 사이의 역사적 시차와 구조적 탈구에 대한 인식, 그 시차와 탈구를 해결하려는 대중적 노력의 필연성과 그 해결가능성에 대한 승인 위에서 레닌의 혁명이론은 발전

1) 레닌, 「슬로건에 관하여」, 『지젝이 만난 레닌』 (이하 『레닌』으로 표시), 정영목 옮김, 교양인, 2008, 106쪽; 'On Slogans', http://www.marxists.org/archive/lenin/works/1917/jul/15.htm. 1917년 7월 중순에 작성된 이 글은 러시아 사회민주노동당 크론시타트위원회에 의해 팸플릿 형태로 출판되었다.

한다. 1905년 이후 그가 제헌을 위한 의회를 계속 주장했으면서도 1918
년에 그가 제헌의회를 해산하게 되는 외관상의 모순을 이해할 수 있는 관
점도, 여기에서 열릴 수 있다. 제헌권력과 제정권력의 관계는 역사적이고
시간적이며 제헌권력이 의회의 방식을 빌려 제정될 수 있는 시간과 소비
에트의 방식을 빌려 제정될 수 있는 시간은 다르기 때문이다. 부르주아
혁명이 당면한 문제로 된 시간에 제헌권력은 임시혁명정부 수립과 그것
에 의한 제헌의회 소집을 통해 표현되지만 프롤레타리아 혁명이 당면한
문제로 되는 시간에 제헌권력은 의회적 방식이 아니라 소비에트적 방식
을 통해 행정과 입법의 통일 속에서 표현되어야 한다는 것이 레닌의 생각
이었다.[2]

　　이처럼 레닌은 혁명의 시간성과 역사성을 누구보다도 명확하게 통
찰했다. 바로 그렇기 때문에 다른 시간의 제헌과정에서 발생한 레닌의 혁
명 논리를 우리 시대에 기계적으로 대입하는 것은 위험할 뿐만 아니라 논
리적 오류와 정치적 실책으로 귀착될 수 있다. 우리 시대의 제헌권력은
레닌이 속했던 사회역사적 조건과는 전혀 다른 조건 속에 있으며 따라서
그것의 특질도 레닌의 시대와는 판이하다. 그렇기 때문에 어떤 점이 달라
졌고 왜 달라졌는가를 구체적 상황 속에서 규명하는 것은 우리 시대의 혁
명을 사유하기 위해 빼놓을 수 없는 문제로 된다.

3. 레닌의 제헌권력론의 펼침과 닫힘

1) 1905년 혁명기: 부르주아 민주주의적 제헌

1905년 전후 레닌의 제헌개념은 『민주주의 혁명에서 사회민주주의자의
두 가지 전술』에 포괄적으로 나타난다. 그는 1905년 혁명과정에서 소비
에트라는 새로운 혁명 권력의 맹아적 형태가 국지적으로 출현했음을 승

인한다. 혁명적 코뮌의 이러한 출현을 레닌보다 더 중시한 것은 멘셰비키였던 율리우스 마르토프Julius Martov였다. 그는 혁명적 코뮌에 기초하여 도래할 부르주아 정부에 대항하는 전투적 반대를 제공하는 것이 혁명가들의 임무라고 주장했다. 경제적 사회적 조건이 사회주의 혁명을 가능하도록 만들 때까지 노동조합들, 협력체들, 부락평의회들, 소비에트들이 네트워크로 결합되어 부르주아 정부에 대항해야 한다는 것이었다. 혁명적 코뮌에 대한 레닌의 생각은 마르토프와는 달랐다. 그는 소비에트와 당이 역할을 분담하고 서로 결합되는 방법을 찾는 것이 중요하다고 보면서도, 그리고 소비에트가 임시혁명정부의 맹아일 수 있다고 보면서도[3] 현재 모든 지역과 도시를 포괄하지 못하고 일부 개별 도시들에서 구축된 국지적 소비에트 권력은 **전국적으로 통일적인 봉기 계획**을 수립할 수 없다고 보았다. 레닌은 코뮌이 사회주의적 독재가 아닌 민주주의적 독재의 획득을 보여준다고 해석하면서 러시아의 사회민주주의자들이 코뮌의 전사들로부터 배울 것은 '코뮌'이라는 말이 아니며 그들의 슬로건 각각을 맹목적으로 되풀이하는 것도 아니라고 비판하면서 "우리가 해야 하는 것은 러시아의 상황과 관계 있고 프롤레타리아트와 농민의 혁명적 민주주의 독재라는 말로 정식화될 수 있는 강령적이고 실천적인 슬로건들을 가려내는 것"[4]이라고 주장한다. 이런 인식 위에서 선택되는 것은 의지의 통일을 가져올 집중주의이다. 그는 프롤레타리아트가 혁명적 부르주아 민주주의자들과 공동으로 임시혁명정부를 수립하여 봉기를 통일적으로 지도할 것을 주장했다. 프롤레타리아트가 극단적 반대당으로 남아 있어서는 안 되고 임시

---

2) 이 문제에 대해서는 뒤에서 다시 논할 것이다.
3) V. I. Lenin, "Our Tasks and the Soviet of Workers' Deputies"(http://www.marxists.org/archive/lenin/works/1905/nov/04b.htm).
4) 레닌, 『레닌저작집』 3-2, 김탁 옮김, 전진, 1990, 268쪽.

혁명정부에 참여하여 주도권을 행사해야 한다는 것이었다. 레닌은 이것을 노동자와 농민의 민주주의적 독재라고 불렀다. 그가 보기에 노동자와 농민의 혁명적 행동은 차르의 주도하에 놓인 두마duma에 의해서는 결코 적실한 헌법으로 제정될 수 없고 오직 제헌의회만이 그것을 제대로 제정할 수 있었다. 1905년 10월 18일에 볼셰비키가 「러시아 인민에게」라는 글을 통해, 차르의 두마를 보이콧하고 인민의 제헌의회 구성을 촉구한 것은 이러한 전망하에서이다. 레닌은 두마의 권한이나 두마 의원의 선거 방식으로 볼 때 사회민주주의 노동자당이 선거에 참여하는 것은 정부에 의한 광대놀음에 끌려드는 것이라고 보았고 그래서 러시아 사회민주노동당은 두마 참여를 단호히 거부해야 한다고 주장했다. 러시아 사회민주노동당은 두마를 가차 없이 비판하면서 전 인민의 혁명적 제헌의회 소집을 호소했고 선거와 관련된 모든 집회를 정열적으로 이용했다.

그렇다면 제헌적 역할을 수행할 동력은 어디서 구해지는가? 이미 말한 대로 그것은 노동자와 농민, 즉 인민에게서 찾아진다. 그런데 인민은 그 내부에 계급적으로 다양한 세력을 포함한다. 당면한 혁명이 사회주의 혁명이 아닌 한에서 인민은 봉건 지배계급의 권력인 차르에 대항하는 부르주아지, 프티부르주아지, 프롤레타리아 제 세력의 연합으로 구성된다. 레닌 전략의 특이성은 당면한 혁명이 부르주아 혁명이라고 해서 부르주아가 헤게모니를 쥐도록 방임하는 것이 아니라 프롤레타리아와 빈농이 헤게모니를 행사함으로써 일관되지 못한 부르주아지를 이끌어 민주주의 혁명을 일관되게 추진할 수 있다고 본 것이다. 부르주아 혁명이 더 완전하고 더 결연하며 더 일관될수록 사회주의를 위한 프롤레타리아의 투쟁이 더 확실하게 보장될 것이므로 민주주의 혁명에서 프롤레타리아가 헤게모니를 행사하는 것은 중요한 문제라는 것이었다.[5]

민주주의 혁명은 인민의 독재, 즉 노동자와 농민의 독재를 가지고 올 것이지만 그 가운데에서도 노동자와 빈농이 프티부르주아지에 대한 지도력을 행사하는 것이 혁명의 연속을 위해 결정적으로 중요한 점으로 제시된다. 프티부르주아지와의 연합은 민주주의적 과제의 실현을 위해 가능하고 또 필요한 것이다. 하지만 민주주의 혁명의 성공 이후에는 민주주의의 극복과 사회주의의 실현을 위해 비프롤레타리아 인민 계급계층들과의 적대가 불가피하다는 것이 레닌의 생각이었다.

사회주의의 문제와 사회주의를 위한 투쟁에서의 통일성의 결여는 민주주의의 문제와 공화국을 위한 투쟁에서의 의지의 단일성을 미리 배제하지는 않는다. 이것을 망각하는 것은 민주주의 혁명과 사회주의 혁명 사이의 지역적·역사적 차이를 망각하는 것과 같다. 이것을 망각하는 것은 전 인민적인 것으로서의 민주주의 혁명의 성격을 망각하는 것과 같다. 이 혁명이 전 인민의 필요와 요구에 부합하는 한 "의지의 단일성"은 정확히 존재한다는 것이 의미하는 바가 "전 인민적"이라면, 민주주의의 경계를 넘어서면 프롤레타리아트와 농민 부르주아지가 단일한 의지를 갖는다는 것은 있을 수 없다. 그들 사이의 계급투쟁은 불가피하며 이 투쟁이 사회주의를 위한 인민의 가장 전면적이고 광범위한 투쟁이 되는 것은 바로 민주주의 공화국에서일 것이다. 세상의 다른 모든 것과 마찬가지로 프롤레타리아트와 농민의 혁명적 민주주의 독재도 과거와 미래를 가진다. 그 과거는 전제, 농노제, 군주제, 특권이다. 이러한 과거에 대한 투쟁에서 반혁명에 대한 투쟁에서 프롤레타리아트와 농민의 "단일한 의지"는 가능한데, 그 이유는 여기에는 이해관계의 통일성이 존재하기 때문이다.[6]

5) 레닌, 『레닌저작집』 3-2, 186쪽.
6) 같은 책, 219쪽.

민주주의는 부르주아지와 프롤레타리아 모두에게 공동이익을 제공한다. 민주주의는 부르주아지에게는 계급적 지배권을 가져다주며 프롤레타리아에게는 사적 소유에 대항하는 투쟁, 고용주에 대한 임금노동자의 투쟁, 사회주의를 위한 투쟁의 조건을 창출해 준다.

2) 1917년 혁명기: 프롤레타리아 민주주의적 제헌

민주주의 혁명이 성공하고 또 일관되게 추진되기 위해서 프롤레타리아의 헤게모니가 필요하다고 했을 때, 그것이 레닌에게 뜻하는 바는 러시아 사회민주노동당이 민주주의 혁명에 대한 통일적 지도를 수행하는 것이었다. 그러나 민주주의 혁명은 사회민주노동당의 지도 없이 1905년 혁명과 마찬가지로 또다시 자생적으로 터져 나왔다. 1917년 2월의 혁명은 차르 독재를 붕괴시키고 부르주아 임시정부를 가져왔다. 그러나 그 임시정부는 레닌이 예상한 임시혁명정부와는 다른 모습으로 나타났다. 레닌이 예상한 것은 노동자와 농민이 임시혁명정부에 참가하여 혁명을 주도해 나가는 것이었다. 그런데 실제에서 노동자와 농민은 소비에트라는 일종의 혁명적 자치코뮨 조직을 구성하여 임시정부를 압박하는 방식을 취했다. 실제의 혁명은 레닌의 생각보다는 마르토프의 생각에 더 가깝게 전개되었다고 해도 과언이 아니다. 그럼에도 불구하고 레닌은 1917년 2월혁명의 승리와 임시정부의 수립, 그리고 소비에트의 광범위한 생성을 통해 민주주의 혁명이 이루어진 것으로 파악한다. 물론 이 혁명의 정치적·헌법적 보존을 위한 제헌의회 소집은 계속적으로 미루어지고 있었다. 하지만 레닌은 제헌의회 소집이라는 부르주아적 헌법제정에 매달리지 않고 오히려 노동자, 농민, 병사 소비에트의 형태로 새롭게 등장한 프롤레타리아적 제헌권력에 눈을 돌리고 그 권력을 실질적으로 확장하는 것에 관심을 집중한다.

1917년 4월에 러시아로 돌아온 레닌은, 구 볼셰비키들과는 달리 혁명이 첫번째 단계에서 두번째로 넘어가는 과정을 이론화하고 있다. 비록 2월혁명이 프롤레타리아의 계급의식과 조직의 불충분함으로 인하여 임시정부가 노동자·농민의 혁명적 민주주의 권력이 아닌 부르주아 권력으로 귀착되었지만 노동자·농민·병사 소비에트의 전국적 등장으로 인해 실제적으로는 이중권력이 형성되었다고 보면서 혁명의 두번째 단계에서는 프롤레타리아트와 빈농이 권력을 장악할 것이 틀림없다고 레닌은 생각했다.[7]

레닌은 새로운 제헌은 이 소비에트들이 혁명정부의 유일하게 가능한 형태임을 입증하는 정치적 행동이어야 한다고 생각한다. 볼셰비키의 전술구호는 "모든 권력을 소비에트로!"로 집약된다. 이 소비에트들로 모든 권력을 넘김으로써 부르주아 권력은 실제적으로 타도될 수 있다고 본 것이다. 문제는 소비에트들이 현재의 임시정부에 대해 불합리한 신뢰를 갖고 있다는 점이었다. 따라서 볼셰비키는 대중의 실천적 요구에 부응하는 방식으로 임시정부의 전술적 오류를 끈기 있게 체계적으로 집요하게 설명하면서 국가권력 전체를 노동자·농민·병사 대의원 소비에트로 옮길 필요성을 설교해야 한다는 것이 레닌의 생각이었다.[8]

그렇다면 제헌의회 소집 계획은 어떻게 되는가? 레닌은 임시정부에 의해 소집될 부르주아 제헌의회가 여전히 필요하긴 하지만 그것은 노동자와 병사 대의원 소비에트가 없다면 소집될 수도, 성공할 수도 없다고 보았다.[9] 그러므로 제헌의회 소집 요구는 '코뮨 국가'에 대한 요구에 종속된다. 노동자·농민·병사 대의원 소비에트의 혁명적 행동이 물질적으

7) 레닌, 「4월 테제」, 『레닌』, 93쪽.
8) 같은 책, 95쪽.
9) 같은 책, 98쪽.

로 헌법을 정초할 것이다. 그것은 부르주아적 의회에 의해 법으로 제정되지 않을 것이며 권력을 장악한 소비에트 자체가 스스로 입법할 것이다. 제헌의회는 프롤레타리아 혁명 이전의 혁명적 성과와 계급적 힘의 배치를 제정하는 과도적이고 일시적인 절차에 그칠 것이다. 이미 1917년 4월 7일 『프라우다』 26호에 발표한 바 있는 레닌의 다음 테제는 그 사실을 보여 준다.

> 의회제 공화국이 아니라 전국에 걸쳐, 위에서부터 아래까지 노동자, 농업 노동자, 농민 대의원 소비에트 공화국이다. 노동자 대의원 소비에트들로부터 의회제 공화국으로 돌아가는 것은 퇴행이다. 경찰, 군대, 관료의 철폐. 모든 공직자는 선거로 뽑고 언제든지 면직 가능하며 보수는 유능한 노동자의 평균임금을 넘지 않는다.[10]

쟁점은 의회제 공화국인가 소비에트 공화국인가로 집약되었다. 1917년 5월 5일에 러시아에 새로운 정부가 수립되었을 때 여기에는 소비에트의 다수파도 참가했다. 이 연립정부의 주요 과제는 전쟁 문제를 마무리하는 것이었다. 케렌스키, 체르노프와 함께 새 정부를 주도하던 멘셰비키 체레텔리는 각국의 사회주의 정당들이 모여 자국 정부에게 종전을 촉구하자고 제안했지만 실패했다. 케렌스키는 연합국의 압력을 받아 '대공세'의 길을 택했다. 그는 2월의 승리를 지키기 위해서는 전쟁에서 이겨야 한다면서 '시민으로서의 병사'를 설득했지만 반응은 냉담했다. 대공세 직전의 일주일 동안 10만 명 이상이 탈영했다. 그럼에도 불구하고 6월 18일에 시작된 공격의 초기에는 오스트리아-헝가리 군을 제압하는 듯했다. 하지만 7월 2일부터 감행된 독일의 반격으로 전세는 다시 러시아에게 불리해졌다. 2주일 동안 40만 명의 러시아군이 죽거나 다치거나 적에게 잡했고, 전선도 200km나 후퇴했다. 이것이 의회제 공화국 노선이 전쟁에 대해 취한 태도이며 그 결과였다. 이것에 대한 반응은 대공세에 맞서 취해진 대중들의 시위였다. 6월 18일 페트로그라드에서는 50만 명이 시위를 벌였다. 이때 멘셰비키와 사회혁명당이 "제헌의회를 거쳐 민주 공화국으로!"라는 깃발을 준비했던 것과 달리 볼셰비키는 "노동자 관리 만세!"와 "모든 권력을 소비에트로!"라는 요구를 내걸었다. 의회제 공화국의 수립을 통한 미완의 부르주아 혁명의 완수라는 노선과 소비에트에 기초하여 혁명을 프롤레타리아적인 것으로 연속시킴으로써 부르주아 혁명을 완수하고 사회주의로 나아간다는 노선이 첨예하게 대립하면서 나타났던 것이다.

두 노선이 드러낸 이 첨예한 대립을 의식할 때, 1917년 7월 4일 이후 레닌이 「4월 테제」에서 제기했던 슬로건, 즉 "모든 권력을 소비에트로!"라는 슬로건을 갑작스럽게 철회하는 것은 놀랍다. 그것은 일관되지 못한 것이 아닌가?

역사가 급격히 방향을 틀 때에는 진보적인 정당들조차 한동안 새로운 상황에 적응하지 못하여 전에는 옳았지만 이제는 모든 의미를 잃어버린 ─ 역사의 "갑작스러운" 방향전환만큼이나 "갑자기" 의미를 잃어버린 ─ 슬로건을 반복하는 일이 너무 흔하다. 모든 국가권력을 소비에트로 옮기자고 호소하는 슬로건의 경우에도 그와 비슷한 일이 되풀이될 것 같다. 이 슬로건은 우리의 혁명기 ─ 그러니까 2월 27일부터 7월 4일까지 ─ 에는 옳았지만 그 혁명기는 이제 돌이킬 수 없이 지나가 버렸다. 따라서 이제 그 슬로건은 명백하게 옳지 않다. 이 점을 이해하지

10) 레닌, 「4월 테제」, 『레닌』, 95쪽.

못하면, 현재의 긴급한 문제들도 전혀 이해할 수가 없다. 모든 특수한 슬로건은 한정된 정치상황의 구체적 특징들의 총체로부터 연역해 내야 한다. 현재 즉 7월 4일 이후 러시아의 정치상황은 2월 27일부터 7월 4일까지의 상황과 근본적으로 다르다.[11]

정치상황의 그 '근본적' 차이가 무엇인가? 소비에트는 임시정부와 더불어 러시아에 실재하는 또 하나의 권력이었고 그것은 국가권력의 불안정하고 과도적인 조건을 물질적으로 그리고 형식적으로 표현했다. 소비에트는 무장 노동자와 농민, 그리고 병사 대중을 대표하는 기관이었고 인민의 손에 무기가 쥐어져 있었으며 인민에 대한 외부의 강제가 없었다. 레닌은 이것을, "혁명 진전의 평화적 길"을 열고 보장하는 조건으로 파악했다. 만약 권력이 소비에트로 이전되기만 하면 소비에트를 구성하는 인민 내부의 계급 및 정당들의 투쟁도 평화롭게 전개될 수 있었을 것이다. 왜냐하면 프티부르주아적 농민을 부르주아지로부터 떼어 내 노동자와 단결하게 만들 수 있었을 것이기 때문이고 이것은 힘의 절대적 우위를 소비에트 쪽으로 옮김으로써 혁명의 평화적 전진을 가능케 할 것이었기 때문이다.

그러나 레닌은 7월 4일을 전환점으로 객관적 상황에 근본적 변화가 생긴 것으로 이해한다. 국가권력의 불안정한 상태는 끝나고 국가권력이 결정적으로 반혁명의 손으로 넘어갔다는 것이다. 레닌은 무엇을 근거로 국가권력이 반혁명의 편으로 이전했다고 파악하는가? 프롤레타리아와 연합할 수 있을 가능성을 갖고 있었던 프티부르주아적인 사회혁명당과 멘셰비키 정당들이 반혁명적 학살의 참여자이자 선동가가 됨으로써 프롤레타리아가 아니라 반혁명적인 카데트Kadet입헌민주당와 협력하게 되었다는 것이 그 근거이다. 레닌은 "정당들 사이의 투쟁이 발전하면서, 프티부르주아는 자본가들에 대한 근거 없는 신뢰 때문에 의도적으로 반혁명 세력을 지지하게 되었다"[12]고 평가한다.

그렇다면 반혁명적 학살이란 무엇인가? 1917년 7월 초에 어떤 일이 있었던 것인가? 1917년 7월 3일부터 5일 사이에 볼셰비키 페트로그라드 지역조직의 무장시위가 있었다. 사회혁명당과 멘셰비키가 주도하고 있었던 소비에트 집행위원회는 임시정부의 군대에게 이 시위를 진압해 줄 것을 요청했고 시위는 폭력적으로 진압되었다. 반혁명적 전환의 사례는 이것만이 아니다. 같은 시기에, 전선에서 상관에게 복종하지 않는 병사들에 대한 사살이 있었다. 그리고 사회혁명당과 멘셰비키는 심지어 노동자의 무장해제를 지지하기도 했다. 레닌은 이러한 일련의 사건을 부르주아 권력의 안정화로, 다시 말해 부르주아지가 위로는 군주주의자나 검은 백인단과 공모하면서 아래로는 프티부르주아 정당들(사회혁명당과 멘셰비키)의 지지를 확보해 낸 것의 지표로 이해한다. 부르주아지의 권력이 안정화되었고 소비에트가 그 권력의 보완물로 되었다면 "국가권력을 소비에트로 옮기라고 요구하는 슬로건은 이제 돈키호테적인 외침이나 조롱하는 말"[13] 이상이 아닐 것이라고 레닌은 단언한다.

소비에트로의 권력 이전을 통한 평화적 이행, 즉 권력을 평화적으로 장악할 가능성은 사라졌다. 실제로 권력을 쥐고 있는 카데트에 대항한 결정적인 투쟁에서 승리할 때에만 정치권력의 장악이 가능하다. 따라서 혁명적 대중이 움직여야 하고 프롤레타리아트가 선두에서 그들을 이끌어야 하며 볼셰비키가 그 혁명을 지도해야 한다. 이러한 추론 위에서 레닌은 1917년 7월을 경험한 지금 독자적으로 권력을 장악해야 할 세력은 혁명

11) 레닌, 「슬로건에 관하여」, 『레닌』, 101쪽.
12) 같은 책, 104쪽.
13) 같은 책, 104쪽.

적 프롤레타리아이며 프롤레타리아가 빈농과 반프롤레타리아의 지지를 받는 것만이 혁명의 성공을 가능케 한다고 단언한다. 그렇다면 혁명적 프롤레타리아와 소비에트의 관계는 무엇인가?

이 새로운 혁명에서 소비에트가 나타날 수도 있다. 아니, 나타날 수밖에 없을 것이다. 그러나 이 소비에트는 현재의 소비에트, 즉 부르주아와 협력하는 기관이 아니라 부르주아에 대항하는 혁명적 투쟁기관일 것이다. 그때에도 물론 우리는 소비에트를 모범으로 삼아 국가 전체를 건설하는 노선을 지지할 것이다. 일반적인 소비에트가 문제가 아니라 현재의 반혁명 또 현재의 소비에트의 배신과 싸우는 것이 문제이기 때문이다.[14]

레닌은 "현재의 소비에트는 실패했고 완전히 패배했다"고 보면서 그 원인은 "사회혁명당과 멘셰비키 정당이 소비에트를 지배했기 때문"[15]이라고 진단한다. 어떤 정당이 지배하는가가 소비에트의 계급적·정치적 성격을 규정하며 소비에트가 부르주아지 권력의 보충물로 되는가 프롤레타리아 정부의 형태로 되는가를 결정한다고 본 것이다. 이러한 진단 위에서 레닌은 '낡은 계급, 낡은 정당, 낡은 소비에트가 아니라 투쟁의 불 속에서 새로 힘을 얻고 투쟁과정에서 단련되고 교육되고 개조된 계급, 정당, 소비에트가 참여하는" 투쟁의 새로운 주기가 필요하다고 보며, 이 과정에서 소비에트 그 자체보다는 볼셰비키의 독자적이고 고유한 역할에 가장 커다란 관심을 기울이게 된다. 볼셰비키가 소비에트를 주도할 수 있는가 없는가가 부르주아 권력인가 프롤레타리아 권력인가를 가르는 척도로 등장하게 되는 것이다. 여기서 우리는 레닌의 관점의 일정한 굴곡을 읽을 수 있다. 1905년의 레닌은 볼셰비키와 소비에트의 공존과 결합의 필요성을 제기했다. 그런데 『국가와 혁명』에서 1917년 7월 4일까지의 레닌이 이

중 소비에트에 더 큰 강조점을 두었던 반면 그 이후로는 볼셰비키의 헤게모니에 강조점을 두면서 『무엇을 할 것인가』에서 피력한 자생성의 한계론으로 복귀하는 경향을 보인다.

만약 그렇다면 그로부터 약 2개월 뒤인 9월 27일에 쓴 「혁명의 한 가지 근본 문제」[16]에서 레닌이 다시 "모든 권력을 소비에트로!"라는 슬로건을 재천명하는 것은 어떤 맥락에서인가? "권력을 소비에트로——이것이 이후의 전진을 점진적이고 평화롭고 순조롭게 만들 수 있는 유일한 길이다."[17] 지난 6개월간 혁명이 권력체제를 놓고 동요하면서 시간을 허비했다는 것, 사회혁명당과 멘셰비키 등 프티부르주아 정당들의 동요하는 정책이 그 동요와 불안정의 원인이라는 것을 지적한 후에 레닌은 "오직 소비에트 권력만이 안정될 수 있어 가장 격렬한 혁명의 가장 격렬한 순간에도 쓰러지지 않는다. 오직 이 권력만이 혁명의 지속적이고 폭넓은 발전, 소비에트 내에서 정당들의 평화로운 투쟁을 보장할 수 있다"고 쓴다. 권력을 소비에트로 이전한다는 것은 소비에트 다수파 정당들의 내각과 같은 의미가 아니다. 그것은 낡은 국가기구 전체, 민주주의적인 모든 것을 방해하는 관료적 기구를 근본적으로 개조한다는 뜻이며 이 기구를 없애고 그것을 새로운 인민의 기구, 즉 진정으로 민주적인 소비에트 기구, 조직되고 무장한 인민 다수——노동자, 병사, 농민——로 대체한다는 뜻[18]이라고 레닌은 말한다. 대표의 선출에서만이 아니라 국가행정을 담당하고 개혁을 비롯한 다양한 다른 변화를 이루어 내는 일에서도 인민 다수에게 주도권과 독립성을 허용하는 것이 소비에트 권력의 의미라는 것이다. 레

---

14) 레닌, 「슬로건에 관하여」, 『레닌』, 110쪽.
15) 같은 책, 110쪽.
16) "One of the Fundamental Questions of Revolution" (http://www.marx2mao.com/Lenin/Index.html).
17) 레닌, 「혁명의 한 가지 근본 문제」, 『레닌』, 178쪽.
18) 같은 책, 171쪽.

닌에 따르면 노동자 농민 병사 대의원 소비에트는 새로운 유형의 국가기구이며 한없이 더 높고 비할 바 없이 더 민주적인 국가기구이다. 레닌은 「슬로건에 관하여」에서 표현했던 현존하는 소비에트에 대한 불신을 잊은 듯, 낡은 국가기구를 대체할 새로운 국가기구는 존재하고 있다고 말하면서 그것은 "바로 소비에트다. 인민의 주도와 독립을 두려워하지 말라. 그들의 혁명적 조직을 신뢰하라"[19]고 말한다. 이 글에서 레닌은 "인민에 대한 믿음의 부족, 그들의 주도와 독립에 대한 두려움, 그들의 혁명적 에너지에 대한 전면적 무조건적 지지 대신 그 앞에서 느끼는 공포", 이것들을 사회혁명당과 멘셰비키 지도자들의 죄로 돌린다. 하지만 7월 정세에서 레닌이 "모든 권력을 소비에트로!"라는 슬로건을 철회했을 때 그 자신이 '소비에트의 배신'을 문제로 삼지 않았던가?

무엇이 레닌의 생각과 태도를 다시 바꾼 것일까? 무엇보다도 결정적인 것은 (임시정부에서 프티부르주아지가 부르주아지에 의해 패퇴하리라는 레닌의 예상과는 달리) 코르닐로프Lavr Kornilov, 1870~1918의 반혁명 쿠데타가 케렌스키의 저항과 소비에트의 힘에 의해 저지된 것이다. 이 사태의 전개를 조금 자세히 살펴보자. 군 최고사령관 코르닐로프는 사회혁명당 출신의 총리 케렌스키의 노선이 위험하다고 보고 있었다. 아래로부터의 제헌의회 소집요구에도 불구하고 케렌스키는 8월 9일에, 제헌의회 선거를 11월 12일로 연기한다고 발표했다. 그렇지만 코르닐로프는 케렌스키에 대한 의심을 거두지 않았다. 케렌스키는 8월 12일 기업가 단체, 노동조합을 포함한 각계 이익집단 대표, 그리고 교회 지도층과 장교 등이 참석하여 국정을 논할 국가자문회의(모스크바 국정협의회)를 소집했다. 볼셰비키는 이 회의가 반혁명을 은폐하려는 기도라고 비판했고 모스크바 등지에서 대규모 노동자 파업을 조직하고 있었다. 이 자리에서 코르닐로프는 볼셰비키에 대한 케렌스키의 미온적 태도를 공개적으로 비판했다.

그리고 그는 일련의 반혁명적 계획을 발표했는바, 그것은 군에 대한 소비에트 간섭의 배제, 2월혁명 이후 수립된 혁명위원회의 해체 또는 권한 축소, 철도와 군수 공장의 군사화, 지휘관의 권한 회복과 후방에서 사형 제도의 부활, 사회 분야에 대한 국가 개입의 중단 등을 포함하는 것이었다. 8월 19일에는 수도에서의 계엄령 선포, 기병군단의 수도 진입 등도 추진되었다. 이러한 움직임에 구 차르 지지층과 부르주아지, 그리고 해외 연합국 정부 등이 지지를 보냈다. 하지만 케렌스키는 이러한 계획을 실질적으로는 자신을 권좌에서 몰아내기 위한 것으로 파악하고 노동자 농민 병사 소비에트에 그리고 심지어 볼셰비키에게도 도움을 요청했다. 마침내 코르닐로프의 쿠데타가 개시되었다. 그는 8월 25일에 러시아를 구한다는 명분으로 제3기병 군단을 전선에서 페트로그라드로 이동시켜 케렌스키에게 자신에게 권력을 넘길 것을 요구했다. 그러나 케렌스키는 오히려 코르닐로프의 해임명령을 내리는 것으로 이에 대응했다.

그러자 카데트 각료들은 코르닐로프가 새 정부를 구성하는 데 도움을 주기 위해 일괄 사퇴했고 코르닐로프의 부대가 수도를 향해 진격했지만 임시정부를 지키려는 소비에트의 강력한 저항에 맞부딪혔다. 수백만의 대중은 군사독재를 저지하기 위해 무기를 들었고 새로운 적위대도 만들어졌다. 코르닐로프가 보낸 전신은 그의 부대에 도착되지도 못했고, 쿠데타군이 탄 기차에는 한 방울의 물도 공급되지 않았다. 마침내 케렌스키는 코르닐로프를 해임시키는 데 성공하고 자신이 총사령관을 겸임했으며 쿠데타는 노동자와 병사와 수병들에 의해서 간단히 진압되었다. 9월 1일에 코르닐로프와 그 공범자들은 체포되었다.

이 사건으로 노동자들은 사회혁명당과 멘셰비키 등 타협파 사회주

19) 레닌, 「혁명의 한 가지 근본 문제」, 『레닌』, 174쪽.

의자들의 정치가 궁극적으로는 지주들과 부르주아지들의 권력을 가져온다는 점을 분명히 깨닫고 이들에 대한 지지를 철회했다. 반면 지속적으로 혁명적 투쟁을 호소하고 또 전개해 온 볼셰비키에 대한 지지도가 상승했다. 마침내 8월 31일에 볼셰비키는 처음으로 페트로그라드 소비에트에서 다수를 차지했다. 페트로그라드 소비에트는 즉각적인 강화, 지주 토지의 몰수, 노동자에 의한 생산통제, 권력의 소비에트 이양 등을 주장하는 볼셰비키의 결의를 채택했다. 9월 5일에는 모스크바 소비에트도 같은 결의를 채택했다. 그 밖에 많은 도시에서 소비에트의 볼셰비키화, 혁명화가 급속히 진행됐다. 바로 이것이 레닌이 "모든 권력을 소비에트로!"라는 슬로건을 내건 조건이다. 투쟁의 새로운 주기 속에서 주요 도시의 소비에트가 볼셰비키의 헤게모니 아래로 들어온 것이 4월의 슬로건을 다시 꺼내도록 만든 이유였다.

그러나 9월에 레닌이 꺼낸 슬로건은 4월의 슬로건과 **표현**은 동일하지만 그 **내용**이 동일하지는 않은 것으로 보인다. 왜냐하면 같은 시기에, 즉 모스크바와 페트로그라드 소비에트에서 볼셰비키가 다수를 획득한 이후에, 레닌이 「볼셰비키는 권력을 장악해야 한다」라는 글을 쓰고 있기 때문이다. 4월에 소비에트로 권력이 이전되었다면 그것은 볼셰비키 권력과 동일한 권력이 아니었다. 당시에 볼셰비키는 소수파였을 뿐이다. 그러나 9월에 레닌은 소비에트로의 권력 이전을 주장함과 동시에 당내에서는 볼셰비키가 권력을 장악해야 한다고 말하고 있다. 그렇다면 레닌은 소비에트로의 권력 이전과 볼셰비키의 권력장악 사이에 어떤 관계가 있다고 이해한 것일까? 혁명의 근본 문제가 권력의 문제라면 소비에트 권력인가 볼셰비키 권력인가는 결코 간과될 수 없는 차이를 갖는 문제가 아닌가?

코르닐로프 쿠데타를 진압한 후, 레닌은 즉각 봉기를 일으켜 권력을 잡자고 주장한 바 있다. 하지만 그의 주장은 그 누구의 지지도 얻지 못했다. 대다수의 볼셰비키는 케렌스키의 임시정부가 난국을 타개하기 위해 제안한 '민주협의회'에 참가하여 거기서 소비에트가 다수를 이루어 권력을 잡자고 주장했기 때문이다. 9월 3일에 볼셰비키 중앙위원회는 민주협의회 참가를 결정했다. 「볼셰비키는 권력을 장악해야 한다」는 9월 14일부터 22일 사이에 페트로그라드에서 열린 민주협의회 직전에, 즉 9월 12일부터 14일에 볼셰비키의 민주협의회 참가에 대비하여 집필된 것으로 알려져 있다.[20] 이 글은 민주협의회가 혁명적 인민의 다수를 대표하는 것이 아니라 프티부르주아의 타협적 상층만을 대표한다는 것, 민주협의회는 농민을 속이고 있으며 농민에게 평화도 토지도 줄 수 없다는 것, 농민의 요구를 충족시키고 제헌의회 소집을 보장할 수 있는 것은 볼셰비키 정부뿐이라는 점을 강조하면서 "양쪽 수도의 노동자 병사 대의원 소비에트에서 다수를 얻은 볼셰비키는 자신의 손에 권력을 쥘 수 있고 또 쥐어야 한다"[21]고 역설한다. 그 방법은 무장봉기를 통한 권력장악이다. 레닌은 민주협의회에 참가하는 볼셰비키의 임무가 있다면 그것은 참가자들에게 무장봉기와 권력장악, 정부 전복을 선동하는 것이어야 한다고 보면서 민주협의회가 혁명의 운명을 결정지어야 한다고 본다.

그렇다면 어떤 근거로 레닌은 볼셰비키가 권력을 쥘 수 있다고 보았는가? 첫째 페트로그라드와 모스크바 두 도시의 혁명적 분자들의 적극적 다수는 인민을 이끌고, 적의 저항을 극복하고 권력을 얻고 유지할 만큼 수가 많다는 것, 둘째 인민 다수가 볼셰비키를 지지하고 있으며 두 도시에서의 다수 획득은 그 결과라는 것, 셋째 소비에트와 민주적 조직들이 봉기를 위한 기관을 제공할 것이라는 것 등이다. 이러한 근거 위에서 레

---

20) 이것은 1921년 「프롤레타리아 혁명」 2호에 「러시아사회민주주의노동자당(볼) 중앙위원회, 페트로그라드위원회, 모스크바위원회에 보내는 편지」라는 부제를 달고 처음으로 인쇄되었다.
21) 레닌, 「볼셰비키는 권력을 장악해야 한다」, 「레닌」, 179쪽.

닌은 제헌의회 소집이나 소비에트 대회와 같은 형식적 제헌의 절차를 기다리는 것은 순진할 뿐만 아니라 노동자와 농민을 배신하는 행위, 즉 역사로부터 용서받지 못할 죄악이라고 단정하면서 무장봉기와 권력장악이라는 물질적 제헌을 준비하자고 호소한다.[22]

이러한 사고에서 엿보이는 것은 레닌이 권력 개념을 대의주의적 관점에서 이해하고 있다는 것이다. 권력의 실체는 소비에트로 연합된 다수의 노동자, 농민, 병사 들 대중에게 있는 것이 아니라 그들의 대표자들에게, 특히 대의원 회의에서 다수를 차지한 정당에게 있다는 생각이 그것이다. 만약 권력이 대표자들에게 있는 것이 사실이라면 그 대표자들을 소환하고 해임할 수 있는 프롤레타리아 대중의 권력이 어떻게 인정될 수 있겠는가? 소환과 해임의 권력을 포함하는 실질적 프롤레타리아 권력이 소비에트에 결합된 대중들 자신에게 있음이 승인된다면 소비에트 권력은 어떤 경우에도 그 속에서 정치적 다수를 차지한 정당의 권력과 동일시될 수 없을 것이다. 그러므로 1917년 후반기 레닌의 물질적 제헌 개념은 점차 『국가와 혁명』이 이룬 전진을 무효화하면서 프롤레타리아 제헌의 문제를 볼셰비키의 행동의 문제로 환원한 초기의 전위주의적 관점으로 복귀한다고 볼 수 있다.

이제 이러한 제헌관 속에서 의회, 국가, 폭력, 조직화 등 현재의 혁명에서도 중요성을 잃지 않고 있는 몇 가지 쟁점들을 레닌이 어떻게 이해했는지 살펴보도록 하자.

4. 제헌권력과 의회 문제

모든 권력이 소비에트로 이전되어야 한다고 천명한 상태에서의 혁명에서 제헌의회의 역할과 운명은 어떻게 되는 것인가? 이 문제는 혁명 이후에 제헌의회를 둘러싼 정치적 쟁점으로 부상했다. 그러나 제헌의회인가 소비에트 대회인가라는 논쟁은 레닌에게는 혁명 전에 이미 논리적으로는 해결된 문제였다.[23] 프롤레타리아 혁명에서 부르주아적 제헌의회는 그것의 법제정이나 법보존의 기능을 수행할 수 없다. 프롤레타리아 혁명의 제정권력은 노동자 농민 병사들이 직접 자신들의 대표들을 파견하는 소비에트 대회에 있을 뿐이다. 그런데 여기서 반드시 주의해 두어야 할 것은, '제헌의회인가 소비에트 대회인가'라는 쟁점은 '무장봉기인가 제헌의회 혹은 소비에트 대회인가'의 쟁점에 비하면 부차적이라는 점이다. 후자가 행동의 문제라면 전자는 말의 문제이다.

1917년 9월 29일에 씌어진 「위기가 무르익었다」는 이 문제에 대한 레닌의 입장을 분명히 표현한다. 이 글에서 레닌은, 볼셰비키가 입헌주의적 환상, 소비에트 대회와 제헌의회 소집에 대한 믿음, 소비에트 대회를 기다리는 태도 등의 덫에 빠진다면 그것은 볼셰비키를 프롤레타리아 대의들(반란에 나선 러시아 농민들의 민주주의적 요구, 반란에 나선 독일의 혁명적 노동자들의 국제주의적 요구 등)의 비참한 배신자로 만들고 말 것이라고 주장한다. 국제주의와 민주주의는 말이나 연대의 표현 혹은 결의문이 아니라 행동으로 이루어져야 한다는 것이 레닌의 생각이었다.

그러므로 제헌의회는 말할 것도 없고 소비에트 대회를 기다리는 것도 "완전한 바보짓 아니면 완전한 배신"[24]이다. 레닌은 소비에트 대회를

---

22) 레닌, 「볼셰비키는 권력을 장악해야 한다」, 『레닌』, 179~183쪽. 레닌은 봉기의 시점은 "노동자와 병사, 대중과 접촉하는 사람들의 공통된 목소리만이 결정할 수 있다"고 하면서 확정하지 않고 열어 둔다.

23) 혁명 이전에 씌어진 『국가와 혁명』(한글본: 레닌, 『국가와 혁명』, 김영철 옮김, 논장, 1988) 3장 3절은 '의회제의 폐지'라는 제목을 달고 있고 여기서 레닌은 부르주아 의회제도의 진정한 본질은 몇 년에 한 번씩 어떤 자들을 지배계급으로 정할 것인가를 결정하는 것이라고 하면서 의회를 민중에 대한 억압기구로 파악한다. 물론 레닌은 의회제도를 벗어나는 것이 대표기구나 선거원칙을 폐지한다는 것을 의미하지는 않으며 오히려 집화상 같은 대의기구를 명실상부하게 활동하는 기구로 전환시키는 의미라고 부연한다(63쪽).

24) 레닌, 「위기가 무르익었다」, 『레닌』, 216쪽.

기다리는 것이 바보짓임을 수차례 반복하면서 결의안이나 리베르단[25]과의 대화에 시간을 뺏기는 것은, 무력으로 진압되고 있는 반란농민들을 소비에트가 배신하는 것이고 농민의 신뢰를 모조리 잃게 되는 것이라고 경고한다. 레닌은 오직 물질적 수준에서 제헌권력을 행사하는 것이 먼저이고 입헌적 제정은 그 후의 일이라고 주장하고 있는 것이다.

> 지금 권력을 장악하지 않고 "기다리고" 중앙집행위원회에서 말하는 데에나 몰두하고 (소비에트의) "기관을 위해 싸우는" 일, "대회를 위해 싸우는" 일에만 만족하는 것은 혁명에 실패를 선고하는 것이다.[26]

이 문서를 레닌은 중앙위원회 사퇴서를 대신하여 제출한다. 만약 사퇴 처리가 된다면 자신은 평당원들 사이에서 또 당 대회에서 캠페인을 벌일 자유를 확보할 수 있다고까지 덧붙이면서 말이다.

소비에트로의 권력 이전과 무장봉기를 통한 볼셰비키의 권력장악이라는 결코 동일해 보이지 않는 두 가지 방침이 어떻게 레닌 내부에서 동시에 공존할 수 있었는가에 대한 답은 10월 8일에 씌어진 「한 국외자의 조언」에서 명시적으로 표현된다.

> **모든 권력을 소비에트로 넘겨야 한다는 것은 분명하다.** 프롤레타리아 혁명권력(또는 볼셰비키 권력—지금은 그 둘이 하나다)이 전 세계 특히 교전국들의 착취당하는 모든 근로인민, 그 가운데서도 특히 러시아 농민의 절대적 공감과 무조건적 지지를 받고 있다는 사실 역시 모든 볼셰비키에게 논란의 여지가 없다. 너무 잘 알려져 있고 또 이미 확증된 지 오래인 이런 사실들을 너무 오래 이야기할 필요는 없다. 지금 다루어야 하는 것은 모든 동지들에게 분명해 보이지 않을 수도 있는 점, 즉 **소비에트로 권력**

을 옮기는 것이 이제 실천적으로는 **무장봉기를 의미한다는** 점이다. 이것은 분명해 보일지 모르지만, 이 점에 관해 모두가 생각을 해보았거나 생각을 하고 있는 것은 아니다. 지금 **무장봉기를 거부하는 것은** 볼셰비키의 핵심구호("모든 권력을 소비에트로")와 더불어 **프롤레타리아의 혁명적 국제주의 전체를 거부하는 것이다.**[27]

여기서 소비에트 권력은 볼셰비키 권력과 등치되고 그것의 제헌적 기술은 **볼셰비키의 무장봉기로** 정의된다. 7월 중순의 「슬로건에 관하여」에서 소비에트 권력의 길은 평화적 이행의 길로, 볼셰비키 권력의 길은 무장봉기의 길(비평화적 이행의 길)로 인식되었는데 이 두 가지 길이 10월 9일에는 공히 무장봉기를 **방법으로** 삼게 되며 심지어 그 **내용**조차도 동일한 것으로 이해된다. 레닌은 10월 17일에 쓴 「동지들에게 보내는 편지」에서 소비에트에로의 권력 이전의 문제가 평화의 길에서 폭력의 길로 전환된 이유를 다음과 같이 설명한다.

마지막, 그러나 앞의 어느 것 못지않게 중요한 사실, 오늘날 러시아의 삶에서 가장 눈에 띄는 사실은 농민 폭동이다. 이것은 말이 아니라 행동으로 인민이 볼셰비키의 편으로 넘어오고 있다는 사실을 객관적으로 보여 준다. 그리고 소요와 무정부 상태에 관해 떠드는 부르주아 언론과 "동요하는" 『노바야 지즌』 패거리에 속하는 그 비참한 예스맨들이 있음에도 불구하고 이 사실에는 변함이 없다. 탐보프 구베르니아의 농민운

---

25) 볼셰비키 잡지 『사회민주주의자』 141호에 데미안 비에드니가 '리베르단' 이라는 제목의 글을 쓴 후에, 멘셰비키 지도자 리베르(Liber)와 단(Dan)을 풍자적으로 일컫기 위해 사용된 말(http://marx.org/francais/lenin/works/1918/11/vl191181110g.htm).
26) 레닌, 「위기가 무르익었다」, 『레닌』, 218쪽.
27) 같은 책, 221~222쪽. 강조는 인용자.

동은 물리적인 의미에서나 정치적인 의미에서나 엄연한 봉기였다. 무엇보다도 토지를 농민에게 양도한다는 합의와 같은 훌륭한 정치적 성과를 이끌어 낸 봉기였다. …… 인민을 배반한 사회혁명당과 멘셰비키는 투덜거리고 협박을 하고 결의안을 쓰고 제헌의회를 소집하여 굶주린 사람들을 먹이겠다고 약속하지만 인민은 볼셰비키의 방법으로, 지주와 자본가와 투기꾼에 대항하여 반역을 일으켜서 빵 문제를 해결하기 시작했다.[28]

농민폭동은 무장봉기이며 이것은 소비에트가 더 이상 평화적인 방식으로가 아니라 무장반란의 방식으로 제헌을 하기 시작했음을 보여 준다는 것이다. 이것을 볼셰비즘의 승리로 읽는 한에서 '소비에트 권력' = '볼셰비키 권력'이며 그 현재적 방법은 무장봉기다. 그것은 제헌의회나 소비에트 대회와 같은 말의 방법, 제정의 방법에 행동의 방법, 제헌의 방법을 앞세우는 것이다. 전자가 사회혁명당과 멘셰비키의 노선이며 후자가 볼셰비키의 노선이다.

10월 25일 집권한 볼셰비키는 약속대로 제헌의회 선거를 개최한다. 선거 결과는 사회혁명당의 압도적 승리(703석 중 370석)였고 볼셰비키는 168석을 얻었을 뿐이었다. 멘셰비키도 100석을 얻었다. 선거 이후 사회혁명당과 멘셰비키는 즉시 제헌의회를 소집하라고 주장했다. 이들은 소비에트가 아니라 제헌의회가 유일한 주권기관이라고 생각했다. 이들의 구호는 "모든 권력을 제헌의회로!"로 집약되었다.

볼셰비키당 내부에서도 제헌의회 소집을 지지하는 그룹이 없지 않았다. 특히 '의원그룹'들이 그러했다. 이에 대한 레닌의 입장은 「제헌의회에 대한 테제들」에 표현된다.[29] 레닌은 제헌의회 소집 요구가 사회혁명당의 강령의 합법적 일부임을 인정한다. 케렌스키의 제국주의 공화국이 갖가지 방식으로 선거를 연기하면서 민주주의를 위반하려고 했던 상황에서 제헌의회는 부르주아 공화국에서 민주주의의 최고형태였기 때문이라는 것이다. 그러나 혁명적 사회민주주의가 제헌의회 소집을 요구하면서도 1917년 혁명의 시작부터 줄곧 강조해 온 것이 "소비에트 공화국이 제헌의회를 가진 부르주아 공화국보다 훨씬 더 고도의 민주주의 형식"이라는 사실이었음을 기억해야 한다고 레닌은 반박한다. 나아가 레닌은 부르주아 사회체제에서 사회주의 사회체제로의 이행기인 프롤레타리아 독재의 시기에 소비에트 공화국은 민주적 제도의 더 높은 형식일 뿐만 아니라 사회주의로의 고통 없는 이행을 보장할 수 있는 유일한 형식이라고 주장한다.

이것은 원칙적 이유이다. 기술적 이유도 있다. 실시된 제헌의회 선거명부가 혁명 이후 노동자 농민의 열망을 제대로 반영하지 못했다는 것이 그것이다. 즉 1917년 내내 전개된 혁명적 과정을 거치면서 제헌의회 선거명부와 착취당하는 노동계급 대중의 실질적 이해관계 사이에 탈구가 있다고 주장하면서 레닌은 이런 상황에서 일상적 부르주아 민주주의의 틀 내부에서, 즉 법적·형식적 관점에 따라 제헌의회 문제를 고려하는 것은 프롤레타리아의 대의를 배신하고 부르주아적 관점을 받아들이는 것이라고 비판한다. 따라서 제헌의회 문제에 대한 (형식적이 아닌) 혁명적 해결은 인민들이 제헌의회 의원을 새롭게 선출할 권리를 폭넓게 그리고 빠르게 행사하도록 하고, 제헌의회가 이 새 선거에서 소비에트 중앙집행위원회의 법을 받아들이게 하며, 그것이 유보 없이 소비에트 권력과 소비에트 혁명을 인정하고 평화, 토지, 노동자 통제에 대한 소비에트의 정책을

---

28) 레닌, 「동지들에게 보내는 편지」, 『레닌』, 228~229쪽.
29) http://www.marxists.org/archive/lenin/works/1917/dec/11a.htm. 이 글은 1917년 12월 11~12일에 씌어졌고 같은 해 같은 달 26일에 발표되었다.

인정하도록 선언하는 것이어야 한다고 레닌은 주장했다.[30]

그러나 새로운 선거는 없었고 1918년 1월 5일 타우리드 궁에서 최초의 제헌의회가 열렸다. 제헌의회 의장석에는 사회혁명당 우파인 체르노프가 앉았다. 여기서 소비에트 정부가 취한 주요한 조치들의 의회 승인을 위한 안건이 볼셰비키 의원 그룹에 의해 제출되었다. 그러나 이 안이 237대 138로 부결되자 볼셰비키당과 사회혁명당 좌파 의원들은 퇴장하였다. 이에 1월 5~6일 사이에 밤샘 논쟁을 거친 후 새벽 5시에 궁을 에워쌌던 무장파견대의 지휘자인 젤레즈니아코프가 의회해산을 명령했다. 1918년 1월 5일에 발행된 내무인민위원회의 회보는 과거에 행정기관이 갖고 있던 모든 권력이 이제부터는 지역 소비에트들에게 주어진다고 선언했다. 그리고 러시아는 소비에트의 그물망으로 대체된다. 실제로 10월봉기 이전에 소비에트가 없었던 농촌 지역에서도 소비에트들이 빠르게 증가했다. 이에 힘입어 1918년 3월에 열린 당 대회에서[31] 레닌은 소비에트 권력은 관료제, 경찰, 상비군 등이 없는 새로운 유형의 국가라고 정의하면서 이 국가 안에서 부르주아 민주주의는 새로운 민주주의, 즉 근로인민의 전위가 지도적 지위에 서서 근로인민들에게 입법과 행정 권한을 부여하고, 근로인민들에게 군사적 방어와 대중들을 재교육 시킬 수 있는 국가기구 창출을 책임지게 하는 그러한 민주주의로 대체되었다고 선언했다.

이상에서 살펴보았듯이 레닌은 제헌권력이 부르주아 제헌의회에 의해 제정되는 것은 부르주아 민주주의 혁명의 형식이며 프롤레타리아 혁명은 소비에트에 의해서만 유효하게 제정될 수 있다고 보았다. 소비에트 대회만이 프롤레타리아 혁명이라는 제헌행동을 유효하게 법적으로 보존할 수 있다고 본 것이다. 이러한 생각은 1918년 제5차 전 러시아 소비에트 대회에서 소비에트를 공식 지방행정단위조직으로 확정하고 전러시아 소비에트 대회를 국가 최고기구로 승인하는 헌법을 통과시키는 것으로 그 최고의 형식을 얻게 된다.

논리적으로 일관된 레닌의 제정권력론의 귀착점은 소비에트 대회이다. 그런데 문제는 남는다. 최초의 소비에트 대회는 1917년 6월 페트로그라드에서 개최되었다. 사회혁명당과 멘셰비키가 다수파였던 이 대회에서는 상설기구인 중앙집행위원회를 구성하고 중앙집행위원회 간부회를 소비에트 대회의 지도권력으로 승인했다. 제2차 총회는 페트로그라드 소비에트 내 다수파가 된 볼셰비키가 임시정부를 타도한[32] 직후인 10월 24일 오후 3시에 소집되었다. 같은 날 오후 11시에는 전 러시아 노동자 병사 대표자 소비에트 대회가 열렸다. 이 대회는 각 지역 단위에 걸친 402개 이상의 소비에트를 대표하고 있었고, 대의원 650명 가운데 약 400명이 볼셰비키 소속 대의원이었다. 나머지 대부분은 사회혁명당 좌파 소속이었다. 멘셰비키와 사회혁명당 우파는 이 대회에서 70~80여 명의 소수파가 되어 있었다. 이들은 볼셰비키 봉기에 대한 반대를 선언한 뒤 곧바로 대회장을 퇴장했다. 그럼에도 불구하고 대회는 계속되어 모든 지역의 권력을 노동자 병사 농민 대표 소비에트로 이관한다, 전쟁을 인류에 대한 최대의 범죄라고 규정한다, 모든 민중에 대해 평등하고 공정한 조건으로 무병합 무보상의 강화를 즉시 체결한다, 토지 사유권을 폐지하며 토지 매매를 금지하고 지주 토지를 소비에트 및 토지위원회로 이양한다, 그리고 국가권력의 최고기관은 전 러시아 소비에트 대회이고 대회기간에는 전 러시아 소비에트 중앙집행위원회가 그것을 대신한다 등의 결의를 채택했으며 실제적인 새로운 혁명정부로서 레닌을 의장으로 하는 인민위원 평

---

30) 「제헌의회에 대한 테제들」(http://www.marxists.org/archive/lenin/works/1917/dec/11a.htm).

31) 이 대회에서 러시아 사회민주노동당은 러시아 공산당으로 개칭된다.

32) 10월봉기는 소비에트가 아니라 볼셰비키 주도로 이루어진다. 이에 대해서는 조정환, 「레닌의 카이로스」, 『마르크스주의 연구』 제2호, 2004 참조.

의회Sovnarkom 구성을 선포했다. 이후 소련의 실질적 권력기관으로 발전하는 인민위원 평의회는 사회혁명당 다수파와 멘셰비키의 거부로 볼셰비키와 사회혁명당에서 분당한 좌파 사회혁명당 당원만으로 구성되었다.

여기서 우리는 소비에트 권력이 실제로는 볼셰비키의 권력과 거의 일치하는 인민위원 평의회(1946년 이후 소련 각료 평의회로 개칭)의 권력으로 환원되어 갔다는 사실을 간과할 수 없다. 프롤레타리아의 행동적 제헌권력은 소비에트 헌법으로 제정되는 과정에서 볼셰비키 권력으로 환원되었다. 전 러시아 소비에트 대회→전 러시아 소비에트 중앙집행위원회→인민위원 평의회→레닌으로 이어지는 권력의 위계구조는 대의제에 입각해 있었고 이 권력 위계를 중앙집권적으로 지도하는 것은 러시아 공산당이었기 때문이다.[33] 이것은 대중→프롤레타리아 계급→공산당→지도자로 이어지는 위계적 대의관념의 조직적 실현에 다름 아니었다. 바로 이러한 대의관념이 소비에트 권력과 볼셰비키 권력의 일치를 주장하게 만드는 사상적 토대인 셈이다.

그러나 과연 대의적 일치가 실질적 일치와 같은 것인가? 이 문제는 레닌에 의해 제기되지 않는다. 소비에트 대표와 간부는 처음에는 일반적 소환과 해임 가능성, 급료의 제한 등에 의해 아래에 의해 구속되는 대의제에 입각해 선출되었지만 점차 소련 공산당이 추천하는 1인만이 후보가 되는 구조로, 즉 가부장적 대의제에 입각한 선출로 점차 변질되어 갔다는 엄연한 역사적 사실이 우리 앞에 놓여 있다. 상비군은 폐지되었던가? 민병 폐지와 정규군화, 계급제의 부활은 1930년대에 이루어지지만 처음부터 노농적군은 민병대 외에 의무병역의 정규군을 포함하고 있었다. 초기에 계급제가 폐지되고 노동자 농민에 의한 무장권 독립이 명문화되어 있었지만 노농적군의 실질적 권력은 지휘관과는 별도로 배치된 감시자인 군사위원에게 주어져 있었다. 군사위원이 볼셰비키의 권력을 담지하는 기구였음은 자명하지 않겠는가? 계급제 부활, 노동자 농민의 무장력 독점의 폐지를 수반하면서 진행된 노농적군의 소비에트 정규군으로의 퇴화는 민주주의의 철저한 침식 및 관료주의의 재지배로 귀착되었다. 그것은 이른바 스탈린주의 '반혁명'의 탓으로 돌려질 수 있는 우발적 성격의 것인가? 아니면 볼셰비키 권력의 헤게모니하에서 구축된 소비에트 대의제 그 자체가 이미 그 내부에 제헌권력과 제정권력 사이의 이러한 탈구를 필연적으로 내장하고 있었던 것인가? 소환권과 해임권이 이 탈구를 극복할 필요하고도 충분한 대안일 수 있는가? 이러한 탈구의 역사적 성격은 무엇이며 어떻게 변화하는가? 소련이 붕괴한 지금 소비에트 제도에 남아 있는 볼셰비키 헤게모니와 그 주도하의 대의제라는 문제는 근본적 재검토를 요구하는 문제로 남아 있다.

5. 제헌권력과 국가 문제

프롤레타리아 독재는 소비에트 권력과 동일한 것으로 해석된 볼셰비키 권력으로 나타났다. 볼셰비키가 지도하는 소비에트 연방은 국가인가? 프롤레타리아의 제헌은 국가에 대해 어떤 태도를 취하며 어떤 관계를 맺는가? 이 질문에 대한 답은 일찍이 『국가와 혁명』에서 깊이 있게 탐구되었다. 1917년 8월에 출간된 이 책의 초판 서문에서 레닌은 "프롤레타리아 사회주의 혁명과 국가의 관계라는 문제는 정치적 실천이라는 측면에서뿐만 아니라 이 시대의 가장 급박한 문제, 즉 자본주의의 폭정으로부터 해방되기 위해서는 그들이 무엇을 해야 할 것인가를 대중들에게 설명해 준

---

33) 민주집중제는 민주적 대의제를 표현하는 개념이다. 그것은 지도의 집중과 책임의 분산으로 이루어지는바 권력의 집중을 체계적으로 보장한다. 이에 대해서는 뒤에서 다시 살펴볼 것이다.

다는 점에서 아주 중요하다"고 쓰고 있다.

　이 책에서 레닌은 "국가란 한 계급이 다른 계급을 통치하고 지배하기 위한 기관이며 그와 동시에 계급 사이의 갈등을 조절함으로써 이러한 억압을 정당화하고 영속하는 기관으로서, 이른바 '질서'의 창출자"[34]라고 이해한다. 아무리 민주적인 공화국이라 할지라도 그것이 국가인 한에서 그것은 피억압계급을 억누르기 위한 '하나의 특수한 물리력'이다. "국가가 화해 불가능한 계급 적대감의 산물이고 사회의 상부에 위치하면서 '사회로부터 자기 스스로를 점점 소외시키고 있는' 권력이라면, 억압받는 계급의 해방은 폭력혁명을 통하지 않고서는 불가능할 뿐만 아니라 지배계급이 창출했고 또한 이러한 '소외'를 이루고 있는 몸체인 국가권력기구의 파괴를 통하지 않고서는 계급해방이 불가능하다"[35]는 것이 레닌의 생각이다. 프롤레타리아는 지배계급을 위해 일하는 '특수한 무장조직체'로서의 국가에 대항하여 대중 자신의 '자활적 무장조직'을 창출하며 이 두 무장조직 사이의 갈등이 혁명과정을 규정한다. 부르주아의 국가는 결코 사멸되지 않는다. 그것은 프롤레타리아의 혁명적 행동에 의해 폐지된다. 그러나 부르주아 국가의 폐지가 국가의 종말을 의미하는 것은 아니다. 폭력혁명을 통해서 부르주아 국가가 폐지되고 그것은 프롤레타리아 대중 자신의 '자활적 무장조직'의 국가, 즉 프롤레타리아 국가로 전화된다. 엄밀한 의미에서 이것은 국가가 아닌 국가, 반半국가 혹은 달리 말하면 준準국가이다.[36] 부르주아 국가가 **폐지**되어야 하는 것과는 달리 프롤레타리아 국가는 **사멸**된다. 폐지와 사멸의 두 측면과 두 과정을 거쳐 비로소 **국가 일반**의 폐지가 가능해진다. 국가 일반의 폐지는 계급적대의 소멸, 계급 자체의 소멸과 행보를 함께한다.

　이러한 생각은, 지금까지의 모든 혁명이 국가기구를 제거하기보다 완성하려 했다는 인식 위에서 국가 일반의 폐지로 향하는 혁명을 시작한다는 급진적 방향전환을 내포하는 것이다. 권력쟁취를 위해 상호투쟁하고 있는 정당들은 거대한 국가기구를 소유하게 된 것을 승리에서 오는 당연하고 중요한 전리품으로 간주했지만 프롤레타리아 혁명을 통해 지배계급으로 조직된 프롤레타리아트의 국가는 '사멸해 가기 시작하며 또 해갈 수밖에 없는' 국가일 것이기 때문이다.[37]

그러나 무엇이 이러한 방향전환을 실제적으로 보장할 것인가? 레닌이 정의한 첫번째의 요소는 기존의 국가기구에 대한 파괴이다. 파괴되어야 할 핵심적 국가기구는 관료제와 상비군으로 정의된다. 이것들은 부르주아 사회에 붙어사는 기생물이다. 이것들은 사회를 분열시키는 내적 적대감에 의해 창출되지만 사회의 모든 숨구멍을 틀어막는 기생물이다.[38] 그러므로 프롤레타리아는 이들 부르주아 국가기구를 파괴하는 데에 혁명적 파괴력을 집중하고 자신의 목적을 국가기구를 개선하는 것에 두는 것이 아니라 그것을 타도하고 파괴하는 데 두어야 한다. 기존의 봉건적 부르주아적 국가기구의 파괴는 분명히 프롤레타리아의 새로운 국가가 사멸하도록 보장할 객관적 조건이 될 것이다. 그러나 1917년 혁명 이후의 러시아에서 상비군이라는 국가기구는 사라지지 않았고 노농적군 속에 보존되었으며 시간이 흐르면서 소비에트 정규군의 형태로 더욱 강화되었다. 관료제도 파괴되지 않았다. 2월혁명 이후에도 온존했던 차르 관료기구는 러시아 공산당에게 접수되어 당기구와 관료기구가 구분할 수 없게 겹쳐지는 현상이 전개되었다. 레닌은 스탈린과 공산당이 신흥 관료제의 도구

---

34) 『국가와 혁명』, 18~19쪽.
35) 같은 책, 19쪽. 강조는 인용자.
36) 엥겔스는 독일 노동자당의 지도자에게 강령에서 '국가'라는 말을 삭제하고 공동체(Gemeinwesen)라는 말로 대체할 것을 제안하기도 했다(『국가와 혁명』, 84쪽 참조).
37) 같은 책, 38쪽.
38) 같은 책, 43쪽.

로 되어 가고 있다는 사실을 직시하고 있었고 그러한 사태의 극복이 필요하다는 사실을 자각하고 있었다. 그러나 그는, 노동자 농민을 당에 수혈하는 방책을 제안하는 것 이상으로, 관료제를 실질적으로 폐지할 대안을 내놓을 수는 없었다.[39]

그러면 왜 기존의 핵심적 국가기구들이 파괴되지 않고 온존했으며 마침내 발견된 새로운 프롤레타리아의 정부로 이해된 소비에트 국가마저도 사멸의 과정을 밟기보다 더욱 강화되어 갔던 것일까? 왜 당은 관료주의의 도구로 빠르게 전락해 갔는가? 왜 레닌은 프롤레타리아 대중의 힘에 의해 의지하여 혁명을 수행하고도 자신이 달성하고자 하는 목적과 그것을 수행할 능력 사이의 커다란 간극에 직면했던 것일까? 왜 레닌은 국정의 어려움이 노동자 농민 대중의 능력 부족과 낡은 습관의 온존에서 비롯된다고 말하면서 대중을 탓하게 되는가? 오히려 혁명의 목적의식과 현실 사이의 이 간극이야말로 제정된 권력과 제헌권력의 낙차, 탈구, 분리를 보여 주는 징표는 아닌가?

6. 제헌권력과 폭력, 그리고 조직화의 문제

이 간극이 커질수록 소비에트 국가가 폭력에 의지해야 할 필요성도 따라서 그만큼 커졌다. 대외적으로 백위군의 반혁명을 물리치기 위한 폭력의 필요성이 증대했다. 뿐만 아니라, 역설적이지만, 소비에트 권력이 내부로부터의 불만과 반란을 다스리기 위해 폭력에 의지하는 경우도 점차 증대했다. 크론시타트 반란에 대한 무력진압은 대내적 폭력행사의 상징적 초점에 놓여 있다. 프롤레타리아적 제헌에서 폭력의 범위, 대상, 수단은 무엇이어야 하는가? 이런 문제들에 직면하여 우리가 살펴보아야 할 것은 제헌과 폭력의 관계에 대한 레닌의 생각에 관한 것이다.

레닌은 국가를 무엇보다도 무장조직체로 이해했다. 부르주아 국가는 **특수한** 무장조직체이며 프롤레타리아 국가는 **일반적** 무장조직체라는 점에서 차이가 있다. 프롤레타리아 국가를 인구의 특수한 부분의 무장이 아니라 프롤레타리아 대중 모두의 일반적 자기 무장으로 이해한 것이다. 하지만 국가를 물리적 폭력조직으로 이해한 점에서는 차이가 없다. 레닌은 또한 사회주의로의 이행의 평화적 길이 가능하긴 하지만 그것은 **무장한** 프롤레타리아의 조직인 소비에트와 그것의 압도적 독립성을 전제로 했을 때에만 생각할 수 있는 것이라고 보았다. 무장조직체로서의 기존 국가기구는 그것을 대체할 물리적 폭력조직을 통해서만 타도되고 폐지될 수 있다는 것이 레닌의 생각이다. 만약 소비에트가 무장되어 있지 않다면 권력을 소비에트로 이전하는 평화적 길 같은 것은 생각할 수 없다. 따라서 혁명은 **본질적으로** 무력을 통해서만 즉 무장봉기를 통해서만 달성될 수 있다는 것이 레닌의 생각이었다.[40]

이에 따르면 제헌권력은 본질적으로 물리력과 폭력이며 그것이 국가의 형식으로 제정된다. 이것은 "혁명은 존재하는 가장 권위적인 것이다. 그것은 인구의 일부가 존재할 수 있는 가장 권위적인 수단인 소총, 총검, 대포로 또 다른 일부에게 자신들의 의지를 강요하는 행위이다"[41]라고 본 엥겔스의 혁명 개념을 이어받은 것이다. 실제로 레닌은 계급투쟁의 근본능력이 폭력이라고 정의한다.

39) 1923년 1월 4일에 구술한 당 대회에 보내는 편지(일명 '유언장')에서 레닌은 스탈린이 서기장직에는 부적절하므로 '동지들이 스탈린을 그 직위에서 해임하는 방법을 생각해 볼 것을 제안'하고 있으며 1922년 12월 26일에 구술한 편지에서는 중앙위원회의 위원수를 50명에서 심지어 100명까지로 늘리되 노동자들을 대거 중앙위원회에 선임하여 차르와 부르주아지로부터 물려받은 행정기구를 쇄신하는 데 모든 노력을 기울여야 할 것이라고 말하고 있다(레닌 외, 『레닌의 반스탈린 투쟁』, 김진태 옮김, 신평론, 1989, 45~46쪽).
40) 맑스는 영국을 평화적 이행이 가능한 국가로 사고했지만 레닌은 영국과 미국도 관료군사기구라는 범유럽적인 추악하고 피비린내 나는 수렁 속에 완전히 빠져들었기 때문에 기존의 국가기구의 타도와 파괴 없이 혁명은 불가능하다고 단언한다(『국가와 혁명』, 55쪽).
41) 엥겔스, 「권위에 대하여」, 『맑스 엥겔스 저작선집』 4권, 박종철출판사, 1990, 278쪽.

아직 계급투쟁의 어느 한 문제도 역사에서 폭력 이외의 다른 방법으로 해결된 적은 없다. 착취자들을 반대하는 노동자, 피착취 대중 측의 폭력——그렇다, 우리는 그런 폭력을 지지한다! 의식적이건 무의식적이건 부르주아지 편에 서 있거나 혹은 그들의 위협에 너무나 겁을 먹고 그들의 지배에 너무나 억눌려 지금 이 미증유의 첨예한 계급투쟁을 보고 어리둥절해서 눈물을 흘리고, 자기가 전제로 삼았던 모든 것을 잊어버리고, 우리 사회주의자들에게 착취자를 반대하는 투쟁이 없이, 그들의 반항을 진압함이 없이 완전 승리를 쟁취해야 한다는 어림도 없는 불가능한 일을 요구하는 자들의 울부짖는 소리에 우리는 조금도 놀라지 않는다.[42]

이것은 레닌이 1918년 1월 10~18일 사이에 열렸던 노동자 농민 병사 대의원 소비에트 제3차 전 러시아 대회에서 했던 연설의 일절이다. 대중의 제헌행위를 무엇보다도 폭력적·물리적 과정으로 파악하는 한에서는 권위와 위계가 정당화될 것이다. 그리고 물리력은 **외부의 추동자를 필요로 한다**는 점에서 지도와 대의가 정당화될 것이다. 러시아의 봉건적·부르주아적 권력이 물리력을 중심으로 구축되어 있었고, 물리적 권력수단들을 장악한 세력이 지배계급으로 행세하고 있었던 것은 사실이다. 그런데 프롤레타리아 혁명조차도 물리적 수단들, 폭력수단들의 장악에 의지하고 폭력수단들의 행사에서 그 일차적 힘을 찾아야 하는 것일까? 프롤레타리아 혁명은 폭력수단의 행사라는 점에서 이전의 혁명들과 동형적이고 대칭적인 관계에 있는 것일까? 오늘날의 탈근대적 상황에서 (특히 총검 대신에 촛불을 들고 저항에 나서는 정보 시대의 촛불봉기에서) 확산되고 있는 비폭력 직접행동의 전술은, 권력의 폭력적 본질을 망각한 순진성의 표현일 뿐인가? 프롤레타리아 국가의 사멸조차도 억압적인 수단들에 의지해서 이루어져야 하는 것일까? 그리고 그것은 과연 가능한 것일까?

레닌은 프롤레타리아의 폭력조직인 프롤레타리아의 국가는 그것의 정치적 기능을 잃고 사멸할 것이라고 보았다. 그것은 소비에트의 사멸을 의미한다. 만약 소비에트 공화국이 사멸하면서 정치적 기능을 상실한다면 어떻게 될까? 이 물음에 대해 레닌은, 공화국의 기능은 자신의 정치적인 성격을 잃게 될 것이며 사회적 이익을 감시하는 단순한 행정적 기능만을 수행할 것이라는 엥겔스의 생각에 의지한다. 그러나 감시 기능도 억압 기능의 한 형태, 순화된 형태이지 않은가? 레닌은 권위와 자치권이 상대적인 개념이며 사회의 다양한 발전단계에 따라 그것들의 적용 영역도 다양해지는 역사적 개념이며, 따라서 그것들을 절대적으로 사용하려는 것은 어리석은 일이라고 말한다. 하지만 레닌의 정치학 속에서 대중의 제헌권력의 자율성이 역사 속에서 독립적 가능성으로 승인되는 시간은 도래하지 않는다. 권위는 정치적 대의에서 행정적 대의로 이전될 뿐이며 대의와 권위를 넘어서 제헌권력이 공통적인 것을 자기 생산할 가능성은 상상이나 가정의 형태로조차도 제시되지 않는다. 레닌은 무장한 노동자들의 혁명적 행동을 제헌권력으로 이해하면서 그것을 정치권력으로 제정하는 것에 온 주의를 기울인다. 여기에서 볼셰비키의 역할은 결정적 요소이다. 심지어 제헌권력의 담지자가 볼셰비키 자체에로 귀속되기도 한다. 여기에서 우리는 맑스와 레닌 사이에 제헌권력을 사고하는 방식과 경향 및 차원의 차이를 확인할 수 있다. 맑스의 경우 생산자들의 정치적 혁명적 협력으로서의 제헌권력은 프롤레타리아의 직접적 행동으로 표현될 때조차도 산 노동의 주체적 전개, 사회적 노동의 발전과 노동의 협력적 공통화라는 구성적 역능, 즉 구성력에 의해 조건지어진다. 제헌권력은 국가권력

---

42) 레닌, 『프롤레타리아 독재에 대하여』, 도서출판 앎과함, 1989, 25~26쪽.

으로 적분되는 순간에도 삶의 구성적 역능에 의해 부단히 미분된다. 하지만 레닌의 제헌권력관은 제헌의 잠재력, 구성적 역능에 의해 조건지어지기보다 노동자들의 무장협력에, 무엇보다도 목적의식적 전위당의 군사적 무장력의 수준에 의해 직접적으로 규정된다. 그래서 레닌의 제헌권력 개념은 그 제헌성constituant, 즉 구성의 측면보다는 그것의 권력성pouvoir에 훨씬 더 큰 방점이 찍히게 되고 국가권력＝제정권력과 유착되는 경향이 생긴다.

요컨대 원칙에서 레닌은 제헌권력이 제정권력에서 독립적인 것으로 이해하지만 그의 관심은 제헌권력을 제정권력으로 만드는 문제, 즉 법적 제정의 문제에 더 집중된다. 레닌에게서 제정의 **기술**은 집중주의 혹은 중앙집권제centralism이다.[43] 분산을 발전의 장애로 인식하면서 분열되지 않은 공화국을 창출하는 것이 그의 문제의식이었다.[44] 전제군주제에서 중앙집권적 공화국으로 이행하는 부르주아 공화국의 문제의식이 프롤레타리아 혁명과정에 그대로 투사된다. 레닌은 맑스가 중앙집권제를 옹호했고 중앙집권제를 떠났던 적이 없었다고 해석하면서 연방제를 프티부르주아 무정부주의의 시각이라고 평가한다. 부르주아 국가기구를 파괴한다는 원칙도 중앙집권제에 대한 파괴를 의미할 수는 없다고 주장한다.[45] 이처럼 중앙집권제에 대한 옹호는 다수의 의지를 하나의 의지로 통일시키려는 목적에서 나오는 것이다. 이러한 목적설정은 민주적으로 중앙집권화된 공화국은 연방공화국보다 더 많은 자유를 가져다주었다는 믿음에 근거한다.[46] 집중주의는 이 믿음에 기초하며 그것의 목적은 의지의 통일이다. 의지의 통일은 다름 아닌 일자One의 지배, 즉 **주권**의 형성이다. 레닌이 왜 프롤레타리아적 제헌을 주권의 형성과 동일시하게 되는 것일까? 주권원리는 물론이고 레닌의 정치학 전체를 규제하는 하나의 근본모델이 있다. **대공업**이라는 사회역사적 조건이 그것이다.

모든 대규모의 기계공업 ——즉 사회주의의 물질적 생산적 원천과 그 토대 ——이 몇백 몇천 몇만 명 사람들의 공동노동을 추진시키는 무조건적이며 **엄격한 의지의 통일**을 요구한다는 것이다. 그것이 필요하다는 것은 기술적으로나 경제적으로나 또는 역사적으로나 명백한 것이며 사회주의에 관하여 생각한 사람은 누구나 다 항상 그것을 사회주의의 조건이라고 인정하고 있었다. 그러면 의지의 가장 엄격한 통일은 어떻게 보장될 수 있는가? 그것은 **수천 명의 의지를 한 사람의 의지에 복종시킴으로써** 보장될 수 있는 것이다.[47]

대공업은 정치가 모방해야 할 모델을 제공한다. 맑스는 대공업을 **일반지성**의 체제로, 직접적 노동보다 생산에 응용된 과학과 기술이 핵심적 생산력으로 등장하는 체제로 이해했고 대공업이야말로 노동의 사회화, 사회 전체의 지성적 협력이 코뮤니즘의 물질적 전제(잠재적인 물질적 구성력)로 되는 경향을 보여 주는 지표로 읽었다.[48] 그런데 레닌은 대공업을 **주권**의 체제로, 다수의 의지를 한 사람의 의지에 복종시켜 통일시키는 체제의 모델로 읽는다. 레닌의 일반지성은 생산에 적용되는 과학과 기술의 총체가 아니라 사회민주주의적 정치의식을 담지한 당으로 집약된다. 당의 지도를 관철시키기 위해, 다수의 의지를 한 사람의 의지에 복종시키기 위해 필수적으로 뒤따르는 장치들이 권위와 강제, 대의, 위계, 지도와 복종, 규율이라는 장치들이다. 다수는 자신을 대의할 소수에게 자신의 의지

43) 중앙집권제에 대한 레닌의 강력한 옹호에 대해서는 『국가와 혁명』, 71쪽 참조.
44) 같은 책, 92쪽.
45) 같은 책, 71쪽.
46) 같은 책, 95쪽.
47) 레닌, 「소비에트 정권의 당면과제」, 『프롤레타리아 독재에 관하여』, 65쪽; http://www.marxists.org/archive/lenin/works/1918/mar/28.htm. 이 글은 1918년 3~4월에 씌어졌다.
48) 맑스, 『정치경제학 비판요강』 2권, 김호균 옮김, 그린비, 2007, 382쪽.

를 위임해야 한다. 위임과 대의는 권위를 형성한다. 권위의 형성과정은 강제력의 생산과정이다.

만일 우리가 무정부주의자가 아니라면 우리는 국가 즉 자본주의에서 사회주의로 이행하기 위한 강제의 필요를 시인하여야 할 것이다. 강제의 형식은 소여의 혁명적 계급의 발전 정도에 의하여 결정되며, 그 다음에는 예컨대 장구한 반동적 전쟁의 유산과 같은 특수한 환경에 의해 결정되며 또 그 다음에는 부르주아지 혹은 소부르주아의 반항형태에 의해 결정된다. 그렇기 때문에 소비에트적(즉 사회주의적) 민주주의와 개인의 독재권의 적용 사이에는 아무런 결정적인 원칙적 모순도 없는 것이다. 프롤레타리아 독재와 부르주아 독재와의 차이는 전자가 그 공격을 착취당하는 다수를 위하여 착취하는 소수에게 돌리고 있다는 데 있으며 그 다음에는 근로 피착취 대중과 또한 이 대중을 역사적 창조에로 각성시키며 궐기시킬 수 있도록 구성된 조직이(소비에트 조직은 이러한 종류의 조직에 속한다)——**개별적 인물을 통하여서도**——프롤레타리아 독재를 실현한다는 데 있다.[49]

'대중을 역사적 창조에로 각성시키며 궐기시킬' 조직 혹은 개인에게 강제력이 주어지면 그에 상응하여 복종은 대중이 취해야 할 문화요 습관이며 규율로 된다.

공동노동에 참가하는 사람들에게 완전한 자각과 규율이 있다면 이와 같은 복종은 오히려 음악 지휘자의 부드러운 지휘를 연상케 할 것이다. 만일 완전한 자각과 규율이 없다면 그것은 첨예한 독재형태를 취할 수 있을 것이다. 그러나 어쨌든 대기계공업식으로 조직된 노동과정의 성과를 위하여서는 **유일한 의사에 무조건적으로 복종하는 것**이 절대적으로 필요하다. 철도에 있어서는 그것이 2중 3중으로 필요하다. …… 혁명은 강제적으로 대중을 복종시키던 가장 오래되고 가장 견고하고 가장 무거운 쇠사슬을 이제 방금 끊어 버렸다. 이것은 어제의 일이었다. 그런데 오늘은 그 동일한 혁명이 다름 아닌 자체의 발전과 공고화를 위하여, 다름 아닌 사회주의를 위하여 **노동과정을 지도하는 사람의 유일한 의사에 대중이 무조건적으로 복종할 것**을 요구하고 있다. 물론 이러한 전환이 즉시로 실현되리라고는 생각할 수 없다. 그것은 오직 **거대한 진동, 충격, 낡은 방식으로의 역전, 인민을 새로운 길로 이끌 프롤레타리아 전위 쪽에서의 거대한 노력**에 의하여서만 실현될 수 있는 것이다.[50]

오케스트라적 협화協和의 시간이 즉시 실현될 수 없기 때문에 불가피하게 요구되는 저 진동과 충격의 시간이 시사하는 것은 무엇인가? 이 특별한 시간의 목적은 법령과 법률로 제정된 권력을 일상적 노동규율로 견고화하는 것이다.

우리들 자신이 쟁취한 것을, **우리들이 법령을 내고 법률화하고 토의하고 계획한 것을 공고화하여야** 한다. 이것은 가장 곤란한 임무이지만 또 가장 고상한 임무이기도 하다. 왜냐하면 이 임무의 해결만이 도처에서 강가를 넘어 힘차게 흐르는 근로대중의 집회적 민주주의를 노동시간에 있어서의 강철 같은 규율, 노동시간에 있어서 소비에트 지도자 한 사람의 의사에의 무조건적 복종과 결부시키는 것을 배워야 한다. 우리는 아

49) 레닌, 「소비에트 정권의 당면과제」, 『프롤레타리아 독재에 대하여』, 64~65쪽; http://www.marxists.org/archive/lenin/works/1918/mar/28.htm. 강조는 인용자.
50) 같은 책, 65~66쪽. 번역 일부 수정, 강조는 인용자.

직 이것을 배우지 못하였다. **우리는 이것을 배울 것이다.**[51]

이 배움의 과정은 무엇으로 나타났는가? 그것은 지도자, 권위, 대표가 갖게 된 강제력을, 이제는 무력해진 부르주아지가 아니라 소부르주아적 방종, 소소유자적 무정부주의의 자연발생성, 요컨대 일상적 노동규율의 형성과 무조건적 복종의 문화에 부합하지 않는 것으로 지도자에 의해 간주되는 **대중의 삶의 습관**들을 향해 돌리는 과정에 다름 아니었다. 대중에 대한 교육/훈육의 강도 높은 시간이 장기적으로 뒤따른다. 소수가 다수를 일상적 노동규율을 형성하기 위해 강제하는 과정이 지속될 때 그 소수가 다수를 지배하는 관료로, 나아가 지배계급으로 발전되는 것이 예외적인 것일까? 스탈린과 스탈린주의를 관료 지배계급의 도구로 만든 것은 바로 레닌의 프롤레타리아 독재론 속에 내장되어 있었던 것은 아닌가? 사회주의가 주권모델로 해석된 공장모델에 기초하고 있는 한에서 그것은 필연적으로 계급적대를 생산하는 것으로 귀착될 수밖에 없지 않았을까? 그리고 그 계급적대의 발전은 소비에트 국가의 사멸이 아니라 오히려 강화를 가져올 수밖에 없지 않았을까?

7. 레닌의 제헌권력 개념의 역사성

지금까지 나는 러시아혁명에서 레닌이 수행한 이론적 실천적 역할을 통해 그의 제헌권력 개념의 함축과 전개를 살펴보았고 그의 제헌권력 개념이 의회, 국가, 폭력, 조직화 등과 맺는 관계에 대해 검토했다. 이제 그 요점들을 정리하면서 각 절의 말미에 제기해 둔 일련의 물음들에 대해 대답해 보기로 하자.

레닌은 물질적 제헌과 형식적 제헌을 구분하고 형식적 제헌보다 물질적 제헌이 더 우위에 있음을 혁명의 모든 순간에 깊이 고려한다. 이 점에서 그는 입헌주의자들과는 달리 제헌권력의 제정권력에 대한 우위성을 간파하고 있다. 레닌은 형식적 제헌, 즉 제정권력의 역사적 교체(예컨대 두마에서 제헌의회로, 다시 제헌의회에서 소비에트로)를 제헌권력의 역사적 교체(예컨대 귀족에서 부르주아지로, 다시 부르주아지에서 프롤레타리아트로; 요컨대 부르주아 혁명에서 프롤레타리아 혁명으로)에 의해 규정되는 되는 것으로 파악한다. 제헌권력의 역사는 제정권력의 역사history를 가능케 하는 일종의 발생사Geschichte로 이해된다. 만약 우리가 제헌권력이 역사적 개념이라는 레닌의 관점을 받아들인다면 레닌의 교의를 우리 시대에 기계적으로 적용하는 것은 옳지 않다. 오히려 우리 시대에 제헌권력의 진화양상을 성찰하고 그렇게 해서 발견된 제헌권력의 현상태에 기초하여 제정의 문제를 사고해야 할 것이다.

그러나 레닌의 제헌권력 개념은 산 노동의 잠재력에 깊이 뿌리박는 데 실패했다. 제헌권력은 법과 삶 사이의 공간에서 역동적으로 움직이는 권력으로 이해되기보다 대중의 무장행동, 심지어는 전위의 무장행동으로 곧장 환원되곤 했다. 이러한 환원은 자생성에 대한 가치론적 한정이라는 그의 오랜 카우츠키주의적 관념과 연관되어 있다. 그래서 제헌의 문제는 제정의 문제로 쉽게 미끄러진다. 제헌권력을 어떻게 제정권력으로 집약할 것인가 하는 문제가 레닌의 사유의 핵심에 놓이는 것이다. 이 과정에서 전위당이 제헌권력의 배타적 담지자로 나타나는 것은 필연적인 것이다.[52] 실제로 레닌에게서 우리는 삶 속에서 전개되는 잠재적 제헌권력, 구성적 역능(맑스가 산 노동과 생산력의 개념을 통해 파악하고자 한 것)에 대

51) 『프롤레타리아 독재에 대하여』, 68쪽. 강조는 인용자.
52) A. Negri, *Le Pouvoir constituant*, trad. par Étienne Balibar et François Matheron, PUF, 1992, pp. 352~384.

한 깊은 탐구를 찾기 어렵다. 레닌은 잠재적 제헌권력에 대한 분석이 맑스에 의해 이미 끝난 것으로 여기는 경향이 있다. 그래서 그는 그것을 자신의 이론적 분석 과제로 삼기보다 이미 밝혀진 것으로 받아들이는 경향이 있다.

그래서 레닌은 노동과 삶 속의 협력관계라는 제헌권력의 잠재적 수준보다 그것의 현실적 수준인 폭력의 층위에 더 많은 관심을 기울였다. 이것은 프롤레타리아 제헌권력의 생성보다는 그것의 정치적 제정과정, 즉 제헌권력의 현실화에 더 많은 관심을 기울인 것의 논리적 귀결이었다고도 할 수 있다. 그러므로 우리는 제헌의회에서 소비에트로의 권력형태의 이전, 부르주아 대의제에서 프롤레타리아 대의제로의 전환이라는 관점, 그리고 이러한 이행관에 기초한 제헌의회의 해산이라는 조치가 러시아 자본주의의 발전과 계급분화의 수준에 조응하고 또 그것에 한정된 것이었다고 말해야 한다. 물론 이것은 19세기 말부터 20세기 초에 걸쳐 러시아뿐만 아니라 세계 전체에서 이루어진 인간적 기술적 생산능력의 발전에 의해 규정되었던 것이다.

이상의 논점들에 기초하여 우리는, 레닌의 제헌권력 개념은 제2차 산업혁명 제1국면에 발전되고 있었던 구성 역능을 정치적으로 재현하는 개념이라고 말할 수 있다. 이 당시에 지배적인 산업은 공업이었고 그것은 화학과 물리학에 의해 움직이는 산업이었다. 공업과 공장은 레닌 정치학의 모델이 된다. 공업모델은 지정학에서 공장의 특권화, 계급론에서 공장 프롤레타리아트의 특권화, 조직론에서 감독/지도와 실행/복종의 분리에 대한 정당화, 정치학에서 대의제의 일반화[53]와 공장모델의 국가모델로의 투사 등으로 나타난다.

레닌은 국가를 무엇보다도 무장조직, 폭력조직으로 이해하는데, 이것은 당대의 러시아 및 유사한 산업기반을 갖고 있었던 사회들에 특수한 국가형상으로 이해되어야 할 것이다. 국가는 사회적 조건과 역사적 조건에 따라 그 기능을 달리할 수 있다. 국가는 주권기계이며 무엇보다도 주민의 의지를 통일시키는 기계장치이다. 시민의 의지를 통일시키는 방법은 다양할 수 있다. 국가는 환상적 공동체로 기능함으로써, 즉 **이데올로기적 방법으로** 의지의 통일을 달성할 수 있다. 또 국가는 지배계급의 공동이익에 다른 모든 이익들을 **강제적으로** 종속시키는 방법으로 의지의 통일을 강제할 수 있다. 현실에서 이 두 유형의 통일방식은 늘 혼합되지만 무엇이 주요한 것으로 등장하는가는 역사에 따라 그리고 해당 사회의 구성에 따라 달라진다. 레닌의 국가 개념은 후자의 국가형상에 더 가깝다.

케인스주의적 국가는 자유주의하에서의 이 두 가지 국가형상과는 또 달랐다. 케인스주의적 국가도 물론 폭력에 의지했고 국가폭력은 축적되었지만 직접적 억압기능의 수행을 위한 비중은 상대적으로 줄어들었다. 그것은 주로 공포를 불러일으키고 다른 삶을 향한 움직임에 한계를 부여하기 위해 축적되었다. 신자유주의하에서 폭력의 주된 축적 장소는 국가에서 제국으로 이전한다. 예컨대 절대적 무력인 핵무기는 국가 수준에서 축적되기보다 지구적 수준에서 독점적으로 축적된다. 이러한 변화는 자본의 주요 형태가 초국적화되고 주요한 생산력이 국경을 넘는 전 지구적 정보력, 지력, 소통력 등으로 되는 것과 병행해서 이루어진다. 이러한 상황에서 국가는 주민들의 삶을 자본주의적 관계에 따라 생산하고 재생산하는 공장기업의 기능을 수행함으로써 주권 밖의 삶의 가능성을 상상하는 것을 억제하는 군삶복합체 혹은 군생복합체에 가깝다.[54] 이러한

---

53) "우리는 대의기구 없는 민주주의, 특히 프롤레타리아 민주주의는 상상할 수 없다. ……하지만 부르주아 사회에 대한 비판이 단순히 말뿐인 것이 아니라 부르주아지의 지배를 타도하고자 하는 열망이 노동자들의 표나 얻으려는 단순한 '선거'가 아닌 우리의 진실되고 성실한 열망이라면, 의회 없는 민주주의가 상정될 수도 있고 또 상정되어야만 한다." (『국가와 혁명』, 65쪽)

54) 네그리·하트, 『다중』, 조정환·정남영·서창현 옮김, 세종서적, 2008, 71쪽.

변화는 레닌의 혁명이론이 바로 그것이 내포하고 있는 역사성의 원칙에 따라 근본적으로 갱신되어야 함을 시사한다.

레닌은 혁명의 근본 문제가 권력의 문제라고 정의한다. 이 생각은 지금에 있어서도 본질적으로는 타당하다. 그런데 그는 권력의 문제를 폭력의 문제로 환원하고 그것과 등치시키는 경향이 있다. 그러나 권력의 문제와 폭력의 문제는 등치될 수 없다. 광의의 권력, 즉 power는 다양한 유형의 힘들로 나타날 수 있다. 물리력, 지력, 상상력 등등은 모두 power의 양태들이다. 폭력은 특수한 조건에서 특수한 방식으로 행사되는 물리력일 뿐 권력 일반과 등치될 수 없다. 맑스는 이행의 주요한 동력을 생산능력에서 찾았고 코뮤니즘의 제헌권력도 생산자들의 연합에서 찾았다. 레닌이 생산자들의 연합을 놓친 것은 아니지만 그는 특별히 노동자들의 **무장한** 연합에 강조점을 둔다. 이것은 혁명의 추진력을 주로 물리력으로, 그것도 특수한 형태의 물리력인 폭력으로 사고하는 것의 귀결일 것이다. 그리고 그가 "폭력혁명 없이 부르주아 국가를 프롤레타리아 국가로 대체할 수는 없다"고 단언하면서 무장봉기를 혁명의 유일한 방법으로 일반화하곤 하며 혁명 이후에도 과도적이지만 무장조직으로서의 국가가 필연적으로 요구된다고 보는 것은 이러한 논리 연쇄의 필연적 결과일 것이다. 그러나 국가가 여전히 군사력에 의지하고 있지만 군사력보다도 더 많이 자본권력, 기술권력, 정보권력에 의지하는 현재의 국가를 변형시키기 위해서는 무장력만으로는 결코 충분치 않을 뿐만 아니라 그것이 핵심적인 것도 아니다. 프롤레타리아의 국가(?!)가 만약 가능하다고 하더라도 그것을 **일반적 폭력**으로서보다는 우선 **일반적 협력**으로 이해하고 폭력의 행사여부를 사회적 정치적 윤리적 수준에서 혁명적 협력을 구축하는 과제에 부수되고 종속되는 문제로 사고할 필요가 있지 않을까?

레닌의 제정권력 개념은 다양과 다수를 하나의 의지로 통일시키는 근대적 주권의 논리 위에 기초하고 있으며 그것의 한계를 벗어나지 못한다. 국가에 의한 인민의, 당에 의한 계급대중의 대의관계의 확립, 민주집중제적 지도/복종관계의 구축, 이를 위한 강력한 훈육체제의 구축, 요컨대 중앙집중제적 공화국의 구축이라는 레닌의 혁명론은 근대적 주권기계의 논리학이자 정치학이다. 소비에트와 프롤레타리아 독재에 대한 레닌의 개념도 중앙집중제적 공화국 이념에서 벗어나지 않으며 이런 의미에서 근대의 주권논리의 틀을 벗어나지 않는다. 이런 의미에서 레닌이 구축한 사회주의는 그것이 프롤레타리아에 기초한 사회의 재건 논리라 할지라도 근대적 부르주아 사회체제로서의 한계를 벗어날 수 없었다.

오늘날 인류는 3차 산업혁명의 두번째 국면을 경험하면서 진화의 새로운 차원을 열어 가고 있다. 인류의 제헌능력은 물리력을 넘어 지력으로, 정동력으로, 상상력으로 확장되고 복잡화되고 있다. 특정한 시기의 혁명적 행동만이 아니라 국지적인 사회적 실천들, 일상적 행위들, 무엇보다도 물질적 비물질적 노동들, 요컨대 **삶 그 자체**가 제헌권력으로 기능한다. 구성적 역능과 제헌권력의 유례없는 중첩이 나타난다. 이러한 상황은 제헌을 물리력, 특히 폭력을 통한 기존 국가권력의 타도로, 그 제헌권력의 제정권력으로의 공고화로 읽었던 레닌의 제헌권력/제정권력 개념의 역사적 부적실성을 드러낸다. 이 때문에 제헌권력의 위상학과 지정학에 대한 새로운 탐구가 절실하게 필요하다.

8. 제헌권력의 탈근대적 진화와 다중에 의한 새로운 제헌을 위한 상상

오늘날 제헌권력이 어떻게 진화하고 있고 그 양상과 특징이 어떠한가에 관한 탐구 없이 새로운 혁명이론은 불가능하다. 제정권력에 비한 제헌권력의 우위성의 관점을 일관되게 견지했던 레닌의 혁명이론은 이 점에서 하나의 모범적 사례로 남아 있다. 그러므로 필요한 것은, 우리 시대에 제헌권력이 어떤 수준에서 어떤 특질을 보이고 있는가, 그것이 기존의 제정권력을 어떻게 침식·동요·대체하고 있는가, 새로운 제정권력의 문제가 갖추어야 할 요건이 무엇인가 등의 질문이다.

이 문제를 풀어 감에 있어 우리는 레닌이 놓쳤던 측면, 즉 무엇보다도 제헌권력이 구성적 역능, 즉 삶의 잠재력과 맺는 관계를 진지하게 고찰해야 한다. 제헌권력은 삶의 표층에서 심층으로 깊어졌고 삶의 일부에서 전부로 확장되었다. 다시 표현해 보자. 이전에 제헌권력은 주로 국가를 둘러싼 영역에서 발전되었고 그것만이 제정권력으로 입법되었지만 이제 제헌권력은 사회적 생태적 삶의 생산과 재생산을 둘러싼 영역으로 깊어졌고 그것이 제정의 영구적 혁신을 요구하고 있다. 그리고 이전에 제헌권력은 자연/반복으로 간주된 삶의 부분을 남겨둔 채 노동과 실천이라고 법인된 제한된 영역에서 주로 작동했고 그것만이 법으로 제정되었지만 오늘날 제헌권력은 사회적 삶은 물론이고 자연으로 간주되었던 영역에까지 확장되면서 제정의 문제가 한층 복잡해지고 다원화되고 있다.

앞서 언급했듯이 제헌능력이 점차 물질적인 것에서 비물질적인 것으로 전화하고 있음도 주목되어야 한다. 이것은 제헌의 문제가 정치적인 것에서 사회적인 것, 생물적인 것, 생태적인 것으로, 요컨대 삶의 생산과 재생산으로 확장되는 것에 수반되는 현상이다. 물론 이것은 제헌활동 그 자체가 비물질적인 것으로 되고 있다는 의미는 아니다. 제헌활동은 모두 물질적일 수밖에 없다. 그러나 그것이 내포하는 차원들은 물질적인 것을 넘어 어떠한 물질적 생산물도 남기지 않는 비물질적 차원을 함축하게 되었으며 점차 이 비물질적 활동의, 다시 말해 어떠한 물질적 생산물도 남기지 않는 일종의 수행으로서의 활동들(예컨대 지식, 정보, 소통, 정동 등)의 헤게모니가 뚜렷해져 가고 있다.[55]

이것은 생산과 소비의 새로운 관계를 형성하고 있다. 전통적 생산양식에서는 생산자와 소비자가 공간적으로 혹은 시간적으로 분리되는 경향이 있었으나 비물질적 제헌과정에서는 생산이 곧 소비과정이며 소비가 곧 생산과정인 현상, 즉 양자의 접근과 통합의 경향이 물질화된다. 따라서 생산자와 소비자의 전통적 분리는 지양된다. 생산만이 제헌과정으로 되는 것이 아니라 소비과정 역시 제헌과정으로 된다. 경제적 생산과 소비 과정만이 아니라 정치적 권력의 생산과 소비과정 역시 생산되고 동시에 소비되는 하나의 소통과정으로 된다. 부적절하게 생산된 혹은 제정된 권력에 대한 소환(리콜), 탄핵, 해임의 요구가 증대한다. 권력의 생산자가 동시에 권력의 소비자이기 때문에, 권력의 생산과 소비과정에 단절[56]이 있는 근대적 대의정치 형식의 부적절성이 두드러지게 된다. 뚜렷하게 외화된 물질적 권력에 의해 매개되는 삶 대신에 삶을 소통적이고 공통적인 흐름으로 만들고 싶어 하는 욕망이 커진다.

비물질적 소통과 협력관계가 물질적이고 비물질적인 삶의 생산과 재생산의 과정에서 헤게모니적으로 된 현실에서 제헌과 제정은 이전 시대와는 전혀 다른 종류의 방법, 수단, 형태를 요구할 것이다.

오늘날 주권기계는 전 지구적 수준에서 구축되어 기존의 분리의 경계들과 선들(국경, 성적 차별, 계급 차별, 인종 차별 등등)을 강제적으로, 폭력적으로 유지하려 한다. 하지만 근본적으로는 삶의 약동에 의지하지 않을 수 없는 자본의 운동은 이 경계들을 장애로 느끼고 또 스스로 침범하는 경우가 허다하다. 그런 만큼 그 경계들의 인위적 유지와 새로운 경계의 획정을 위해 폭력이 더 가혹하게 사용되곤 한다.

---

55) 이것은 2008년 한국에서 전개된 촛불집회에서 두드러지게 나타나는 탈근대적 혁명의 한 측면이다.
56) 권력을 생산하는 순간에 권력이 생산자와 접속되지만 생산된 이후에는 그 권력이 생산자로부터 분리된다는 의미에서는 권력과 대중은 배제적 이접관계에 놓인다.

그러나 오늘날 삶의 생산과 재생산에서 제기되는 근본문제는 전적으로 다양하고 다질적인 인류인들이 주권권력에 의해 매개되지 않는 전 지구적 수준의 혁명적 협력체제를 구축할 수 있는가 없는가에 달려 있다. 인류인주의적 협력은 경쟁을 압도하는 생산의 내재적 요구로 되고 있다. 그러므로 근대 권력의 폭력 모델을 거울이미지로 반사하는 운동과 혁명의 논리로는 오늘날의 전 인류적 요구에 응답할 수 없다. 폭력에 대한 고려는 혁명적 협력에 대한 고려에 종속되어야 한다.

생산자들의 협력이 근력을 중심으로 하는 물리화학적 힘으로 이용되었던 근대와는 달리, 물리력보다 지력, 감응력, 정동력, 상상력이 협력의 중심에 놓여지게 된 현실에서 생산자들의 혁명적 협력을 기존의 폭력을 타도할 **폭력의 조직화**로 간주하는 것은 부적절해진다. 오늘날의 생산자들은 더 이상 외부로부터의 목적의식의 주입[57]도, 외부로부터의 지도도 요구받지 않는 자기생산autopoiesis적이고 자율적인 주체성으로 발전했다.

그 결과 역사의 목적과 방향, 단계라는 관념은 근거를 잃는다. 역사의 일반적 목적과 방향과 단계를 설정하는 것은 삶 외부로부터 삶을 바라보는 초월적 시각이다. 목적과 방향은 약동하는 삶의 내부로부터 그때그때 생성되는 것일 뿐 미리 정해진 어떠한 목적도 방향도 선재하지 않는다. 미래는 현재 속에서 결정되어 나올 뿐 사전결정된 미래란 존재하지 않는다. 사전에 결정된 전략과 전술은 무력하다. 오직 제헌의 구체적 상황 속에서 구축되는 특이한 힘들의 관계만이 전략과 전술을 가능케 한다. 공통적인 것의 욕망은 그 구체적 상황에서 생성되는 욕망 이외에 다른 것이 아니다.

국가는 더 이상 특수한 무장조직으로 환원될 수 없다. 그것은 여전히 무장조직이기도 하지만 무장을 특권화하는 국가일수록 전 인류적 삶협력체로부터 고립되는 경향이 있다. 그리하여 주권은 개별 국가의 수준을 넘어 전 지구적 권력 네트워크인 지구제국으로 변신함으로써 자신을 재생산한다. 지구제국은 지구시민을 대의하는 기관이 아니다. 그것은 전 지구적 삶협력체, 삶공동체에 대한 관리와 통제를 더 본질적 과제로 삼는 기관이다.

이에 따라 대의제의 의미는 그만큼 축소되고 있다. 지구제국의 시대에 대의과정은 일국적 정치행정의 장치로 왜소화되어 있을 뿐만 아니라 대의에 대한 기대 자체가 급속히 붕괴하고 있는 상황이다. 근대적 대의제는 더 이상 유효하지도 필수불가결하지도 않다는 사실이 점점 명확해지고 있다. 오늘날 소환과 탄핵과 해임을 전제로 한 선출에 대한 요구는 근대적 대의제에 대한 요구라기보다 삶의 공통적이고 네트워크적이며 자율적인 운영에 대한 상상 속에서 나오는 요구이다. 전 지구적 삶을 보편적 소통과정으로 재편하고자 하는 욕망의 표현이다. 사회 외부로 분리되는 국가기관이나 권력기관을 생산함이 없이 그리고 그것에 대한 장악 없이 삶을 공통적으로 운영하고자 하는 코뮨적 요구의 표현이다. 코뮨은 국가가 수행해 왔던 기능들 중 필수적인 부분을 전 지구적 코뮨의 기능적 일부로 통합하고 또 그것의 위상을 재조정해야 할 것이다. 본질적으로는 대의제에 의지해 왔던 전통적 코뮨들이나 소비에트들이나 래테Räte는 우리 시대의 코뮨적 요구를 충분히 충족시킬 수 있는 형식/기관이 아니다.

사회 외부에서 전문적으로 관념을 생산하고 입법을 하는 의회조직이나 다른 계급을 억압하기 위한 폭력조직으로서의 국가가 반드시 필요하다는 오래된 관념은 재고되어야 한다. 그것들은 지난 세기에 너무나 자주 반혁명의 무기로 동원되어 왔다. 그것들은 삶 속에서 제기되는 문제들에 대한 다중들 자신의 직접적 토론과 행동적 표현을 통한 직접적 제헌적

---

57) 이것 자체가 육체노동과 정신노동의 분리라는 근대적 생산양식을 모델화한 것이다.

결정과정으로 대체되어야 한다. 다중지성을 통한 제헌을 제도화할 절대 민주적 기관을 창출하여 다중지성의 시공간이 결정의 시공간으로 전화될 수 있도록 만들어야 한다. 제정된 것이 제헌권력 외부에 분리되어 있던 상태를 극복하여 그것이 제헌권력에 내부화되며 제헌권력 자체의 영구혁신적 자기조직화로 기능하도록 전화되어야 한다. 다중지성이 물리력을 배제하는 것은 결코 아니다. 물리적인 것은 다중지성의 전제조건이다. 모든 지성은 물리적 존재들의 네트워크 속에서 형성되기 때문이다.

단일한 계획의 수립을 위한 의지의 통일이 아니라 특이한 것들이 서로 공통적인 것을 생산하고 결정하는 시간기관들(수행성의 기관들)이 공간기관들(체제성의 기관들)을 대체하는 것이 필요하다. 의지의 통일을 위한 강제과정은 계급을 없애는 것이 아니라 계급적 구분을 생산한다. 그것은 국가를 폐지시킬 수도 사멸시킬 수도 없고 국가를 재생산한다. 실질적인 제헌권력은 특이한 것들이 공통적으로 기능함으로써 발휘하는 창조력이다. 공통적이지 않고서 특이할 수 없으며 특이하지 않고서 공통적일 수 없다. 이런 의미에서 집중주의는 사회주의의 원리일 뿐 우리 시대에 절박한 코뮤니즘의 요구를 위한 원리일 수는 없다. 우리 시대에는 집중주의보다는 연방주의가 다중의 정치적 공통되기에 더 큰 상상력을 제공한다.

레닌,
반反자유주의적 민주주의 혁명의 흥망

박노자(Vladimir Tikhonov)

필자가 말기의 소련에서 보냈던 어린 나날 중 가장 기억에 남는 표어는 "레닌은 지금도 모든 산 이들보다 더 강력한 생명을 보유한다!Ленин и теперь живее всех живых!"였다. 그 표어는 학교부터 각종 관공서 건물, 심지어 버스 정거장에서까지 흔히 보였다. 어린 시절의 필자에게 그 표어는 여지없이 우습게 생각되기만 했다.

레닌이 강력한 생명을 보유한다고? 그것도 간부층과 일반 근로대중들 사이에 생활 수준 격차가 상당하고, 민주주의가 부재한 데다 경직되고 보수적인 소련 사회에서? 보면 볼수록 역겨운 거짓말로 보였던 표현이었다. 혁명가로서의 레닌의 진실성은 부인하기가 어려웠지만, 말기적 소련 사회의 온갖 병폐들이 바로 레닌의 혁명적 프로젝트에 그 기원를 두고 있다는 생각을 떨쳐 버리기가 힘들었다. 즉, 그 당시의 필자에게는 레닌의 '생명력'이란 무엇보다 소련 사회의 부조리와 위기의 책임 소재로서의 레닌의 현재성을 의미했다.

이제는 레닌 자신 못지않게 소련 사회 전체가 '역사'가 됐다. 보다 정확히 이야기하자면 푸틴이나 메드베데프 대통령 치하 러시아의 과두관료와 재벌의 사회 지배를 소련 말기의 각종 사회 현상들과 연결시킬 수 있다 해도, 이것이 레닌의 혁명적 프로젝트로서의 "이상理想의 소련"과 도저히 연결되지 않는 것이다. 그 여생을 어렵게 이어가는 북한 정권은 이제 레닌보다 단군을 더 열심히 찾는가 하면, 남한의 민주노동당이나 진보신당을 포함한 세계의 주요 대중 좌파정당들 중에서 레닌식의 '혁명적 민주주의'에 호소하는 데는 거의 없는 듯하다. 반反자본주의라는 구호가 남아 있다 해도 보통 반反신자유주의에 가려져 잘 보이지 않을 정도다. 그러면, 최근 꽤나 흥행에 성공한 독일 영화의 주제대로 <굿바이, 레닌>(2003)의 시대가 온 것인가? 만약 그랬다면 레닌에 대한 연구 내지 토론, 그 이미지의 영상화도 칭기즈칸이나 나폴레옹에 대한 담론들처럼 이렇다 할 만한 감정이 투여되지 않는 순수 학술 내지 문학, 엔터테인먼트의 영역이 됐을 것이다. 레닌의 혁명에 따른 내전에 못지않은 유혈극의 주인공은 바로 칭기즈칸이나 나폴레옹인데, 그들을 소재로 다루는 작품에서 준엄한 도덕적 포폄褒貶이나 "역사를 오도한 죄인"과 같은 표현을 볼 수라도 있는가? 칭기즈칸이나 나폴레옹의 경우에는, 선혈이 낭자한 장면이라 해도 보통 말 그대로 (우리와 연관돼 있지 않은) 역사나 '재미'로 다룰 뿐이다.

그러나 레닌에 대한 '이야기'는 질적으로 다르다. 레닌의 사상, 레닌이 주도한 혁명은 감정 투여가 불필요한 '역사'나 단순히 '눈요기'할 수 있는 '재미있는 일'이라기보다는 가면 갈수록 더 치열한 격론의 장場이 되어 간다. 거의 한 세기가 다 지나갔지만 레닌에 대한 비난이 갈수록 보다 감정적으로 되는 반면 레닌에 대한 긍정적인 시각은 크게 다양해져 가고 있다.

『공산주의 흑서黑書』와 같은 다소 선전적인 신新우익의 저술에서 레닌이 스탈린의 "스승"이 되고 1918~22년 러시아 내전의 희생자부터 캄

보디아의 "킬링필드" 희생자까지 "1억 명의 시체"가 다 레닌의 책임으로 돌려진다.[1] 이와 같은 부정적인 해석은 국내 저자의 저서를 통해서 국내에도 소개된 바 있었다.[2] "레닌의 반反인륜적 사상", "공산주의자들의 만행"에 대한 비난의 목소리는, 정치화된 사학史學뿐만 아니라 특히 러시아 등 옛 "공산권" 국가들의 대중문화 영역에서 계속 높아지기만 한다. 예컨 대 2007년에 러시아 중앙 국영 텔레비전 ("러시아" 방송국)에서 보여 주었던 <레닌의 유서>라는 대하 사극은, 원래 레닌의 사상에 동조적이고 차라리 트로츠키식의 "관료주의 극복론", "영속혁명론"에 더 가까웠던 샬라모프Varlam Shalamov, 1907~1982라는 유명한 정치범 출신의 작가를 다루면 서도 레닌 사상에 대한 무한한 적대심을 보여 주었을 뿐이었다.

그러나 재미있게도 또 한편으로는 슬라보예 지젝과 같은, 상당히 '포스트모던'한 색깔의 철학계의 명名논객은 "레닌 일병 구하기"에 나서기도 했다. 지젝에 의하면, 레닌의 사상과 정치는 다름이 아닌 '책임'을 그 특징으로 했다는 것이다. 각종의 '민주주의적 사회주의자' 등 '폭력 혁명'의 유령을 두려워하는 무리들은 '폭력과 고통이 없는 자본주의의 극복'을 원한다. 하지만 이는 어디까지나 '책임성'과 '일관성'이 결여된 자세라는 것이 지젝의 지적이다. 세계가 아무리 환경 파괴로 인해서 그 종말을 향해서 치닫는다고 해도 과연 자본가들은 그 어떠한 대중적인 압박도 없이 여태까지 저들이 온 힘을 다 바쳐서 장악해 온 경제·사회 운영권을 '그저 그냥' 노동자 내지 소비자 평의회에게 넘겨주겠는가? 천만의 말씀! '자본주의 극복'은 꼭 폭력을 무조건 수반해야 한다는 것은 아니지

---

1) Stéphane Courtois et al., *Le Livre noir du communisme: Crimes, terreur, répression*, Robert Laffont, 1997; *The Black Book of Communism: Crimes, Terror, Repression*. Trans. by Jonathan Murphy and Mark Kramer. Ed. by Mark Kramer. Cambridge: Harvard University Press, 1999.
2) 김민제, 「러시아혁명의 현실: 혁명에 대한 부정적 해석」, 『러시아혁명의 환상과 현실』, 역민사, 1998.

만 '극단적 충돌'의 현실적 가능성을 늘 내포하는 것이고, 이에 대한 충분한 각오와 책임을 레닌이야말로 제대로 졌다는 것이 지젝의 논리다.[3] 즉 『공산주의 흑서』가 마구 비난하는 레닌 정치의 '폭력성'은, 또 다른 입장에서는 진정한 의미의 "부르주아 사회 테두리에 대한 초극超克의 시도", "책임있고 일관된 사회경제적인 '다름'의 모색"으로 보일 수도 있다는 것이다. 지젝의 국제적 명성에 비교될 바는 못 되지만 드미트리 구토브Dmitri Gutov, 1960~와 같은 러시아 소장파 미술인·미술 비평가들 사이에서도 "레닌으로 돌아가자"는 운동이 힘차게 전개되고 있다. 자본주의 극복의 전망이 보이지 않는 사회에서는 미美가 실종되고 만다는 것이 미술가로서 그들의 판단이다.[4]

그리고 학술 영역과 대중문화 영역에서의 레닌에 대한 '총공격', 쉴 사이 없는 레닌에 대한 비방에도 불구하고 — 아니면 오히려 비방이 시끄러우면 시끄러울수록 — 러시아 대중의 '레닌 사랑'은 식을 줄 모르고 있다. 우파 세력에 의해서 러시아판의 『공산주의 흑서』가 학교마다 무료 배포되는 중이었던 1999년에 실시된 한 여론조사에 의하면 레닌의 역사적 역할을 긍정시 하는 응답자는 65%이었으며, 부정적으로 보는 이는 23%에 불과했다. 자유주의적 선전선동에 가장 많이 노출돼 있는 고학력자(대졸 이상) 중에서마저도 레닌을 부정적으로 보는 이들은 불과 36%이었다.[5] 또 2008년 봄에 실시한 "러시아를 대표할 만한 역사적 인물이 누구인가"라는 전국적인 인터넷 '인기 투표'에서 레닌은 2008년 8월 3일 현재 1,208,538표를 얻어 스탈린(1,279,008표)에 약간 밀리긴 하지만 지속적으로 2위를 차지하고 있다.[6] 그가 단지 '폭력 정치인'이었다면, 그가 세운 나라가 무너진 지 몇십 년이 지난 뒤에도 대다수의 그 구舊시민들이 그를 이렇게까지 좋아할 리가 있겠는가? 도대체 1924년에 거의 식물 인간이 된 채로 고통스럽게 죽어 간 레닌이 왜 지금도 이렇게 현재적인가?

왜 제도권 세력들에게 지금도 부단히 비난해야 할 '반대자'로 보이는 한편 그렇게도 많은 시민들에게 희망의 등불로 보이는가? 왜 지젝처럼 창조적이고 탈脫교조적인 사상가가 결국 레닌으로 돌아가게 된 것인가?

레닌을 비난하는 이들이 그에게 문책하는 핵심 부분 중 하나는 "반대파──특히 자유주의적 지식인──에 대한 탄압"이다. 이와 같은 비난의 방법은 전혀 새롭지 않다. 예컨대 레닌보다 훨씬 더 온건한──그리고 1917년 10월의 혁명을 결사 반대한──사회주의자이자 유명 작가인 고리키Maxim Gorky, 1868~1936는 이미 1918~19년에 레닌 정부의 '지식인 탄압 정책'에 대한 맹렬한 반대 운동을 전개한 바 있었다. '반혁명 음모' 죄로 잡혀간 일군의 우파 지식인들의 무조건적 석방을 요구하는 고리키의 서한에 레닌은 1919년 9월 15일에 답신을 보낸 바 있었다. 그 답신에서는 레닌이 소비에트 정권의 각종 오류(혐의가 확인되지 않는 일부 지식인의 구속 등)를 시인하며 그 시정을 약속하면서도 "원리원칙상 헌법민주당그 당시 러시아의 자유주의 우파 정당 쪽이나 그 주위 사람들을 잡아가는 것 자체는 필요하고 올바른 조치였다"고 주장했다. 그 근거? 적군赤軍의 패배와 수만 명의 노동자, 농민 병사의 죽음으로 이어질 수 있는 음모를 원천봉쇄 하기 위해 몇 명의 지식인들을 며칠 인신구속하는 것이 과연 정의가 아니냐"는 논리였다. 그 뒤에 레닌은 코롤렌코Vladimir Korolenko, 1853~1921: 나로드니키에 속했던 러시아의 작가 등 볼셰비키의 강경 조치를 '폭력'이라고 비판한 일부 자유주의 지식인들이 제1차 세계대전을 옹호했던 사실 등을 거론하면서 "천만 명의 노동자, 농민들을 아무 의미 없이 죽인 제국주의

---

3) Slavoj Zizek, "Can Lenin Tell Us about Freedom Today?", http://www.lacan.com/freedomf.htm
4) 구토브의 논문, 인터뷰 등 참조. http://www.gutov.ru/texts.htm
5) http://bd.fom.ru/report/map/special/lenin/of19991605
6) http://www.nameofrussia.ru/rating.html

적 전쟁은 긍정하면서도 자본가를 상대로 하는 정의로운 싸움에서의 수십만 명의 죽음에 대해 히스테리적 반응을 보이는" 부르주아 지식인들의 무한한 위선에 대해서 일침을 가했다. "이 자본의 하인들이 국민의 두뇌라고? 두뇌가 아니고 분비물이다!"[7]

극단적인, 폭력적인 언어임에 틀림이 없지만, 과연 러시아를 비롯한 유럽 대다수 국가의 당시 자유주의적 지식인들이 제국주의적 전쟁에서 '자기' 나라 입장을 옹호했던 것은 사실이 아니었던가? 이와 같은 애국주의가 수백만 명의 고통스러운 죽음을 사실상 묵인, 긍정하는 일과 무엇이 달랐던가? 그리고 적군赤軍의 패배가 장차 선진적 노동자에 대한 끔찍한 학살로 이어질 수밖에 없는 현실에서 그 방지를 위한 극단적인 정책도 일부 불가피한 것이 아니었던가? 레닌의 논리는 폭력의 논리일지언정, 이는 절대 다수의 의지를 그대로 대표하는, 그리고 특권적 소수의 위선에 맞서는 폭력이었음에도 틀림없었다. 이는 자유주의적 언사는 아니지만, 분명히 민주주의의 한 모습일 것이다.

물론 레닌의 비非자유주의, 반反자유주의는 문제적이지 않을 수 없다. 다수의 의지를 대변하면서 소수의 "국민의 두뇌를 사칭한 자본의 하인"을 구속하는 일과, '다수의 의지의 대변자'라는 구실을 이용하여 바로 그 다수 자체에게 폭력의 예봉을 돌리는 일 사이의 거리는 사실 생각보다 멀지 않다. 1921년 2월에 민주적으로 재선된 크론시타트 소비에트의 '소비에트적 민주주의 부활' 요구를 "백군白軍, 복벽주의자들의 사주를 받은 폭거"라고 비난하고 소비에트 민주주의를 뿌리째 흔든 강경 진압을 명한 레닌의 행동은, "소수 억압자에 대한 폭력의 정당화"가 다수에 대한 폭력으로 이어질 수 있는 고리를 잘 보여 준다. 레닌의 비판자가 된 다수에 대해서 "악질적 소수의 사주를 받았다"고 이야기만 해두면 '나쁜 소수'에 대한 무조건적 탄압이 이미 정당화돼 있는 사회에서 그 다수의 명분이 상실되고 만다. 즉, 변증법적으로 이야기하자면 레닌식의 반反자유주의적 민주주의는 벌써 그 구조 안에서 그 자체에 대한 부정과 반동, 즉 반反민주주의의 씨앗을 내포하는 것이다. 그러나 여기에서 일단 이야기해 두어야 할 것은, 내전 시기(1918~22)의 레닌이 자신이 휘두르는 폭력을 바로 '민주적 폭력', '다수의 의지에 의한 폭력'으로 이해했다는 것이다. 그의 주관적 입장에서는 소비에트 민주주의의 논리를 본질적으로 이탈하려 하지 않았다. "아전인수격의 자기 합리화였다"는 반론이 당장 나올 것이 예상되지만, 이 문제는 그렇게 간단하지는 않다.

레닌을 싫어하는 자유주의적 지식인들마저도 레닌 정부의 대중적인 기반은 적어도 1919~20년까지 상당히 ──적어도 그 당시 러시아의 기타 정치적 세력에 비해서── 든든했다는 걸 인정했다. 예컨대 반反혁명적 입장이 강고했던 유명한 작가 부닌Ivan Alekseevich Bunin, 1870~1953: 노벨 문학상 수상자도 그의 명저 『저주 받은 나날』(1918~19년간의 일기)에서 볼셰비키에 대한 갖은 악담을 퍼부으면서도 "선동가들에 부화뇌동하는 무식한 군중"의 친親볼셰비키적 태도에 대해서 "대중적인 정신병의 확산", "러시아인들이 고래로 유랑생활과 약탈을 선호하는 민중적 습성이 있어서 레닌이 저들을 거의 전부 꼬실 수 있게 된 것이다"라고 "결론"을 짓곤 했다.[8] 러시아 민중을 "짐승만도 못한 무리"로 봤던 부닌의 가치 평가는 논외로 하더라도, 혁명의 시간을 "저주 받은 나날"이라고 표현한 그마저도 레닌의 정책들이 지녔던 커다란 대중적 호소력을 부정하지 않았던 것이다. 마찬가지로, 볼셰비키에 대해 깊은 증오를 느꼈을 뿐인 주駐아르한겔스크 Arkhangel'sk 미국 영사 콜은 주駐러시아 미국 대사 프렌시스에게 "러시아

7) В. И. Ленин. Полное собрание сочинений, изд. 5-е, Издательство политической, 1970 г, Т. 51, С. 48~49.
8) Бунин И. А. Окаянные дни: Неизвестный Бунин. Москва,1991.

하층민들의 다수는 여전히 볼셰비키들을 믿고 있다. …… 우리가 러시아 내정에 무장 간섭할 경우에는, 민중들의 신뢰를 잃은 '지식인'과 자산가 계층의 지지를 받을 뿐이다. 그리고 자산가들의 은행계좌들을 우리가 그들에게 그대로 돌려줄 수 없다면 그들은 우리에 대한 관심을 잃을 것이다'라고 1918년 6월 1일에 경고했다.[9] 레닌의 "살인적인 혁명 방법"을 가장 통렬히 비판한 좌파 멘셰비키(온건 사민주의자)의 영수 마르토프Julius Martov, 1873~1923마저도 동료 멘셰비키인 추파크에게 보낸 서신(1920년 12월 20일)에서 "볼셰비키의 독재적인 경향은 커다란 문제지만, 1917년 10월에 러시아에서 진정한 사회주의 혁명이 일어났으며 오늘날 세계에서 러시아는 진보의 편에 서는, 유산계급의 정치 권력이 일단 사멸된 유일한 나라다"라고 레닌의 '잉여 폭력'을 비판하되 그의 '혁명성'과 '진보성', 그리고 커다란 대중적 인기를 인정했다.[10]

　국내외의 비판자들마저도 부정하지 못하고 있었던 볼셰비키들의 매력 만점의 대중성, 민중성의 원천은 과연 무엇이었던가? 이는 근대적인 절차적(부르주아적) "자유" 때문은 분명히 아니었다. 절차적인 '자유권'은 생명·인신·재산·단체 결사·교통·통신 권리의 확고한 보장을 의미하는데, 볼셰비키들은 "대중/혁명을 위해 필요하다"고 판단되었을 때에 아무런 주저도 없이 이 모든 권리들을 무단으로 침해하곤 했다. 또──앞에서 레닌이 고리키에게 보낸 서한이 잘 보여 주듯이──이와 같은 (반反혁명적 소수의) '자유권 침해'에 대해서는 굳이 변명하려 하지도 않았던 것이다. 그러나 볼셰비키들을 지지했던 다수의 민중들에게 이 "자유권" 침해의 위협을 상쇄시킬 수 있었던 것은 바로 볼셰비키들의 민주성이었다. 볼셰비키들이 노동자, 농민, 병사의 자율적인 자치 조직인 소비에트를 기반으로 하고 있었던 이상 그들은 수많은 민초들에게 '우리'의 급진적 전위, '우리'의 지도자로 여겨질 수 있었던 것이다.

'소비에트'를 직역하면 '평의회'다. 1905년 1월부터의 제1차 러시아혁명 과정에서 노동자들의 자율적인 '대안 권력' 기관으로 소비에트들이 상트페테르부르크를 비롯한 러시아의 주요 상업도시마다 자발적으로 조직되자 레닌은 거의 즉각적으로 그 잠재력을 높이 평가했다. 망명해 있었던 스위스에서 스웨덴을 경유해 러시아로 돌아가는 도중이었던 1905년 초가을에 탈고돼 그 당시에 발표되지 못했던 「노동자 대표자들의 소비에트와 우리의 과제들」이라는 논문에서 레닌은 소비에트를 "장차 혁명적 권력의 씨앗이 될 조직체"라고 높이 평가하고 러시아 사회민주주의 노동당(그 당시 레닌 등 볼셰비키들이 가입돼 있었던 러시아의 연합적 비합법 사회주의 정당)이 소비에트와 "대동한 협력"을 해야 한다고 주장했다.[11]

지금이야 진부하다고 할 만큼 당연하게 들리는 이야기지만, 100년 전의 많은 볼셰비키들에게는 다소 의아하게 느껴졌던 것이다. "당이 전위가 되어 의식화돼 있지 않은 후진 대중을 지도해야 한다"는 테제를 너무나 '계몽주의적으로', 절대 명제인 양 해석하여 노동자의 자발성을 완전히 부정하려 했던 일부 과격파 볼셰비키들 사이에서는, 소비에트를 당 조직 안으로 포함시켜 순수하게 기술적인 노릇만 맡기거나 아예 '경제투쟁 기관'으로서의 소비에트를 무시하고 당 조직의 확대에 올인해야 한다는 주장이 만연해 있었다. 물론 그렇다고는 해도 볼셰비키들이 현실적으로 소비에트를 무시하는 경우는 거의 없었고 대부분의 경우에는 그 활동에 적극적으로 참여했지만 당이 아닌 소비에트를 '혁명 권력의 씨앗'으로

9) United States Department of State. *Papers Related to the Foreign Relations of the United States: 1918, Russia.* Washington: Government Printing Office, 1932, Vol. 2, pp.477~484.

10) Ю. Фельштинский (ред.), Ю. О. Мартов. Письма и документы. 1917~1922, м. 2004: http://lib.norcom.ru/HISTORY/FELSHTINSKY/martov.txt

11) "Наши задачи и Совет рабочих депутатов", - Полное собрание сочинений, изд. 5-е, Издательство политической литературы, 1970 г. Т. 12, С. 61~70.

보기에는 그들의 '계몽주의적' '전위 정당'으로서의 자아의식으로는 받아들이기가 쉽지 않았던 것이다. 상당수의 소비에트가 볼셰비키 아닌 멘셰비키나 사회혁명당비맑스주의적인 인민주의적 사회주의 정당의 영향 아래 있었기에 더욱더 그랬다.[12] 그러나 레닌 등 소수파의 볼셰비키들은 자기 당의 비민주적인 경향들을 과감히 억제하고 비록 볼셰비키들의 말을 듣지 않는 소비에트라 해도 설득에 설득을 거듭하여 같이 가야 한다는 것을 당론으로 정하도록 해놓았다. 물론 레닌보다도 소비에트에 대해서 훨씬 더 포용적으로 나섰던 쪽은 소비에트를 확대시켜 '노동자들의 대안 국회', 노동자들의 당파적이지 않은 대중 조직으로 만들어야 한다고 주장했던 멘셰비키들이었다. 문제는, 민주 국가에서도 쉽지 않은 이와 같은 '대안 권력의 확충, 전국화'가 아주 비민주적이었던 제정 러시아에서는 비현실적이었던 데에 있었다.

또 재미있는 부분은, 1907년까지 레닌이 노동조합을 꼭 볼셰비키의 노선을 무조건 따를 필요 없는, 중립적인 대중 조직으로 봤다는 것이다. 노조에서의 설득 작업의 중요성을 과소 평가하지 않으면서도 말이다. 그러한 측면에서 레닌은 애당초부터 '소비에트적 민주주의'를 상당히 적극적으로 긍정했다고 볼 수 있다.[13] 그러나 아직 이 단계에서는 레닌이 소비에트를 무엇보다 '혁명 수행의 기관'으로 보았고, 소비에트를 기반으로 한 '노동자 국가'의 구상을 만들지는 못하고 있었다. "두 단계 혁명론"의 입장에 서 있었던 당시 레닌의 생각으로는, 소비에트가 주도하는 혁명의 결과는 민주주의적 공화국의 탄생이어야 했다. 노동계급이 사회주의 혁명을 먼저 러시아에서 해야 되고, 소비에트가 단순히 정부 타도를 위한 임시적인 '대안 권력'이 아니라 노동자 국가의 상시적인 권력 기관이 될 수 있다는 생각에 레닌이 도달한 것은 1917년에 와서였다.

소비에트는 보통 어떤 기능을 맡았던 것이었을까? 1905년 혁명 당시 이바노보라는 블라디미르 성省의 작은 공업 도시에서 5월 15일 총파업 때에 탄생된 소비에트가 최초의 소비에트로 유명했다. 볼셰비키 등 사회주의자들의 지하 조직 주도로 총파업에 들어간 노동자들은 하루 8시간 노동과 60% 임금 인상, 탁아소 설치와 여공들에게의 수유 시간 허용, 폭력과 폭언으로 악명이 높은 특정 지배인과 십장들의 해직 등 매우 구체적이고 현실적인 26개의 요구서를 자본가와 도시 당국에 전달했는데, 총파업 소식에 당황한 지배자들은 "무질서한 무리를 상대로 해서 무슨 대화를 진행할 수 있느냐"며 버티려고 했다. 그러자 노동자들은 지배자와의 평화적 대화와 총파업 지휘, 노동자 생활의 재再조직 주도를 위해서 150명의 대표를 직접 투표로 뽑았는데, 가부장적인 러시아에서는 매우 파격적이게도 그 중 17명은 여공들이었다. 그들이 해야 할 일은 질서와 평화 유지를 위한 노동자들의 치안대 조직, 최빈층 구제를 위한 재정 모금, 특별히 3세 미만 어린아이에게 우유를 사줄 돈이 없는 극빈 노동자들을 위한 구호자금 조달 등이었다.

궁핍한 노동자들 생활의 가장 어려운 부분들을 해결해 주고 노동자들에게 친근하게 다가오는 '우리들의 권력'은 거의 그 시초부터——피를 한 방울도 흘리지 않은 채——절대 다수의 노동자와 서민들의 자발적인 협조와 연대에 기댈 수 있었다. 심지어 자본가들의 하인들마저도 자발적으로 소비에트의 지휘를 받아 비협조적인 일부 자본가들에게 청소나 요리 등 '서비스 제공'을 중단하고 파업에 들어갈 지경에 이른 것이었다. 누가 폭력적으로 시키지 않아도 극소수 지배자들을 제외한 도시 인구의

12) Кураев А.Н., «Дискуссия о Советах на страницах газеты "Новая жизнь" (1905 г.)», - Вопросы истории КПСС.-М., 1991, № 8.

13) Кураев А.Н. Взаимоотношения социал-демократии и Советов в революции 1905-1907 гг. - М., 1995. - Деп. в ИНИОН РАН № 50987 от 10.05.95 г.

절대 다수가 소비에트가 아닌 기타 권력 기관의 권위를 거부하기에 이르니, 지배자들은 부득이하게 '이중권력'의 상태를 인정하게 됐다. 심지어 도지사가 자신의 선언문을 인쇄케 하기 위해서 소비에트에게 공문을 정식으로 발송하여 특정 인쇄소 노동자들에게 파업을 중단하고 일시적으로 작업에 들어가게끔 해주기를 부탁해야 하는 진풍경이 벌어진 것이다. 도지사가 노동자들의 대표에게 부탁을 하다니! 러시아 같은 전제 국가에서는 그때까지 상상도 할 수 없었던 '달나라 이야기'였다.

평화 질서를 유지하기 위해서 소비에트가 모든 주막들을 문 닫게 했기에 소비에트가 도시 생활을 총지휘했던 한 달간 도시 전체에서 범죄는 물론 사소한 주먹 다툼 하나도 일어나지 않았다. 이와 같은 장기간 무無범죄 상태는 한이 많은 가난뱅이들이 살았던 그곳으로서는 사상 최초의 일이었다. 결국 중앙 정부가 이바노보에 군대를 보내서 무장진압을 시도했는데, 노동자들은 질서정연하게 바리케이드를 설치하여 사제 권총 등으로 꽤나 성공적인 방어 작전을 벌였다. 결국 지배자들이 하루 노동을 10시간으로 제한시키는 등 일련의 양보 조치를 취하고 나서야, 노동자들은 72일간의 기나긴 파업을 역시 질서정연하게 완료했다.

소비에트는 결국 파업의 종료와 함께 없어지고 말았지만 이바노보 노동자들은 거의 '다시 태어난 사람'처럼 보였다. 그 전까지만 해도 지배인을 보자마자 허리를 굽혀 절하는 것이 관습이었는데, 총파업 이후로는 지배자들에게 아부하는 노동자들을 거의 볼 수 없게 되었던 것이다. 이 소비에트 실험을 주도한 것은 주로 지식인이 아닌 노동자로 꾸려져 있었던 이바노보 지역의 지하 볼셰비키 조직이었다.[14] 이바노보에서 소비에트 운동을 1905년에 주도한 사람은 볼셰비키 소속의 직업적 혁명가 미하일 프룬제Mikhail Frunze, 1885~1925였다. 겨우 스무 살이 된 청년인 그가 러시아와 같은 보수적 사회에서 연로한 노동자들을 지도하게 된 것도 혁명이 아니면 불가능했을 것이다.

　그러나 소비에트라는 아이디어의 기원을 굳이 찾자면 '노동자들을 지도하는 당'에 집착하는 사회민주주의 계통의 혁명가들보다 아나키스트, 특히 아나코-생디칼리스트노동조합을 바탕으로 한 노동자 자치를 목적으로 하는 혁명운동가 쪽을 유심히 들여다봐야 한다. 이미 제1인터내셔널(1864~76)에서 프루동 계통의 아나키스트들은 국회에서 사민주의자들의 활약을 촉구하는 맑스에 맞서서 노동자들이 직접 선발하고 언제든지 소환할 수 있는, 늘 노동자들과 유기적인 관계를 유지하는 '노동자 대표들의 자율적 통치'의 무無국가적 사회의 이상을 강력하게 제시했다. 그러한 사회를 하나의 모델로 한 파리코뮨(1871)의 '노동조합의 자치와 지역적 자치의 혼합'은 수많은 러시아 아나키스트들에게 커다란 영감을 주었다. 1905년의 혁명에서 그들은 노동자들의 자발적인 소비에트 조직의 움직임들을 보고 이를 바로 파리코뮨과 동질적으로 것으로 파악하여 이 움직임에 적극적으로 동참하기도 했고, 또 때로는 이런 움직임들을 주도하기도 했다.[15] 예컨대 1905년 1월,상트페테르부르크 노동자들이 총파업에 나서자 그들을 위한 후원금 모금을 아나키스트적 신념의 사회혁명당 당원 브세볼로드 볼린Vsevolod Volin, 1882~1945이 주도했는데, 바로 그가 중심이 되어 그 연장선상에서 차후의 투쟁을 지휘하는 기관으로서 '상트페테르부르크 노동자 대표 평의회'가 출범했다. 1905년 봄에 이 '대표 평의회'가 당국의 탄압으로 수면 아래로 들어갔다가 1905년 가을에 다시 한번 화려하게 부활되어 바로 그 유명한 '페테르부르크 소비에트'가 된 것이었다.[16] 10월

14) Шипулина А.В. «Иваново- Вознесенский Совет рабочих депутатов 1905 г. в исторической литературе», - Рабочий класс и Советы в революции 1905-1907гг. в России. - Иваново, 1976. - С. 64~77.
15) 1920년에 러시아를 방문한 독일 아나키스트 수키에게 러시아 사회혁명당 급진파 당원들이 전해 주었던 내용이다. Agustín Souchy Wie lebt der Arbeiter und Bauer in Rußland und in der Ukraine?, Berlin, 1920. S. 19
16) Волин В. Неизвестная революция 1917~1921. М., 2005. С. 67~69.

부터 페테르부르크에서 소비에트가 부활한 뒤에 그 부회장부터 시작하여 나중에 회장이 된 사람은 훗날 크게 유명해진 젊은 멘셰비키 당원 트로츠키였다. 멘셰비키와 사회혁명당의 당원, 그리고 아나키스트 등이 주도하는 그 소비에트에서 볼셰비키들은 소수파에 불과했다. 거기에다가 페테르부르크의 소비에트가 "우리와 합쳐라"는 러시아 사회민주주의 노동당의 요구에 1905년 10월에 일찌감치 "안 된다"고 잘라서 답해 볼셰비키들의 분노를 산 일도 있었다.[17] 당시 그 갈등은 겨우 수습이 됐다. 즉, 소비에트를 중심으로 혁명적인 자율적 조직을 정비한 노동자들은 다양한 사상들을 섭취했으며 볼셰비키들의 '지도'에 순순히 응할 자세를 취한 것은 전혀 아니었다. 그들은 볼셰비키들과의 '협력'에 보통 긍정적이었지만 그 어떤 정당의 하부조직도 될 생각은 없었다. 그럼에도 불구하고, 수많은 볼셰비키들과 달리 레닌은 소비에트의 잠재력을 크게 평가하고 소비에트와의 동등한 협력의 방침을 정한 것은 사실 상당히 파격적인 일이었다. 레닌이 상당수의 맑스주의자들이 가졌던 노동자들의 자발성에 대한 편견들을 과감히 버린 것이었고, 아나키스트를 비롯한 다양한 성향의 노동자 대표들에게 손을 내밀었던 것이다. 바로 이러한 '자기 수정'이야말로 정치인, 사상가로서의 레닌의 비범한 면모를 잘 보여 주는 것이다.

레닌을 비난하는 이들은 보통 그의 '과격함'에 비난의 초점을 맞춘다. "러시아와 같은 후진 국가에서 어떻게 사회주의 혁명을 꿈이나 꿀 수 있었는가?"라는 식의 비난은 이미 1918~19년의 격변기부터 온건 사회주의 진영으로부터 나오곤 했다. "러시아는 지금으로서 사회주의적 생산양식으로 전환할 준비가 전혀 돼 있지 않다. 러시아 노동계급은 정부 기구 전체를 인수하여 그들의 필요성을 위해 복무시킬 만큼 강하지도 발전돼 있지도 않다. 그러므로 볼셰비키 집권의 결과는 지방의 후진 군중들이 점차 중앙으로부터 이탈하여 러시아가 자그마한 '지방 국가'들로 찢겨져 역사의 무대에서 사라지거나, 볼셰비키 집권 세력들은 도덕적 해이를 보여 반혁명의 길을 열어 줄 것이다".[18] 레닌의 종전 스승이라 할 카우츠키는 제자의 혁명의 결과를 그 혁명의 첫 단계에서 대체로 이렇게 평가하고 있었다. 그러나 레닌이 정말 '과격파'였던가? 카우츠키가 1919년 이후에 한 레닌 비판이나 소비에트 약화에 대한 그의 비판적 견해 등에는 상당한 진리가 담겨져 있고, 우리는 소비에트 민주주의 퇴조의 문제로 곧 다시 돌아올 것이다. 그러나 레닌에 대해서 그 어떤 비판은 가능해도 '과격파'는 마땅치 않을 것이다. 1917년의 레닌의 정치 노선 추이를 유심히 들여다보면 민주적 설득의 정치라고는 할 수 있어도 '과격한 폭력정치'라는 결론은 도저히 도출되지 않는다. 그리고 민주적 설득의 정치였기에 결국 무혈에 가까운 1917년 10월혁명으로 이어질 수 있다고도 할 수 있다. 레닌이 러시아에 부르주아 혁명이 일어나 제정 정권이 물러난 1917년 2월부터 접한 현실은 소비에트의 도약적인 부활과 발전이었다. 1917년 3월 동안만 해도 러시아 내 393개의 크고 작은 도시와 농촌에서 513개의 소비에트가 탄생되어 절대 다수 인구의 지지를 받아 '실질적 정부'에 가까운 위상을 확보했다. 이외에는 거의 공장마다 노동자들의 '공장위원회' fabzavkom가 꾸려져 노무 관련 사항(노동 시간, 임금 등)뿐만 아니라 연료·자재 공급과 자금 흐름 관리 등 경영 사항까지도 관리·통제하기에 이르렀다. 사실상 러시아는 제정 정부가 타도된 직후부터 일종의 '이중권력' 상태에 빠져 있었다.[19] 이 '이중권력'의 상황에서는 볼셰비키들의 몫은 처

---

17) Васильев-Южин М.И. Московский совет рабочих депутатов в 1905 году и подготовка им вооруженного восстания. По личным воспоминаниям и документам. М., 1925. C.16~17.

18) Karl Kautsky, "The Bolsheviki Raising", March 1918: http://www.marxists.org/archive/kautsky/1918/03/bolsheviki.htm

19) Булдаков В., «Путь к Октябрю», - Октябрь 1917: Величайшее событие века или социальная катастрофа? Под ред. П.В. Волобуева - М.: Политиздат, 1991.

음에 비교적으로 작았다. 1917년 2월에 볼셰비키 당원의 수는 2만 4천 명 정도였으나 멘셰비키만 해도 그것보다 약 10배쯤 됐다. 소비에트가 실질적인 권력을 장악해 가고 있었던 상황에서 바로——대부분이 멘셰비키와 사회혁명당 당원, 아나키스트 등이 주도하는——소비에트에서 소수파가 되고 만 레닌의 대응은? 바쿠닌이 파리코뮌의 '대안 국가 제도'에 대해서 쓴 평론들을 읽으면서 소비에트에서 상당수를 이룬 아나키스트들의 사고를 이해하려 노력했으며,[20] 또 그 유명한 「4월 테제」에서 "생산, 분배 과정에 대한 소비에트의 감독과 통제", 그리고 "소비에트 대표들에게 멘셰비키와 사회혁명당 등의 전술 오류에 대해 인내심 있게 설명해 주고 그들을 설득하는 것"을 대서특필해 놓았다.[21] 즉, 소비에트 소수파로서의 레닌은 '과격한 행동'을 선동하기는커녕 소비에트라는 민중 대표 기관에서의 장기적인 민주적 설득전을 준비하고 있었다. 부르주아계급이 1914년부터의 세계대전에 지칠 대로 지치고 무엇보다도 평화를 원했던 민중들에게 평화를 줄 수 없다는 것도, 소비에트가 실질적 권력의 주체로 부상한 것을 장기적으로 방관할 수 없을 것도 레닌은 이미 1917년 4월에 다 갈파했다. 그러기에 「4월 테제」에서 부르주아 대의 민주주의가 아닌 소비에트 민주주의 제도의 실시를 혁명의 목표로 내세운 것이다. 부르주아계급이 이미 반혁명적 성향을 드러낸 상황에서는 그들의 헤게모니하에서 혁명이 지속될 수 없다는 것은 레닌으로서는 자명했다. 그러나 그가 이와 같은 목표의 달성 방법으로 소비에트 온건파라는 그 당시의 다수에 대한 '과격한 폭력'이 아닌 '설득과 대중적 요구에의 순응'을 명기했다. 이는 '과격파 정치'라기보다는 일관성 있는 비非자유주의 민주정치였다.

점차 과격해지는 것은 레닌이라기보다는 상황이었다. 그리고 레닌은——현실적이며 민주적인 정치인답게——이 상황의 변화에 따라 자신의 방침을 조금씩 급진화시켜 다수의 이해관계와 요구에 그대로 맞추도록 혼신의 노력을 기울였다. 카우츠키의 우려와 달리 레닌은 '후진적 국가에서 사회주의의 급격한 실시'를 절대 서두르지 않았다. 그러나 급진적인 사회주의적 성향의 변혁을 추구하는 것은 1917년에 대중적 민주정치인으로서 '필수'가 되고 말았다. 제정 정권이라는 만능의 보호막 밑에서 사는 일에 익숙해진 러시아 자본가계급은 국가 운영을 맡자마자 일련의 실책으로 곧 정치적으로 파산 선고를 받았다.

제1차 세계대전이 러시아 총생산의 약 40~50%를 소모시키고 있었던 국가 파산 임박의 상황에서 부르주아 임시정부는 러시아 자본가들에게 차관과 투자를 해주어 왔던 채권 국가 프랑스 등 연합국 측을 '배신'하고 독일과의 독자적인 평화협정을 맺을 수도, 그렇다고 부유세 징수 등 부유층을 겨냥하는 특단의 정책을 통해 전비戰費를 충당시킬 수도 없다. 유일한 답은 통화량의 남발, 즉 1년에 500%에 달하는 인플레이션이 있었는데, 그만큼 다수 월급쟁이들의 생활 여건은 악화돼만 갔다. '공장위원회'의 적극적인 공장 관리 정책에 공장 주인들이 공장 운영 중단과 대량 해고로 맞서곤 해서 1917년 3~7월간 약 10만 명의 노동자가 실업자가 돼 기근에 시달리게 됐다. 더군다나 민심보다 프랑스와 영국 등 연합국 지배자들과의 연대를 더 중요시했던 임시정부가 억지로 계속 진행했던 전쟁에서 러시아군은 독일군으로부터 연패를 당했기에 민심은 부르주아 정부를 떠난 뒤에 그 부르주아 정부와의 '협력'에 올인한 소비에트의 온건한 지도자, 즉 주류 멘셰비키와 사회혁명당의 우파까지도 떠나기 시작했다. 동시에 볼셰비키의 당세는 날로 강화됐다. 당원 수도 1917년 말에 이르러 35만 명이 되는 등 멘셰비키(20만 명 정도)를 압도하고 사회혁

20) В. И. Ленин. Полное собрание сочинений, изд. 5-е, Издательство политической литературы, 1970 г. Т. 30, С.341.
21) В. И. Ленин. Полное собрание сочинений, изд. 5-е, Издательство политической литературы, 1970 г. Т. 31, С.11~31.

명당과 엇비슷해졌으며, 또 1917년 6월 3일~24일의 제1차 전 러시아 소비에트 대표자 대회에서 1,088명의 대표 중 105명을 보유하는 등 이미 초여름에 하나의 중요 정치 세력으로 등장했다. 물론 제1차 전 러시아 소비에트 대표자 대회에서 멘셰비키들은 248명에 달했지만, 볼셰비키와 일련의 문제에서 입장이 가까웠던 '국제주의적 멘셰비키'(전쟁 반대론자)들이 32명이었다는 걸 감안하면 볼셰비키들의 주장이 점차 대중화, 헤게모니화되어 갔던 모습을 상상할 수 있다.[22] 혁명의 전위라 할 수 있는 수도 페트로그라드(종전의 상트페테르부르크의 바뀐 이름)의 노동조합과 '공장 위원회'들의 연합, 그리고 특히 크론시타트를 주된 기지로 하는 발틱 함대의 수병들은 특히 볼셰비키와 급진파 아나키스트, 또는 '국제주의적 멘셰비키'의 절대적이다 싶은 영향 아래로 들어갔다. 오른쪽에서 보수적인 장교층의 신뢰를 전혀 받지 못하고, 왼쪽에서도 이제 불신을 받게 된 임시정부는 1917년 6월에 이르러 언제 무너질지 모를 사상누각에 가까웠는데, 그 유일한 버팀목은 비교적으로 온건한 전 러시아 소비에트 집행위원회VTsIK과 페트로그라드 소비에트 지도부의 '비판적 지지'였다. 레닌과 볼셰비키들이 정말 '폭력적인 과격파'였다면 이미 1917년 6월에 소비에트의 온건파 지도부를 무시하고 발틱 함대 수병 등 급진 전위 세력을 총동원하여 임시정부를 쓰러뜨릴 수도 있었다. 그렇게 하지 않았던 이유는? '소비에트 민주주의'의 힘에 충분히 기대하고자 하는 계산, '소비에트 민주주의'를 존중해야 한다는 이념이었다.

1917년 7월 4일. 주로 아나키스트들이 주도했던, 약 50만 명 정도의 급진적인 데모 행렬은 페트로그라드의 거리를 덮쳐 버렸다. 그들의 주된 희망은 전쟁 중지와 당장의 평화협상이었고, 그들의 정치적인 요구는 소비에트에게 모든 권력을 부여하자는 것, 즉 임시정부의 완전한 타도였다. 레닌 주위에서, 특히 포드보이스키Nikolai Podvoisky, 1880~1948 등 군사 조직의 책임자들이 승산이 분명히 있다고 하여 데모의 주도권을 잡아 혁명의 완수, 소비에트의 완전 집권을 이룰 것을 강력하게 주장했는데, 레닌은 절대 불가하다고 잘라 거절했다. 아직은 온건파에 의해서 지도되는 소비에트들이 권력을 장악할 준비가 전혀 돼 있지 않은데, 임시정부를 타도한다고 해서 노동계급의 정권을 세울 수 있겠느냐는 논리였다. 레닌의 시기상조론은 소비에트의 혁명화에 시간을 주자는 제안이었다.

레닌과 볼셰비키로서는 이와 같은 전술은 '사서 고생하는 일'이었다. 임시정부 타도를 단념한 그들 덕택에 데모가 결국 별 성과 없이 해산되고 보수세력들이 결집의 기회를 잡았음에도, 임시정부뿐만 아니라 소비에트 지도부의 온건 사회주의자들에게까지도 레닌과 그 동지들은 '반역자'로 지목됐다. 임시정부에 의해서 토로츠키 등 일부 급진파 거두들이 구속되고, 레닌 등 볼셰비키 지도자들은 지명수배되고 볼셰비키당은 '독일 간첩' 혐의를 받아 불법화됐다. 거기에다 목소리를 맞추어서 전 러시아 소비에트 집행부의 지도자인 표도르 단온건파 멘셰비키, 1871~1947은 소비에트 이름으로 선언서를 발표하여 볼셰비키 등 '무정부 상태를 조작하는 분자들에 대한 강경 탄압'을 촉구했다.[23] 혁명의 급진화를 두려워하는 나머지 부르주아 정권과의 협력에 무제한적으로 집착을 가졌던 온건파의 사회주의자들이 자신과 자신의 당에 대해 어떤 태도를 가질지 레닌이 몰라서 임시정부의 타도를 말린 것이었던가? 그렇지 않다. 탄압받을 것을 각오하면서도 임시정부와 온건파 사회주의자 등 '주도파'들의 정치적 파산이 완벽하게 가시화되는 것을 일단 기다리려 했다. 민주적 소비에트 혁명이 가능해지기 위해서다.

---

22) Manfred Hellmann (Hrsg.): *Die russische Revolution 1917. Von der Abdankung des Zaren bis zum Staatsstreich der Bolschewiki*, München, Deutscher TB Verlag, 1984.

23) Архив русской революции, 1922, Берлин, т. 1, С.80.

레닌의 계산이 맞아떨어졌다. 독일과의 전선에서 라트비아의 중심지인 리가Riga가 함락되는 등 패배가 계속되고 경제가 마비 직전으로 가고 있었다. 그러다가 급진파의 집권이 시간 문제일 것이라는 걸 알아챈 보수적인 장군들이 1917년 8월 말에 쿠데타를 시도했다가 볼셰비키가 주도하는 병사 소비에트 등 민주세력의 결사 저지로 실패하고 말았다. 좌우 양쪽에서 불신을 받는 임시정부가 거의 실질적 통치기능을 다 잃어버린 반면 볼셰비키들은 페트로그라드의 소비에트에서 주도권을 잡아 새로이 볼셰비키당에 입당한 트로츠키가 그곳에서 집행부 위원장을 맡게 되는 등, 가면 갈수록 소비에트 민주주의의 보다 강력한 지지를 받기에 이르렀다. 결국 1917년 10월 12일에 페트로그라드 소비에트의 결정으로 군사혁명위원회라는 혁명지도기관이 설립되고, 그 뒤로는 볼셰비키당도 군사혁명 당 중앙을 선출했다. 혁명 계획은 소비에트에서 상당한 영향력을 보유한 아나키스트와 당장의 평화와 토지개혁을 원했던 사회혁명당의 좌파에게 지지를 받는 반면 볼셰비키의 보수파라고 할 지노비예프Grigory Zinoviev, 1883~1936와 카메네프Lev Kamenev, 1883~1936 등 일부 지도자로부터 공개적인 비판을 받았다. 굳이 이론적으로 따지자면 1917년 10월 그 당시 지노비예프의 입장대로 사회혁명당의 좌파와 소비에트가 곧 소집돼야 할 제헌의회에서 확실한 다수의 의석을 얻어 소비에트식의 새로운 국가를 평화적으로 건설하는 것이 아마도 군사력을 동원한 혁명보다 훨씬 나았을 것이다.

그러나 이와 같은 이상적 시나리오의 실시는 레닌 등 볼셰비키의 타협적 태도뿐만 아니라 그들의 주된 적수가 된 멘셰비키 우파와 사회혁명당 우파의 타협적 자세도 요구했다. 레닌이야 일정한 조건이 충족되는 이상 보수적인 사회주의자와의 일시적 타협을 용인할 수 있었지만 그 반대자들은 막무가내였다. 1917년 10월 25일 혁명의 직후에 열린, 670명의 대표자 중에서 볼셰비키는 300여 명 그리고 좌파 사회혁명당이라는 볼셰비키의 우군이 약 100명의 의석을 차지했던, 제2차 전 러시아 소비에트 대표자 대회에서 '국제주의적 멘셰비키'들은 볼셰비키와 멘셰비키, 사회혁명당, 아나키스트 등 모든 사회주의적 세력의 연합 정권의 창출을 제안하여 레닌 등의 볼셰비키의 지지를 받았음에도, 강경 우파 멘셰비키와 사회혁명당 당원 약 200명은 이를 일언지하에 거부하고 대회장을 박차고 나가 버렸다. 소비에트적, 민주적 다당제를 설립하고 볼셰비키당의 독주——그리고 궁극적인 독재——를 막을 절호의 기회를, 다름이 아닌 보수적인 사회주의자 세력들이 스스로 포기한 것이었다.[24] 나중에 '국제주의적 멘셰비키' 등 가장 이성적이고 합리적인 혁명 세력들의 주선으로 며칠간 '사회주의적 연합 정권' 창출에 대한 교섭이 이루어졌으나, "모든 권력을 소비에트로"를 받아들일 수 없다는 우파 멘셰비키와 사회혁명당의 고집스러운 거부로 좌절되고 말았다. 지노비예프와 같은 비교적으로 온건한 볼셰비키 지도자들이 '연합 사회주의 내각'에서 레닌과 트로츠키를 빼주는 것까지 양보하려 했음에도 말이다. 반反볼셰비키 진영은 소비에트 민주주의를 부정함으로써 결국 전국적 폭력 사태를 초래하기에 이르렀다. 그리고 그 폭력 사태의 전개과정에서 소비에트 민주주의 그 자체가 사실상 형해화形骸化되고 말았던 것은 가장 한탄스러운 일이다.

10월혁명을 맞은 레닌의 미래 구상은 어땠는가? 그의 명작 『국가와 혁명』(1917년 8~9월 탈고)을 읽어 보면 그가 생각했던 '소비에트 공화국'의 윤곽이 선명하게 보인다. '현실 사회주의'에 비판적이고 레닌에 대해서도 꼭 찬양 일변도로만 대하지 않았던 아이삭 도이처까지도 "『국가와 혁명』이상으로 혁명 이후의 권력 남용을 경고하는 책, 권력의 민주화

---

24) Leonard Schapiro, *Origins of the Communist Autocracy*, New York, 1965, pp.66~68.

를 주장하는 책을 나는 알지 못한다"고 이야기한 바 있었다.[25] 이 책을 '혁명적 민주주의의 성경'이라고 불러도 과언이 아닐 것이다. 10월혁명을 앞둔 레닌에 의하면, 국가란 피착취계급들로부터 완전히 소외된, 그 계급을 오로지 외부로부터 통치하면서 잉여가치 수취를 위한 제반 조건을 조성하는 폭력 기구이며, 피착취계급들의 완전 해방은 바로 국가의 완전 사멸을 의미한다는 것이다. 민주 공화국은 현존하는 모든 국가 형태 중에서는 무산계급에 그나마 가장 좋은, 즉 그 해방 투쟁의 전개에 가장 이로운 형태라 하지만, 무산계급의 혁명은 국가와의 완전한 결별을 뜻한다.

국가와의 완전 결별, 국가의 완전 파괴란 무엇인가? 첫째, 폭력기구로서 국가의 근간이라 할 상비군의 폐지, 그리고 그 대신에 민중의 자유로운 무장, 즉 자율적인 무산계급 민병대의 창설이다. 물론 유산계급의 저항을 분쇄시키기 위해 일정한 무력이 필요할 수도 있지만 소수의 저항이기에 승리를 거둔 무산계급에게는 상비군이 필요 없다. 둘째, 기존의 관료 기구들의 전체적 혁파, 그리고 행정 요원들에게 숙련공 정도의 보수만을 지급하고 일체 특권들을 빼앗는 것이다. 행정 기능을 맡는 이들이 특권을 잃는 대신, 행정 기능의 수행을 모두가 점차 조금씩 익혀 별도의 계층으로서의 관료의 존재 기반 자체가 파괴된다. 물론 민중의 집단적 의지에 의해서 모든 행정 요원들은 언제나 소환·파직이 가능해진다. 셋째, 대의 민주주의의 극복이다. 어차피 국회란 자본주의 국가에서 주로 혹세무민의 감언이설들이 흘러나오는 공론空論의 장이고 주요 작업은 다 선출되지 않은 권력자, 즉 직업 관료들에 의해서, 자본가들의 이해관계에 맞추어서 이루어지는 것이 아닌가? 노동자들은 이 국회를 폐지시키고 그 대신에 소비에트를 통해서 언제나 소환이 가능한, 노동계급과의 유기적 관계를 유지하는 '우리'의 대표자를 보내 행정 요원들에 대한 민중적 감독, 통제를 실시하는 것이야말로 진정한 민주주의의 실현이다.[26]

이 정도의 구상이면, 현실 정치인이 현실적으로 실행 가능한 강령으로 제시한 문서 치고는 아마도 인류의 역사상 가장 철저하게 민주적일 것이다. 반공 선전이 판을 치는 오늘날의 러시아에서도 레닌에게 반하는 민중이 다수를 차지한다는 것은 얼마나 놀라운 일인가? 물론 굳이 민중에게 부여하려는 자율성의 정도로 치면, 레닌은 아마도 바쿠닌이나 크로포트킨과의 경쟁에서 질 것이다. 그러나 아나키즘의 원조들과 달리 1917년 8~9월의 레닌은 자신의 강령을 충실히 실행하려는 준비가 돼 있었던 현실 정치인이었다. 위에서 이야기한 정도의 민중적 민주주의 개혁을 진심으로 실시하려는 이가 커다란 나라에서 권력을 잡는다는 것은 세계사에서 유례를 찾기 어려운 일이 아니겠는가?

"소비에트를 통한 민중의 자율적 권력", "즉각 평화협상", "지주 토지의 즉각 재분배와 토지의 사회화", "민족 자결권 즉각 실시"를 내건 1917년 10월의 레닌에게 적어도 페트로그라드에서 노동자와 병사, 수병 등의 민심이 전적으로 기울었다는 것을 레닌의 비판자들도 스스로 인정했다. 1917년 10월혁명을 "비극"으로 본 마르토프마저도 동료 멘셰비키 악셀로드Pavel Akselrod, 1850~1928에게 혁명 직후 부친 서한(1917년 11월 19일)에서 "거의 모든 소비에트들이 재선도 없이 바로 볼셰비키의 지지로 선회해 볼셰비키를 제외한 나머지 당파들이 다 극소수의 신세가 됐다. …… 군대에서는 장교층은 동요했지만 즉각 평화를 주장하는 새 정부에 무기를 들 병졸이 아무도 없다는 걸 장교들도 인지한 것이다. 트로츠키가 '평화 협상'을 선언하자 볼셰비키에 비판적인 병졸들마저도 볼셰비키를

25) Isaak Deutscher, *The Unfinished Revolution: Russia, 1917~1967*, London: Oxford Univ. Press, 1967, pp.20~24.

26) В. И. Ленин. Полное собрание сочинений, изд. 5-е, Издательство политической литературы, 1970 г. Т. 33, стр. С.30~97.

공격할 생각을 버렸다"고 신세 한탄을 했다.[27] 유산층이야 레닌을 '독일 간첩'이라고 욕을 퍼부으면서도 "볼셰비키보다 차라리 독일군의 점령이 낫겠다"고 하여 계급혁명을 직면한 상황에서 '애국심'의 탈까지도 벗어 던질 준비가 다 돼 있었지만, 대다수의 피착취 계층들에게 1917년 10월의 혁명은 "가난뱅이들의, 가난뱅이들을 위한, 가난뱅이들에 의한 민주주의" 꿈의 실현이었다. 물론 도시 노동자가 아닌 농민들의 경우에는 이 '가난뱅이 민주주의'의 대표자로서 레닌 자신이라기보다는 그 당시에 레닌과 손을 잡았던 좌파 사회혁명당과 아나키스트 등을 인식했다는 것을 기억해 두어야 할 것이다.

그러면 이제 레닌 말년, 즉 1922~24년 러시아의 모습을 보자. 인류 역사상 민중이 갈망하는 민주주의의 이상을 가장 잘 표현한 『국가와 혁명』의 구절들은 어느 정도 실천에 옮겨졌는가? 답은 하나밖에 없을 것이다. 노동자의 입장에서 보면 국가가 분명히 '개선'됐지만, '사멸', '분쇄' 되기는커녕 오히려 훨씬 더 비대해졌다. 이 국가는 과연 소비에트를 통해서 민중들이 관리, 감독하는 '민중 국가'였던가? 표면적으로 그러한 모습을 보이려고 노력했지만, 이미 1922년에 이르러 '민중 국가'의 실체를 거의 찾아보기가 힘들었다. "국가라는 폭력 기구는 민중을 위해 복무할 수 없다. 무조건 파괴돼야 한다"는 『국가와 혁명』속 명구의 올바름은 레닌 자신의 '혁명적 실험'의 비참한 결과에 의해서 잘 증명됐다. 1922~24년의 '사회주의' 러시아의 국가는 민중을 '위해서' 존재했다기보다는 개인으로서의 민초들에게 상당한 생활 여건 개선과 신분 상승의 기회를 대량적으로 제공하면서도 결과적으로 전체로서의 민중을 관리, 통제, 억압한 것이었다.

상비군의 폐지? 천만의 말씀이다! 1921년, 즉 내전이 어느 정도 완료된 시점에서 1918년 5월 말부터 철저한 징병제에 의해서 만들어진 상비군인 적군赤軍은 거의 5백 50만 명의 장병을 보유하고 있었다. "병사에 의한 장교들의 민주적 선출" 시도들은 1918년 여름부터 정지됐으며, 선출과 거리가 멀었던 장교 중 상당수(4만 8천 명)는 바로 구舊 제정 러시아 군의 직업 장교들이었다. 그들을 감독해야 했던 정치위원komissar들 중 다수는 노동자 출신의 볼셰비키 당원이었지만 그들 역시 선출되지 않은, 당과 군 당국에 의해서 임명되는 권력자였다. 수많은 과거의 평민들은 정치위원과 상병, 하급 장교 등으로 신분 상승하여 적군에서의 복무를 출세 발판으로 만드는 등 사회적 신분 이동에의 기여는 있었지만 새로운 적군은 분명히 선출되지 않은 명령권자와 강제 징병된 병사로 구성된 전형적인 계급사회의 상비군이었다.[28] 어느 계급사회에서나 다 그렇듯, 징집은 피被징집자들의 불만에 부딪히는 일도 비일비재했으며, 노동자들의 경우에는 징집에 대한 불만과 소비에트 민주주의의 실종에 대한 불만이 서로 겹치기도 했다. 1919년 봄에 적군赤軍으로의 징집을 직면한 모스크바의 알렉산드러브스키 공장의 노동자들이 "소비에트의 권력이 부활되지 않는 한, 볼셰비키들만이 소비에트에 선출될 수 있는 현금의 상황이 종식되지 않는 한, 우리에게 백군白軍과 적군赤軍은 마찬가지"라고 이야기할 정도로, 비非민주화된 볼셰비키 권력자들의 징병제 군대는 많은 노동자에게 외면의 대상이었다.[29] '사회주의 국가' 군대에서도 탈영과 항명 등에 총살이 따랐다는 것을 굳이 여기에서 따로 언급해야 할까? 또, 중앙아시아와 같은 제정 러시아의 구舊 식민지에서 현지인이 아닌 러시아인들이 실권

---

27) Ю.Фельштинский(ред.), Ю.О. Мартов. Письма и документы. 1917~1922, М. 2004: http://lib.norcom.ru/HISTORY/FELSHTINSKY/martov.txt

28) John Erickson, The Soviet High Command - A Military-Political History 1918~41, MacMillan, London, 1962, pp.31~34.

29) Vladimir Brovkin, "Workers' Unrest and the Bolsheviks' Response in 1919", Slavic Review, Vol.49, No.3, 1990, pp.350~373.

을 잡고 있는 '소비에트 권역'을 확립시키는 과정에서 '의병'義兵류의 현지 주민들의 무장저항('바스마치' 운동, 1918~24년)을 진압해야 했던 적군赤軍은 사실상 식민주의적 "더러운 전쟁"[30]을 전개해야 했다는 부분까지 굳이 언급해야 할까? 공산주의자에게는 한없이 부끄러운 일이지만, '사회주의 국가의 군대'는 사실상 식민지 지역에서 제국 군대의 억압적 역할을 그대로 맡았던 것이다.

행정 요원에게 숙련공 정도의 임금 지불? 이 부분은 처음부터도 제대로 실행이 못 됐지만 1920년대 초반에 사문화되고 말았다. 처음에 『국가와 혁명』식의 이상주의에 기반한 레닌은 인민위원 평의회Sovet Narodnykh Kommissarov : 소련 초기의 국무회의의 고급 공무원 관련 법률을 기초하여 인민위원, 즉 장관의 월급을 500루블, 그러니까 고급 숙련공 정도의 월급으로 제한시키긴 했다.[31] 위대한 시도였음에 틀림없지만 공무원 사회와의 협력을 중요시하는 당 지도부 보수파의 반발이 심하여 레닌은 "어쩔 수 없이 후퇴한다"고 선언하고,[32] 1918년 여름부터 사실상 고급 공무원의 고액 월급제 외 공무원의 등급에 따르는 차등 등급제를 전면적으로 부활시켰다. 1919년 3월에 이르러 이미 한 달에 3천 루블을 받을 수 있었던 고급·중급 공무원들은 27등급으로 차등화되어 정부 부처 과장급, 기업 지배인급에 한해서 자신의 월급 액수를 스스로 조정하는 특권까지 안게 됐다.[33] 소련 노동조합 총연맹 제2차 대회(1919년 1월), 제3차 대회(1920년 4월), 그리고 그후의 여러 대회에서 노동자 대표들이 연이어 노동자와 고급 전문가의 월급 차이가 8배 정도에 달하는 데에 대해서 강력한 불만을 표시했지만, 바뀐 것은 일부 보너스 규모 삭감 관련의 법률 채택 이외에 아무것도 없었다.[34] '노동자 국가'임을 내세웠던 초기의 소련에서, 고액 월급뿐만 아니라 가장 부족했던 식량 등의 특별 배급까지 받을 수 있었던 고급 공무원 중에서는 과연 노동자 출신의 비율이라도 높았던가? 비非공산당원 계통의 공무원 중 노동자들이 거의 없었으며 그 대다수는 혁명 이전부터 공무원 생활을 해온 고학력자들이었지만, 주요 정부 부처('인민위원회')의 공산당 계통의 고급 공무원들 중에서는 1922년에 노동자 출신이 소수인 12.3%에 불과했다. 나머지는 학생, 공무원, 군인, 기술자, 자유직종의 지식인 출신이었다.[35] 물론 혁명이 일어나지 않는 이상 그 12.3%도 고급 공무원으로 진출했을 리가 없었겠지만, '노동계급의 독재 기관'과 노동계급의 관계가 얼마나 취약했는지를 잘 보여 주는 대목이다. 과연 공산당원들은 고급 공무원이 돼도 숙련공의 평균 임금 이상의 보수를 받지 못하게 돼 있었지만 그들이 실질적으로 접근할 수 있는 각종의 자원은 노동자에 비해서 많았던 것은 이미 주지의 사실이었다.[36] 계급 불평등에 대한 하층민들의 불만을 그 기반으로 삼아 출범한 '노동자 국가'는 결국 자본 소유의 주체를 개인 자본가에서 국가로 바꾸고 노동자에게 대학 진학 등 신분 상승에의 유리한 조건을 제공했을 뿐 불평등한 사회제도 그 자체를 새로운 모습으로 부활시키고 말았다.

그렇다면 대의 민주주의의 극복 혹은 지양은? '전통적 대의 민주주의'는 1917년 2~10월에 제대로 정착되지도 못한 채 폐지되고 말았지만 그 대안으로 인식됐던 소비에트 민주주의는 계속 축소와 후퇴를 거듭했

30) Martha Olcott, "The Basmachi or Freemen's Revolt in Turkestan, 1918~24", *Soviet Studies*, Vol.33, No.3, 1981, pp.352~369.

31) В. И. Ленин. Полное собрание сочинений, изд. 5-е, Издательство политической литературы, 1970 г. Т. 35, С.105.

32) В. И. Ленин. Полное собрание сочинений, изд. 5-е, Издательство политической литературы, 1970 г. Т. 44, С.198~199.

33) Собрание узаконений и распоряжений Рабоче-Крестьянского правительства РСФСР (СУ). М. 1923, С.90.

34) F. I. Kaplan, *Bolshevik Ideology and the Ethics of Soviet Labour*. 1917~1920 : The Formative Yeas, London : Owen, 1969, p.344.

35) Васильев В.Н., Дробижев В.Ж. и др., Данные перписи служащих *1922 г.* о составе кадров наркоматов РСФСР, М., 1972.

36) Павлова И.В. Сталинизм – становление механизма власти. Новосибирск, 1993, С.68.

다고 봐야 할 것이다. 대도시 숙련공 사이에서 확고히 주도권을 잡고 있음에도 농민 사이에서 거의 지지를 받지 못했던 볼셰비키들은 1918년 7월 10일에 채택된 러시아 소비에트 사회주의 연방 공화국RSFSR : 초기 소련 국가 칭호 최초의 헌법에서 철저하게 차등적인, 불평등한 소비에트 선거 구조를 명기해 놓았다. 전 러시아 소비에트 대표자 대회라는 새로운 공화국의 최고 입법기관에 도시민 2만 5천 명이 한 대표를 보내는 한편 농촌 주민 12만 5천 명이 한 대표를 보내게 돼 있었다. 볼셰비키를 지지할 확률이 높은 도시인 한 명은 볼셰비키만을 지지할 것 같지 않은 농민 다섯 명과 같은 정치적 비중을 갖게 된 것이다. 거기에다가 고용인을 두거나 상업에 종사하는 모든 이들은 선거권도 피선권도 부여받지 않았기에 대표적인 농민, 소부르주아의 국가인 러시아에서 절반에 가까운 인구(중농, 부농, 소상인 등)는 사실상 참정권을 상실할 수 있는 상황에 놓여 있었다.[37] 실제로는 1918년 5월부터 농민으로부터의 곡물공출 정책이 본격화되어 보통 도시 숙련공 내지 지식인 혁명가 계통이었던 곡물공출부대prodotryad의 부대장은 곡물공출에 응하지 않는 농민들을 '인민의 적'으로 선포하여 10년 징역형에 처할 초법적인 권리를 부여받았다. 공산당을 적극적으로 지지하는 일부 빈농을 제외하고 러시아 인구의 다수를 차지했던 중농과 부농 등의 농민들은 새로운 국가에서 거의 '준準국민', '2등 국민'이 된 것이었다.[38]

1921~22년까지 소비에트에서는 극소수의 멘셰비키와 아나키스트 등이 선출되는 등 소비에트 다당多黨 제도가 어느 정도 기능을 했지만[39] 멘셰비키와 사회혁명당, 아나키스트에 대한 무차별적 공격 분위기에서 소비에트에서 확고한 다수를 점한 볼셰비키의 활동가층은 소비에트를 사실상 볼셰비키당의 부속기관으로 만들어 버렸다. 제7차 전 러시아 소비에트 대표자 대회(1919년 12월)의 대의원이었던 마르토프가 좌파 멘셰비키

를 대표해서 연설한 것처럼, 소비에트의 회의가 드물어진 것은 물론 전 러시아 소비에트 집행위원회의 소집까지도 정기적으로 이뤄지지 않는 반면, 인민위원 평의회란 이름의 볼셰비키 독자의 국무회의만이 국정 기능을 독점해 소비에트 민주주의의 실實을 거의 거둘 수 없었다는 것이다.[40] 마지막 비非볼셰비키들이 인민위원의 직을 잃은 1918년 여름 이후로는 볼셰비키당 중앙위원회의 결정들은 전 러시아 소비에트 집행위원회 결정의 초안들을 거의 전부 기초하게 된 것이다. 물론 풀뿌리 차원에서 소비에트와 공장에서의 노조 등에서 수많은 평민 출신들이 활발한 활동을 펼칠 수 있었고, 그들을 보면서 "우리가 이제 권력의 주체가 됐다"고 믿게 된 수많은 민중들의 볼셰비키에 대한 '비판적 지지'가 결국 볼셰비키 권력의 공고화, 그리고 레닌의 지속적인 인기의 비결이 된 것이었다. 볼셰비키당이 공장 지배인으로 보낸 당 관료의 전횡과 폭압에 대해 노조와 소비에트, 대중 집회 등을 통해서 끈질긴 저항을 펼치곤 했던 1922~23년 모스크바 노동자의 경우에는, 일부 당 관료들의 '지배자연한' 태도를 싫어해도 이 태도에 대한 합법적인 저항의 공간을 (아직도) 허용했던 소비에트제도 그 자체에 기본적으로 애착을 갖고 있었던 것이다.[41] 그럼에도 불구하고, 민주주의가 『국가와 혁명』의 구상대로 "대의 민주주의의 한계

37) 1918년 러시아 소비에트 사회주의 연방 공화국 헌법: http://www.democracy.ru/library/history/laws/constitution_1918.html

38) Директивы КПСС и Советского правительства по хозяйственным вопросам. Т. 1. М., 1957. С.52~54.

39) 민주주의적이라고 할 수 있는 마지막 소비에트 선거는 모스크바에서 1922년 1월에 있었는데, 이미 심화돼 가는 탄압 분위기에서 3명의 멘셰비키와 1명의 좌파 사회혁명당 당원은 그래도 당선될 수 있었다. 그후로는 야당인 멘셰비키와 사회혁명당 등에 대한 경찰 탄압이 더욱더 심해지는 데다 소비에트의 실질적 기능이 크게 축소되어 소비에트 민주주의가 사실상 사멸됐다고 볼 수 있다. Галили З., Ненароков Н., Меньшевики в 1921-1922 гг., М., 2002, С. 433~436.

40) Ю.Фельштинский(ред.), Ю.О. Мартов. Письма и документы. 1917~1922, М. 2004: http://lib.norcom.ru/HISTORY/FELSHTINSKY/martov.txt

41) Simon Pirani, "The party elite, industrial managers, specialists and workers, 1922~23", Paper for the Study Group on the Russian Revolution Conference, January 2006: http://www.quintessential.org.uk/SimonPirani/pirani-sgrr06.pdf

를 극복해" 어마어마한 규모로 확대되긴커녕 계속 축소돼 가기만 했다.

그러면, 『국가와 혁명』이라는 직접적, 참여적 민주주의의 선언서는 왜 이처럼 결국 빈 말이 된 것이었을까? 레닌이 꼭 의도한 것은 아니었겠지만 권력 사수死守의 논리, 그리고 부르주아계급으로부터 인수·인계 받은 국가 운영의 논리가 결국 민중적 민주주의 논리를 압도했다고 봐야 할 것이다. 레닌과 볼셰비키들이 1917년 10월혁명으로 국가권력을 잡게 된 이상 예컨대 국가 그 자체를 불필요하게 여겼던 아나키스트들과 평화 공존하기가 힘들었다. 아나키스트들은 예를 들어 1918년 3~4월에 발틱 함대에서 '중앙'에서 파견되는 정치위원들을 받아들이기를 거부하고 "자율적인, 민병대식 군대"의 이상을 고수하려 했는데, 이는 폭력을 독점하려는 국가의 운영 논리와 전면적으로 배치됐다. 결과는? 1918년 3~4월에 러시아 남부와 우크라이나에서 아나키스트들에 대한 구속, 아나키스트 단체의 강제 해산 등이 잇따라 이루어졌고, 1918년 4월 12일에 드디어 모스크바의 아나키스트들까지 잔혹한 탄압을 받기에 이르렀다.[42] 아나키스트들은 이를 "국가주의적 사이비 사회주의자들의 선전 포고"로 받아들여 그때부터 반反볼셰비키 저항으로 기울기 시작했다. 주로 주변화된 대중, 특히 빈농과 미숙련 노동자, 일부 하급 지식인에 기반을 둔 아나키스트와 달리 조직 노동자들 사이에서 상당한 영향력을 확보하고 있었던 멘셰비키들과는 볼셰비키들은 힘겨운 경쟁을 벌여야 했으며, 1918년 4~5월쯤에 이 경쟁에서 패배할 지경에 이르렀다. 즉, 그 당시에 러시아 전국에서 이루어졌던 소비에트 재선의 결과로 30개의 대도시 중에서 18개의 소비에트를 멘셰비키와 사회혁명당 당원들이 장악하기에 이르렀다.[43] 단, 페트로그라드와 모스크바 등 볼셰비키들의 조직 기반이 가장 강했던 일부 공업도시에서는 볼셰비키들이 어렵게 —수많은 반反볼셰비키 파업들 속에서— 소비에트에서의 주도권을 유지했다.

볼셰비키들의 대응은? 이미 일부 지방도시(이제브스크 등)에서 일각의 우파 멘셰비키들이 반反볼셰비키 무장투쟁으로 기울어 볼셰비키들에 대한 무장공격을 개시했다는 걸 핑계 삼아 1918년 5~6월에 볼셰비키들은 멘셰비키들에 대한 무장력과 행정력을 동원한 탄압을 전개했다. 멘셰비키들이 주도권을 잡은 일부 소비에트들이 강제로 해산을 당했는가 하면, 1918년 6월 14일에 전 러시아 소비에트 집행위원회가 전 러시아 비상위원회Vcheka: 볼셰비키들이 장악한 비밀 경찰 조직의 보고를 듣고 일체의 소비에트에서 "반反혁명 활동을 일삼는 멘셰비키와 사회혁명당 우파 및 중도파 당원"을 추방하기로 결의했다.[44] 소수의 멘셰비키들이 볼셰비키에 대한 무장도발을 직접 했거나 다른 정당들의 그러한 무장도발을 지지했다는 것도 부정하기 어려운 사실이지만, 볼셰비키들이 이를 이용하여 멘셰비키와의 "소비에트 민주주의 장場에서의 경쟁"에서 부당한 방법으로 우위를 장악하려 한 것도 사실인 듯하다.

이와 같은 볼셰비키들의 일련의 강경책에 위협을 느낀 사회혁명당 좌파가 1918년 7월 7일에 치명적인 정치적 오류라고 할 반反볼셰비키 무장반란을 모스크바에서 일으켰다가 역시 매우 빨리 진압돼 합법적인 소비에트 민주주의 공간에서 추방당했다. 물론 볼셰비키들의 좌파적인 반대자, 즉 멘셰비키와 사회혁명당 좌파에 대한 탄압정책들은 그리 일관된 것은 아니었다. 예컨대 1918년 11월 30일부터 전 러시아 소비에트 집행위원회가 다시 한 번 멘셰비키의 소비에트 선거 참여를 허용한 이래로 약 1921~22년까지 소수의 멘셰비키들은 소비에트에 당선돼 활동을 한 바 있었다.[45]

42) Анархисты. Документы и материалы. *1917~1935.* М. РОССПЭН. 1999. Т. 2. С.224~250.
43) Политическая история: Россия - СССР - Российская Федерация. - М., 1996. - Т. 2. -С.65.
44) Протоколы ВЦИК 4-го созыва. М, 1918, С. 421~423, 433.
45) Декреты Советской власти. М., 1968. - Т. 4. - С. 95~97, 436, 437.

그러나 수천 명의 비非볼셰비키 사회주의자들이 전 러시아 비상위원회에 의해서 정식 재판도 없이 구속되고, 멘셰비키 활동가들이 주도하는 노동자 파업들이 적군과 전 러시아 비상위원회의 무장력으로 진압돼 파업 참가자들의 일부가 총살까지 당하는 '비상시국'의 상황에서 과연 의미 있는 소비에트에서의 민주적 경쟁이 가능했겠는가?

상당수의 연구자들이 1918년 5월 이후의 소비에트 민주주의의 형해화과정을 '내전의 탓'이라고 보고 내전 상황에서 볼셰비키들은 권력의 집중화 이외의 대안이 없었다고 단언하기도 하지만,[46] 실제로는 소비에트 민주주의 약화와 내전 사이의 인과관계는 훨씬 복잡하다고 본다. 예컨대 1918년 4~5월부터 아나키스트, 멘셰비키, 사회혁명당 좌파에 대한 각종 비방과 탄압이 전개되지 않았다면 볼셰비키로서는 대중적인 기반을 보다 잘 다져 내전의 전면화를 방지하는 것이 더 쉽지 않았을까? 외세 간섭, 내전, 그리고 일각의 멘셰비키 등의 무장 투쟁에의 호소 등을 다 소비에트 쇠퇴의 요인으로 생각할 수 있지만, 주된 요인 중의 하나가 바로 국가권력을 맡은 볼셰비키들의 권력 사수의 의지, 정치적 주도권 사수의 의지라고 보지 않을 수 없다. 그러한 의지가 전혀 없는 정치세력이야 없지만 민주적 절차가 아직 확립되어 있지 못하고 혁명의 진통 중인 러시아에서 볼셰비키들의 이와 같은 경향을 견제할 만한 세력을 찾기가 힘들었다. 물론 부하린Nikolay Bukharin, 1888~1938 등 양식이 있는 일부 볼셰비키 지도자들이 1930년대 중반까지도 "농민 등의 이해관계를 대표하면서 볼셰비키의 권력을 견제할 수 있는 제2의 합법 정당이 있었으면 좋겠다"는 생각을 내심 떨쳐 버리지 못하고 있었으며 이 문제에 대해서 고리키 등 여러 지식인들과 사적으로 토론하기도 하는 등 볼셰비키들의 '권력 집착'을 과대 평가할 필요는 없지만[47] 결국 '소비에트 민주주의를 지키는' 일보다 '정권 안보'가 우선시되기에 이른 것은 아쉽게도 사실이었다.

소비에트 민주주의 좌절의 종합적인 배경을 이야기하자면 '정치 문화의 종합적인 폭력화'를 지적해야 할 것이다. 이 점에서는 볼셰비키들에게만 비난의 화살을 맞출 수 있는 것도 아니다. 우파 사회주의자들은 볼셰비키들의 제헌의회 강제 해산(1918년 1월 5~6일)을 마구 비난했지만, 바르나울Barnaul · 세바스토폴Sevastopol · 비테브스크Vitebsk · 아스트라칸Astrakhan 등 일련의 도시에서 볼셰비키들을 지지하는 노동자들은 지역적 소비에트 등 자치 단체를 장악하고 있었던 우파 사회주의자들에 의해서 부정한 방법으로 투표권 자체를 빼앗기고 마는 경우가 비일비재했다.[48] 즉, '민주주의적 사회주의'를 명분으로 내거는 세력들도 볼셰비키와 그 지지자들에 대해서 꼭 "민주적인" 태도를 취한 것은 아니었다. 사회혁명당 우파는 아예 1917년 12월에 레닌 암살 계획을 세워 자객이 될 사람을 레닌의 운전수로 취직시키는 데 성공했는데, "노동자들 사이에서 인기가 매우 높은 레닌을 죽이면 노동자들이 들고 일어나 모든 지식인들을 싹쓸이 할 것 같아서" 그 계획을 중단시키기도 했다.[49] 민주주의는 간 데 없고 "힘의 논리"가 판쳤던 것이다. 1918년 5월 이후 러시아 지방 각지에서 일어난 반反볼셰비키 반란의 과정에서 우파 멘셰비키와 사회혁명당 당원의 일부가 볼셰비키 당원을 구속하거나 학살한 것도 엄연히 사실이다.[50]

46) Megan Trudell, "The Russian Civil War: a Marxist Analysis", *International Socialism*, Vol.86, Summer 2000: http://www.marxists.de/russrev/trudell/index.htm

47) Boris Nikolaevsky, *Power and the Soviet Elite:"The Letter of an Old Bolshevik" and Other Essays*, New York ; Frederick A. Praeger, 1965. 부하린을 1936년에 만난 멘셰비키 망명가 니콜라예브스키의 부하린 관련 회고의 신빙성에 대해서 부하린의 미망인인 안나 라리나 등 여러 관계자들은 강한 의문을 표시한 바 있었다.: Ларина А. М. Незабываемое. - М. : Издво- АГН, 1989, С.272~288.

48) Спирин Л.М. Россия. 1917год:Из истории борьбы политических партий. М., 1987. С.273~328

49) Соколов Б. «Защита Всероссийского Учредительного собрания», - Архив русской революции. М., 1992. Т. XIII. С.38~48.

50) 예컨대 이제브스크에서의 1918년 8월의 반볼셰비키의 저항과정에서 멘셰비키와 사회혁명당 당원들이 볼셰비키와 일부 아나키스트를 학살한 사실에 대해서: Дмитриев Н.П., Куликов К.И. Мятеж в Ижевско-Воткинском районе. Ижевск, 1992. С.105~106.

그런데 폭력이 정치적 도구로서 거의 일반화돼 가는 상황에서 볼셰비키들은 우파 사회주의자나 아나키스트와 같은 극좌 세력들과의 대화를 모색하여 합의를 이루려는 노력을 기울이는 대신 사실상 "이에는 이, 눈에는 눈"이라는 논리에 휩쓸려 모든 반대와 방해에 대해 보다 강력한 폭력으로 대응하려 했다. 외세 간섭, 혁명의 궁극적인 패배와 극우 백군白軍 승리의 가능성이 가시화되는 상황에서 극단적 위기감 등, 변명은 있을 수 있지만 외세 간섭과 백군白軍과의 내전이 어느 정도 종료돼 갔던 1921년 초에 이르러 볼셰비키의 폭력은 과잉적, 반민중적 성격을 두드러지게 나타내게 됐다. 볼셰비키의 준準독재적인 실질적 권력 독점, 빈농과 노동자의 생활고를 가중시키는 소규모 장사에 대한 엄금, 노동 부대에의 무자비한 징집 등에 지칠 대로 지친 페트로그라드 등 여러 도시 노동자들이 파업을 벌이고, 수많은 아나키스트와 멘셰비키 활동가들이 지원을 하는 가운데 재선을 통해 주로 아나키스트들이 다수를 차지하게 된 크론시타트의 소비에트가 전국 소비에트에서의 자유선거 보장, 그리고 볼셰비키의 실권實權 독점 종식 등을 1921년 2월에 요구하자[51] 이를 "반란"으로 규정하고 일체 교섭을 하지 않은 채 매우 잔혹하게 진압한 것은 과연 무엇이었던가? 소비에트 민주주의의 장례식이라고 보지 않을 수 없다. 크론시타트 진압 이후 약 2년 동안 멘셰비키, 사회혁명당, 아나키스트의 구속과 오지 추방, 국외 추방 등의 조치들이 줄이어 다당多黨제 소비에트의 가능성은 사라지고 만 것이었다.

크론시타트 수병에 대한 무자비한 무장 진압은 지금의 입장에서도 소비에트 민주주의 쇠락의 본격화를 가장 여실히 보여 주는 전환점으로 보이지만, 그 당시에도 많은 혁명가들은 그렇게밖에 크론시타트 사태의 의미를 파악할 수 없었다. 엠마 골드만과 같은 아나키스트에게 크론시타트 사태가 "우리와 볼셰비키를 연결시키는 마지막의 끈을 끊어 버리는 것을 의미"했던 건 물론이고,[52] 『국가와 혁명』의 이상에 충실한 사회를 만들려는 일부의 볼셰비키에게까지 크론시타트는 아물어지지 않는 상처가 됐다. 예컨대 이미 1919~20년부터 볼셰비키 정권의 관료화와 소비에트의 실권實權 결여에 대해서 경종을 울렸던 우랄산맥 지역의 베테랑급 볼셰비키 지도자 먀스니코프Gavril Myasnikov, 1889~1945는 상당수의 크론시타트 주재 볼셰비키 군인까지도 참여했던 크론시타트 저항이 계기가 되어서 볼셰비키당의 전반적 쇄신과 소비에트 민주주의 부활의 긴요한 필요성을 느껴 1921년 5월에 당 중앙위원회에 소비에트의 민주화와 실권화, 언론 자유의 부활, 관료주의의 청산 등에 대한 요구서를 보냄으로써 당내의 급진적 '좌파적 반대파'의 활동을 개시했다. 비非당원의 적극적인 참정, 소비에트 활성화와 관료주의 청산의 필요성을 인정해도 언론의 자유 등 "급진적 소비에트 민주화"에 대해서 "언론 자유가 주어지기만 하면 온건 사회주의자들을 매수해 우리를 총공격할 것이 뻔한 세계 자본에 포위 당하고 있는 현 상태에서는 언론 자유가 반反혁명적이다"라고 답한 레닌에게 불복해 결국 출당을 당한 먀스니코프가 1922년부터 반反지하 운동으로서 '노동자의 그룹'이라는 일종의 '대안적 노동자 공산당'을 만들어서 '볼셰비키 지도부의 국가 자본주의적 독재'와의 투쟁을 벌이는 등 '과두제 독재자 레닌'에 맞서면서 『국가와 혁명』의 레닌을 부활시키려고 애쓰고 있었다. 레닌이 아직 정치적 활동을 하고 있었던 1922년 2월에 먀스니코프가 비밀경찰에 의해서 체포되어 암살 시도까지 당하는 등 1922년 초에 이르러 베테랑 볼셰비키로서도 『국가와 혁명』의 이상을 실천하려 하는 노력은 매우 위험한 일이었다.

51) Кронштадтская трагедия 1921 г. Докумены. М. РОССПЭН. 1999. Кн. 1. С.324~325.

52) Emma Goldman, *My Further Disillusionment in Russia*, NY: Doubleday Page & Company, 1924, Chapter VI "Kronstadt".

당신이 노동계급을 불신하고 노동계급의 힘을 불신하는 반면에 벼슬아치들을 신뢰하는 것은 당신의 문제다. …… 내가 지금 당신에게 쓰고 있는 바로 그 내용을 취지로 하는 발언을 했다가 수백 명, 수천 명의 무산계급의 구성원들이 지금 우리들의 감옥에 갇혀 있다는 것을 당신은 알고 계시는가? …… 당신은 〔독재 정치를 통해서〕 부르주아들을 치려 한다지만, 결국 당신의 주먹에 입을 맞아 터진 입술에서 피를 흘리는 것은 나와 같은 노동자들이다.[53]

1921년 8월에 먀스니코프가 레닌에게 보낸 이와 같은 서한을 보면, 『국가와 혁명』의 이상의 실종이 수많은 진정한 공산주의자들의 가슴에 얼마나 커다란 실망을 주었는지 알 수 있다.

국가 건설에 성공한 레닌은 소비에트 민주주의의 건설에는 실패했다. 레닌의 초지初志는 소비에트 민주주의를 통한 볼셰비키 주도의 사회주의로의 사회 재편이었겠지만 '볼셰비키 주도'를 보장하기 위해서는 '소비에트 민주주의'를 결국 희생시켜야 했다. 말년의 레닌 자신도 소련의 관료화, 민주주의 부족 상황에 불만족하였던 것으로 알려져 있고,[54] 그 뒤에는 트로츠키를 비롯한 그의 수많은 동지들이 그 관료화에 반대하는 투쟁을 전개했지만 1918~22년간 이미 확고한 권력 기반을 다진 새로운 관료 기구를 이기기에는 결국 역부족이었다. 그러면, 레닌이 자신의 소비에트 민주주의 구상의 실천에 결국 실패했다면 지금까지도—그 모든 비난에도 불구하고—민중 사이에서 어느 정도 유지되는 그의 인기의 비결은 무엇인가? 여러 가지 답들이 있을 수 있지만 그래도 1921~22년까지 레닌 정부가 통치했던 소비에트 공화국에서 소비에트 민주주의가 불완전하게나마 운영됐다는 사실과도 무관하지 않을 것이다. 그렇다, 1918년 5월 이후로 멘셰비키들이 박해를 받기 시작한 것은 사실이다. 그러나 1922년까지만 해도 멘셰비키 경향의 노동자가 동료 사이에 신용만 확보하면 소비에트 대표가 되어 국가 운영의 주체가 될 수 있었다는 것도 사실이다. 공장에서 볼셰비키당이 보낸 당 관료 출신의 지배인이 노동자들의 자치를 무시해 지배자연한 태도를 취할 수도 있었지만 이와 같은 현상들과 합법적인 투쟁이 가능한 곳은 1920년대 초반까지의 소련이기도 했다. 소비에트 민주주의의 전적인 성공은 없었다 해도 그 부분적이고 매우 불완전한 실시만으로도 레닌은 전설적인 인기의 정치인이 될 수 있었다. 영원한 노예, 러시아의 평민이 '국가권력'에 접근할 수 있는 시기가 러시아 역사상 그때를 빼고서는 찾아질 수 있는가? 그러한 면에서는 옛 소련의 인기 구호가 맞다. "레닌이 살았다, 레닌이 살고 있다, 레닌이 살 것이다." 소비에트 민주주의에 애착이 있는 모든 이들의 마음속으로부터 레닌의 그 모든 단점과 실패에도 불구하고 『국가와 혁명』의 저자로서의, 소비에트 지도자로서의 레닌의 그림자를 지울 수 없다.

21세기 벽두의 자본주의의 새로운 주기적 공황을 맞고 있는 우리에게 우리들의 구체적인 "지금, 여기에서의" 상황에서 민주주의자로서의 레닌이 왜 절실한가? 무엇보다 큰 원인은 대의 민주주의의 가시적인 위기다. 이 위기를 여실히 보여 준 것은 예컨대 작금의 국내의 "촛불집회 정국"이었다. 미국산 쇠고기 수입의 전면적 개방 등 다수의 한국인들이 중요시하지 않을 수 없는, 건강권과 주권의 문제와 직결된 문제들을 국회가

---

53) Paul Avrich, "Bolshevik Opposition to Lenin: G.T.Myasnikov and the Workers' Group", - *Russian Review*, Vol. 43, No. 1, 1984, pp. 1-29; В. И. Ленин. Полное собрание сочинений, изд. 5-е, Издательство политической литературы, 1970 г. Т. 44, С. 78-83.

54) 1922년 11월 말에 레닌은 트로츠키를 만난 자리에서 "끔찍한 당과 국가 관료주의를 반대하는 우리 둘의 동맹 체결"을 제안해 "혁명의 관료적 왜곡"에 대한 투쟁의 의지를 나타냈다. Троцкий Л. Д. Мояжизнь. Опыт автобиографии. М., 1991. С.455.

제대로 다루지도 해결하지도 못하는 반면에 손에 촛불을 든 다수 민초들의 "직접적 참여 민주주의의 발로"로 정권에 커다란 압력이 가해져 정국이 급격히 일변될 수 있었던 것이다. 촛불은 대의 민주주의의 한계를 넘는 "직접적 참여 민주주의"의 표현이었지만, 문제는 이 표현이 아직도 "반대"와 "부정"의 수준에 머물러 구체적인 "민중적 주권 행사"의 수준까지 발전되지 못하고 있다는 것이다.

촛불집회가 미국산 쇠고기 수입의 저지라든가 대운하 건설의 저지 등 "저지"에 성공할 수도 있지만 이미 신용을 잃어가는 대의 민주주의의 기관(국회 등)들을 대신해 "대안적 집권 기관"이 될 수 있는 것은 아니다. 집회는 그 성질상 "저지"의 수준을 넘는 구체적인 권력 행사를 할 수 없지만 노동자 내지 주민 평의회, 즉 소비에트는 바로 그러한 기능을 맡을 수 있다는 것이다. 물론 혁명적 상황의 조성은 아직도 가까워지지 않은 오늘날 대한민국에서 "대안적 권력의 창출"을 이야기해도 될 단계는 아직 오지 않았지만, 지금이라도 ─ 특히 평의회 조직이 비교적으로 쉬운 노동자들의 밀집 거주 지역에서는 ─ 비정규직과 정규직, 대기업과 소기업의 소속 등을 초월하는 "노동자 평의회"의 건설과 지역 정치에서의 활발한 참여는 한국 민주주의의 심화에 상당한 공헌을 할 수 있지 않을까 싶다. 동시에, 초기 소련의 예를 통해서 특정 한 정당의 권력 독점의 위험을 이제 익히 잘 알고 있는 우리는, 그 "노동자 평의회"에서 다양한 정당, 정파, 이해집단들이 평화적으로 공생할 수 있는 환경의 조성에 많은 노력을 기울여야 할 것이다. 물론 대의 민주주의를 대신할 수 있는 그 어떤 대안적인 권력 형태도 불허하는 오늘날의 헌정 질서로서는 특정 지역의 "노동자 평의회" 내지 "노동자 연합"의 공식적인 자격은 "시민 단체" 정도겠지만 그 건설에 커다란 의미가 부여될 수도 있을 것이다. 고용 형태, 성별, 연령, 소속 기업의 규모 등으로 철저하게 분산돼 있으며 계급의식이 매우 미약한, 정규직 노조가 보통 비정규직을 조합원으로 받아들이지 않을 정도로 패거리적 배타성이 강한 한국 노동계급으로서는, 이러한 구분들을 뛰어넘어 특정 지역 노동자와 영세 자영업자(노점상 등) 모두를 아우르는 평의회 조직은 대자적인 계급으로서의 새로운 성숙을 의미할 수 있을 것이다. 권력화가 당장 되지 못해도 소비에트는 "계급적 연대"를 의미한다. 그 연대야말로 지금 한국 노동계급으로서는 가장 일차적인 과제일 것이다. 다만, 소련 초기의 경험으로 비추어 봤을 때에 계급적 연대와 특정 정당의 당세 확대라든가 배타적 지지 확보를 헷갈리는 것이야말로 노동자 정치의 미래를 죽이는, 가장 위험한 일일 것이다.

노동자 조직의 자율성, 독자성, 참여성의 이상을 우리가 살릴 수 있다면 레닌 자신이 결국 실현하지 못하고 만 『국가와 혁명』의 이념의 현실화를 향해서 한 발짝 정도 나아가게 될 것이다. 볼셰비키당의 권력 독점과 혁명의 왜곡을 방지하지 못한 정당 정치인 레닌을 넘어, 『국가와 혁명』의 저자 레닌을 다시 살리는 것은 지금으로서의 가장 바람직한 "레닌관觀"이 아닐까?

LENIN

REVOLUTION

FUTURE

L

파트 2

학습소모임의 토론문

" 核붕시대에 다시 생각하는 레닌과 러시아혁명 "

2008년 7월 8일 서울 정동 프란치스코 교육회관에서 그린비출판사 주최로 열린 심포지엄 모습.

(왼쪽부터) 발제 : 박노자, 이진경, 조정환 / 사회 : 김남섭 / 토론 : 류한수, 금민

제1회 그린비출판사 학술심포지엄
"촛불 시대에 다시 생각하는 레닌과 러시아혁명"

김남섭　반갑습니다. 날씨가 매우 더운데요. 생각보다 청중들이 많이 오신 것을 기쁘게 생각합니다. 지금부터 3시간 정도에 걸쳐 가능하면 레닌과 러시아혁명에 대해 주요한 쟁점이 모두 제기될 수 있도록 진행을 해보도록 하겠습니다. 3시간을 넘으면 제 경험상 많은 사람들이 허리가 아프고, 더 이상 머리도 돌아가지 않을 것입니다.

누구나 잘 아시겠지만, 지금 이명박 정권이 집권한 지 몇 달밖에 안 되었는데 정권에 저항하는 촛불집회가 수개월간 계속되고 있습니다. 촛불집회는 중고등학생들을 중심으로 조그맣게 시작되어 지금은 다양한 계층의 몇십만 명이 참가하는 엄청난 규모로 커지고 있습니다. 대중들이 전면적으로 정치에 참가하기를 원하는 상황이라고도 할 수 있겠습니다.

이것을 1917년 2월혁명이 일어난 직후의 러시아 정세와 비교해 보면 어떤 점에서 비슷한 상황이 연출되고 있다 할 수 있습니다. 당시 러시아에서는 군주제가 무너진 후 임시정부라는 부르주아 민주주의 국가가 수립되었습니다. 하지만 임시정부하에서 두마를 중심으로 하는 대의제 민주주의는 제대로 작동하지 않았고 이에 실망한 국민들은 수도를 중심으로 대도시에서 소비에트라는 거리의 권력을 만들었습니다. 한국도 마찬가지로 촛불집회라는 대중들의 맹아적인 자발적 모임이 거리의 권력을 조금씩 형성해가고 있지 않느냐 하는 생각이 들기도 합니다. 하지만 이런 피상적인 유사점에도 불구하고 당시의 러시아와 현재의 대한민국 사이에는 결정적인 차이점들이 존재하고 있는 것으로 보입니다. 그 중의 하나는 바로 1917년 러시아 2월혁명 이후 거리로 쏟아져 나온 러시아 대중들보다 2008년 광우병 때문에 모인 한국의 대중들이 훨씬 더 똑똑하고 영리하다는 사실입니다. 따라서 이 영특한 대중들과 어떻게 호흡을 맞출 것인가, 이 폭발적인 대중들을 어떻게 조직하고 결집시켜 일정한 방향성을 부여해 줄 것인가가 우리가 본격적으로 고민해야 할 과제가 아닌가 합니다. 이런 면에서 우리는 90년 전에 러시아혁명의 지도자였던 레닌이 어떤 고민을 했고, 그 속에서 러시아혁명은 어떻게 가능했는지, 또 그 과정에서 어떤 문제점들이 제기되었는지를 되돌아보고 그 속에서 뭔가 시사점을 얻을 필요가 있을 것입니다.

토론회의 편의를 위해 우선 선생님 한 분당 5분 정도씩 자신의 글에서 어떤 주장을 하고 계시는지 말씀을 하시고, 그 다음에 두 분의 토론자 선생님께서 그 글에 대해서 논평을 하는 것으로 하겠습니다. 그리고 이것이 끝나면 이 과정에서 제기되는 문제점과 쟁점들을 중심으로 자유토론 시간을 갖겠습니다. 이렇게 이야기를 하기로 하고요, 중간에 한 번 브레이크를 갖도록 하죠. 세 분 선생님께서 발표를 먼저 해주시는데, 이진경 선생님께서 먼저 말씀하시고, 그 다음에 조정환 선생님, 마지막으로 박노자 선생님께서 말씀을 하셨으면 합니다. 자, 이진경 선생님, 시작해 주시죠.

이진경 요약해서 발제하는 게 적응이 잘 안 되네요. (웃음) 제가 오늘 「레닌의 정치학에서 외부성의 문제」라는 제목을 달았는데요. 저는 80년대 초에 학교에 들어가 운동을 하면서 맑스-레닌을 읽었습니다. 특히, 85년 이후에 레닌이 무엇을 할 것인지 다 가르쳐 주는 사람이라고 생각을 해서 넙다 외도록 읽었지요. 그 뒤에 사회주의가 망하면서 레닌이나 맑스주의 자체가 무효화되는 상황, 무효화될 것 같은 상황 속으로 들어왔던 셈입니다. 그러면서 저는 제 나름대로 맑스주의를 어떻게 근본에서 다시 사유할 건가를 나름의 문제의식을 갖고 공부를 해왔습니다.

제가 예전에 『철학의 외부』라는 책의 서문을 쓰면서 유물론에 대해 나름대로 새로이 정의를 내리려고 한 적이 있습니다. 또 『미−래의 맑스주의』의 한 장에서도 '맑스 저작에서 유물론의 개념' 이란 주제로 쓴 적이 있는데, 유물론이란 외부에 의한 사유라는 것이 그것입니다. 오랜 생각 끝에 이른 결론이지만, 사실 결론이라기보다는 시작이라고 해야겠지요. 요컨대 유물론 자체를 다시 사유해야 된다는 생각을 하게 되었어요. 이번에 레닌을 가지고 토론하자는 제안을 받고 10년 전쯤엔가 『문화과학』에 레닌에 대해서 글을 쓴 적이 있었던 게 생각났습니다. 얼마 전 지젝이 책을 쓰기 전까지는, 아마도 사회주의 몰락 이후에 레닌에 대해서 쓰여진 거의 유일한 글이 아닐까라고 생각이 드는데요.^^ 그때 저는 그 동안 제가 나름대로 레닌에게서 배웠던 것이 무엇인지에 대해 쓰려고 했었습니다. 그때 저는 레닌의 정치적인 글들을 통해서 나름의 철학을 배웠다고 생각했는데, 그것은 한마디로 요약하면 '주동성의 철학' 이라고 할 수 있는 것이었어요. 그건 사회주의 몰락 이전에 배웠던 것이지만, 사회주의 몰락 이후에도 여전히 유효하다고 믿고 있었던 것이며, 지금도 여전히 옳다고 믿고 있는 것입니다. 물론 그때 그 글을 낸다면 고쳐 써야 한다는 생각이지만 말입니다.

그런데 지금 이 토론을 위해 쓴 글은 외부성이라는 개념을 통해서 레닌을 다시 읽는 방법을 택했습니다. 외부성에 의한 사유로서 유물론을 정의할 때, 레닌의 텍스트에서 유물론적 요소란 무엇인가 하는 문제의식이라고 할 수 있겠지요. 원래 계획은 유물론이나 변증법, 반영이론 등의 철학적 주제까지 포함하여 좀더 많은 주제를 다룰 생각이었는데, 글도 길어지고 쓰다가 지치고, 시간도 없고 해서 정치학에 관련된 것만 쓰고 말았습니다. 계급과 당, 국가와 혁명, 사회주의와 이행. 이런 세 가지 주제와 관련해서 외부 내지 외부성의 사유라고 하는 것이 레닌에게서 어떤 식으로 작동했는 가를 추출하려고 했습니다.

제일 먼저 계급과 당에 관한 주제를 이야기하겠습니다. 카우츠키의 영향을 받은 거긴 하겠지만, 사회주의적인 의식이라고 하는 게 노동자에게 외부로부터 주입되어야 한다는 굉장히 악명 높은 레닌의 테제가 그것입니다. 조 선생님도 오늘 쓰신 글에서 비판하고 계신 것 같습니다. 통상적으로 그 테제는 자생적인 노동자계급과 대비해서 의식적인 역할을 담당하는 지식인들에 의해서 사회적으로 형성된 '정치의식'이 노동자에게 주입되는 방식으로 이해가 되었던 것 같습니다. 흔히들 말하는 '의식화'가 그런 데서 나온 말이겠지요. 그런데 다시 『무엇을 할 것인가』를 유심히 보다 보니 '외부로부터의 도입'을 이야기하는 부분에서, 그러기 위해서 외부로부터 사회주의 지식을 갖고 노동자계급 속으로 들어가라고 하는 게 아니라 모든 계급 속으로 들어가라고 얘기하는 게 반복해서 눈에 띄었습니다. 흔한 이해에 따르면 외부에서 형성된 계급의식을 갖고 노동자에게 들어가 노동자를 의식화시켜야 한다고 해야 마땅한데 말입니다. 이는 기성의 어떤 관념을 노동자 속으로 갖고 들어가 그들에게 전파한다는 것과는 다른 종류의 생각이 아닐까 생각했습니다. 왜 그는 '외부로부터의 주입'을 위해 전 계급 속으로 들어가라고 했을까? 그리고 그는 거기서 노동자의 계급의식을 들고 들어가는 자들이 노동조합 서기가 아니라 인민의 옹호자tribune가 되어야 한다고 주장을 하고 있습니다. 이 역시 '외부로부터의 주입'에 관한 통념과 아주 다른 것이지요. 그렇다면 그가 여기서 말하는 '외부'란 대체 무엇일까를 다시 묻지 않을 수 없다고 생각했습니다. 거기서 외부란 정말

'인민'이라는 말로 표현되듯이 노동자계급의 외부, 인민의 옹호자라는 말로 표현되듯이 노동자계급의 이해관계 외부가 아닐까 싶었습니다. 외부로부터의 주입이란 이해관계의 외부를 통해서 혁명을 사유한다는 것이 아닐까 생각했지요. 그렇다면 혁명을 사유한다는 것은 노동자계급의 이해관계에 외부적인 것을 통해서 정치를 사유하는 것으로 본 것이 아닐까 하는 생각이 들었습니다. 그런 관점에서 저는 혁명적 계급으로서 프롤레타리아는 외부성에 의해서 정의되며, 이 점에서 노동자계급과 구별된다는 테제가 추출될 수 있다고 주장했습니다.

이런 종류의 생각이 계급이나 정치, 당 이런 것들에 대해서 다시 사유하게 만드는 중요한 요소라고 생각합니다. 그런데 자연발생성과 외부로부터의 주입이라는 대립이 자생성과 목적의식성이라는 대립과 등치되면서, 외부의 개념이 의식성 개념에 포개지게 됩니다. 이 경우 의식성이란 말은 두 가지 의미를 가질 수 있게 됩니다. 하나는 자연발생적으로 갖게 되는 것의 외부라는 의미가 될 수 있을 겁니다. 다른 하나는 의식된 내용들, 즉 의식성의 형태로 포착된 어떤 기성의 것들이 될 수 있습니다. 이는 사실 의식된 것 안에 있는 것, 이미 우리가 알고 있는 것 내부의 것을 뜻합니다. 외부성과는 반대되는 것이지요. 통상적인 의식성의 개념이 그렇습니다. 이처럼 양자의 의미가 모호한 상태에서 후자가 지배적으로 되어 버렸을 때, 계급의 외부, 이해관계의 외부는 정반대 의미를 갖는 의식 내부적인 어떤 것으로 전환되어 버리고 맙니다. '의식화'를 뜻하는 '외부로부터의 주입'이 바로 이런 의미일 겁니다.

그 다음, 국가와 혁명에 관한 것인데요, 『국가와 혁명』이라는 레닌의 텍스트에서 레닌은 국가의 사멸에 대해 이중적인 태도를 취합니다. 알다시피 이 말은 그 당시 엥겔스가 사용했던 말입니다. 사회주의에 이르면 국가는 사멸되리라는 것이 그것이지요. 카우츠키나 독일 사회민주당의 여러 사람들이 이 개념을 자주 사용합니다. 이 경우 사멸이란 국가를 폐지 내지 파괴하는 것과 반대되는 의미로 사용됩니다. 반면 레닌은 그와 반대로 부르주아 국가는 폐지되거나 파괴되어야 한다고 강조합니다. 이런 의미에서 사멸과 대비되는 폐지나 파괴의 개념을 강조하고 있습니다. 하지만 그러면서도 '사멸'이란 개념 자체를 부정하지는 않습니다. 다만 그것을 사회주의 국가로 한정해서 사용할 뿐이고, 자본주의 국가의 폐지 이후에 진행되는 새로운 프로세스임을 강조합니다. 그렇게 사멸하기 시작한 국가를 '반국가' semi-state라고 하지요. 그리고 이런 점에서 사회주의에서의 국가라고 하는 것과 자본주의에서의 국가 간의 근본적인 단절성을 강조하려고 합니다. 이런 것을 강조하기 위해 부르주아 국가장치의 파괴, 폭력을 말하는 것이지요. 이런 의미에서 그가 말하는 '폭력'이나 '파괴'란 그 자체로 절대화되는 개념이 아니라, 두 가지 국가 사이의 단절을 강조하기 위한 개념이었다고 할 수 있습니다. 이를 달리 말하면, 사회주의 국가는 자본주의 국가에 대해 외부적이라고 할 수 있겠습니다. 즉 자본주의 국가를 변환시키거나 개조해서 만들어질 수 있는 것, 그런 점에서 자본주의 국가에 내부적인 것이 아니라는 겁니다.

다른 한편 국가의 사멸 또한 강하게 주장하고 있습니다. 아나키스트들에 대해서 동조를 표시할 정도로까지 사멸을 강조하고 있는데요, 이는 사회주의라는 말로 요약되는 프롤레타리아 정치라는 게 국가의 사멸을 향하고 있다는 점에서, 다시 말해 국가장치를 구성하는 경우에조차 국가장치의 해체를 겨냥하는 방식으로 만든다는 점에서 국가장치 자체에 반한다고, 국가 자체에 외부적인 어떤 것이라고 할 수 있을 듯합니다. 즉 프롤레타리아 정치란 국가장치에 대해 외부적이라는 겁니다. 이는 혁명은 국가권력 자체에 대해서 외부적이다라는 명제로 밀고 나갈 수 있지 않은가 생각합니다.

그런데 그렇게 국가장치 자체에 대해 외부적인 프롤레타리아 혁명이 국가장치를 이용해야 한다고 했을 때, 그것은 결국 국가장치를 이용해서 국가장치를 사멸하게 해야 한다는 역설을 작동시켜야 한다는 것을 뜻합니다. 이는 레닌과 볼셰비키가 혁명으로 국가장치를 장악했을 때, 그리고 그 국가장치를 통해 반혁명세력과 싸우면서 혁명을 진전시켜야 했을 때, 실질적으로 실험하고 실행할 수 있는 기회를 얻게 됩니다. 그러나 국가장치를 이용해 국가장치를 사멸시킨다는 것은 국가를 일종의 자살로 몰고 간다는 것을 뜻하는데, 이게 과연 가능할까 싶은 생각이 들지요. 결코 쉽지 않았을 겁니다. 그러나 적어도 『국가와 혁명』에서 레닌은 '반국가'라는 개념을 만들면서 그러한 역설을 가동시켜야 함을 주장하고 있다고 할 수 있을 겁니다. 어려워도 해야 하는 것이었지요. 그러나 이후 진행된 과정은 잘 아시다시피 이 난감한 역설을 작동시키기보다는 포기하는 길을 걸어가게 됩니다. 국가장치를 이용하는 것을 피할 수 없었는데, 그 국가장치가 내장하고 있는 보존과 유지의 메커니즘을 그대로 따라가게 되지요. 그리고 나중에 스탈린에 이르면 거꾸로 국가를 강화시키는 게 사멸시키는 것이라고 하는 기이한 변증법이 나타나게 됩니다. 이는 겉보기에는 비슷해 보이지만, 사멸의 계기에 대해 전혀 언급이 없다는 점에서 사실은 어떤 역설도 아닙니다. 즉 강화를 통해 사멸로 이어질 수 있는 계기를 결여하고 있다는 점에서, 그것은 사멸을 주장하는 입을 막고 강화하면 다 잘될 거라고 하는 어이없는 반박인 거지요. 여기서도 국가장치 안에 그 외부적인 것을 끌어들인다는 역설이, 국가장치 내부적 관성, 국가장치 자체의 내적 논리를 따라 외부적 요소를 제거하는 방식으로 사라지고 마는 겁니다.

세번째는 사회주의와 이행이라는 주제인데요, 아시다시피 사회주의란 자본주의에서 공산주의로의 이행기로 정의됩니다. 그러한 사회주의 사회에서 경제적 관계를 규정하는 기본법칙은 "능력에 따라 일하고 일한 만큼 분배받는다"는 것이지요. 일한 만큼 분배받을 권리라는 게 공산주의적인 게 아니라 정확하게 자본주의적인 권리라는 걸 레닌은 잘 알고 있으며 명확하게 인정합니다. 그래서 사회주의는 '아직 공산주의가 아닌' 사회인 거지요. 그런데 그렇기 때문에 이 기본법칙에는 사회주의로부터 공산주의로 이행할 계기가 포함되어 있지 않습니다. 따라서 하나의 아이러니가 출현합니다. 사회주의는 이행기인데, 사회주의 기본법칙에는 이행의 계기가 없다는 겁니다. 즉 사회주의 기본법칙만으론 사회주의를 이행기로 규정할 수 없다는 말입니다. 그렇다면 사회주의가 이행기가 되려면 어떻게 되어야 하는가? 그러려면 사회주의를, 사회주의의 기본법칙에 외부적인 것, 즉 코뮌주의적인 것(공산주의적인 것)을 포함하는 사회로 정의해야 합니다. 그런 계기가 있을 때만 사회주의는 이행기가 될 수 있다는 것입니다. 따라서 사회주의조차도 이행기로서 제대로 정의되기 위해선 사회주의에 대해 외부적인 것을 통해서 정의되어야 한다는 것입니다. 좀더 나아가, 이행기라고 하는 것은 외부성이 사회의 원리 자체를 이루는 체제라고 해야 된다는 게 제 주장입니다.

레닌은 사회주의가 이행기여야 한다는 점을 분명히 했습니다. 그런데 그런 이행의 계기를 통해 사회주의 사회를 사유하는 데는 성공하지 못했습니다. 물론 그 역시 자본주의적 권리가 지배적인 사회주의 사회에서 이행이 어떻게 가능할 것인가라는 물음을 던지고 있습니다. 그러나 이에 대해 레닌은 사회주의에서 생산력의 발전이 코뮌주의로 이행할 계기가 되리라고 말합니다. 아마도 생산력이 충분히 발전하면 필요한 만큼 가져갈 수 있게 되지 않겠냐는 생각이었겠지요. 그러나 자본주의에서 생산력 발전이 아무리 고도로 진행된다고 해도 그게 필요한 만큼 가져가도 되는 사회가 될 리는 없겠지요. 사회주의에서도 마찬가질 겁니다. 분배의 원리나 기본법칙이 자본주의적이라면, 즉 능력에 따라 일하고 일한 만큼 분배받는다면, 생산력이 아무리 발전해도 그것은 공산주의로 가는 길을 열지 못합니다. 재화에 대한 자본주의적 권리가 지배적인 한, 재화는 아무리 많아도 많다고 생각하지 않을 겁니다. 즉 아무리 생산력이 발달해도 다른 사람이 필요한 만큼 가져가라고 내주는 일은 일어나지 않을 것이란 겁니다.

하지만 맑스주의 역사이론에서 생산력 발전 개념이 갖는 일차적인 위상 때문인지, 생산력 발전에 대한 추상적 신뢰 때문인지, 레닌은 이런 문제를 심각하게 고민하지 않았던 것 같습니다. 질곡이 된 생산관계를 바꾸어 주면 생산력 발전이 새로운 진보의 추동력이 되어 새로운 사회를 만들 것이라는, 아마도 맑스주의자들이라면 일반적으로 공유하고 있던 입장에 쉽게 기댔던 거라고 해야겠지요. 하지만 자본주의를 전복했다고 해도, 사회주의가 자본주의적 권리를 혁파하지 못했다면, 생산관계가 진정 변혁된 것인지를 다시 물었어야 했던 게 아닐까요? 사회주의에서 생산수단의 국유화가 자본주의적 소유형태와 같다고 할 순 없지만, 우리가 지금은 잘 알고 있듯이 자본주의에서도 국가적 소유가 가능하며 '국가자본주의' 라고 레닌이 명명했던 것이 자본주의 국가에서 다양한 방식으로 실행된 바 있기에, 생산수단의 국가적 소유가 자본주의로부터의 충분한 이탈을 정의해 주기에 충분치 않다는 것은 이해하기 어려운 일이 아닐 겁니다. 특히 생산수단의 법적 소유형태와 생산수단의 실질적 '소유'가 같지 않다는 것, 생산수단의 국가적 내지 사회적 소유가 명시되어 있다고 해도, 그것을 사적으로 이용하는 것이 가능하다는 것은 가령 네프NEP 시기 러시아에서도 어느 정도 드러났다고 할 수 있지 않을까요?

어찌됐건 레닌은 생산력 발전이라는 손쉬운 대답 때문에, 사실 이행을 사유하는 데서 결정적이고 중심적인 문제를 놓쳐 버린 게 아닌가 싶습니다. 이는 소비에트 테일러주의와 공산주의적 토요일(수보트니키)이라고 하는 정반대되는 두 가지 사안에 대해서 동일한 방식으로 이해하는 이유기도 합니다. 먼저, '소비에트 테일러주의에 대해서는 그게 생산력 발전과 관련된 것이기 때문에 자본과 분리되어 사회주의에서 사용된다면 공산주의 발전을 가속화할 것이다'라는 게 레닌의 생각입니다. 이러한 태도의 문제는 테일러주의에 대해 수많은 분석이 진행된 지금이라면 쉽게 이해할 수 있는 것이지요. 가령 브레이버만처럼 노동자의 탈숙련화와 관리자에 의한 구상 기능의 독점이라는 방식으로 접근할 수도 있겠고, 푸코처럼 자본주의적 훈육의 문제로 접근할 수도 있을 겁니다.

그 다음에, 수보트니키는 자발적인 코뮨주의적 노동이라고 할 수 있다는 점에서 테일러주의와 정반대되는 성격을 갖습니다. 물론 레닌은 이것을 분명히 알고 있었고 명시적으로 지적하기도 합니다. 그럼에도 불구하고 그것들이 갖는 힘이나 적극적 측면을 결국은 생산력 발전과 물질적 생산이란 토대로 환원해서 생산적인 논리로 귀속시켜 버려, 그것이 갖는 코뮨주의적 성격의 요체를 놓치고 마는 것 같습니다. 전혀 다른 두 사안을 생산력 발전이라는 하나의 단일한 논리, 하나의 단일한 통념으로 귀속시키고, 역사발전의 일반적 논리 안으로 내부화시켜 버리고 마는 겁니다. 그 결과 레닌은 이행기로서의 사회주의가 부르주아적 권리, 부르주아적 법칙에 의해서 지배된다는 점에서 이행의 계기가 없다는 점을 포착했지만, 거기서 새로이 이행의 계기를 사유하고 만들어 가는 데는 실패했던 게 아닌가 하는 생각이 듭니다.

이러한 주제들이 보여 주듯이, 저는 맑스주의에서 정치라고 하는 것은 이런 점에서 외부를 통한 사유이고, 외부를 끊임없이 작동시키고 외부에 의해서 내부를 포착하는 방식으로 사유하는 것이라는 생각을 분명히 할 필요가 있다고 생각합니다. 그래서 러시아혁명처럼 상황적인 딜레마와 난점이 현실적인 사유 조건이 된 경우에조차, 그래서 차선은커녕 차악을 선택해야 하는 그런 상황에서조차 더욱더 외부성의 계기를 작동시키려고 하지 않는다면, 외부성을 통해 발생하는 역설을 놓치지 않고 가동시키려 하지 않는다면, 맑스주의에서 정치란 실패하고 만다는 것을 좀더 분명히 해야 한다고 생각합니다. 이상입니다.

김남섭 감사합니다. 외부성이라는 개념을 통해서 레닌을 다시 읽어 볼 필요가 있다는 게 가장 중요한 요점이고요, 그것에 대해서는 토론자 선생님들께서 좋은 조언을 하실 수 있을 거라고 생각합니다. 다음에는 조정환 선생님 발표를 듣도록 하겠습니다.

조정환 안녕하세요. 반갑습니다. 어제 저녁에 저는 종각 앞에서 촛불집회가 앞으로 어떻게 될 건가를 놓고 낯 모르는 시민들과 둘러앉아 토론을 했습니다. 강남에서 집회를 하다가 왔다는 한 청년 남녀가 자유발언을 신청하더니 토론을 하실 분은 하시되 지금 청와대로 가실 분은 같이 가자고 하더군요. 많은 분들이 "우리 청와대로 가자"며 벌떡 일어서더라고요. 만약에 제가 청와대로 같이 갔다면 오늘 이 자리에 참석하기 어려웠을지도 모르겠습니다. (웃음) 오늘 토론을 고려해서, 계속 남아서 토론을 하다가 새벽에 들어 왔는데요. 그 덕분에 발제문을 다시 읽어오질 못해 오래 전에 쓴 발제문을 제대로 요약할 수 있을지 걱정이 됩니다. (웃음)

어쨌건 지금 우리들은 드물고 그만큼 고귀한 혁명의 시간을 살고 있다고 생각합니다. 지난해에 레닌에 대한 발제와 토론을 제안받았을 때는 다시 레닌을 끄집어내서 읽어야 하는 상황이라서 약간은 부담스러웠습니다. 당시 우리의 상황과 딱 맞물리지 않는 테마라는 생각이 들었기 때문입니다. 그런데 행인지 불행인지 모르겠으나 촛불집회가 시작이 되면서 레닌의 생각들의 시의성이 생생하게 되살아났고 집필 기간 동안 레닌을 다시 읽은 것이 지금의 상황과 실천에 대해서 되새기는 좋은 기회가 되었습니다.

우선 제가 갖고 있는 문제의식을 간단히 말씀드리죠. 김남섭 선생님께서 맨 처음에 영리한 군중에 대해서 말씀을 하셨는데, 레닌 당시의 주체들과 지금 우리가 살고 있는 시대의 주체들이 어떻게 다른가, 또 권력들의 성격과 특질이 어떻게 달라졌는가라는 관점에서 레닌 읽기를 다시 할 필요가 있다는 제안을 하고자 한 것입니다.

저는 1980년대 내내 볼셰비키로서 생각하고 행동했습니다. 오래 전 저의 수배가 풀린 지 얼마 되지 않았던 때에, 박노자 선생님과 삼인 출판사에서 처음 만난 적이 있었습니다. 남한에서는 혁명가들이 왜 스탈린주의를 가지고 혁명을 했는지 이해가 되지 않는다고 의아함을 표현하더군요. 우리가 스탈린의 저서를 따라야 할 교본으로 받아들였던 것도 아니고 그에 대한 비판적 문제의식을 놓아 버리지도 않았지만, 당대의 사유와 실천이 그 틀과 방향을 크게 벗어날 수 없도록 만들었던 물질적·정치적 조건들이 우리를 에워싸고 있지 않았나 하는 생각이 듭니다.

그리고 저는 80년대 후반에는 비합법전위정당 건설을 목표로 활동을 했었기 때문에 1987년에서 1991년 5월에 이르는 약 5년간의 격동기 대부분의 시간을 어떤 때는 감옥에서, 어떤 때는 병원에서, 어떤 때는 뒷골목으로 쫓겨 다니며 살았습니다. 이 기간 동안 기고할 글을 쓰거나 보고서에 기초해서 지침을 쓰거나 숨어 다니며 회의를 하는 것이 주된 활동양식이었고, 그후 10년 동안은 수배로 인해 골방생활을 했기 때문에 실제로 거리의 체험을 저는 별로 갖고 있질 않습니다. 이번에 촛불집회에는 수십 일 동안 계속 참가를 하고 있는데 이번에는 철저하게 거리 속으로 들어가서 거리의 사람들과 호흡하는 시간을 가져야겠다는 생각을 하고 있습니다. 1980년대 중반에 저하고 민중미학연구소에서 같이 공부를 했던 진중권 씨는 진보신당 칼라TV 생중계를 위해 뛰어다니는 것을 자주 보는데, 저는 철저히 시민의 한 사람으로서 시민들과 함께 구호를 외치고 행진을 하고 몸싸움을 하면서 살고 있습니다. 최근 들어와서는 국면이 바뀌어 권력이 쫓고 촛불집회가 점점 수세에 몰린다는 느낌을 받습니다. 우리의 거의 모든 행위들을 임의적으로 불법화하는 과정이 진행되면서 80년대와 유사한 준※ 비합법 상황으로 우리가 내몰리고 있는 것 같거든요. 집회가 끝난 뒤 남은 사람들의 토론 자체가 어떻게 체포되지 않으면서 계속 싸움을 할 수 있느냐는 문제에 집중되는 것을 피부로 느낄 수 있어요. 지난 두 달간에 걸친 문화제적인 특징들은 거의 끝났다고 해도 좋을 정도이고 정권이 시위대에게 조직적·군사적 대응을 강요하는 것 같습니다.

레닌의 경우에 제헌의 문제를 제헌의회의 문제로 제기한 바 있습니다. 제헌이 지나간 문제가 아니고 지금 우리가 행하고 있는 것이 바로 하나의 제헌과정이 아닌가 하는 것이 레닌의 동시대성을 고려하는 저의 착상이고 방식이었습니다. 제헌이란 주지하다시피 헌법을 만든다는 의미지요. 그런데 헌법이 성문화된 헌법에 국한되지 않는다는 것이 중요합니다. 그것은 제 글에서는 형식적 헌법이라고 불리는데 텍스트화된 헌법을 지칭합니다. 이외에 물질적 의미에서의 헌법을 제정하는 행위가 따로 있는데, 그건 바로 우리가 몸과 조직화와 행동, 즉 바로 우리의 실력으로 새로운 삶의 구조를 만들어 나가는 과정을 지칭합니다. 요컨대 물질적 헌법이 형식적 헌법에 선행하고 또 우선적이라는 것이 저의 문제의식입니다.

레닌은 이 두 가지 헌법의 차이를 나름대로 분명하게 의식하고 있었습니다. 1917년 전에 레닌은 부르주아 민주주의 혁명을 통해 차르의 봉건체제를 극복함에 있어서의 물질적 헌법(노동자 농민의 혁명적 민주주의 독재) 및 형식적 헌법(제헌의회)의 쟁취를 주장했고, 1917년 2월혁명 이후에는 부르주아 혁명의 프롤레타리아 혁명으로의 연속을 통해 사회주의의 물질적 헌법(프롤레타리아 독재) 및 형식적 헌법(소비에트 헌법) 쟁취를 주장했습니다.

그런데 1917년 2월혁명이 부르주아 민주주의적인 물질적 제헌과정을 완료했음에도 불구하고 제헌의회를 통한 그것의 형식화를 이루지 못한 상태였기 때문에 제헌의 문제는 복잡해집니다. 한편에서 부르주아적 제헌의회 소집을 통한 형식적 헌법의 쟁취를 통해서 부르주아 민주주의 혁명을 완성시키는 것, 그리고 이와 더불어 소비에트 혁명을 통해 프롤레타리아트적인 제헌을 연속적으로 추진하고 이를 소비에트 헌법으로 완성하는 것이 동시적 과제로서 주어졌던 것이지요. 이 두 가지 중에 후자, 즉 프롤레타리아트적인 제헌이 중심과제로 바뀌어 가는 것이 1917년의 정세였습니다.

요컨대 프롤레타리아트 제헌의 과정은 모든 물질적 권력을 소비에트로 이전하는 것이었던 반면, 제헌의회의 문제는 그 전까지 이루어져 온 부르주아 혁명의 물질적 과정에 종지부를 찍고 그것을 형식에까지 완성해 내는 문제로 이해되었던 것이지요. 제헌을 형식적 측면이나 물질적 측면 어느 한쪽으로 환원해서 이해하는 경향이 만연되어 있는 오늘날 제헌의 문제를 이렇게 물질적인 차원과 형식적 차원으로 갈라서 파악하면서 이 양자를 종합적으로 사고하는 레닌의 관점은 여전히 유효하며 또 중요한 것이라고 생각합니다.

그런데 꼭 한 가지 고려해야 할 것은 레닌이 제헌의 물질적 차원을 어떻게 이해했는가 하는 문제입니다. 이 문제를 다룸에 있어 레닌과 맑스의 관점을 비교해 보는 것이 유익한 방법일 수 있을 것입니다. 맑스는 제헌력을 생산능력으로, 인간적·기술적 혹은 자연적 제 차원에서의 생산능력으로 이해했습니다. 맑스의 생산능력 개념은 우리가 일반적으로 생각하는 생산력과는 다릅니다. 스탈린주의 수십 년 역사를 거치면서 생산력 개념이 기술적 생산력으로 협애하게 표상되어 왔기 때문입니다. 맑스의 생산능력 개념은 그보다는 훨씬 광범하고 포괄적인 개념이지요. 기술 이전에 인간들의 노동능력들과 자연의 능력들이 근원적으로 고려되는 개념입니다. 맑스가 이처럼 제헌의 물질적 과정을 자연적·인간적·기술적·지성적·정치적 차원의 제 능력들의 총체로 이해했음에 반해 레닌의 경우 제헌은 프롤레타리아트의 정치적 행동으로 구체화되면서 동시에 협소화됩니다. 프롤레타리아적 제헌의 문제를 논할 때 레닌은 제헌의 핵심을 프롤레타리아트의 혁명적 운동으로 환원하고 다시 이것을 볼셰비키당의 혁명적 행동으로 환원하는 것을 볼 수 있습니다. 프롤레타리아의 혁명적 운동인가 볼셰비키의 혁명적 행동인가 사이에서의 선택이 레닌 정치학의 중심문제로 놓여 있다고 해도 과언이 아닐 것입니다.

1902년의 『무엇을 할 것인가』에서 레닌의 문제의식은 전위정당이라고 하는 새로운 유형의 혁명 권력의 맹아를 어떻게 형성할 것인가에 두어져 있습니다. 하지만, 1916년에 『국가와 혁명』을 쓰면서는 코뮌의 방식으로 아래로부터 권력을 세우는 과정을 구체적으로 고민하는 것으로 넘어갑니다. 그 고민의 결론이, 1917년 4월에 구舊 볼셰비키들과의 논쟁까지 무릅쓰면서 모든 권력을 소비에트로 넘기자고 주장하는 것으로 나타났습니다. 1917년 7월 4일 이후에 쓰여진 레닌의 일련의 글들을 보면 이 사고의 전환이 정말로 발본적인 것이었는가에 의문을 갖게 됩니다. 소비에트로 모든 권력을 넘기자는 주장이 결국 볼셰비키가 권력을 장악할 수 있는가 없는가, 볼셰비키 권력의 수립이 가능한가 불가능한가, 하는 문제에 계속 종속되는 느낌을 받기 때문입니다. 소비에트의 볼셰비키에의 종속, 제헌권력을 최종심에서 볼셰비키에게로 귀속시킨 것, 바로 이것이 소련 사회주의 70년, 아니 세계 사회주의의 역사 전체를 혼란과 역설과 불행의 시간으로 만든 중요한 이론적 원인 중의 하나가 아닌가 하는 것이 제 글의 핵심적 문제의식입니다.

그렇다면 레닌이 왜 이렇게 사고하게 되었을까 하는 것이 저의 또 다른 문제의식입니다. 레닌이 이렇게 생각하게 되는 것은, 그 당시 러시아의 사회·경제적 생산문제와 연결됩니다. 레닌의 시대는 대공업을 첨단산업으로 경험하고 있던 상황이었습니다. 레닌은 대공업 속에서 노동계급이 일사불란한 군사적 힘으로 조직되어 가는 과정에서 커다란 감동을 받았고, 바로 이것으로부터 혁명의 힘들을 이끌어 내야 되지 않나 생각했습니다. 레닌의 모든 정치학의 기본 모델은 따라서 '공장'에서 주어집니다. 공장의 형성은 테일러주의, 포드주의로의 이행기이면서 포드주의가 비로소 새로운 생산방식으로 자리 잡아 가는 과정이었지요. 구상과 실행의 철저한 분리 위에서 지도하는 전위와 그것을 집행하는 대중이라고 하는 양분법이 공장 조직 체계 내에 자리 잡으면서 이 구분이 생산의 효율성과 합리성을 담보하는 그러한 시대입니다. 지도하는 사람과 지도받는 사람의 분업관계, 이것이 레닌의 정치학에 고스란히 유입되고, 그게 전위정당론으로 나타납니다. 이것은 1917년 상황에서도 재연됩니다. 소비에트에서도 볼셰비키가 헤게모니를 쥐어야 하고 소비에트 권력을 지도하는 전위로서 기능하는 것, 이것은 바로 권력에 대한 레닌의 위계적 사고입니다. 지도자가 맨 위에 있고, 지도 정당이 있고, 지도 계급이 있고, 그 계급의 지도를 받는 민중이 그 아래에 놓이는 식의 위계적 사유는 공장에 그 토대를 두고 있습니다.

이에 착목할 때에 지금 거리와 광장에서 촛불봉기에 참여하고 있는 사람들의 생리학과, 그때 당시에 전위당이 이끄는 공장파업이나 무장봉기에 참여했던 사람들의 생리학은 서로 매우 다르지 않나, 그러므로 변화된 주체성에 걸맞은 새로운 혁명의 논리학의 구축이 필요하지 않나 하는 것이 저의 문제의식입니다. 이것은 레닌에 대한 성찰이나 레닌으로부터 배우기를 넘어서 레닌의 극복까지 제안하는 것입니다. 그래서 우리가 촛불 시대에 레닌을 다시 읽는다면 그것은 우리 시대의 새로운 생산의 특질들에 기초하여 혁명의 새로운 방향, 방법, 의제, 형식 등을 창출하기 위한 노력의 일환이어야 하지 않을까 하는 것이 「레닌의 제헌권력, 그 열림과 닫힘」의 핵심적 문제의식입니다.

길낣섭 명쾌한 설명 잘 들었습니다. 간단하게 얘기하면 레닌의 제헌관이라고 할까요, 그것이 당시 대공업을 가장 중요시했던 러시아의 사회경제적 한계 속에 전위와 대중, 지도하는 사람과 지도받는 사람의 양분법을 낳으면서 결국은 위계적인 사유로 연결되고 나아가 사회주의의 왜곡된 형태를 발생시키는 데 일정 정도 기여하지 않았는가라는 취지의 말씀이셨습니다. 마지막으로 박노자 선생님께서 말씀해 주십시오.

박노자 먼저 제 문제의식의 출발점을 말씀드리겠습니다. 사실 저는 최근 소련이 망한 1991년 이후 러시아에서의 문화정치로부터 일종의 궁금증이 하나 생겼습니다. 소련이 망한 후에 부르주아화 된 러시아의 문화정치에 관한 가장 핵심적인 화두를 한마디로 얘기하자면 '레닌 일병 죽이기', 즉 레닌을 어떻게 깔아뭉갬으로써 새로운 반反공산주의적인 권력에 정당성을 입증할 수 있는가. 이 정도였을 겁니다. 가장 코믹한 부분이 무엇인가 하면 '레닌 일병 죽이기'에 나선 대부분의 사람이 1991년 이전까지만 해도 공산당 당원증을 열심히 달고 다녔던, 주로 공산당 고위간부 출신이었다는 것인데요. 저는 가끔 가다 북한도 어떤 이변이 생긴다면 '주체사상 죽이기'도 황장엽처럼 이렇게 그 사상을 만들거나 직업적으로 선전해 온 사람들이 담당할까, 그런 생각이 들기도 합니다.

　아무튼 정권이 바뀌고 체제가 바뀌면서 '레닌 일병 죽이기'가 새로운 취미생활이 된 건데, (웃음) 재밌는 게 레닌을 아무리 죽여 봐야 안 죽잖아요. 한국식으로 표현하면 오뚝이 같은 거예요. 러시아에서는——이미 과두제寡頭制 독재 정권으로 돼 가고 있음에도——아직까지도 국민 의식 여론조사 같은 걸 합니다. 그걸 어디까지 믿을 수 있는지 모르겠지만, 그 숫자 자료만 보면 아직까지만 해도 대다수의 응답자들이 역사에 있어서 레닌의 역할을 긍정적으로 평가합니다. 놀라운 것은 가장 많이 반공 선전에 노출되어 있는 사람들이 고학력자인데, 그들 중에서마저도 50% 넘는 사람들이 레닌의 역할이 긍정적이었다고 얘기합니다. 아무리 죽임을 당해도 안 죽는 레닌의 그 놀라운 생명력의 비결이 무엇일까? 거기서부터 문제의식이 출발되었습니다.

일종의 사화史話, 역사에 대한 재미있는 이야기의 형태로 말씀드리자면, 레닌의 개인사를 보면 고등학교 졸업할 때까지만 해도 말 그대로 모범적 모범생이었어요. 저런 사람이 혁명지도자가 될 거라고 짐작하는 사람은 아무도 없었던 거죠. 나중에 형님이 황제 암살 음모를 꾸미다가 죽고 그러다 보니까 인생이 많이 망가지고, 그러다 보니 불온서적을 읽게 되고 그런 길로 갔는데, 어쨌든 모범생 중의 모범생이었습니다. 공부를 아주 잘했고, 나중에 짧은 기간 변호사 생활을 했는데, 모범적 변호사라는 평가도 받았습니다. 인생에서도 상당히 모범생적인 면모가 있었는데, 사상생활을 봐도 그렇습니다. 저는 레닌 이론의 전문가가 아니라 한국사를 전공하는 사람이라 잘 모르면서 얘기하는 것일 수도 있지만, 통상적으로 알려져 있듯이 레닌이 1914년도까지는 약간의 차이를 인정할 수 있지만, 크게 봐서는 역시 모범생으로서 그 당시 독일 사민당의 교황이라는 별명이 있었던 카우츠키의 모범적인 제자였던 것이죠. 제자뿐만 아니라 수혜자라고 볼 수도 있겠습니다. 당시 러시아 사민당과 독일 사민당의 관계가 평등한 관계는 아니었습니다. 독일 사민당은 이미 거대 정당화 됐던 데 비해, 러시아 사민당은 비합법 단체였으니, 아무래도 차이가 있었던 것입니다. 아무튼 레닌이 카우츠키를 많이 따랐는데, 가장 달랐던 부분은 당 건설론이 아닐까 싶습니다. 이 부분에서는 카우츠키가 레닌보다 마르토프에 더 가까웠을 겁니다. 마르토프는 훨씬 대중적인 정당을 생각했습니다. 그에 비해 레닌은 말 그대로 외부성이 강한 단체, 즉 이 사회 체제의 전복을 위해서 열심히 일할 수 있는 조건을 갖춘 사람을 중심으로 전위당을 만들고자 했는데, 비합법적일 수밖에 없는 러시아 상황이다 보니까 그것을 토착적인 특징이라고도 봐줄 수가 있을 겁니다. 그런 것을 제외하면 레닌의 예컨대 두 단계 혁명론이라든가 이런 것이 카우츠키를 상당히 충실히 따랐던 것인데요, 카우츠키와의 이런 주종관계는 크게 봐서는 제1차 세계대전 때 깨지고 만 것이죠. 카우츠키는 독일 사민당의 전쟁옹호론을 막지 못한 채 개인적으로 평화주의자로 남고 말았습니다. 결국에는 국가와의 유착관계를 놓지 못하고 혁명가로서 죽었지요. 제가 볼 때는 레닌이 옳은 판단을 해서 그 다음에 독자노선으로 간 겁니다.

레닌이 카우츠키와 그런 사상적인 주종관계에 있었으면서도 여태까지 대중들의 변함없는 사랑을 받는 비결 중 하나는 그가 일찍부터 소비에트를 인정한 것이 아닌가 합니다. 그리고 소비에트는 지금도 레닌 일병을 계속해서 살려내고 불러내는 그런 고리 중의 하나가 아닌가 싶습니다. 소비에트라는 게 여러분들도 아시겠지만 노동자 대표자들의 모임, 평의회라고 번역하기도 하는데요. 대의 민주주의와의 차이라면 그것은 한마디로 유기성입니다. 말하자면 대의하는 사람들, 정치하는 사람들과 그들이 대변한다는 대중이 서로 나눠지지 않았다는 것이죠. 소비에트 대표자들은 자신을 보낸 노동자한테 원래 하루하루 보고를 해야 했고, 공장 노동자들이 소비에트 대표자들에게 불만이 있으면 당장 소환이 가능했습니다. 말 그대로 우리와 같은 몸 같은 마음을 가진 사람들이 우리를 위해서 우리의 문제를 결정하고, 논의하고 결국에는 대표·대변한다는 개념이라기보다는 거의 직접 민주주의에 가까운 상태인 것이죠.

소비에트라는 것은 정통 맑스주의의 아이디어가 절대 아니었습니다. 맑스, 엥겔스 어디에서도 소비에트 이야기를 찾아낼 수 없는 걸로 알고 있습니다. 그 아이디어가 레닌한테서 생긴 것도 아닙니다. 소비에트는 크게 봐서는 파리코뮌에서도 비슷한 형태가 나타나는데, 19세기 후반 유럽 아나키스트 운동 중에 생긴 아이디어 가운데 하나입니다. 그것이 러시아에서는 대단히 잘 정착이 된 것이죠. 러시아에서 소비에트가 처음 생긴 것은 1905년 제1차 러시아혁명 때였는데, 그때 소비에트가 지금 촛불집회처럼 자연발생적으로 생겼습니다. 고미숙 선생님의 한 저서의 제목을 빌려서 이야기하자면, "누구도 기획하지 않은 자유"였다고 할까요. 그것은 공장 노동자들한테 생존방법이기도 했던 것입니다.

지금 촛불집회 같은 경우, 중산계층들이 주도하는 것이라고 저는 생각하는데요. 제가 보기에는 축제 분위기를 즐기는 것은 좋은데, 너무 얌전한 운동인 것 같습니다. 굳이 소비에트와 흡사한 것을 얘기하자면 오늘날에는 제일 가까운 게 마르코스 부대장Subcomandante Marcos의 사파티스타들인 것 같습니다. 사파티스타는 어떻게 보면 석유 재벌들한테 몰리고몰린 유카탄 반도의 원주민인 마야족의 마지막 생존방법입니다. 우리가 조직을 해서 우리와 갈라지지 않은 우리와 같은 게릴라들이 우리를 저들로부터 구해 주고 사파티스타 운동을 통해서 우리의 기본적인 자치생활을 누릴 수 있는, 말 그대로 자구책이죠. 민중의 자구책이고, 민중의 생존방식인데, 소비에트는 그것과 상당히 비슷한 형태였습니다.

최초 소비에트가 제정 러시아 수도인 상트페테르부르크에서 1905년 1∼2월에 생겼느냐, 방직 공업의 중심지인 이바노보-보즈네센스크에서 그해 5월에 생겼느냐라는 논쟁도 있지만, 일단 후자의 경우부터 살펴봅시다. 이바노보-보즈네센스크에서 1905년 5월에 공장 노동자들이 총파업을 하면서 공장 주인들한테 요구사항을 제시한 데서 처음 소비에트가 생겨납니다. 노동자 처우 개선에 대해 협상하라고 촉구했는데, 공장 주인들의 대답이 "저렇게 무리를 지어갖고 다니면서 누구하고 협상하라는 거야. 너네들은 무리지은 군중인데, 어떻게 군중과 협상하겠느냐"였습니다. 그러자 노동자들이 여기에 부응해서 150명의 대표자들을 보내 협상에 임하게 한 것이 초석이 되었습니다. 말 그대로 노동자들의 기본적인 요구를 관철시키기 위한 생존방책이었는데, 그 소비에트는 무력이라고는 거의 없었던 것이죠. 무력이라고 하면 민병대 비슷한 것이 있었는데, 내부 규율을 잡기 위한 것이라기보다는 주인들의 침탈을 막기 위한 것이었습니다. 무력이 없는데도 "우리들 자신의 권력이 아닌 권력", "우리"의 권위에 기반한 권력이기에 노동자뿐만 아니고 자영업자들도 소비에트의 말을 존중했습니다. 무력 행사 없이도 말씀입니다.

소비에트에 대한 신뢰가 어느 정도였는지 말해 주는 일화가 하나 있습니다. 당시에 도지사가 자신의 공식 포고문을 인쇄하기 위해 인쇄소에 사람을 보내서 인쇄하라고 하니까 인쇄소 노동자들이 "좋은데, 소비에트의 명령 없이는 못하죠"라고 답을 했대요. (웃음) 그래서 도지사가 소비에트에 공문을 보내서 내일 포고문 인쇄 명령을 내려 달라고 했습니다. 러시아 역사상 최초로 민중들의 자율 권력 기관으로서 러시아 제국의 권력자를 굴복시킨 소비에트였던 것이죠. 그렇다고 인쇄소 노동자들이 소비에트가 무서워서 그런 것이라기보다는 소비에트를 자신의 일부분이라고 생각했던 겁니다. 그런 소비에트의 기본적인 발상, 즉 민중 각자의 의지를 그대로 전달해 주는 유기적인 "비非권력적 권력"이라는 발상은 크게 봐서는 맑스주의보다도 바쿠닌이라든가 아나코-생디칼리즘에 더 가까웠는데요. 맑스주의자들 중에서는 그것을 어떻게 봐야 하는가에 대한 토론이 많았습니다. 실제 볼셰비키 중에서는 상당수가 소비에트에 회의적이었습니다. 당이 아닌 소비에트니까요. 이론을 아직 숙지하지도 못한 노동자들, 당 밖에 있는 노동자들이라서 당원들은 소외감을 느낄 때가 많았습니다. 소비에트 대표자를 보면 볼셰비키가 소수일 때가 대부분이었습니다. 아나키스트, 사회혁명당 등 정당이 없는 사람들 다 거기에서 민중정치 체험을 했던 것인데, 볼셰비키 대다수는 소비에트에 대해서 회의적이었던 것이죠.

1905년에는 볼셰비키 중에 보수적인 정통주의자들이 많았던 것입니다. 그런 맑스주의자들의 보수적인 정통주의를 깨고 "소비에트는 그대로 인정해야 된다. 그리고 소비에트하고 협력해야 된다"고 한 사람이 레닌이었습니다. 레닌이 소비에트의 대단한 잠재력, 즉 국가가 아닌 국가, 권력이 아닌 권력이라는 형태를 살려서 자본주의 이후를 준비할 수 있다는 잠재력을 충분히 보면서 인정한 것입니다. 그런 면에서는 레닌이 다른 볼셰비키와의 차별성을 보이기도 했죠. 러시아 민중의 자율적, 자치적 흐름——요즘 조정환 선생님이 좋아하는 말로 하면 다중의 자율적 운동——에 대한 자신의 운동과 자신의 생각을 조율시킨 것이죠. 바로 그런 레닌의 모습을 러시아에서 지금도 좋게 기억하는 게 아닌가 싶습니다.

레닌의 생명력이 궁금하다면 1917년도, 혁명의 해에 레닌의 움직임들을 자세히 봐야 합니다. 나중에 레닌이 독재자라는 비판을 받지만, 1917년 10월까지만 해도 레닌은 모범적인 소비에트 민주주의자였다고 볼 수 있습니다. 사실 1917년 러시아의 부르주아 임시정부는 이명박 정권하고 어떤 면에서 비슷하기도 했어요. 이명박보다는 훨씬 약했지만, 외부 권력——여기서 외부 권력은 이진경 선생님이 지금 말씀하신 그런 뜻이 아닌 자본주의 세계체제의 핵심부라는 뜻입니다——에 절대적으로 의존한다는 차원에서는 비슷한 면모를 보이기도 했다는 것입니다. 임시정부는 자구책으로서 독일과의 전쟁을 중단해야 한다는 생각이 있어도 할 수가 없었는데, 그 이유는 간단했습니다. 러시아에 대한 연합국들의 채권 때문이죠. 러시아한테 가장 돈을 많이 대주는 데가 프랑스인데, 프랑스의 미움을 받으면서 우리가 독자적으로 협상을 하면 죽는다는 판단이었습니다. 프랑스로부터의 차관 도입 등 재정관계가 끊기면 러시아 자본주의도 살아남을 수가 없다는 얘깁니다. 지금 대한민국이 그것보다 국력 상태도 좋고, 여러 가지 점에서 당시 러시아처럼 파산 위기는 아니라고 할 수는 있죠. 그럼에도 이명박 정권이 미국 자본주의에 상당한 의존성을 보이고 있고, 또 그것이 대對국민적으로는 굉장히 안 좋게 보이는 것을 알면서도 어쩔 수 없는 그런 상황을 보면 왠지 1917년 러시아의 임시정부하고 비슷하다는 생각이 듭니다. 임시정부와 이명박 정부의 다른 점은 전자에게는 이렇다 할 만한 경찰력이 없었던 것입니다. 전의경이 없었던 것이죠. 경찰력이 제정 러시아 때는 대단했는데, 1917년 2월혁명 때 파괴되고 말았어요. 그래서 프랑스가 화를 낼까봐 전쟁을 중단시켜 민중의 요구를 들어줄 수도 없고, 그렇다고 경찰을 동원해서 민중을 억압할 수도 없었어요. 실제로는 여러 가지로 임시정부 권력이 취약했던 겁니다. 그러니까 레닌에게 권력 장악 자체가 문제였다면 아마 1917년 6월에 대대적인 아나키스트 데모가 일어났을 때, 권력 장악 자체가 불가능하지 않았으리라고 볼 수도 있어요. 볼셰비키 안에서 그렇게 하자는 사람도 많았구요. 레닌이 끝까지 기다린 건 무슨 이유였냐면 전 러시아 소비에트 대표자 대회에서 볼셰비키와 그 우군들, 그들과 손잡은 정당들이 다수가 되기까지 기다리자는 거죠. 권력을 잡는 게 문제가 아니고 소비에트 대표자들 사이에서 다수를 차지하여 권력을 소비에트 민주주의식으로 운영한다는 게 문제였어요. 그게 레닌의 문제의식이었습니다. 레닌이 6월에 권력 잡을 기회를 놓치고 그 다음에 ── 제 옆에 앉아 있는 조정환 선생님께서 10년 동안 그랬듯이 수배생활을 했어요. 물론 조정환 선생님만큼 오래하지는 않았고, (웃음) 몇 개월 동안 수배생활을 했죠. 그러다가 갖은 고생 끝에 결국 10월달에 가서는 전 러시아 소비에트 대표자 대회에서 볼셰비키가 좌파 사회혁명당과 다수를 얻어 마침내 소비에트 민주주의의 합법적인 방식으로 임시정부를 없앴어요. 임시정부를 없애는 것 자체가 기술적으로 어렵지는 않았거든요. 별로 저항이 없었으니까요. 중요한 것은 민주적으로 하는 것이었죠. 그렇게 결국 소비에트 권력이 탄생이 된 것이었죠. 그 다음에 굴곡이 있었고, 갖가지 다른 정치 세력 그리고 외세들과 충돌하는 과정에서 대단히 아쉽게도, 1918년 여름부터는 사실상 소비에트 러시아에서 국가가 사멸되기보다는 오히려 재건이 되는 것이었습니다. 처음에는 소비에트 국가라는 이름 아래 초기 소비에트 국가에는 노동자 민주주의의 흔적이 많이 남아 있었습니다. 노동자 입장에서 보면 예컨대 공장 자치 관리에 대한 그들의 권한이라든가, 공장 생활과 관련된 제반 문제에 있어서 그들의 발언권이라든가 하는 것이 많이 세진 것은 사실입니다.

국가가 재건되면서 소비에트 민주주의가 결국에는 형해화形骸化과정으로 접어들었는데, 레닌이 죽었을 때쯤, 즉 1924년 무렵이 되면 이미 거의 빈 형식에 불과했어요. 러시아에서 억압적 국가를 재건케 한 레닌을 우리가 별로 생각하고 싶지는 않아도 어쨌든 간에 맑스주의의 도그마를 깨면서까지 소비에트의 잠재력을 인정하고, 소비에트 민주주의 원칙을 지키려고 존중해 주었던 것도 레닌이었습니다. 그 뒤에도 소비에트 민주주의의 형식화, 형해화, 공동화空洞化에 대해서 상당히 걱정을 하고, 잘못하면 혁명의 관료주의적인 왜곡이 올 것이라는 이야기를 특히 말년에 접어들어 대단히 많이 했던 레닌, 소비에트형型 민주주의자 레닌은, 어찌 보면 오늘날 마르코스 부대장하고 그 이미지가 겹쳐지지 않는가 합니다. 하여튼 그런 민중의 자율성, 민중의 자치력을 맑스주의자로서 거의 최초로 평가한 레닌을 우리가 기억하고 싶은 것이 아닌가, 이런 생각이 듭니다.

김남섭 1905년 혁명과정에서 소비에트가 어떻게 탄생했는지, 레닌이 처음에 그것을 어떻게 인식했는지, 또 1917년 2월혁명 후 소비에트가 부활했을 때, 레닌이 소비에트를 어떻게 새로운 민주주의적 정치활동의 구심점으로 삼으려고 했는지, 그리고 볼셰비키가 정권을 잡은 후 레닌의 말년에 어떻게 소비에트의 건강성이 쇠퇴해 버렸는지 등의 얘기를 재미있게 잘 말씀해 주셨습니다. 이제 예상 시간보다 훨씬 길게 발표 요지를 듣느라 오래 기다리신 두 분 토론자 선생님의 말씀을 들을 차례가 왔는데요. 금민 선생님께서 먼저 논평해 주시기 바랍니다.

금민 일단 제 문제의식은 두 개의 레닌, 한 사람은 외부를 통해 사유하는 코뮤주의자 레닌, 다른 한 사람은 현재의 시점에서 돌이켜 보면 시대착오적이기 짝이 없는 내부화를 수행한 집권자 레닌으로 나누어 보는 것이 가능한가로부터 출발합니다. 즉 여전히 전복적이며 혁명적인 레닌과 시대착오적인 레닌 혹은 폐기되어야 하는 레닌, 이렇게 둘로 나누는 것이 어떤 인식적 의의를 가지느냐 하는 질문입니다. 오히려 그 둘을 떼려야 뗄 수 없는 두 개의 파라독스, 긴장관계로 보고, 파라독스 그 자체인 레닌을 그대로 두는 것이 더 바람직한 인식, 더 인식적 가치가 있는 내용을 생산할 수 있지 않겠느냐는 거죠. 레닌을 회피할 수 없는 파라독손Paradoxon으로 볼 때, 우리는 좀더 많은 인식에 도달할 수 있지 않겠느냐는 것입니다.

이 문제는 제 논평의 기본적인 관점과 닿아 있습니다. 예컨대 이진경 선생님은 외부성을 통한 사유라는 말씀을 하십니다. 그 경우에도 물론 이진경 선생님 역시 분명히 밝히고 있는 것처럼 외부란 직접적으로 사유되지 않습니다. 단지 외부를 통해서 내부를 사유할 수 있을 뿐이죠. 결국 사유의 대상은 외부가 아니라 내부입니다. 외부를 통한 사유도 마지막에는 그것이 어떤 형태의 것이든지 내부화되어야 됩니다. 외부를 통한 사유가 내부화될 경우에만 비로소 사유일 수 있습니다. 즉, 혁명적인 사유 혹은 전복적인 사유도 사유와 존재 통일성을 벗어나지는 못한다는 겁니다. 특히 그게 유물론인 한에서는 더욱 그렇습니다. 그리고 이때 제가 말하는 유물론은 레닌이 쓴 『유물론과 경험비판론』에서 말하는 소박한 반영이론의 유물론이 아니라, 사회적인 실재에 관한 유물론을 말합니다. 즉, 사회적 효력을 갖고 있는 인식에 관한 이론을 뜻하는 겁니다. 외부를 통한 사유란 반드시 내부화되어야 한다, 이 점이 제 논평의 핵심입니다. 이진경 선생님 글에서는 너무 지나치게 외부화하려는 경향, 또는 외부를 통한 사유만을 강조하며, 내부화하려는 경향 일체에 대해서 분리선을 긋는 것은 문제가 있지 않나 하는 게 제 의견입니다. 물론 레닌에게 적어도 외부를 통한 사유는 당 문제뿐만 아니라 국가사회주의 이행 문제까지 굉장히 일관되게 발전되고 전개되었습니다. 그 점은 이진경 선생님 글에서 잘 나타나 있는 것 같습니다. 그러나 외부를 통한 사유와 내부화에 대해 분리선을 긋는 것은 문제가 있다고 봅니다.

두번째로 조정환 선생님 글입니다. 조정환 선생님의 경우에 제헌권력에 대하여 제정권력을, 즉 이진경 선생님에 대한 제 논평의 어법대로 말하자면 제헌권력의 특수하게 내부화된 형태, 형해화된 형태인 제정권력을 대립시킵니다. 이 대립은 단순히 레닌이 제헌권력이라는 이데아를 벗어나서 제정권력으로 퇴행했다는 수준에서 제시되는 게 아니라 그 당시 생산의 조건, 예컨대 소비에트 테일러주의라든지 혹은 20세기 초의 산업체제 자체가 갖고 있는 세계사적인 필연성과 관련됩니다. 조정환 선생님 글도 제헌권력의 제정권력화의 문제를 당대적 한계라는 문제와 연관시킵니다. 그래서 오늘날의 생산 여건과 생산자의 주체적인 능력, 주체성의 측면에서 볼 때, 레닌의 제헌권력은 다른 형태로 수정되어야 한다는 것입니다. 예컨대 좀더 대중의 역능이 직접적으로 표현되는 방식으로 수정되어야 한다는 주장을 하시는 것 같습니다.

이진경 선생님이 외부를 통한 사유를 레닌의 특징적인 사유 방식으로 재구성하고 레닌을 이 시대로 불러들였다면, 조정환 선생님 글은 차분하게 역사적 분석 속에서 레닌의 조건, 한계 등을 밝히면서 레닌을 레닌의 시대로 되돌리는, 우리 시대와의 다른 객관적 차이를 분명히 함으로써 되돌려주기를 수행합니다. 우리 시대에 대한 레닌의 한계에 대한 인식을 분명히 한 다음에 되돌려 주기를 하고 있다고 생각이 듭니다. 그런데 여기에 대해 많은 질문들이 있을 수 있습니다. 예컨대 현재, 생산자의 조건으로 이야기 되는 비물질 노동이나 정동 노동의 문제입니다. 노동의 주된 성격이 그와 같이 변했음을 인정한다 하더라도, 그와 같은 변화를 통해 이제 폐기되고 과거로 되돌려 주어야 할 것은 레닌의 특유한 '제정권력' 구상이지 '제정 권력' 일반은 아니지 않은가 하는 질문을 던질 수 있습니다. 이 질문은 생 산자의 역능의 발전이 과연 주권권력 일반을 해소하는가라는 질문입니다. 물론 이 문제는 레닌 읽기나 레닌 되돌리기 문제하고는 구별되는 문제로 서, 조정환 선생님의 레닌 해석에 전제된 이론적인 문제라고 생각합니다.

마지막으로 박노자 선생님 글에 대해서 말씀드리겠습니다. 저는 레닌 을 현재화하는 문제, 혹은 당대적인 의미를 부여하는 문제에 있어서는 가 장 보편적인 글이 될 수 있다고 생각합니다. 적어도 맑스주의 정치 안에서 레닌의 복잡한 역할과 무관하게 레닌에 대해서 대중이 갖고 있는 긍정적인 기억이 있다면 평의회일 겁니다. 소비에트! 레닌은 단 한 번도 명시적으로 당을 소비에트를 부정할 수 있는 외부로서 얘기한 적은 없습니다. 두번째 는 레닌의 성공의 비결. 그 비결은 단순히 외부성을 통한 사유를 할 수 있 다는 것에만 있는 것이 아니라 바로 이 외부를 통한 사유를 통해서 현실의 소비에트라는 내부화를 수행할 수 있었다는 점입니다. 그는 대중의 역능을 보고, 대중의 역능에 적절한 형태를 부여할 줄 알았다는 것, 바로 그 점에 성공의 비결이 있다고 봅니다. 즉, 레닌이 촛불 대중들 옆에 있었다고 하면 실패를 하건 성공을 하건 대중 저항에 대하여 어떤 적절한 형식을 부여하 려고 했을 겁니다. 그게 평의회가 될지, 또는 어떤 종류의 평의회일지 알 수 없는 것이지만요. 아무튼 내부화 형태에 대해서 레닌은 매우 치열하게 고민했다는, 이 점이 레닌이 남긴 긍정적인 유산이라고 저는 생각합니다. 물론 우리는 구체적으로 아까 조정환 선생님 글에서 잘 나타나 있는 것처럼 레닌의 제헌권력 개념이 이 시대에 타당한 얘기가 아님을 잘 알고 있습니다. 이런 부분을 다 버리고요. 이 시대에 비록 타당하지 않을 수 있지만, 바로 그 시대에서 내부화 형태에 착목했다는 점이 굉장히 중요한 문제, 곧 혁명적 정치의 특징이 아니냐는 말입니다.

레닌에 대하여, 논평과 관련 없이 남는 생각 몇 가지를 마지막으로 정리해 보겠습니다. 제2인터내셔널 정치를 보면 정치 자체는 화석화되어 있습니다. 오히려 그런 정치가 근대정치의 일반적인 범주에 속하는가 의문이 들 정도입니다. 예컨대 정치란 고대와 중세, 아리스토텔레스와 아퀴나스의 세계에서 존재론적인 질서의 궤를 따라 도는 운동이며, 거기에 주체나 주체의 계획 따위는 아예 없습니다. 마키아벨리 이후에 근대 정치에서만 주체가 있고, 정치는 주체가 계획적으로 하는 행위가 됩니다. 그리고 그 행위에는 목표가 있습니다. 주체가 세계를 변화시키려고 하는 프로젝트가 있는 겁니다. 즉, 근대 정치는 계기와 그 계기 속에서의 주체, 주체의 계획, 이와 같은 틀에서 움직입니다. 그러나 제2인터내셔널의 역사결정론, 역사적 목적론의 틀 속에서는 근대정치 자체가 기동할 수 있는 어떤 틀거리도 없습니다. 모든 것이 선결정 되어 있습니다. 맑스주의 정치가 기동할 수 있는 틀거리도 없다는 이야기입니다. 제 생각에는 레닌이 제2인터 좌파정치에서의 중세화를 최소한 근대로 되돌려 놓지 않았나 저는 이렇게 생각합니다. 근대로 되돌려 놓았다 하는 것은 주체가 어떤 조건 속에서 어떤 계획을 갖고 개입하고, 견고한 현실 권력의 외부를 통한 사유를 통해서 현존하는 질서를 어떻게 바꿀 것이냐에 대해서 생각하며 행동한다는 것입니다. 그런 의미에서 레닌에게는 근대적인 좌파정치의 복원자로서의 위치가 있다고 봅니다. 물론, 오늘날의 많은 조건이 바뀌었지만, 레닌을 불러내는 것은 적어도 좌파정치 또는 정치 일반을 활성화하기 위해서 매우 중요한 것이라고 생각합니다. 이상입니다.

길낙섭 감사합니다. 탈근대주의 등 사실상 근대의 종말을 선언하는 여러 담론이 지배적인 시대에 레닌이 중세화된 좌파정치를 근대적으로 복원시켰다고 지적하는 게 무슨 의미가 있을까 이런 생각을 잠깐 해보게 됩니다. 금민 선생님이 지적하신 발표 논문들에 대한 여러 비평은 류한수 선생님의 말씀을 듣고 한꺼번에 논의하는 것이 좋을 것 같습니다. 다음에는 류한수 선생님께서 말씀해 주시겠습니다.

류한수 저는 역사학자입니다. 제 나름의 자부심을 얘기하자면 적어도 역사학계에서는 러시아혁명을 가지고 학위 논문을 쓴 최초의 학자라는 자부심을 갖고 있었는데요. 사실, 당이라든지, 운동 노선이라든지 이런 부분에 대한 연구보다는요, 예를 들어서 하루에 섭취해야 할 최소 열량이 2400kcal인데, 내전기에 노동자들이 이걸 어떻게 구했는가, 감자를 몇 kg 사야 하는데 여기에 시간이 얼마 들어가고, 그렇게 되면 공장에 갈 시간이 없어서 지각을 하게 되고, 지각을 하게 되면 새로 공장 지배인이 된 새로운 볼셰비키 지배인에게 어떤 추궁을 당했고, 어떤 갈등관계에 있었는가 이런 걸 공부했거든요. 그래서 추상적이고, 고차원적인 얘기에는 약합니다. 제 나름대로 볼 때, 역사학의 가장 큰 강점이라는 것이 디테일한 측면을 파고드는 것이긴 한데요. 그러기 때문에 약점도 있겠죠. 나름대로 그런 부분은 감안하고 들어주시기 바랍니다.

　이진경 선생님하고 조정환 선생님의 글에 관한 논의는 금민 선생님께서 차분히 짚어 주셨기 때문에 저는 박노자 선생님 글에 대한 논의를 해보고자 하는데, 그 이유는 간단합니다. 처음에 토론 의뢰가 들어 왔을 때, 박노자 선생님하고 짝을 지었거든요. 그래서 할 수 있다고 생각을 했고, 박노자 선생님을 늘 글로만 보다가 실제로 논의를 해보고 싶은 마음에서 나왔습니다.

일단, 박노자 선생님의 글은 제가 볼 때는 균형 감각이 있는 글입니다. 레닌을 일방적으로 죽이는 것도 아니고, 레닌을 일방적으로 우상화하는 것도 아니죠. 레닌이 특정한 시기에 특정한 선택을 하고 판단을 할 때, 그 판단이 어떤 요인에서 나오는가를 나름대로 균형 있게 잡아 준 것 같아요.

우리에게 1917년 이전 단계의 레닌은 주로 지하 음모정당을 이끄는 이른바 전업 혁명가로서 레닌이었기 때문에 아무리 좋게 보더라도 약간 음침한 느낌이 들죠. 1917년 혁명 때, 혁명의 환희가 솟구쳤다가 그것이 잦아들면서 경제위기가 닥쳤어요. 제가 늘 쓰는 말이지만, 1918년부터 1921년 내전 기간 동안에 러시아가 겪었던 고통은 그냥 하는 얘기지만, 우리가 1997년에 겪었던 IMF 위기 곱하기 1208배를 해야 하지 않을까 합니다. (웃음) 그렇게 심했단 얘기죠. 그런 상황에서 어떤 혁명적인 열정을 가진 일반 대중도 당시 집권하고 있던 당에 좋은 감정을 가질 리가 없죠. 그 집권 세력이 아무리 선하고 대의명분이 있다 하더라도 일단 그 정당이 집권당이라는 사실 때문에 대중들은 그 당에 좋은 감정을 품지 못하는 상황이었습니다. 그때 레닌 같은 경우, 상당히 권위주의적인 모습을 보이죠. 볼셰비키 내에서 레닌이 비록 온건한 파에 속하지만, 상당히 강력한 지배자로서의 모습을 보입니다. 반면에 1917년에 레닌의 모습은 지금 박노자 선생님께서 묘사했듯이 상당히 발랄하고, 대중과 함께하려 하고, 대중과 호흡하는 그런 모습으로 드러나 있습니다.

제일 궁금한 점은 뭐냐면요. 비밀경찰의 무자비한 탄압과 추격에 시달리는 소수 음모정당을 이끄는 그런 정파. 우리가 볼셰비키라고 하지만, 1917년 이전에 볼셰비키는 사실 아주 미약한 정파였죠. 나중에 집권을 했기 때문에 그것이 커 보이지만, 1902년부터 1917년 그 사이에 러시아에 가 본다면 볼셰비키 하면 "그런 정당이 있었나? 이런 정당이 어떻게 무슨 집권당이 돼?" 이러면서 대중이 뭐랄까요, 별로 관심에 두지 않았을 겁니다.

물론 대기업에 있는 숙련 노동자들은 관심을 가졌겠죠. 그 외 인구의 99퍼센트에 달하는 사람들은 볼셰비키에 별로 관심을 두지 않고, 알고 있더라도 집권 가능성에 상당히 회의적이었을 겁니다. 그런 소규모 정당을 이끌던 사람이 1917년에 세계 지표면의 6분의 1을 차지하는 큰 나라의 최고 지도자가 되는데요. 이때 모습은 정말 박노자 선생님이 아까 말씀하셨듯이 민주주의적인 모습을 띱니다. 계속 대중의 목소리에 귀를 기울이고 함께하려고 했죠. 박노자 선생님께서는 꼴보수 볼셰비키라는 표현을 썼는데, 실제로 교조주의적인 볼셰비키가 많이 있었죠. 그런 사람들이 대중과 함께하길 두려워하고 이 대중은 당의 통제를 받지 못하기 때문에 위험하다는 생각을 버리지 못했어요. 1905년도에 그랬지만, 레닌이 1917년 4월에 돌아왔을 때, 물론 환영을 받는데요. 그때 쭉 연설을 하다가 연설의 맨 마지막 구호가 이랬어요. "사회주의 혁명 만세!" 그 말을 듣는 순간 나와 있던 다른 멘셰비키라든지 다른 옛날 동지들이 벙쪄 버리죠. '러시아에서 어떻게 사회주의 혁명이 가능하냐?! 지금 부르주아 민주주의 혁명 단계인데…….' 이렇게 됩니다. 그래서 레닌이 미쳤다고 생각을 하지요. 그 얘기가 전해졌을 때, 그러니까 레닌이 사회주의 혁명을 외쳤다고 했을 때, 제일 좋아했던 사람들이 누구였냐면 아나키스트였습니다. "드디어 레닌이 정신을 차리고 권위주의자의 모습을 벗어던지고 우리한테 올바른 길로 돌아왔다." 과장을 보태면요. 1917년에 레닌은 아나키스트와 거의 맞닿아 있는, 스펙트럼을 나누어 볼 때, 가장 볼셰비키의 왼쪽에 있었기 때문에 아나키스트와 거의 흡사한 모습을 보일 정도로 좌경화되었고, 민주주의화되었다는 얘기죠.

이렇게 민주주의자로서의 면모를 갖춘 레닌이 실제로 집권을 한 다음에는 상당히 권위주의적인 모습을 보입니다. 레닌 자신은 권위와는 상관없는 사람이었어요. 아주 소탈하고, 자기를 우상화하고 아첨하는 사람들을 멀리하고 껄끄러워한 사람이었죠. 하지만 그 사람이 권력을 행사하는 방식이라든지 권력을 보는 관점은 상당히 권위주의적입니다. 이런 변화가 일어나는데요. 왜 이런 변화가 일어나는지가 상당히 중요하고 궁금하고, 우리가 풀어야 될 모습이겠죠. 그래서 박노자 선생님께서 상황의 어려움이라든지 여러 가지 말씀을 해주셨습니다. 저는 묻고 싶은 이야기가 여러 가지 있지만, 먼저 이걸 묻고 싶습니다.

여러분 아시겠지만, 레닌은 모스크바의 붉은 광장에 능묘라고 해야겠죠. 방부 처리되어서 포르말린 용액 안에 누워 있습니다. 이것을 우리는 그런가 보다 하는데, 이것은 러시아 전통과 상당히 밀접한 연관이 있습니다. 러시아는 기독교 국가였고, 무수한 민중이 러시아정교를 믿고 있었는데요. 하나의 전통적인 사상이랄까요. 성인 성자의 유해는 썩지 않는다고 했습니다. 그래서 옛날에 당이 한참 반종교 투쟁을 벌일 때, 대규모 성당에 있는 성인의 유해를 덮고 있는 관 뚜껑을 열어 보이면서 "봐라. 성인의 유해가 썩지 않는다는데, 없지 않느냐?!" 이런 식의 반종교투쟁을 벌입니다. 실제로 스탈린이 주도했지만, 레닌의 후계자들이 그를 방부 처리하는 것은 레닌을 일종의 전통적인 성인으로 만들어 '무지몽매'한 러시아 대중에게 구심점을 주고 그 레닌의 위광을 이용해서 당의 정당성을 확보하려는 노력이었거든요. 결국 러시아의 혁명, 재기발랄하고 아주 활기차고 세상을 확 바꿔 버릴 수 있을 것 같은 그런 혁명이 이진경 선생님이나 조정환 선생님이 말씀하셨듯이 국가의 부활이나 권위의 부활로 이어지는 단계에서 러시아의 전통이 얼마나 역할을 했을까, 이런 부분을 물어보고 싶습니다.

박노자 선생님께서 쓴 글을 읽다 보면 어떻게 말할까요, 여러 가지 생각이 나게 만드는 구절이 있습니다. '영원한 노예로서의 러시아 국민', 이런 식의 표현을 쓰셨는데요. 서구 사람이 말하는 것처럼 러시아 국민이 무지몽매하고 무식하고 그런 것은 아니지만, 그럼에도 불구하고 러시아의 지배 구조는 상당히 폭압적이고 권위주의적이었다는 얘기죠. 맑스가 말한 것처럼 인간이 역사를 창조하지만, 아무것도 없는 상태에서 역사를 창조하는 것이 아니라 과거의 무게에 짓눌린 상태에서 역사를 창조하기 때문에 전통과 떼려야 뗄 수 없는 관계가 되는 거죠. 러시아의 그런 전통이 결국 1917년 민주주의자로서의 레닌에서 내전 시기 이후에 권위주의자로서의 레닌으로 바뀔 때, 러시아의 전통이 어떤 역할을 했는가라는 질문을 드리고 싶습니다.

또 하나, 지엽적인 얘기인데요. 1917년 7월 봉기 때, 박노자 선생님께서는 레닌이 마음만 먹었으면 권력을 잡을 수 있었다고 생각을 하신 것인데요.

박노자 포드보이스키N. Podvoisky가 그렇게 생각했죠. 레닌의 군사 조직책인데요. 포드보이스키도 그렇고, 스미르노프V. M. Smirnov도 그렇고, 볼셰비키 지도부의 군사 조직 책임자들이 거의 가능하다고 봤죠.

류한수 박노자 선생님께서 잠깐 언급하셨지만, 촛불집회와 관련해서 러시아혁명에서 제가 제일 관심 가는 부분은 대중과 지도의 관계입니다. 물론, 여러 가지 이유 때문에 대중을 지도하는, 당이나 단체라고 하는 것들, 조직된 지도부를 좋지 않게 보는 경향이 있는데, 실제로 대중의 뭐랄까요, 열정이라든지 에너지가 폭발하는 단계는 지속될 수가 없지요. 그리고 또 일정 상황 속에서 특정한 시기에 강조를 해주고 판단을 내려야 될 때 역시 지도부가 필요합니다.

내전기에는 달라지지만, 1917년 혁명 기간만 딱 잘라 놓고 본다면, 볼셰비키와 대중 사이의 관계가 상당히 유기적이었고, 정치사 전체를 통틀어 볼 때 이렇게 모범적인 상호관계가 있을까 싶을 만큼 그 관계가 상호보완적이었다는 얘기죠. 이를테면 이렇습니다. 대중의 요구를 묵살하는 러시아 임시정부에 화가 난 대중이 1917년 7월에 들고 일어납니다. 혁명 세력이 거의 권력을 잡을 수 있을 상태가 되었는데도, 볼셰비키 지도부는 권력을 잡으려는 시도를 해서는 안 된다고 판단을 합니다. 레닌 같은 경우엔 이렇게 판단을 내린 것 같아요. '아직까진 상황이 충분히 무르익지 않았다. 수도인 페트로그라드에서는 잠시 권력을 잡을 수 있겠지만, 지방의 정치상황이 아직 수도의 수준에 도달하지 못했기 때문에 지금 권력 장악 시도를 했다가는 금방 진압당한다.' 이렇듯 레닌은 시간을 상당히 두고 기다려야 한다는 판단을 내리고 대중의 운동에 적절하게 대응합니다. 거리로 나서려는 대중의 요구에 못 이겨 시위에 앞장 서기는 하지만, 그렇다고 해서 즉시 권력을 장악하려는 시도는 하지 않았어요. 끓어오른 대중에게 찬물을 끼얹지는 않으면서 혁명 운동의 역량을 보존하기 위함이었죠. 레닌의 이런 판단이 주효해서, 결국 석 달 있다가 10월혁명이 일어납니다. '이런 게 바로 당의 역할이구나! 이런 게 지도부의 역할이구나!' 하는 탄성이 나올 정도의 냉철한 판단을 내렸던 겁니다. 만약 볼셰비키 지도부가 7월에 모험을 했다면, 임시정부와 군부의 반격을 받아 볼셰비키 당뿐만 아니라 혁명 세력 전체가 돌이킬 수 없는 타격을 입었을 거예요.

이렇게 1917년에는 대중과 볼셰비키가 좋은 관계를 유지하는데요, 이게 내전 시기에 들어서게 되면 여러 가지 요인이 작용했겠지만, 레닌이 대중을 불신하게 됩니다. 그런 측면이 보이는 것 같아요. 레닌 한 사람만 그랬다기보다는 볼셰비키 지도자가 대부분 그랬을 텐데, 얘기가 길어질 듯하니 이 얘기는 나중에 하겠습니다. 제가 궁금한 점은 민주주의자 레닌에서 권위주의자 레닌으로 바뀔 때, 여러 가지 요인이 있었을 텐데, 박노자 선생님께서는 레닌의 변화에 러시아의 전통이란 요인이 얼마 만큼이나 작용했다고 생각하는지 답변을 듣고 싶습니다.

김남섭 지금까지 많은 사람들은 사상으로서의 레닌주의를 탐구하면서, 레닌 사상의 내적 논리에 주로 초점을 맞추어 왔습니다. 물론 레닌주의의 특성을 밝히는 한 방법으로 사상의 내적 논리를 해명하는 것도 중요하지만, 레닌주의의 탐구에서 이에 못지않게 놓치지 말아야 할 것은 레닌이라는 개인의 사고와 행동을 규정하는 이른바 객관적 상황입니다. 실제로 많은 경우 레닌의 글들은 급박한 당면 정세를 해명하기 위해 쓰여진 것으로 알고 있습니다. 따라서 그러한 점을 고려하지 않으면 일견 모순되고 변덕스러운 것처럼 보이는 레닌의 주장들이 거의 이해가 되지 않을 것입니다. 류 선생님께서는 레닌의 사고와 행동을 둘러싼 그러한 객관적 정세의 하나로 제정 러시아 시대의 고유한 전통, 즉 아주 긴 호흡의 과거의 무게를 고려해 볼 필요가 있다고 말씀하셨습니다.

이제 두 분 토론자 선생님의 논평을 모두 들었기 때문에 이에 대해 세 분 발표자 선생님의 간단한 답변을 듣도록 하겠습니다. 그 뒤 잠깐 휴식 시간을 가진 후 쟁점들을 중심으로 러시아혁명을 이해하는 시간을 본격적으로 갖도록 하겠습니다. 먼저 이진경 선생님부터 간단히 대답을 해주세요.

이진경 먼저 제가 레닌을 두 개의 레닌으로 나누고 있지 않은가라고 하셨는데요, 그렇게 읽으셨다면 제가 글을 잘못 쓴 거지요. 저는 어떤 것에서 좋은 점과 나쁜 점을 분할해서 하나만 취할 수 있다고 생각하지 않습니다. 맑스는 『철학의 빈곤』에서 프루동을 비판하면서, 그가 좋은 점 나쁜 점을 갈라서 좋은 것만 취하면 된다고 생각하는 것을 변증법이라고 착각하고 있다고 비판한 적이 있었지요. 저도 그렇게 생각합니다. 사실은 대개 장점이 단점인 거고 두 개는 분리되지 않습니다. 조건에 따라 장점이 단점이 되고, 그 반대가 되고 하는 거죠.

제가 여기서 쓰려고 했던 것은 레닌에게 외부성의 사유라는 것이 발견되는데, 그것이 어떤 조건 속에서 좌초하거나 아니면 어떤 조건들로 인해서 중단되면서 다른 것으로 변화되는가 하는 것을, 즉 그런 변환의 조건들을 드러내는 거였습니다. 즉 사유를 규정하는 변환의 조건 속에서 그런 사유가 어떻게 드러나고 펼쳐지는지를 보고 싶었던 겁니다. 그런 방식으로 볼 때, 외부성의 사유가 실질적으로 작동하고 펼쳐지는 양상을 구체적인 조건과 결부하여 검토할 수 있으며, 그런 사유의 요소를 실패를 야기한 조건으로 환원하지 않을 수 있을 뿐 아니라 그런 조건 속에서도 실패하지 않기 위해선 놓치지 않아야 할 것이 무엇인가가 드러날 수 있다는 생각입니다. 따라서 좋은 레닌, 나쁜 레닌을 구별해서 좋은 건 취하고 나쁜 건 버리자는 생각은 전혀 없었습니다.

두번째로 외부는 사유될 수 없기 때문에 결국은 내부화되어야 된다고 말씀하셨는데요, 저는 어떻게 보면 그런 식으로 생각하는 게 제일 문제라고 얘기를 하려 했던 셈이기도 합니다. 내부와 외부라는 개념을 사용하지만, 사실 외부만 사유하는 사람도 없고, 내부만 사유하는 사람도 없습니다. 외부와 내부는 함께 사유해야 합니다. 그런데 그걸 어떻게 사유하는가가 사유에서 두 가지 다른 방향을 규정하지요. 가령 헤겔 같은 사람은 내부를 외부화하는 방식으로 사유를 했다고 얘기할 수 있을 것 같습니다. 예를 들면, 헤겔의 외화(/외부화), Entäußerung라는 개념은 절대정신이 자기 아닌 것으로 자신을 외화해서 자기로 복귀하는 방식으로 다시 내부화합니다. 이런 식으로 외부적인 것을 절대정신 내부적인 것으로 귀속시키는 거지요. 여기서 '외부화'라는 개념은 외부를 통해 내부를 포착하고 사유하는 게 아니라, 외부의 모든 것을 정신의 운동을 통해, 그 내부성 안에서 사유하는 것이지요. '이성의 교지狡智'라는, 어디나 써 먹을 수 있는 개념이 이를 잘 보여 줍니다. 어떤 것도 알고 보면 결국은 다 이성의 논리 ─ 이성의 음모! ─ 에 따른 것이었다는 거지요. 이로써 우발적인 것이나 이성적이지 않은 것조차도 전부 다 이성의 논리 안으로 귀착시키는 논리적 메커니즘을 갖고 있습니다. 이것은 물론 내부를 외부화하는 가장 극단적인 형식이죠. 저는 그런 점에서 외부를 내부로 귀속시키는 것이야말로 관념론의 가장 중요한 특징이라고 생각합니다. 반대로 유물론은 내부마저 외부를 통해 사유하는 것이라고 생각합니다. 내부마저도 외부가 접혀 들어가 만들어지는 것, 혹은 내적인 본성조차 외부에 의해서 만들어지고 변화되는 것이라고 보는 것이 유물론이지요.

이런 점에서 내부 그 자체, 내적 본성 같은 것은 아무것도 없다고 할 수 있습니다. 저는 예를 들면 맑스의 사유가 그렇다고 생각하는데요. 그 유명한 "흑인은 흑인이다. 특정한 조건 속에서만 그는 노예가 된다"라는 말이 그렇지요. 노예라고 하는 것에 내적 본질은 따로 없는 것이고, 흑인을 노예로 만드는 어떤 내적 본질도 따로 없다는 것이죠. 특정한 조건 속에서 그는 노예도 됐다가 노동자도 됐다가 자유인도 되는 거지요. 여기서 본성을 결정하는 것은 '특정한 조건'이죠. '외부'라고 불려 마땅한 그 조건이 내적 본성마저 규정한다는 것, 이게 맑스의 유물론이지요. 역사유물론이란 이처럼 외부적 조건에 의해서 어떤 것들의 본성이 달라진다는 것을 보는 사유이고, 그런 점에서 저는 외부에 의한 사유라고 말하는 겁니다.

반면 내부적인 사유라고 하는 것은 항상 어떤 것의 내적인 본성, 내부적이기에 조건이 달라져도 변함없이 존속하는 실체적 본성으로 소급해서 해명하는 사유지요. 그렇기에 항상 모든 것을 최고의 일차적인 근거로, 최고의 본성으로 소급하려는 경향을 갖습니다. 형이상학적인 사유가 보통 이렇습니다. 조건과 무관하게 최고의 원리나 법칙 하나로 설명하려는 태도, 이건 철학적 관념론에만 있는 게 아니라 자연과학에서도 흔히 발견되는 사유입니다. 하나의 법칙으로 다 설명하기 위해서 우연적인 요건들을 다 제거해 버리는 게 그렇습니다. 예컨대 갈릴레이의 법칙이 그렇습니다. 피사의 사탑에서 했다는 그 실험, 사실 그건 놀라운 뻥이죠. 거기서 무거운 것과 가벼운 것을 떨어뜨리면 똑같이 떨어질 거 같습니까? 똑같이 떨어지면 그 실험은 잘못된 겁니다. 분명히 다른 속도로 떨어질 겁니다. 공기의 저항 때문이지요. 그런데 똑같이 떨어진다고 말하지요. 자유낙하법칙으로 모든 것을 설명하기 위해, 하나의 법칙으로 항상 사태를 귀속시키기 위해 외부적 조건을 제거해 버립니다. 즉 공기가 없다고, 진공이라고 가정하는 겁니다. 갈릴레이의 실험이 정말이었다면, 그는 피사의 사탑 주변에서 공기를 제거했어야 합니다. 그러나 이게 실제로 불가능했음은 물론이고, 갈릴레이 시대에는 진공이란 개념적으로도 있을 수도 없다고 알려져 있었지요. 그럼에도 불구하고 이렇게 어이없는 가정을 도입했던 것은 외부적 조건과 상관없이 모든 낙하현상을 하나의 법칙으로 귀속시키기 위해서였지요. 이런 게 내부화 하는 겁니다. 외부적인 것, 우연적인 것들을 제거해서 하나의 원리나 법칙으로 환원 가능하게 만드는 겁니다. 반면 초기의 카오스이론처럼 '초기 조건의 변화나 차이가 법칙 자체를 아주 다른 것으로 만든다' 고 할 때, 외부적 조건의 일차성을 포착하고 있는 것이라고 할 수 있을 겁니다.

그러나 외부적 조건에 대해 강조하다 보면, 이론 자체가 무력해지거나 폼이 나지 않게 되는 일이 생깁니다. 외부적 조건, 우연적 조건은 어떻게 될지 알 수 없는 것이고, 따라서 어떤 예측 능력도 제공하지 않기 때문에, 아무것도 알려 주지 않는 게 아닌가 하는 생각을 하게 합니다. 또 이론적으로 법칙으로 환원되지 않는 조건들을 잔뜩 늘어놓는 것은 너저분해 보이는 반면 하나의 법칙으로 귀속시키면 깔끔하고 멋들어지지요. "놀랍지 않은가, 이토록 다른 것이 하나의 법칙으로 다 설명될 수 있다니!" 하는 생각이 들지요. 이런 점에서 보면, 하나의 법칙으로 여러 가지를 다 설명하려는 욕망은 사실 미적인 것이라고 해야 할 듯합니다. 진리가 '단순성'을 필수요건으로 하는 건 아니니까요. 단순해서 깔끔하고 멋있는 거, 그건 미적인 기준이지 진리의 기준은 아니지요. 가령 수학에서 공리를 최소화 하려는 것이나, 중세에 등장했던 '오컴의 면도날' 같은 것도 미적 기준이라고 해야 합니다. 어쨌건 이런 이유로 자연과학도 모든 것들을 하나의 법칙으로 환원하여 설명하려고 애를 씁니다. 그래서 미시세계의 법칙인 양자역학의 법칙하고 우리가 사는 세계의 고전역학의 법칙, 우주적 스케일의 거시세계에 해당되는 상대성 이론이라는, 서로 맞지 않는 이론들을 어떻게 하나로 통합할까 고심하고 있지요. 조건에 따라 전혀 다른 법칙들이 적용되어야 한다는 것은 내적 정합성이란 문제도 있지만, 일단 너저분한 게 사실이지요. 이런 방식으로 내부성을 가동시키려는 욕망들이 작동하고 있는 셈이지요.

저는 레닌에게도 혹은 맑스주의자들에게도 이런 것들이 있다고 생각합니다. 여기서 말씀드렸던 것들 가운데 가령 사회주의가 제일 얘기하기 쉽겠네요. 사회주의의 경우에 저는 외부, 사회주의의 논리 바깥에 있는 어떤 것들을 통해서만 이행기로 정의될 수 있다고 주장했습니다. 그러나 이행의 문제 역시 맑스주의의 일반적인 논리 안에 어떤 식으로 내부화하고 싶다 보니까 생산력 발전이라고 하는 것들로 귀속시켜 버리는 겁니다. 이행의 문제를 맑스주의 내부의 어떤 논리, 가장 근본적인 논리라고 할 수 있는 '생산력 발전'과 그에 따라 생산관계가 변한다는 명제 등의 '기본법칙'으로 귀속시키려고 했던 것이고, 그 결과 이런 외부적인 것들을 있는 그대로 보고 사유하는 게 아니라 기존의 이론 안으로 내부화하여 외부성을 제거했던 것이 아닌가 하는 생각입니다. 국가 문제에서도, 당과 계급의 문제도 그랬다고 생각합니다.

오늘 토론을 위해 준비한 글은 어떻게 보면 외부성을 사유하려 했던 레닌이, 외부성을 내부화하려는 욕망이 작동하거나 혹은 외부적 요인을 내부화하려는 지점에서 외부성의 사유가 중단되거나 파탄나게 된다는 것을 보여 주는 것이라고도 생각됩니다.

김남섭 감사합니다. 두번째로 조정환 선생님께서 말씀해 주시죠.

조정환 제가 답해야 될 것은, 비물질 노동이나 정동 노동이 레닌하고는 별개의 문제이고 레닌과의 연관성을 찾기가 힘들지 않느냐라는 질문인 것 같습니다. 비물질 노동이라고 하는 용어는 노동에 비물질 개념을 결합시킨 것입니다. 이것은 지식이나 정보, 정동affect, 소통 등이 오늘날 우리의 생산 활동의 주된 내용으로 되고 있는 현상을 포착하기 위한 개념입니다. 이 용어는 맑스에서 기원합니다. 이것은 내용상으로는 『정치경제학비판요강』 '고정자본에 관한 장'에서 서술하고 있는 일반지성의 개념을 발전시킨 개념이며, 용어상으로는 맑스가 『자본』 6장에 포함시키려고 했으나 실제로는 제외시켰던 '직접적 생산과정의 제 결과'에서 사용한 바 있는 '비물질적 생산'이라는 용어에 기원을 두고 있습니다. 물론 더 거슬러 내려가 루소의 '일반 의지' 같은 개념과도 연결지을 수 있겠지요. 그런데 비물질 노동에서 우리가 오늘날 체험하고 있는 것으로서 아주 전형적인 것은 집단지성, 집합지성, 대중지성, 다중지성 등으로 불리는 것, 즉 인간들의 두뇌들이나 몸들의 네트워크 현상입니다. 최근의 촛불봉기에서도 이 현상이 새로운 사회운동의 동력으로서 사람들의 주목을 끌고 있습니다. 시위대의 결집과 이동과 발전이 단순히 개인들의 능력들의 양적 총화에 기초한다기보다 디지털적으로 네트워킹된 능력들의 총체에 기초하면서 그것이 전혀 새로운 차원과 질을 구현하고 있는 현상이 설명되어야 할 것으로 등장했기 때문입니다. 사전에 조직되지 않은 이 개인들의 밀접한 지적·정동적 연결과 그것이 보여 주는 놀라운 힘은 많은 사람들에게 하나의 수수께끼처럼 느껴지고 있습니다.

레닌이 1902년에 『무엇을 할 것인가』를 쓰면서 주장하고자 했던 것이 무엇일까요? 얼핏보면 레닌의 글은 집단지성과 무관한 당 건설의 기술과 방법에 관한 것으로 보입니다. 하지만 조금 자세히 들여다보면 『무엇을 할 것인가』는 당대의 조건 위에서 어떻게 체험, 사건, 지성을 정치적으로 집단화할 것인가에 대한 숙고에 기초하고 있는 것으로서 일종의 집단지성론으로 읽을 수 있는 글입니다. 레닌은 당대의 뉴미디어인 신문에 주목했고, 일국 전체에서 벌어지는 투쟁들, 사건들, 경험들을 집약하고, 그것에 대한 지적 분석을 종합하여 그것들을 여러 사람에게 분배함으로써 공간적·지역적으로 분산돼 있는 사람들의 정치적 네트워크를 구축할 '전국적 정치신문'을 구축하고자 했습니다. 이것이 선전가이자 선동가이자 조직가로서 기능할 수 있으리라고 믿었던 것입니다. 이것이 물질화된다면, 그것을 매개로 하여 당이 만들어질 수 있을 것이라고 보았던 것이지 않습니까.

다시 말해서 레닌의 당 건설 이론이 바로 당대의 기술적·정치적 조건을 고려한 일종의 집단지성론이었습니다. 물론 그것은 우리 시대에 가능한 집단지성론과는 커다란 차이가 있습니다. 레닌은 집단지성의 구축을 다중의 네트워크로 사고하지 않고 직업적 혁명가들의 연결망으로 사고합니다. 왜 레닌이 그렇게 생각하게 되었을까, 이것이 우리가 풀어야 할 문제입니다. 아까도 말씀드렸지만 그러한 생각은, 그 당시에 가장 효율적이고 합리적인 방식으로 혁명 능력을 조직해 낼 수 있는 방안이 무엇일까라는 문제의식에 기초합니다. 레닌은 분명히 대중 차원에서의 지성의 발전과 그것들 사이의 네트워크를 보고 있었습니다. 다만 그는 그것을 자연발생적이며 뚜렷한 한계를 갖는 것으로 보았지요. 대중 내부에서의 지성의 자연발생적 진화는 경제주의적 조합주의적 한계를 갖는다고 말입니다. 레닌을 교조적으로 읽으면 자연발생적 조건에서 대중의 지성적 진화는 어떤 역사적 조건에서도 이 한계를 벗어날 수 없다고 읽기 쉽고, 또 많은 사람들이 그렇게 이해하곤 합니다. 하지만 오히려 그 한계를 역사적인 것으로 읽는 것이 중요하다고 생각합니다. 대중의 지성적 진화의 조합주의적 한계와 전위의 목적의식적 지도의 필연성이라는 테제는 당대에 역사적 조건을 반영하고 있을 뿐이고, 실제로 당대의 사회에 널리 퍼져 있던 구조적 동형성isomorphism을 혁명운동의 논리로 전유하는 방식이었다고 말입니다. 단적으로 말해 레닌의 대중-당 분화론은 당대에 첨단적이었던 대공장을 모델로 삼아 그것의 작동원리를 혁명적 정치학의 작동논리로 전유하는 것이었습니다.

피터 라인보우Peter Linebaugh와 마커스 레디커Marcus Rediker가 『히드라』에서 잘 분석하고 있듯이 공장은 배에서 기원합니다. 배라고 하는 것은 난파의 위험을 무릅쓰면서 자신을 둘러싼 위험한 파도를 헤치고 나가는 기계이고, 그 위험 속에서 배에 탄 사람들의 생명을 보전하고 또 그 나름의 생산활동을 해야 하는 공간이었습니다. 배는 상업자본주의 시대의 핵심적 공간형태입니다. 맑스와 엥겔스도 아나키스트들과의 논쟁과정에서 권위가 필요한 이유를 배의 비유를 들어 설명하곤 합니다. 항해를 하고 있는 배를 예로 들어보자, 그 배에 풍랑이 치고 파도가 덮쳐온다고 했을 때 권위 있는 지도자가 없다면 배를 그 풍랑으로부터 구출해 낼 수 없을 것이고 위험은 그만큼 커진다, 그러므로 그 위험 속에서 배를 안전하게 이끌 수 있는 권위 있는 지도자가 필요하다. 이것이 지도자가 필요 없다고 말하는 아나키스트들을 비판하는 맑스와 엥겔스의 방식이었습니다.

공장이라고 하는 것은, 해상무역 중심의 중상적 자본주의 시대가 산업자본주의로 이행하면서 육지로 옮겨진 배라고 할 수 있습니다. 달리 말해 바다의 배가 풍랑이라는 위험을 무릅쓰는 것과 마찬가지로 시장이라는 위험과 맞서서 자기 자신을 살려 내야 되는 그런 어려움 속에 놓여 있는 것입니다. 바로 이 때문에 공장에는 감독관, 지도자가 필요하다는 것이 그 당시에 많은 사람들이 공유하고 있던 생각이었습니다. 생산자 대중과 전위적 지도자의 분업이라는 이 공장의 구조가 사회 전체에 확산되어 국가, 학교, 군대 등도 이것과 동형적인 공간으로 편성됩니다. 이것이 대중에서 구분되는 전위의 관념을 지지하게 만든 사회·심리적 조건이었고, 그것을 혁명적 정치학에 전유한 것이 『무엇을 할 것인가』였다고 생각합니다.

요컨대 일반지성, 집단지성의 형성 방식은 역사 속에서 진화하는 것으로 이해할 필요가 있습니다. 오늘날도 집단지성이 레닌이 말한 바와 같은 전위적·직업적 혁명가 조직의 구축을 통해 형성될 수 있을 것인가라는 질문은 오늘날 생산의 역사적 조건에 기초해 사고해야 한다는 것입니다. 이후의 역사를 보면 당은 경향적으로 대중화되었습니다. 전위적 전위정당에서 대중적 전위정당으로, 대중적 전위정당에서 대중정당으로의 당이론과 당조직의 변화는 이 경향을 보여 줍니다. 그럼에도 불구하고 대중으로부터 분리된 전위라는 이미지 그 자체가 정치적 조직화에 대한 사유의 근저에 남아 있는 것도 사실입니다. 그러나 이 이미지는 오늘날 심각한 도전에 직면해 있습니다. 과연 직업적이고 전문적인 정치가들의 연결망이 우리 시대에 지성을 집단화하고 일반화하는 적실하고 유효한 방법인가? 오히려 대중 차원에서 지성의 일반화와 집단화가 놀라울 정도로 이뤄지는 시대에 우리가 살고 있지 않는가? 그래서 과거에는 지성의 집중장소로 이해되었던 공장공간(공단)이라고 하는 것 자체가 사회 전체에 산포된 집단지성망의 다양한 마디들 중 하나로 편입된 시대에 우리가 살고 있지 않는가? 그렇기 때문에 집단지성 형성 방법의 문제는 우리 시대의 생산조건에 비추어 근본적으로 다시 사고될 필요가 있는 게 아닌가? 하는 것이 저의 생각입니다.

조금 전에 논란되었던 외부와 내부의 문제도 이 문제와 무관하지 않습니다. 레닌은 일반지성이 대중 외부에서 형성되어 그것이 대중 속으로 내부화된다는 생각을 피력했습니다. 그런데 이 생각을 우리 시대의 생산조건에 비추어 생각해 보면 외부성은 특이성으로, 외부화는 특이화로 재해석될 필요가 있다고 봅니다. 가타리는, 어떤 평균화되어 있는 개별성들, 그래서 공적으로 조직되어진 개별성들을 에워싸고 있는 그 평균화의 틀을 깨고 나오면서 자기 자신을 공중으로부터 분리시켜 내는 힘을 특이성이라고 부르고 이 과정을 특이화라고 지칭합니다. 그는 이러한 특이화를 설명하기 위해 예술창작 행위를 들곤 하지요. 우리 삶의 여러 힘들이 자기 자신을 특이화 하는 것으로 작동하는 것은 혁명적 사유와 실천에서 절대적으로 필요하다고 생각됩니다. 따라서 외부화라는 레닌의 문제의식의 합리적 핵심은 우리 시대에는 특이화를 통해서 실현될 수 있는 것이라고 말하고 싶습니다. 외부-내부라는 표현을 쓸 때는 시간적 과정으로 사고해야 될 것을 공간화하는 효과를 낳는다는 생각도 듭니다. 그러므로 일반지성이 생산의 핵심적 조건이자 요소로 되면서 노동이 점점 비물질화되고 있는 우리 시대에 집단지성의 형성 문제는, 사회민주주의적인 직업적 혁명가와 조합주의적 의식의 한계에 갇힌 대중이라는 근대적 공준을 넘어서 대중들이 온몸으로 자기 자신을 특이화하는 창조적 삶의 차원에서 숙고되어야 하는 것이고 이것이 레닌의 정치학을 전유하는 탈근대적인 방법이 아닌가 생각합니다.

김남섭 1902년 레닌이 『무엇을 할 것인가』를 쓸 때의 일반지성의 조건과 지금 촛불 정세에서의 일반지성의 조건에는 많은 차이가 있고, 새로 사고되지 않으면 안 된다는 답변이셨습니다. 끝으로 박노자 선생님께서 말씀해 주십시오.

박노자 류한수 선생님께서 말씀하신 부분들에 대해 거의 전적으로 동의합니다. 사실, 토론이라기보다는 상호보완이 되어야 될 텐데요. 레닌에 대해 아주 단순화해서 말씀드리면, 지킬 박사와 하이드 씨가 생각납니다. 1917년 10월 이전에 거의 모범적이라 할 민주주의자, 당 안에서의 민주주의를 지키고, 당 바깥에서 민중과 유기적으로 호흡을 맞추고 했던 그 레닌과, 1919~20년에 크렘린Kremlin에서부터 예컨대 공출 부대가 농민들로부터 제대로 공출하지 못할 때, "제대로 못하면 총살이다"와 같은 식의 무서운 명령문을 발송하고, 총살이라는 단어를 마구 쓰고, 반反볼셰비키 운동을 일으키는 노동자들까지도 무력으로 탄압하는 대형 국가범죄를 저지르는 레닌은, 서로 다른 사람이라고 생각될 정도입니다. 레닌의 대표적인 대형 범죄는 아마 무엇보다 우리가 잘 아는 크론시타트 수병 사건이죠. 1921년 2월에 일어난 일인데, 이 사건이 레닌과 소비에트 민주주의가 거의 결별하는 전환점이었던 것 같습니다. 왜냐하면 크론시타트에서 일어난 게 우리가 반란이라고 하지만, 사실 반란이 아니었어요. 수병들이 중심이 된 소비에트 재선과정이 비교적 민주적으로 이루어졌고 그러다 보니까 볼셰비키들이 다수를 잃었어요. 공산주의자가 아닌, 아나키스트라든가 사회혁명당 당원이라든가 반反볼셰비키적 혁명가들이 소비에트를 장악해서 크론시타트의 전통적인 위신에 힘입어 공문을 발송해 볼셰비키 독재의 통제를 받지 않는 소비에트를 건설하자는 운동을 제창한 것이죠. 그것을 본인들도 반란이라고 생각하진 않았습니다. 소비에트 쇄신 정도로 생각했지요. 하지만 레닌은 그것을 반란으로 간주했고, 뒤따랐던 것이 대단히 가혹한 진압이었고, 희생자 수도 적게 잡아 오천 명에서 육천 명 수준이었습니다. 국가범죄라고밖에는 볼 수 없었어요.

　　그 뒤 소련 정권의 역사를 보면, 민주주의가 죽어 가는 역사라고 할 수 있습니다. 일종의 전환점이었죠. 당연히 비판을 받아야 마땅한데요. 지킬 박사와 하이드 씨, 좋은 레닌과 나쁜 레닌. 좋은 레닌이 나쁜 레닌이 되어 버리는 과정을 어떻게 설명해야 하는가. 권력이 사람을 썩게 만든다, 권력이 사람을 부패시킨다는 일반론적인 차원을 넘어서 역사학자들이 제공하는 설명의 틀을 보면, 일단 서구인들이 가장 많이 노출되어 있는 것은 정통적인 냉전 시대 미국 사학의 설명 틀입니다. 파이프스R. Pipes와 같은 냉전 시대의 대표적인 학자들이 정리한 것인데, 대체로 멘셰비키들의 볼셰비키

비판에 기반을 두고 있는 설명입니다. "레닌이 원래부터 음모 정치가였다. 원래부터 정당을 만들어서 권력 장악을 계획했다"는 것이 그 대전제입니다. 아시겠지만, 1917년 2월혁명 이전에 볼셰비키 당원은 통계가 여러 가지가 있지만, 많아 봐야 2만 9천 명 정도였습니다. 그걸 가지고 무슨 권력을 어떻게 장악하려 했는지 도대체 알 수가 없습니다만, 파이프스 식의 사고란 음모적인 정당을 만들어 거기에서 독재자가 되고, 그 정당을 권력의 장악의 도구로 만들고, 기회를 노렸다가 민주적인 임시정부가 약간 취약해진 틈을 타서 권력을 쟁취한 뒤에는 본색을 그대로 드러내서 러시아를 커다란 수용소로 만든 흉악한 레닌 같은 식입니다. 대체로는 멘셰비키적인 레닌 비판을 아주 단순화하고 거기에다가 정치적인 증오심까지 가미해서 그렇게 설명하는데, 그것이 서구에서는 1950년대와 60년대 일반적인 설명이었죠.

그런 틀이 있는가 하면, 약간 고도화된 냉전 시대 사학의 입장에서 설명하는 틀로는, 아까 언급하셨던 러시아의 전통론이 있습니다. 미국인들의 러시아에 대한 일종의 오리엔탈리즘적인 사고에 기반을 둔 것 같은데요. 러시아의 전통 자체가 권위주의였고, 민주주의 경험도 없었다는 것이 대전제입니다. 소비에트 경험을 쳐주진 않죠. 소비에트 민주주의가 저들이 보기엔 민주주의가 아니었으니까요. 우중愚衆 정치였죠. 민주주의 경험이 없고, 권위주의적인 나라에서 레닌은 원래부터 권위적인 지식인 혁명가였고, 권위주의적일 수밖에 없는 직업 혁명가였다는 것이 그쪽 논리입니다. 레닌이 권력을 쟁취한 뒤 처음에는 민주주의 소비에트라는 표피를 썼지만, 결국에는 러시아에서 권력을 장악한 이상 러시아식 전통을 따를 수밖에 없었다는 것이 그쪽 설명 틀의 기본이죠. 러시아식 전통을 따라야 특히 농민들이 레닌을 우리와 가까운 좋은 황제, 좋은 차르로 인식해서 따를 수가 있었으니까 그랬다는 것이지요. 결국 말하자면 레닌은 시혜적인 권위주의자,

시혜적인 황제, 시혜적인 권위의 정치가로서 민중 위에 군림하게 되었다는 이야기입니다. 위의 두 설명 틀의 문제라면 행위자로서의 러시아 민중의 역할을 완전히 무시한다는 것입니다. 역사는 음모 집단, 내지 권위주의적 혁명가 집단만이 만들어 가는 일로 돼 버리고 맙니다.

저는 레닌의 의지가 애당초 어떤 것이었든 간에 그 당시의 객관적 상황상으로 역사가 레닌의 의지대로 이뤄질 수 있었다고 믿으면 안 된다고 생각합니다. 레닌이 역사를 만들었다기보다는 레닌이 역사의 추세를 따르면서 그 추세가 허용하는 범위 안에서 운신했던 게 아닌가 싶습니다. 레닌의 행위가 유일한 원인이 돼서 결국에는 스탈린주의적 독재가 탄생됐다기보다는, 그것을 하나의 세계사적인 흐름으로 봐야 되지 않을까 싶은 겁니다. 이렇게 보면 레닌이 일으킨 10월혁명을 제1차 세계대전 후반기 유럽 민중의 국제적인 반란의 시작으로 볼 수 있지 않을까 싶고요. 사실 이건 레닌 자신의 생각에 제일 가까운 것입니다. 레닌은 러시아 한 나라에서만 사회주의를 건설할 생각이 애초에 없었습니다. 그리고 권위주의적인 권력자가 되어 러시아에서 군림하겠다는 생각도 절대 하지 않았습니다. 레닌은 본인이 일으킨 혁명을 세계 혁명의 시작이라고 믿었고, 그 당시 그렇게 믿을 만한 조건이 전혀 없었던 것도 아니었습니다. 레닌이나 트로츠키가 독일에서 혁명이 일어날 거라고 계속 예언을 했었고, 혁명이 일어난 것도 사실이었습니다. 물론 저들이 바라는 혁명은 아니었지만, 어쨌든 간에 그 당시 유럽의 상당 부분이 혁명이 곧 일어날 상황에 놓여져 있다는 것을 제가 보기에는 레닌이 어느 정도 예상을 하고 있었던 것 같습니다. 레닌이 러시아에서 권위주의적 제국 질서를 부활시킬 의도를 갖고 혁명했다기보다는 전혀 다른 발상으로 혁명한 것이고, 그 발상의 획기적 의미는 그 국제성에 있지 않은가 싶습니다. 유럽의 혁명사를 보면 1917년 이전의 유럽의 혁명들은 거의 다 민족혁명, 국민국가 범위 안에서의 혁명입니다. 프랑스혁명이 우리한테 남겨 준 유산 중 하나는 애국자란 단어예요. 지금도 한국에서 잘 쓰이고 있는, 이 애국자란 단어가 그때 유행어가 된 것이죠.

그 다음에 1848년도의 혁명을 보면 역시 민족혁명들이 대다수고, 일국 틀 안에서 일어난 혁명들이었죠. 파리코뮌은 그렇지 않았던 맹아가 좀 있었는데, 너무 빨리 죽어 버렸고요. 말하자면 1917년의 혁명이 아마 세계 최초의 성공적 국제 혁명이라고 볼 수가 있는데, 처음부터 그렇게 계획이 되었고, 그것의 세계사적인 의미도 크다고 봐야 합니다. 그렇기 때문에 전파력도 컸습니다. 예컨대 1920년대 한국의 공산주의적 운동만 보더라도 그렇게 똑똑하고 유식하고 동경 유학까지 갔다 온 사람들이 왜 하필이면 레닌한테 끌렸겠어요? 사실, 다른 신흥사상도 여러 가지 있었는데 말이죠. 이건 러시아혁명의 국제성을 빼놓고는 설명이 안 됩니다. 저들이 거기에서 본 것은 일국을 위한 혁명이 아니었던 것이죠. 뭔가 다른 것을 보았기 때문이에요. 박헌영이라든가 김철수라든가 이런 사람들이 일찌감치 조선 공산주의자가 된 것은 1917년 혁명의 아주 본질적인 요소를 어느 정도 옳게 꿰뚫어봐서 그런 것이 아닌가 싶습니다.

어쨌든 레닌의 프로젝트는 처음부터 그렇게 발상이 되고, 기획이 된 것이었는데, 1918년 후반~19년 중반부에 그 프로젝트가 실패하고 말았던 것이죠. 이때의 구체적인 역사적 사실을 얘기해 보면, 먼저 독일혁명을 들 수 있습니다. 독일혁명의 성격이 사회주의 혁명이 아닌 사민주의자들이 집권한 새로운 부르주아적 질서로 판명이 난 뒤에 레닌은 고뇌에 빠집니다. 그 다음에 혁명이 나갈 만한 길이 없었던 것이고, 그 길을 북쪽에서 막아 버린 게 핀란드에서의 만넬하임K. Mannerheim의 반동이었습니다. 1918년 전반부, 핀란드에서 혁명의 시도와 그 시도의 좌절을 보면 적색 테러도 있었지만, 그것보다 반동세력들의 백색 테러가 훨씬 무서웠습니다. 희생자 수로 봐도 그렇고, 방법으로 봐도 그렇습니다. 핀란드, 즉 북쪽에서는 반동

세력이 이미 공산주의자들을 초토화했고, 독일에서는 사민주의자들이 혁명을 점유함으로써 혁명이 거의 사상되었어요. 그리고 헝가리혁명이라든가 여러 시도들이 다 파산되는 가운데에서 사실 레닌의 프로젝트가 대대적으로 실패한 것이죠. 그 다음에 레닌이 만회책으로 동방에서의 혁명, 즉 중국이나 조선 또는 중동에서의 혁명운동 발전에 상당한 노력을 많이 기울였는데, 그것이 당장의 해결책이 될 수는 없었어요.

어쨌든 그 프로젝트가 망하면서 또 한 가지 겹쳐진 일은 러시아에 하나의 소비에트 국가가 생겼다기보다는 결국 여러 경쟁적인 국가들이 생기고 말았다는 것입니다. 모스크바를 중심으로 한 젊은 소비에트 공화국이 있었는가 하면, 여러 가지 정치체들이 생김으로써 결국은 러시아가 전국시대, 말 그대로 서로 싸우는 국가의 시대가 된 것이죠. 춘추전국시대 중국사를 봐도 그렇고 세계에서 국가들끼리 싸우는 어느 역사를 봐도 완벽한 자율적인 민주주의 형태로 전국시대 속에서 생존 경쟁을 견뎌 낼 수는 없습니다. 그런 전례가 별로 없지 않습니까. 소비에트 공화국의 군대를 만들어야 했던 때에 트로츠키가 처음 붉은 군대를 만들면서 제창했던 것이 장교들을 병사들이 직접 선출한다는 것이었습니다. 그러다가 그것이 1918년 8월쯤에 거의 다 중단이 되었습니다. 장교는 대부분 옛날 제국 군대의 장교를 그대로 썼던 거죠. 장교를 하려면 대포라도 쏠 줄 알아야 했으니까요. 정말 일반 민중을 무조건 장교를 시킬 수가 없잖아요. 그리고 그런 장교들을 일반 병사들이 절대 선출하지 않았어요. 트로츠키는 그런 장교 아니면 싸울 수가 없으니까 그들을 일반 병사한테 강요할 수밖에 없었고, 결국 민주적인 선거를 통한 장교의 선출 같은 것은 다 폐지되고 말았습니다. 그러니까 전쟁, 무력 경쟁의 필요성이 민주주의를 붉은 군대에서는 죽여 버리고 만 거예요. 그리고 그 다음에는 내전이 본격화되어 가면서 젊은 공화국 자체가 조금씩 붉은 군대를 닮아 가기 시작했습니다. 많이 군사화가 된 거죠. 1919년에 마르토프가 레닌을 비판했을 때 그 핵심은 군사화에 대한 민주적 사회주의자로서의 비판이었습니다. "레닌이 국가를 군사화한다." 맞는 말이에요. 군사화가 소비에트 민주주의를 죽였다고 볼 수 있습니다. 군사화와 더불어 비밀경찰, 즉 체카가 만들어지고, 비밀경찰이 생사여탈권을 쥐고 나서는 소비에트 민주주의가 의미를 잃고 말았어요. 문제는, 여러 반동세력의 국가체들이 모스크바를 중심으로 한 젊은 소비에트 국가와 생존 싸움을 벌이는 그 과정에서 과연 다른 양상이 전개될 수 있었을까라는 부분입니다.

그러면 붉은 군대나 젊은 소비에트 공화국이 레닌이나 트로츠키가 강요했던 비민주주의와 규율 덕분에 이겼는가? 이렇게 물어 보면 저는 아니라고 생각합니다. 규율이 필수적인 요소라 할 수 있었지만, 시베리아나 우크라이나 농민들이 여러 가지로 동요하다가 "그래도 차악이 볼셰비키다. 좋은 것은 아니라 하더라도 차악이다. 차선 내지 차악이다"라고 하여 결국 볼셰비키를 선택한 이유는 그것이라기보다는 그때만 해도 볼셰비키의 상당 부분이 1917년 혁명의 유산을 보유했기 때문 아닌가 싶어요. 실제로는 1922년 초반까지만 해도 각급 소비에트의 대표자들을 보면 소수지만 멘셰비키라든가 사회혁명당이라든가 공산당원이 아닌 사람들도 꽤 있었어요. 그리고 붉은 군대의 구성을 보면 아나키스트들이 상당수 부대의 골간을 이루고 있었거든요. 소비에트 공화국의 규율이랄까. 비민주적인 요소도 많이 내포했지만, 그러면서도 상당한 포용력을 갖고 있었고, 민중에 대해서는 규율화와 함께 포용 정책을 많이 실시한 게 그 승리의 가장 결정적인 요인이 아닌가 싶습니다.

문제는 내전이 거의 종료되고 난 후에 내전 때 생존을 위해서 필요했던 호소력 높은 민주주의가 없어지고 말았다는 것입니다. 1922년 이후로는 소비에트에서 멘셰비키나 아나키스트들이 거의 싹 사라졌어요. 그 뒤부터 소비에트 민주주의는 의미를 아주 잃었던 것이죠. 그게 변명이 될는지, 설명이 될는지 알 수 없지만, 아무튼 그렇게 말씀드릴 수 있습니다.

김남섭 감사합니다. 박노자 선생님 말씀 중 인상 깊은 것은 러시아혁명이 당시 세계 정세의 움직임, 즉 유럽의 혁명적 분위기 속에서 발생했다는 사실을 잊지 말아야 한다는 지적이신데요. 러시아혁명을 이해하면서 많은 사람들이 국내 정치에 매몰된 나머지 좀더 큰 틀의 국제 정세를 간과하고 있다는 것은 불행히도 사실입니다. 따라서 유럽 정치 차원에서 러시아혁명을 이해할 필요가 있다는 박 선생님의 지적은 매우 의미심장하게 들립니다. 사실, 여기 참석하신 분들 모두 잘 아시겠지만, 세계사 교재에 러시아혁명이 어떻게 기술되어 있는가를 들여다보면 거의 다 제1차 세계대전의 부산물로 기술되어 있습니다. 교과서라는 게 사회적 통념을 기술하고 있다고 가정한다면 적어도 일반적으로 받아들여지는 러시아혁명에 대한 평가라는 것은 결국 제1차 세계대전의 맥락에서 봐야지 그걸 빼고는 볼 수 없다, 다시 말해서 혁명을 이해하기 위해서는 세계대전 당시의 유럽 전체의 상황을 이해하는 것이 중요하다라고 말하지 않을 수 없다는 것입니다. 지금까지 많은 이야기들이 나왔습니다. 다들 화장실에 갈 시간이 된 것 같고. 잠깐 쉬었다가 4시 10분에 다시 뵙도록 하겠습니다.

· · ·

김남섭 지금 시작해도 괜찮겠습니까? 벌써 4시 10분인데요. 약속한 시간이 5시까진데, 조금 더 연장해야 될지도 모르겠습니다. 지금까지 레닌주의가 뭐냐, 러시아혁명 속에서 레닌이 어떤 역할을 했느냐, 또 소비에트라는 게 무엇이고 그것을 어떻게 이해해야 하느냐 등 무수한 얘기들이 나왔는데요.

사회자의 역할이라는 게 이 모든 논의들을 종합해서 핵심 주제를 드러낸 다음 여러분들이 그 주제를 명확히 이해하도록 돕는 것이어야 하는데, 제가 능력이 모자라서 이 많은 논의들의 실마리를 어디서부터 풀어 나가야 될지 고민스럽습니다.

세 분 발표자 선생님의 논문에서 드러나는 공통된 주제들이 몇 가지가 있는데요. 제가 이 공통된 주제들을 중심으로 우선 질문을 던지고 그것에 대해 발표자께서 답변한 다음 이것에 대해 두 분 토론자 선생님께서 논평을 덧붙이는 식으로 진행해 보도록 하겠습니다.

오늘 우리 주제가 "촛불 시대에 다시 생각하는 레닌과 러시아혁명"입니다. 러시아혁명이 촛불시위와 무슨 관계가 있는가? 아까 조정환 선생님께서는 촛불봉기라는 표현까지 쓰셨는데요. 제가 모두에서 말씀을 드렸듯이 오늘날 수십만 명의 국민들이 거리로 쏟아져 나온 촛불 국면에서 가장 주목해야 할 현상 가운데 하나는 거리 권력의 형성 가능성이 아닌가 하는 생각이 듭니다. 우리는 1917년 2월혁명 이후에 러시아에서 소비에트와 임시정부라는 이중권력이 형성된 사례를 익히 잘 알고 있습니다. 따라서 제가 여기서 제일 먼저 질문을 던지고 싶은 것은 이중권력의 한 축이었던 소비에트라는 게 무엇이었는가. 또, 오늘날 확연히 드러나고 있는 대의 민주주의 위기 속에서 소비에트라는 기관은 어떤 의미를 갖는가, 소비에트를 마냥 찬양할 수 있는가, 혹은 소비에트라는 자발적 조직의 숨겨진 한계는 없는가 등, 러시아혁명 과정에서 출현한 소비에트라는 특유의 자치 조직에 관한 것입니다. 이 주제에 대해서 아까 발표 시간에 박노자 선생님께서 소비에트의 기원이 시작된 1905년부터 쭉 말씀해 주셨는데요. 대의 민주주의의 대안체로서의 소비에트의 가능성을 포함할 수 있도록 논의를 확대해서 이야기해 주시면 고맙겠습니다.

박노자 '소비에트'라는 말이 원래 러시아 말로 '조언'이라는 뜻입니다. 소비에트란 서로 조언을 주고받는 곳, 서로 논의하는 곳, 논의하는 장소, 그러니까 평의회입니다. 조언이라는 어휘의 특징을 보면 평등성, 일종의 소통의 수평성이라고 봐야죠. 서로 명령체가 아닌 조언이라는 겁니다. 특징이라고 하면 오늘날에 적합하지 않은 부분도 있고 적합한 부분도 있는데요, 적합한 부분이라면 무엇보다 대표와 피대표자, 대표하는 사람과 그가 대표하는 대중들이 서로 격리되지 않고, 어느 정도의 일체성을 유지할 수 있다는 것입니다. 거기에서 제일 중요한 부분이 소환권입니다. 소비에트 대표가 그들이 보낸 노동자들이 원하는 일을 하지 않고 다른 쪽으로 가면 언제나 즉시 소환이 가능하다는 것이죠. 그것을 볼셰비키들이, 제 기억이 맞다면 1918년도에 거의 취소시키고 말았습니다. 그것이 소비에트 민주주의 공동화의 하나의 계기라고 봐야 할 텐데요.

하여튼 본래 소비에트의 특징이라면 그거죠. 그것은 국회나 대통령제하고 다르지 않습니까. 우리가 지금 이명박 리콜하고 싶다는 사람이 많은데, 리콜하는 제도가 없잖아요. 탄핵 제도가 있어도 그건 소비에트 식의 소환하고는 완전히 다릅니다. 소비에트 식의 소환이 훨씬 간단한 것이죠.

그것이 하나의 특징이고, 그 다음 특징은 소규모 민주주의입니다. 대의 민주주의는 커다란 관료화된 정당 체제를 전제로 하지요. 그리고 실제 우리가 자유선거라 하지만, 정치자금으로부터는 자유롭지 않습니다. 자유자재로 돈을 가져올 수 있는 것도 아니고, 정치자금을 모든 정당들이 평등하게 똑같이 받는 것도 아니지 않습니까. 결국에는 직접 투표자들을 매수하는 제일 저급한 형태가 아니더라도 정치자금을 더 많이 확보하고, 선전을 더 많이 할 수 있고, 또 보다 많은 유력한 지식인들을 여러 가지 방식으로 장악하고 활용할 수 있는 정당, 매체력이 좋은 정당이 이길 수밖에 없는 구조가 지금 대의 민주주의의 현실적 구조 아닙니까. 이와 달리 소비에트는 일단 소규모 민주주의입니다. 소비에트는 원칙적으로는 공장별로 만들어집니다. 공장이 아무리 크다고 하더라도 소비에트 선거할 때는 작업장별로 하는 것이죠. 아는 사람들끼리 우리가 가장 믿고, 가장 신뢰하고, 우리한테 가장 권위가 있는 사람을 소비에트로 보내는 것인데요. 큰돈을 쓰고, 선전을 하고 매체력으로 사람들을 설득하고 이럴 만한 게 없고, 말 그대로 소규모 공동체의 신뢰관계가 작동하는 거예요. 그게 바로 자율 아닙니까. 그것이 대의 민주주의제와 확연히 다른 부분이죠.

이 두 가지가 제가 보기에는 상당히 매력적인 요소이고, 매력적이지 않은 요소를 이야기하면 첫째, 소비에트 선거할 때 비밀투표냐 아니냐, 라는 문제가 걸립니다. 1917~18년의 문서를 보면, 물론 제가 다 본 것은 아니지만, 많은 경우에는 거수투표였다고 합니다. 이 방식이 장점도 있지만, 단점은 비밀 보장이 안 되는 경우가 많다는 겁니다. 특히 이미 권위주의 체제가 성립된 뒤에 비밀경찰이 보고 있는 상황에서 거수투표를 하면 무슨 의미가 있겠습니까?

또 한 가지는 원래 소비에트는 착취자들을 배제하는 정치기제였는데, 당시 러시아의 85%는 농민이었고, 그 중 상당수가 중농 이상의 농민이었다는 점입니다. 착취자인지 아닌지 불분명할 때가 많았다는 말이죠. 결국은 소비에트가 인구의 상당 부분을 배제시키고 만 것입니다. 또 다른 문제는, 예컨대 지금 한국만 해도 전체 경제인구 중 자영업 하는 사람의 비율이 36% 정도 될 텐데, 그들까지도 소비에트에 어떻게 포괄할 것인가 하는 문제입니다. 작업장별 소비에트 선거와 지역별 소비에트 선거가 같이 가야 할 겁니다. 지금과 맞지 않는 부분으로는 또 절차적 정당성을 들 수 있는데요, 실제 초기 소비에트 선거 현장을 문서를 통해서 들여다보면 절차가 별로 좋지 않았어요. 목소리가 크고, 주먹이 좀 센 사람이 분위기를 주도하는 경우가 꽤 많았던 것 같고, 상당히 절차적인 정당성이 결여됐다고 볼 수 있는 부분이 있었습니다. 하지만 이런 부분들은 개선이 가능한 부분이 아닌가 합니다.

김남섭 소비에트 민주주의의 한계에 대해서는 소비에트의 볼셰비키 종속과 관련하여 조정환 선생님께서도 좀 전에 지적을 하셨는데요. 소비에트가 대중의 자발적 조직체에서 왜 경직된 관료제로 전환할 수밖에 없었는가는 민주주의의 미래와 관련해서도 매우 중요한 문제라고 하지 않을 수 없습니다. 이와 관련해서 조 선생님의 의견을 들어 보도록 하겠습니다.

조정환 우선 저는 소비에트가 대의제가 아니라고 하는 생각에는 동의하지 않습니다. 소비에트는 대의 민주제의 하나의 형태였고 가장 진화한 형태였습니다. 그런데 오늘날 소비에트나 평의회는 대중의 공통적 의사결정 기관으로서 더 이상 기능하지 못합니다. 아니 이미 1920년대부터 그러했다고 말하는 것이 옳을지 모릅니다. 요즘 대의 민주주의의 위기가 운위되고 있지만 이러한 역사를 고려한다면 실제로 대의 민주주의의 위기는 훨씬 일찍 시작되었다고 보는 것이 타당할 것입니다. 따라서 대체 어떠한 방식으로 우리들의 공통된 의사결정이 이루어질 수 있겠는가에 대한 고민이 어느 때보다도 절실하게 요구되는 때에 우리가 살고 있다고 생각합니다.

소비에트가 대의 민주주의에 속하는 이유는 이 제도가 파견자delegate를 주요한 행위자로 삼는 일종의 대표자 체제였다는 것이죠. 작업장 노동자들이나 군대의 병사들이나 농촌의 농민들이 자신들의 대표자들을 선출한 후 이들을 지역 혹은 전국 소비에트 회의에 파견하여 사회정책들을 결정하도록 했습니다. 이런 의미에서 소비에트는 직접 민주주의라기보다 대의 민주주의입니다. 그런데 대의 민주주의에는 여러 유형이 있지 않습니까. 예컨대 아버지 같은 경우는 집안에서 가족들을 대의하는데, 아버지를 선출하지는 않잖아요? 그렇지만 아버지는 가족들을 대의합니다. 막스 베버는 이런 것을 가부장적 대의제라고 불렀습니다. 우리가 흔히 말하는 대의제는 자유로운 대의제입니다. 주기적으로 대표자를 선출하고 선출된 대표자는 일정기간 동안 자유롭게 행동할 수 있는 권한을 갖지요. 우리의 경우 대통령은 5년 동안, 국회의원은 4년 동안 자유로운 대의권을 갖습니다. 선거기간에는 선출하는 사람에게 권력이 주어지지만, 선출된 다음에는 권력이 완전히 대표자에게 양도되어 선출하는 사람으로부터 자유롭게 되고 심지어 자신을 선출한 사람을 억압할 자유까지 갖게 됩니다. 이것은 자유로운 대의제라고 불립니다. 소비에트는 이와 달리 선출자들이 선출된 사람에게 권리를 완전히 양도하지 않는, 그래서 선출된 사람을 소환해서 해임이나 파면을 시킬 수 있는 권리를 유지하는 상태의 대의제라는 것이죠. 바로 그렇기 때문에 앞에 말한 가부장적 대의라든가 자유로운 대의제에 비하면 훨씬 더 직접 민주적인 요소가 유지되는 대의제 방식이라고 볼 수 있습니다. 이러한 소비에트 민주주의는 지난 세기에 사회주의혁명 과정에서 발명된 것으로서 아마도 세계사를 통틀어도 1917년 전후 러시아나 이탈리아 등 몇몇 군데를 제외하면 실효적으로 시행된 적이 없는, 그러면서도 혁명의 상승기에 자주 등장하곤 하는 일종의 꿈의 민주주의입니다. 그래서 지금도 우리 운동에서 평의회, 소비에트에 대한 향수 같은 것이 강하게 남아 있다고 생각됩니다.

소비에트는 어쨌건 대의 민주주의기 때문에 파견자들, 즉 대의권을 가진 사람들 외에는 참가할 수 없다는 한계를 가지고 있죠. 예컨대 실업자 같은 경우는 작업장에 속해 있지 않기 때문에 작업장 대표를 선출할 수도 없고 자신이 대표로 선출될 권리도 없습니다. 이런 문제 때문에 이후의 평의회는 주민이라면 누구나 참가할 수 있는 방식으로 형태를 바꾸어 그 약점을 보완해 나가기도 했지만, 어쨌거나 대의권이라고 하는 게 모든 사람에게 주어져 있지는 않았다는 것, 그게 결정적 한계입니다.

두번째로 그 의사결정의 과정이 본질적으로는 중앙집권적이었습니다. 파리코뮌도 그랬고, 소비에트도 그랬고 중앙집권제의 범위를 넘어서지 않았습니다. 일단 중앙에서 결정이 되면 지부에서 특별한 이견이 없는 한 그 결정은 모두가 따라야 되는 규율로 작동했습니다. 소수자에게 이 결정에 복종하는 것은 의무로 되었습니다.

지금 우리가 경험하고 있는 촛불집회는 어떻습니까? 의사결정과정이 대의적인가요? 대책회의가 일정한 대표권을 행사하고 있는 것은 사실입니다. 하지만 대책회의는 선출된 조직이 아니지요. 그런 상태에서 행사되는 대표권은 가부장적 유형의 대표권입니다. 이 가부장성은 촛불들이 비판하는 이명박 정부가, 선출되었으나 선출한 사람들로부터 자유로워져 버린, 그래서 그들의 의사에 반해서까지 행동할 만큼 자유로운 대의권력인 것과 비교됩니다. 이 점이 촛불봉기를 처음 시작한 중고등학생들, 네티즌들과 대책회의가 계속 갈등하는 요인으로 남아 있지 않습니까? 그래서 민주주의 문제와 관련하여 새롭게 주목되는 것은 대책회의가 아니라 다중들입니다. 다중들은 봉기의 진행과정에서 다양한 유형의 의사결정 형태를 발명했습니다. 소속이나 직업이나 계층에서 자유로운 발언들, 자기결정에 따른 행동들, 필요에 따른 집합적 의사결정. 지도부가 따로 있고 그것을 따르는 사람이 따로 있는 것이 아니라 모든 사람들 각자 스스로가 지도자가 되어 자신의 결정을 따르는 것을 기본으로 하면서 타인들의 의사를 경청하고 그 지혜의 힘을 빌려 행동하곤 했습니다. 아고라에는 단편적인 글들이 주로 오르지만 그것들의 연결은 매우 종합적이고 거시적인 시야를 갖도록 만들었고 그에 기초한 의사결정이 이루어져 나왔습니다. 언제 모일 것인가, 어디로 행진해 갈 것인가, 어디를 타격할 것인가 등에 이르는 모든 것들이 매 순간 매 시간 속에서 결정되어 나오는 전례없는 운동 현상들이 나타났습니다. 어떤 선출과정이나 대의과정이 없으면서도 사람들의 집합적 의사결정이 가능하다는 것을 촛불봉기가 보여 주었습니다. 봉기에의 참가는 전적으로 열려 있었고 공통의 의사결정과정에서도 대등한 권리로 누구나가 참가할 수 있었습니다. 물론 내용상에서 보면 목소리 큰 사람들이 더 말을 많이 하고 결정에 더 큰 영향력을 행사하곤 하겠지만 사전에 주어진 형태상의 제약은 일단 없었습니다.

이 현상은 대의 민주주의의 위기, 아니 질적 종말을 사례로서 보여 주는 것이 아닐 수 없습니다. 사실 대의 민주주의는 아래로부터 민중의 민주적 요구를 위로부터 통제하기 위한 방파제로 태어났지요. 대의 민주주의를 골간으로 하는 자본주의 권력 체제는 민중들을 대의하는 데 그 목적이 있다기보다 그 대의적 체제를 통해 이윤이라거나 이자라거나 지대를 착취하기 위해 형성된 것입니다. 그러니까 대의 민주주의의 위기는 그것이 출생한 때부터 그 내부에 내재해 왔다고 해도 과언이 아닐 것입니다. 오늘날 나타나는 것은 이 잠재적 위기의 현실화입니다. 누가 이 위기를 현실화시키고 있는 것일까요? 그것은 권력자나 부자의 대의 독점을 넘어설 수 있는 아래로부터의 힘들에 의해 이루어지고 있습니다. 가난한 사람들이 지금 대의 민주주의의 위기를 현실화하고 있습니다.

이 위기의 현실화는 디지털화된 문명적 조건과 무관하지 않습니다. 특히, 디지털은 아고라나 이명박 탄핵연대 등에서 보이다시피 누구든지 자기 견해를 밝히고 행동적 결정을 하고 또 그것을 공동의 결정으로 만들 수 있는 문명적 조건들을 우리에게 제공합니다. 촛불봉기의 생중계는 그 전형적인 사례입니다. 28년 전 광주에서는 봉기가 완전히 고립되고 모든 중계가 차단되었기 때문에 폭력을 독점한 사람들의 일방적 폭력 행사가 진행되었습니다. 그런데 이번의 촛불봉기에서는 혁명 자체가 생중계됨으로써 수많은 사람들의 눈들이 사건에 집중되었습니다. 심지어 거리에 있지 않으면서도 실제로 몸과 마음과 지성으로 그 사건에 연루되고 연결되어 실제로는 다른 형태의 참여를 하는 것이 가능해졌습니다. 봉기 공간은 이제 광장이나 거리나 작업장만이 아니라 가상현실공간에까지 확장되었습니다.

이러한 상황은 그 어느 때보다도 직접적 민주주의의 가능성을 높여 주었습니다. 그런데 제가 직접 민주주의에 대한 찬미로서 말을 끝맺으면 직접 민주주의를 미래 대안으로 제시하는 결과가 생길까봐서 조금만 덧붙이도록 하겠습니다. 직접 민주주의는 삶의 현장에서 노동하는 사람들이 노동이 끝나고 나서 모두 모여 하는 야간 회합을 함축합니다. 그런 의미에서의 직접성을 구현하는 것을 직접 민주주의로 이해한다면 쉽지 않은 문제입니다. 오늘날 직접 민주주의적 욕구란 직접성을 다중의 정치적 의사의 표현으로 이해하면서 그것이 가능한 조건을 탐색하고자 하는 것으로 나타나고 있습니다. 다중의 정치적 의사가 표현되도록 만드는 과정에서 대의가 한 계기이자 요소로 사용되지 말라는 법이 없겠지요. 그러므로 직접인가 대의인가 사이에서의 선택보다는 민주주의가 주권 구축의 수단이 아니라 다중의 자기표현의 기관으로 되게 만드는 것이 문제이고 이를 위해서는 대의 민주주의인가 직접 민주주의인가 하는 근대 속에서 주어진 양분적 사고를 넘어설 필요가 있다고 생각합니다. 생각해 보면 직접 민주주의든 대의 민주주의든 다수의 소수에 대한 지배, 소수의 다수에 대한 복종이라고 하는 것을 근본적인 원리로 하고 있습니다. 새로운 민주주의는 이와는 달라야 한다고 봅니다. 소수가 소수대로 자기 나름의 고유한 주장들을 펼칠 수 있고, 그에 따라 살 수 있는 권리를 부여받을 수 있는 방향에서의 민주주의, 그래서 모든 사람이 자신의 삶을 스스로 지배할 수 있는 민주주의가 추구되어야 할 것입니다. 이러한 민주주의는 절대 민주주의라는 이름으로 불립니다.

길냪섭 소비에트는 직접 민주주의 구현체가 아니라 사실은 대의 민주주의에서 벗어나지 못했다, 반면에 촛불집회는 다중이 행동의 주체로 등장하면서 직접 민주주의의 가능성을 보여 주었다, 이 정도로 말씀하셨는데요. 그렇지만 소비에트가 대의 민주주의 중에서 가장 앞선 형태로 직접 민주주의에 나름대로 가까이 가고 있었다는 점은 인정해야 될 듯합니다.

　여기서 문제는 소비에트의 운명이 잘 보여 주듯이 대중들의 자율성에 바탕을 둔 직접 민주주의의 가능성은 운동으로만 존재할 수 있는 것은 아닌가라는 회의가 든다는 것입니다. 대중들의 직접 행동에 바탕을 둔 운동체를 어떻게 권력을 행사하는 통치 조직으로 전환시킬 것인가라는 것은 완전히 차원이 다른 고민거리라고 생각합니다. 박노자 선생님께서 지적하셨지만, 소비에트라는 조직은 1918년 이후에 엄혹한 러시아의 정치경제적 상황 속에서 변질될 수밖에 없는 구조를 갖고 있었다는 말이죠. 실제로 소비에트 말고 또 다른 형태의 민중적 조직이 발생한다 하더라도 통치 기관화되는 순간에 민중들의 자발적 참여라는 초기의 건전한 성격을 잃어버리고 관료가 지배하는 기구로 박제화하는 것은 필연적이지 않는가라는 것입니다. 이 문제에 대해서 박노자 선생님께서는 어떻게 생각하시는지요?

박노자 예, 그런 국가의 틀이라는 것이 주어진다면, 소비에트 국가라는 것이 사실은 형용모순이라고 볼 수도 있습니다. 아주 이상적인 경우, 소비에트는 국가를 필요로 하지 않습니다. 10월혁명의 아주 오리지널한 계획이라면 전 세계에서 국가 자체를 사멸시키고, 자그마한 지역 소비에트들의 자율적인 커뮤니티들이 세계 노동계급의 새로운 조직형태가 된다는 것, 아마 그것이 오리지널 계획이었다고 봐야 되는데요. 그것이 아까 말씀드린대로 현실적으로 파산되고 결국 소비에트는 소련이라는 신생 국가의 기제, 통치 기제가 됐다가 나중에는 공산당에 거의 흡수가 된 것이죠. 결국 통치

기능상 공산당이나 비밀경찰, 군대가 중요했고, 소비에트한테 남겨진 것은 지방자치라든가 지방에서의 후생사업 정도였습니다. 소비에트가 국가에 흡수되면 그것이 소비에트의 완전한 죽음이고, 그건 소비에트의 원래 아나키스트적인 의도하고는 완전히 상충이 되지요. 결국 1918~19년간에 어떤 일이 생겼냐면 국제적으로 세계혁명의 계획이 실패하고 소비에트는 국가 기관화가 되어서 소집권도 없어지고, 직접성도 없어지고, 소비에트 대표자와 피대표자의 유기적 관계도 거의 결렬되고 말았던 것입니다. 그러다가 류한수 선생님께서 말씀하신 것처럼 대다수 노동자들이 생존 위기에 빠지면서 칼로리 확보를 위해서 상당수가 농촌으로 떠납니다. 그 과정에서 소비에트를 탄생시킨 공장·작업장에서 노동자의 대다수가 없어지고 나서는 사실 소비에트가 그 당시에 한 공산주의자가 얘기한 것처럼 "존재하지 않는 프롤레타리아를 대표해서 통치한다"는 그런 형태가 되는 것 같습니다.

김남섭 1917년 혁명 전후로 공장위원회나 소비에트를 바탕으로 러시아 공장 내에서 많은 자치운동들이 존재한 것으로 알고 있는데요. 특히 아까 조정환 선생님이 말씀하신 것처럼 공장을 일인이 지배하는 모델로 생각하는 그런 발상의 다른 축에는 노동자 관리운동이 존재했고 이를 통해 노동자들의 자율적인 운동이 상당히 광범하게 있었던 걸로 이해되고 있습니다. 여기에 대해 평소 많은 연구를 하신 류한수 선생님께서 말씀을 덧붙여 주시면 좋겠습니다.

류한수 학술적인 얘기를 하자면 노동자 관리 통제냐 했을 때, 영어에서는 컨트롤이지만, 노어에서는 깐뜨롤인데요. 깐뜨롤은 규제력이 상당히 약합니다. 영어의 컨트롤은 꽉 잡고 자기가 하고 싶은 대로 하는 거지만, 러시아어의 깐뜨롤은 그것보다는 보고 있다가 나쁜 길로 가고 있다 싶으면 탁

쳐서 제자리로 오게 만들고 이런 부분입니다. 통제보다는 관리라는 말이 좋은데요. 그걸 떠나서 대의 민주주의든 소비에트든 간에 중요한 것은 1917년처럼 대중의 에너지라든지 열기가 분출될 때는 사실 지도부와 대중의 관계가 잘 굴러갑니다. 문제는 시간이 흘러서 활화산같이 터지는 대중의 열기가 1년, 2년, 3년 지속된다는 게 불가능하다는 겁니다. 제도가 되어야 되는데, 더더군다나 상황이 안 좋을 때는 더욱더 대중의 열기가 폭발적으로 나오기 힘든데요. 그때의 문제는 지도부의 역할이 강화된다는 것이겠죠. 지금이야 촛불시위에서 대중의 열기가 분출되고 있기 때문에 지도부가 역할을 할 필요도 없고, 해서는 안 된다고 되어 있지만, 이게 시간이 흘러가면서 지속적으로 에너지를 분출할 수 없는 상황일 때는 지도부의 역할이 필요한 것이고, 조직의 문제가 나타나게 됩니다.

러시아혁명이 우리한테 주는 교훈은 이런 것입니다. 문제는 계속해서 1917년도 그렇고 내전 상당 기간 동안에 대중이 소비에트로 보낸 대표이든 공장위원회로 보낸 대표든 노동조합으로 보낸 대표든 간에 이 사람들을 깐뜨롤할 수 있는 제도가 있었습니다. 그게 작동을 했어요. 깐뜨롤 됐었는데, 이게 나중에 상황이 급박해지고 어려워지면서 당 지도부가, 그러니까 볼셰비키가 어떤 식의 생각을 하게 되었냐면요, 아까 조정환 선생님께서 말씀하셨듯이 결국은 대중보다는 일인의 권위가 중요하다는 식으로 되면서 깐뜨롤하는 제도들을 계속 유명무실하게 만든다는 것입니다. 여기에서 문제가 되는 것인데요. 볼셰비키가 바보는 아니죠. 자기네들이 혁명을 통해서 권력을 잡고 대중과 긴밀한 관계를 가져야 된다는 생각을 버리지 않습니다. 이것을 어떻게 해결하냐면 "권위는 당과 지도자가 가진다. 대신에 지도자나 당원들은 대중과 가까워야 한다"고 생각합니다.

예를 들어서 1917년, 1918년에 대중들의 가장 큰 요구가 그거였어요. "특등석을 없애라. 기차라든지 전차에서 돈을 더 많이 낸 사람이나 더 높은 직위에 있는 사람이 탈 수 있는 특별한 공간을 없애고 똑같이 만들라"는 얘기를 했습니다. 스몰니 볼셰비키 당 본부가 있는데요. 거기에 밥을 먹는 식당이 있는데, 칸막이를 치고 고위 당직자만 따로 먹어요. 거긴 빨리 나오고 줄 설 필요가 없는 것이죠. 크론시타트 수병이 와 가지고 다 뒤집어엎으면서 "내가 이런 거 없애려고 목숨 걸고 싸웠는데, 왜 또 당 본부에 이런 게 생기냐?!" 이랬던 거죠.

그래서 이런 식의 당과 대중의 괴리를 없애는 방법으로 고위 당원들한테 공장 가서 직접 일을 하게 만들어요. 그러면서 대중과 결합하게 되면 괴리가 없어진다고 생각을 하는데, 이게 철저히 실패하게 됩니다. 이미 그때는 대중들이 '저 사람이 내 옆에서 일을 하지만, 나와 저 사람은 다르다' 이런 식의 거리감을 느끼기 시작했던 것입니다. 그 거리감의 원인이 무엇인가 했을 때, 아까도 말씀드렸지만요. 일반 보통 사람들이 고위 당원이나 공직자들을 제어할 수 있는, 견제할 수 있는 모든 메커니즘이 다 없어져 버렸던 것이죠. 이런 상황이 되었던 것입니다. 그래서 결국 지도와 피지도는, 아무리 이상화된 상황에서도 있을 수밖에 없는데요. 이 지도가 독립된 힘으로 작용할 수 있는 가능성을 줄이는 가장 좋은 방법이 뭐냐면 여러 가지 형태로 소환권이든 뭐든 간에 그 사람들을 제어할 수 있는 것이 되어야 하는데, 러시아혁명에서 그게 안 됐다는 것이죠. 왜 안 됐냐면 제가 보기에는 아까 조정환 선생님도 말씀하셨듯이 결국은 일인 지배, 그러니까 똑똑한 사람, 권력을 가진 사람이 대중을 지배할 때, 더 효율적이라는 식의 사고방식에서 볼셰비키도 벗어나지 못했다는 것입니다.

길보섭 소비에트에 대한 논의를 진행하다 보니 자연스럽게 당과 대중의 관계를 이야기하게 되었습니다.

류한수 당보다는 지도부와 대중의 관계죠.

김남섭 네, 지도를 하려는 사람과 지도를 받을 수밖에 없는 사람 사이의 관계인데요. 여기에는 당과 대중의 문제도 빼놓을 수 없는 문제지요. 실제로 당과 대중의 관계라는 문제는 볼셰비키를 오랫동안 괴롭혀 온 고민거리였습니다. 아까 이진경 선생님께서 말씀하셨지만, 1902년에 『무엇을 할 것인가?』에서 대중에게 어떤 식으로 혁명의식을 갖게 할 것인가라는 문제가 본격적으로 논의되기 시작하였고, 그 결과 『이스크라』라는 신문이 탄생하면서, 이 신문을 바탕으로 당을 만들어야 된다는 이야기가 나오게 됩니다. 하지만 1902년 당시의 러시아 대중들이 처한 조건은 촛불 국면의 우리 국민들이 처한 조건과 완전히 다르다고 생각하는데요. 일단, 겉으로 보기에도 예컨대 1902년 당시 러시아 대중은 대다수가 농민이었고, 공장 노동자는 2백만도 채 안 되었습니다. 당시 러시아 인구가 1억 3천만 명인 상황에서 2백만은 인구의 극소수에 불과했다는 것입니다. 문자해독률을 보더라도 대부분 자기 이름도 잘 쓰지 못하는 그런 상태였습니다. 그런 사람들을 어떻게 혁명적 의식을 갖도록 만들 것인가라고 하는 문제의식에서 레닌의 고민이 시작된 것 같습니다. 하지만 지금은 대중들이 적지 않은 경우 특정 사안에 대해 지도를 하려고 하는 사람들보다 훨씬 더 많은 정보를 갖고 있을 뿐만 아니라 매우 빠른 속도로 그 정보를 서로 공유할 수 있는 자체 네트워크를 갖고 있는 등 훨씬 영리하고 똑똑하게 사고하고 행동하고 있음이 드러나고 있습니다. 이런 상태에서 당과 대중의 관계, 혹은 선도 세력과 대중의 관계에 대해서 어떻게 고민을 할 수 있는지 이진경 선생님께서 먼저 말문을 열어주십시오.

이진경 지금 당에 대해, 그것도 레닌주의 당에 대해서 얘기한다는 것은 자첫하면 이미 때늦은 얘기가 되거나 아니면 '봉창 두드리는' 소리가 되겠지요? 그런데 쉽지 않은 문제가 있는 것 같아요. 아까 조정환 선생님이 소비에트도 대의제라고 말씀을 하셨는데, 그렇죠. 대표를 선출하니까. 그렇다면 '대책회의' 또한 일종의 단체들의 대표들이나 파견자들, 딜리게이트로 이루어진다는 점에서 대의제가 되겠지요. 게다가 거기에서 집회 날짜를 잡고, 어느 규모로, 어떤 형식으로 할 건지 이런 것도 정하잖아요. 그렇다면 그것도 대의제라는 정의에 딱 부합하는 거 아닌가 싶어요. 저는 조정환 선생님의 관점에서 보면 대책회의도 대의제라고 얘기를 해야 그 정의에 충실할 것 같은 생각이 들어요.

그런 점에서 보면 모두가 다 할 수 있는 경우는 별로 없습니다. 코뮨을 표방하는 저희들(수유+너머) 같은 경우에도, 대의라는 개념은 물론 대표라는 말도 싫어하지만, 그래도 모두가 모든 일을 같이 정하진 않습니다. 어떤 일을 할 때 그걸 잘 하는 사람이, 혹은 거기에 관심이 있는 사람 몇몇이 모여 그때그때 합니다. 모두가 그걸 할 이유도 없고, 또 그렇게 할 수도 없는 거죠. 어딘가에서 일을 논의할 사람을 보내라고 하면, 모두가 갈 순 없으니까 누군가를 보내지요. 대의는 싫지만, 이 경우 그쪽에 대해서는 그 사람이 대표로서 가는 셈이죠. 하지만 이렇게 대의라는 개념을 이해하면, 대의라는 개념이 너무 확장이 되는 것이 아닌가 싶어요. 그렇게 되면, 대의에 대한 비판적인 문제의식이라고 하는 게 누군가가 나서서 하는 일이나 누군가 필요한 사람을 선별해서 하는 것 자체를 불가능하게 만드는 것 아닌가 싶습니다.

촛불집회를 하는 대중들의 경우는 좀더 생각해 볼 문제가 있는데요, 촛불집회 오는 대중들이 대책회의를 젖혀 놓고 자신이 하고 싶은 것을 한다는 것이 그렇습니다. 사실 그것을 있는 그대로 보자면 말 그대로 직접 민주주의 같은 방식으로 자기들이 할 바를 자기들이 결정해서 하는 거지요.

그런데 여기서도 두 가지 고려해야 될 것이 있는 것 같아요. 저는 대중들이 그렇게 해서 언제나 좋은 방향으로 가는 건 아니라고 봅니다. 대중은 항상 혁명적이라는 식의 선험적 낙관 같은 건 있을 수 없다고 생각해요. 그 반대도 마찬가지지요. 때로는 파시즘으로 갈 수도 있고, 때로는 민족주의로 가기도 하고, 때로는 혁명적인 데로 가기도 하는 게 대중이라고 생각해요. 대중은 선악이 없는 흐름일 뿐이지요. 그렇기 때문에 대중운동을 하려는 사람은 지금 대중의 흐름이 가고 있는 것이 위험한 방향이라면 어떻게 해서든 저지하려고 최선을 다 하고, 좀더 나은 방향이라고 생각되는 게 있다면 그런 방향으로 흐르도록 최선을 다 할 수 있어야 한다고 생각해요. 다른 하나는 지금과 같은 상황이 일상적인 상황은 아니라고 하는 것이 고려되어야 할 것 같습니다.

대중과 이른바 '지도'의 문제에 대해 말하자면, 대중들을 지도한다는 말은 그다지 듣기 좋은 말도, 정확한 말도 아니겠습니다만, 그렇다고 해도 대중들에 대해서 어떤 식으로든 영향을 미치려고 하지 않는다면 '대중'에 대해서 말하는 게 무슨 의미가 있는가 하는 반문도 가능하다고 생각합니다. 그런 문제의식이 없다면, 대중들이 가는 대로 따라가면 되는 거지요. 대중에 대해서 말하거나 생각한다는 것은 대중들에 대해서 어떤 식으로든 좋다고 생각하는 방향으로 영향을 미치려고 하는 것 아닌가 하는 생각입니다. 그리고 그것은 대중이 좋은 방향으로도, 나쁜 방향으로도 흐를 수 있는 존재라고 한다면, 정당한 생각 아닌가 싶습니다.

'전위'라는 개념을 사용할 때 원래 레닌의 발상 역시 이런 것이 아니었던가 싶어요. 혁명을 하려면 대중의 자연발생적인 움직임을 어떤 식으로든 혁명적인 방향으로 인도해야 한다는 생각 말이죠. 그런데 그러한 전위라는 개념에 대표성이나 단일성을 부여하게 되면 난감한 사태가 발생하는 것 같아요. 대중에 영향을 미치는 자가 단지 특정 집단으로 단일해야 할 이유도 없고, 또 그것이 대표성을 가져야 할 이유도 없는 거니까요. 대표 아닌 대중 속의 어떤 사람이 갑자기 솟아 올라 영향을 미치고 대중의 흐름을 이끄는 경우가 혁명적 대중운동의 경우에 아주 흔히 있는 일이지요.

이런 점에서 저는 대중에 대해 말하고 영향을 미치는 것을 스피노자적 개념인 촉발이란 말로 이해하고 싶어요. 대중에 대해 말하고 대중운동의 흐름 속으로 들어간다는 것은 나름의 방향으로 대중을 촉발하고자 하는 것이라고 생각합니다. 그런데 촉발이라는 것은 촉발할 사람이 따로 정해져 있는 것은 아니죠. 그리고 대표만이 촉발하게 되어 있는 것도 아니죠. 역으로 촉발하는 자가, 그 촉발의 지점에서 '대표'가 되는 겁니다. 이는 촛불시위 같은 대중운동만이 아니라, 가령 저희들 같은 코뮌에 대해서도 마찬가집니다. 예컨대 예전에 FTA 반대운동을 할 때, 특히 인터넷에서 그 반대운동을 전개하려 할 때, 저같이 인터넷을 잘 못하는 사람은 '대표'를 시켜도 대표가 될 수 없고, 촉발하라고 해도 촉발하는 역할을 잘할 수가 없지요. 그럴 때는 인터넷을 잘하는 사람이 쉽게 촉발할 수 있는 능력을 갖고 있는 것이고, 저는 대중이 되어 그가 끌고 가는 방향으로 따라가게 됩니다. 하지만 학술적인 활동을 할 경우는 저도 촉발하는 데 한 역할을 할 수 있지요. 다른 거 할 때는 그때그때마다 촉발하는 사람이 달라져요. 잘하는 사람이 촉발을 하는 거죠. 그러면서 전체의 특이성이 형성이 되는 겁니다. 활동의 흐름, 대중의 흐름을 이끄는 여러 특이점들이 있는 거죠.

그래서 저는 전위라는 개념이 레닌이 말하는 '뱅가드' vanguard보다는 예술가들이 말하는 '아방가르드' avant garde라는 개념과 더 부합한다고 생각해요. 대중을 '지도'하는 조직으로서 당에 대해 생각해 본다고 해도, 그것은 대중에 대한 지도자로서의 위치가 주어져 있고, 대중을 대표하는 대의체 같은 것이 아니고, 예술에서의 아방가르드처럼 그때그때 좋은 어떤 방향, 새로운 방향으로 촉발을 던지는 활동들의 집합이어야 한다고 생각해요. 따라서 아방가르드는 단일한 게 아니라 무수히 널려 있는 것이고, 대표의 자리를 갖는 사람이 하는 게 아니라 촉발을 잘하는 사람이 하는 것이죠. 반면 그런 촉발적 능력을 갖지 못하다면 아방가르드라고 이마에 써 붙여도 실제로는 아무 영향도 못 미치잖아요. 저 같은 사람이 아무리 '전위'를 꿈꾼들 인터넷에 들어가 촉발자로서 역할을 하기 어려운 것처럼 말이에요.

그런데 이번에 발표한 글을 준비할 때 레닌을 다시 보면서 이런 대의적인 당 개념을 레닌이 가지고 있었던가를 유심히 찾아 보았습니다. 스탈린의 경우에는 명시적으로 "당은 노동자들을 대표하는 부분이고, 지도자적 부분"이다는 그런 위치를 명시하지요. 예컨대 『레닌주의의 기초』가 그렇습니다. 그러나 레닌의 경우에는 자신들이 노동자를 대표한다는 대의적인 관념을 발견하지 못했어요. 오래된 것이긴 하지만, 저도 레닌의 책은 읽을 만큼 읽었는데, 아무리 상기해 봐도 그런 내용은 없었다는 생각이 들더라고요.

그리고 1917년 2월혁명에서 10월혁명 사이에 볼셰비키가 영향력을 획득했던 과정은, 아까 다른 분들도 지적하셨지만, 초기에는 당원도 얼마 안 되고 영향력은 최하위 수준이었는데 몇 달 사이에 확 올라간 거였지요. 이게 어떻게 가능했을까? 그건 전위당이라고 간판을 단다고 해서 가능한 게 아니잖아요. 당시 당들은 모두 나름대로 대표자로서의 지위를 자임하고 다녔는데, 사실은 그런 실질적 지위를 얻진 못했던 거잖아요. 어떻게 그게 왜 가능했을까요? 아마도 그건 유효한 촉발, 대중들이 받아들일 수 있는 촉발을 하면서 유효한 특이점들을 형성하는 데 성공했기 때문이었던 게 아닐까요? 대중들이 그리로 흘러갔기 때문에, 결국 결과적으로 그게 대중들을 결집하는 게 되었던 것이고, 대중들의 지지를 받게 된 게 아닌가 싶거든요. 이런 점에서 보면 레닌이나 다른 볼셰비키들이 어떻게 자임했던 간에 실제로 레닌적인 당이 작동했던 방식조차 대표자의 지위를 미리 확보한 뱅

가드가 아니라 자신이 촉발하는 데 성공한 정도에 따라 대중의 지지를 받을 수 있는 아방가르드 아니었던가 싶어요. 그건 레닌만 그랬던 게 아니라 대표자를 자임했던 다른 당도 마찬가지였겠지요.

한국도 노동자를 대표한다는 당이 이미 세 개쯤 되잖아요. 여기에 또 새로 만들겠다고 하시는 분들도 있고. 대표를 자임하는 당이 이미 서넛 되는 셈이죠. 대표가 단일성을 얻으려면 이 중에서 다시 대표를 뽑아야 하는데, 모두 다 대표하려고 하겠지요. 하지만 그렇게 뽑아본들, 대중들을 촉발하는데 성공하지 못하면 그 지위는 어느새 무화되고 말 겁니다. 거꾸로 대중들을 촉발하고 설득할 수 있는 당이, 그런 한에서 리더십을 발휘하게 되는 거고, 그런 한에서 '대표'가 될 수 있는 거지요. 지도자라는 지위나 이름은 언제나 뒤에 오는 거죠. 실질적인 작용, 실질적인 유효한 촉발의 결과로 얻어지는 것이지요. 그리고 이런 의미에서라면, 대중들과의 관계로서 유효한 촉발제로서의 '아방가르드'라는 개념 혹은 그런 조직으로서의 당이라는 개념, 그게 아니면 뭐라고 다르게 명명되는 그런 조직들에 대해서 부정할 수 있을까 하는 생각인데요, 그런 생각을 하고 있는 걸 보니까 제가 아직도 낡은 생각을 갖고 있나 봅니다.(웃음)

김남섭 당과 대중의 관계는 굉장히 미묘한 영역이고 어떻게 정의를 내리든 빠져나올 수 없는 수렁 같은 느낌을 지울 수가 없습니다. 금민 선생님도 사회당에 깊이 관여하셨던 걸로 알고 있는데, 이 문제에 관해 말씀해 주시죠.

금민 글쎄요. 특별히 제가 덧붙일 말은 없는 것 같습니다. 아무튼 이 문제는 정치 주체를 그람시처럼 유기적인 지식인으로 보건 레닌처럼 총체적인 관점에서 각성된 의식 내용을 전달하는 지위에 두건, 실제 그와 같은 당관과 별도로, 현실 정치에서 그람시적 정당이건 레닌적 정당이건 구체적으로 작동하는 방식은 시대마다 달랐다, 이렇게 얘기를 할 수 있을 겁니다. 그리고 오히려 이런 당관이 레닌의 경우에는 그가 체제를 구성하고 권력 구성에 성공한 정치가이기 때문에 그 이후에 더 큰 영향을 끼쳤고, 그 속에서 우리는 스탈린 체제로 이어지는 연속성을 발견하게 되고, 더 많이 문제가 되는 이런 측면이 있다는 생각이 듭니다.

정말 제가 덧붙이고 싶은 말은 지금 대의제에 관한 논쟁에서 지도의 문제라든가 당의 문제와 연관이 되는데요. 저는 대의제 자체도 일정한 발전을 해왔다고 봅니다. 그리고 이 발전의 조건, 대의제가 발전할 수 있었던 조건은 그 대의제 속에서 개별적인 시민들이 자신들의 공통성을 어떻게 규정하는가, 이 문제와 관계가 있다는 것이죠. 예컨대 아까 조정환 선생님이 말씀하신 자유 대표의 원칙, 우리나라 헌법에 있습니다. 자기가 알아서 양심에 따라 대표한다. 다른 모든 나라의 헌법에 들어 있는 이런 것은 국민 공통성을 자유권 주체로 보는 사고방식을 전제하고 있습니다. 국민은 자유권 주체라는 점에서만 공통적이고, 그 외에 재산을 많이 가졌느냐 적게 가졌느냐 문제에 관해서는 전혀 공통적이고 대등한 사람들이 아니죠. 혹은 좀더 발전된 대의제, 사회민주주의의 황금기인 70년대 말, 80년대 초 사회주의 국가 모델에서도 국민공통성이 바로 주권 권력의 성격을 결정합니다. 국민들이 그들의 공통성을 어떻게 규정하는가 하면, 우리들의 공통성은 사회권을 포함해서 포괄적인 기본권의 주체라고 생각을 하는 거죠. 이와 같은 공통성에 적합한 주권국가의 형태는 사회국가인 것이지요.

헌법적인 측면에서의 국민 공통성의 배후에는 특정한 사회적 생산의 수준들이 있습니다. 저는 그와 같은 연관이 분명히 있다고 생각합니다. 예컨대 잘 돌아가던 7, 80년대 사민주의 황금기 사회국가 시절의 경우에 이해 당사자 자본주의, 포디즘에 기초한 사회적 생산이라는 전제들이 대응한다는 거죠. 그렇게 본다면 소비에트는 최고로 발전한 대의제라고 할 수 있을 텐데요. 여기에는 소환권이 있습니다. 자유대표제처럼 무조건 대표하는 것이 아니라 소환권이 있고, 소환권이 있는 이유는 이것이 생산민주주의에서 출발했기 때문인데, 즉 단순히 개별적 자유의지의 대리자로서의 그 스스로도 양심에 따라 결정하는 국회의원이 아니라 파견자에게 부여된 대표의 과제는 생산과 관련된 계획, 생산과 관련된 위탁이 될 것이기 때문에 여기에는 반드시 소환이 들어가게 됩니다. 경제적 민주주의가 민주주의의 영역에 들어오는 한 소환의 문제는 자연스럽게 따라붙게 됩니다. 그런데 과연 이렇게 발전된 대의제가 설 수 있는 사회적 기초는 그 당시 러시아에 있었는가? 이것은 1917년부터 23년까지 상황과 레닌의 대안에 대해서 다시 던져 봐야 되는 질문일 거라고 생각합니다.

예컨대 레닌은 단일 공장 사상을 갖고 있었습니다. 사회 전체를 하나의 공장으로, 게다가 테일러주의로 평준화·표준화해서 통일할 수 있다고 생각했습니다. 산업주의적 방식으로 결합된 노동력을 사회적으로 생성하는 일이 사회주의라고 생각했습니다. 그리고 일인 경영 체제를 도입합니다. 그건 효율 속에서 사회주의를 보기 때문입니다. 이것은 분명 어떻게 보면 경영 그 자체가 가지고 있는 내부성을 다시 재차 내부화하는 것이겠지만 말입니다.

제가 너무나 궁금하게 생각하는 것은, 예컨대 그람시도 아메리카는 보편화될 수 있고, 찬양할 만한 것이다라고 말한 바 있듯, 그 당시에 모든 사회주의자들이 그렇게 생각하지 않았냐는 겁니다. 맑스도 결합된 노동자라는 개념 속에 공장제 노동의 사회적 성격을 유달리 강조하고요. 아무튼 이렇게 보면, 산업주의라는 것이 20세기 초반에 보편주의 아니었는가? 그 속에서 과연 소비에트와 같이 고도로 발전한 대의제, 혹은 직접민주주의라고까지 말할 수 있는 내부화 형태들이 설 자리가 있었는가? 조정환 선생님은 이 문제를 집단지성의 미발전 상태라고 말씀을 하시는데요. 바로 그 문제하고 연관된 문제로서 소비에트를 구현할 조건이 없지 않았느냐 하는 것입니다.

김남섭 고맙습니다. 19세기 말부터 20세기 전반까지 산업주의를 거의 모든 사람들이 받아들였다는 것은 사실인 듯합니다. 특히 소련 같은 경우에도 산업의 발달이 곧 사회주의를 가져올 것이라는 가정은 볼셰비키의 공통된 의견이었습니다. 레닌도 거기에서 벗어나지 못했죠. 잘 알려져 있듯이 공산주의는 소비에트 더하기 전화電化라는 레닌의 이해가 산업주의에 대한 호감을 보여 주는 대표적인 사고 중 하나입니다. 레닌 사후에도 마찬가지입니다. 1920년대 말에 본격적으로 농업 집단화가 소련에서 진행되었을 때 소련 지도자들은 트랙터에 대한 열광, 소규모 농업이 아니라 대규모 농업에 대한 열광, 이런 것들을 거의 신앙처럼 공유하고 있었다는 것이죠. 산업주의를 사회주의 체제를 건설할 수 있는 제일 큰 무기로 생각했던 것 같습니다. 여기에 대해서 이진경 선생님께서 하실 말씀이 있을 것 같은데요.

이진경 이행과 관련해서 테일러주의하고 수보트니키 얘기를 했는데, 했던 이야기를 또 할 필요는 없을 것 같네요. 조금 더 근본적인 관점에서 산업주의에 대해 말해 보자면, 아메리카주의라든지 포드주의, 테일러주의 이런 것들에 대해 1920~30년대 당시 맑스주의자들이 갖고 있는 태도들이 비슷했다는 것은 분명해요. 레닌은 테일러주의에 대해서 '심한 거 아니야' 라고 섭섭한 생각이 들 정도로 찬양을 했지만, 단지 레닌만은 아니었던 거죠. 그 뒤에 가스체프 같은 사람들은 실제 테일러 식으로 시간관리, 동작관리를 연구하기도 했습니다.

　　다른 한편 건축 같은 데를 봐도, 구성주의 건축의 경우 서구의 모더니즘 건축하고 다른데도 불구하고 산업, 기계, 철, 쇠에 대한 찬사들은 공유하고 있습니다. 애니메이션 만드는 일본의 미야자키 하야오라면 싫다고 말할 그런 단어가 그때는 전부 미래를 담고 있는 긍정적 미덕의 단어들이었던 것 같아요. 잘 따져 보면 맑스에게도 그런 요소가 있지 않았나 싶어요. 우리가 알고 있는 통상적인 역사 유물론이라는 게 생산력이 발전하고 그것에 질곡이 되는 생산관계가 달라지고 하는 식으로 진행되죠. 결국 역사의 기본적인 추동력이라는 게 생산력 발전에 있는 거라고 얘기가 되죠. 그러니까 생산력 발전 자체는 좋은 건데, 그걸 가로막는 생산관계가 문제인 거죠. 산업혁명이나 산업주의 역시 자본만 거기서 제거된다고 하면 생산력 발전처럼 좋은 것이라는 관점을 갖게 되는 것은 쉬운 일이었을 겁니다. 그래서 누구나 대부분 다 가졌던 관점 같아요.

저는 그 지점에서 다시 생각해야 한다고 보는데요. 생산력과 생산관계만이 아니라 다른 개념도 다 그런데요, 맑스는 모든 개념들을 관계로서 정의하고 사유하려고 하지요. 자본이란 자본관계고, 가치란 가치관계이지, 가치라는 게 얼마짜리라고 명명된 액수를 지칭하는 것은 아니지 않습니까. 생산관계도 그렇고, 생산력도 마찬가지라는 거죠. 생산력이라고 하는 것은 『독일 이데올로기』에 보면 "자연과 인간과의 관계"라고 정의를 내립니다. 노동이란 거기서 "인간과 자연 간의 대사과정"이라고 정의하지요. 이는 『자본』에까지 이어지는 개념입니다. 자연과 인간 간의 관계, 노동을 둘러싼 인간과 인간 간의 관계, 이 두 관계가 생산력과 생산관계, 그리고 노동과정과 가치화과정(혹은 가치증식과정) 등에 대응되는 두 개의 큰 축이지요. 이 두 계열의 개념으로 자본주의를 비롯한 생산양식 개념을 직조하게 됩니다.

그런데 거기서 생산력이라고 하는 게 인간과 자연과의 관계라는 것을 다시 상기하고 강조해야 합니다. 그렇다고 하면 생산력이라고 하는 것은 '생산성'이라는 지표로 환원될 수 없는 거라는 겁니다. 생산력을 흔히 투입량 분의 산출량으로 계산되는 생산성으로 간주하는데, 이것이야말로 정확히 공리주의적인 것입니다. 최소비용에 의해서 최대효과를 얻는 것이 공리주의 이념이라고 할 때, 투입량 분의 산출량을 극대화시키는 것, 생산성을 극대화시키는 것이 공리주의의 이념인 거지요.

그러나 생산력이라는 게 인간과 자연의 관계라고 한다면, 예를 들어서 자본주의에서 사회주의, 공산주의로 넘어간다고 할 때, 자본주의에서의 생산력하고 사회주의에서의 생산력 혹은 공산주의에서의 생산력이 단지 양적인 차이만 있는 것일까요? 저는 그럴 리가 없다고 생각해요. 그렇게 생각하는 거야말로 근대 경제학의 생산성 개념이나 공리주의적 생산력 개념에 매여 있는 것이라고 생각해요. 생산력이라는 것을 관계로서 사고한다고 했을 때, 사회주의에서 혹은 코뮨주의(공산주의)에서 인간과 자연관계가 어떻게 바뀌어야 하는가라는 문제가 사고됐어야 했는데, 제가 읽은 범위에서 이렇게 사고한 사람은 없었던 것 같아요. 생산력, 혹은 생산 자체의 문제가 이런 점에서 쉽고 안이하게 처리되었던 게 아닌가 싶어요. 그리고 그게 개발주의에 공통적으로 사로잡히게 되었던 이유가 아닐까 생각해요. 소련의 계획경제와 자본주의적 시장경제가 공유하고 있었던 것들이 이런 것들이 아니었던가 하는 거지요. 저는 이것이 기존 맑스주의의 근대적인 지반을 이루는 하나의 중요한 축이었다고 생각해요.

김남섭 당시 소련에서 사회주의를 건설하는 데 있어서 생산력을 끌어올리는 것을 가장 중요시했다는 사실은 레닌주의의 한계, 볼셰비즘의 한계를 보여 주는 것이다라고 말할 수도 있겠지만, 이렇게 될 수밖에 없었던, 당시 소련 사회가 처해 있던 객관적인 상황을 지적하지 않을 수가 없습니다. 잘 알다시피 1922년까지 유럽 나라들에서 혁명이 일어날 가능성은 사라져 버렸습니다. 그런 가운데 소련은 신생 사회주의 체제로서 세계무대로부터 거의 고립될 수밖에 없었고, 이런 소련이 어떻게 살아남을 것인가라는 문제는 소련 지도부가 당면한 가장 급박한 과제였다는 것입니다. 박노자 선생님의 표현을 빌리면 "정권 사수"의 논리가 모든 다른 논리를 압도하는 상태였다는 말이죠. 소련의 고립은 1920년대 후반기로 넘어갈수록 더욱 악화되는 모습을 보였습니다. 특히 유럽의 정세와 극동의 정세가 굉장히 좋지 않았습니다. 소련의 안보를 계속 위협하는 그런 상황이었죠. 1920년대 말부터 1930년대 초에 이르면 유럽에서는 파시즘이 득세를 하기 시작합니다. 파시즘은 노골적으로 볼셰비즘을 박멸하겠다고 위협합니다. 마찬가지로 극동 쪽에서는 일본이 소련의 국경을 위협하게 됩니다.

이런 상황에서, 즉 다른 나라 노동자들로부터 전혀 지원을 받을 수 없는 상황에서 볼셰비키가 취할 수 있는 최선의 방법은 무엇인가? 그들은 이에 대한 대답으로 나라를 아무도 넘볼 수 없게 경제 발전을 급속도로 이룩하는 것이다라고 생각한 듯합니다. 여기서 '농업에 바탕을 둔 후진국 러시아를 강철에 기반을 둔 강대국으로 환골탈태시켜 무엇보다도 안보를 튼튼히 해야겠다', 즉 '중공업을 빨리 발달시켜서 탱크도 만들고 비행기도 만들어야겠다' 라는 논리가 나왔다는 것이죠.

류한수 아, 잠깐, 조정환 선생님께서 실수를 하셨던 사소한 부분이 있는데요. 생산 현장에서 권위를 말했던 사람은 맑스가 아니라 엥겔스였거든요. 맑스 자체는 생산자의 '자유로운 연합'이란 표현을 쓰면서 상당히 문을 열어 둡니다. 그런데 엥겔스가 극단으로 밀고 가는 경향이 있어서 그 부분을 '자유로운 연합'보다는 한 사람이나 특정한 권위체에 권위를 몰아주는 것이 효율적이라고 얘기를 하는 것인데요. 레닌이 공장을 모델로 국가와 사회를 생각했다는 건 맞는데, 아까도 지적됐듯이 제2인터내셔널에 속한 거의 모든 사회주의자들이 똑같은 생각을 했던 것 같아요. 레닌뿐만 아니라 당시 사회주의자들의, 지금 봐서, 가장 큰 한계라고 느껴지는 부분이 자본주의 사회에서 생산력이 고도로 발전했다, 그래서 경제는 이미 사회주의화됐다는 것입니다. 이것을 독일에서는 '조직된 자본주의'라는 표현을 썼는데요. 그것은 경제나 생산력 분야에서는 사회주의의 물적 토대가 이루어졌는데, 정치 영역에서는 아직까지 부르주아의 지배가 이루어지고 있기 때문에 사회주의가 아니라는 것입니다. 레닌을 위시한 거의 모든 사회주의자의 기본적인 사고방식이 뭐냐면 경제는 이미 사회주의화됐기 때문에 정치권력만 장악하면 사회주의라고 봤단 얘기죠. 그러면서 정치 분야에서의 권력관계를 평등화하려는 노력은 나름대로 하고 고민도 하는데, 경제 영역에서 이루어지는 권위 체제를 타파하려는 노력은 하지 않습니다. 오히려 강화하려고 하죠. 그래서 어떤 현실이 벌어지냐면 공장이나 직장에서 권위주의화, 규율화된 모습을 보이고, 그런 기반에서 정치의 영역만 민주화하려는 노력을 했고, 이것이 결국 사회주의 체제의 몰락으로 이어지는 것이라고 생각을 했을 때, 레닌을 비롯해서 당시 러시아 사회주의자의 가장 취약한 점은요, 권위 구조의 재생과 강화는 단지 정치 영역에서만이 아니라 우리 일상생활, 직장이나 공장에서 인간관계에서도 벌어지는데, 이런 부분을 보지 못하고 이런 부분에 대한 고민을 충분히 하지 않고, 정치관계나 정치 영역만 민주화하려고 했던 데 그들의 한계가 있었던 게 아닌가 합니다. 결국 우리 주위에 있는 인간관계나 권력관계를 전면적으로 민주화하려는 노력을 하지 않고서는 맑스나 레닌이 말했던 그런 사회변혁은 불가능했다는 것인데요. 그 부분에 대한 고민이 레닌에게는 적었다고 말할 수 있습니다.

조정환 다음으로 넘어가기 전에 제 발언 순서는 아니지만 잠깐 대의제에 대해 언급하고 싶습니다. 우리가 산업주의와 대의주의에 대해 이야기했는데 이 자리에 계신 네 분께서는, 정도의 차이가 있고 또 표현방식도 달랐지만,

대체로 대의, 주권, 권위 혹은 지도가 필요하다는 데에 대한 일정한 동의를 하고 있다는 생각이 듭니다. 저는 그 점에 이견을 제시하고 싶어요. 권위의 필요성을 주장한 것은 맑스가 아니라 엥겔스였다는 지적이 이와 연관되어 있기 때문에 이 문제도 더불어 언급하고 싶어요. 우선 아나키스트와의 논쟁과정에서 맑스가 쓴 글은 「정치적 무관심」이라는 글이고, 엥겔스가 쓴 글은 「권위에 대하여」입니다. 아까 제가 언급한 배의 비유는 엥겔스의 글에 나타나지만, 권위의 필요성에 대한 강조라는 점에서 두 글은 공통된 입장을 취하고 있습니다. 박종철출판사에서 출판된 저작선집에 나란히 실려 있으니까 쉽게 확인할 수 있을 것입니다. 권위에 대한 강조는 레닌에게서 한층 심화됩니다. 레닌은 권위를 정치적인 수준에서뿐만 아니라 경제적 수준, 그리고 문화적 수준에서까지 관철시키기 위해 노력하는 시기는 1918~19년 사이입니다. 이 당시에 쓰여진 글이나 연설문들은 공장에서 생산규율을 확립하는 것이 사회주의의 성패를 결정지을 관건적 문제이며 규율 준수를 프롤레타리아 대중의 생활습관으로 만들어 내는 것에 커다란 정치적 노력을 쏟습니다. 여기서 규율이라 함은 무엇보다도 노동규율을 의미하는데, 노동에 대한 습관이 제대로 들어 있지 않음으로 인해서 러시아의 경제적 혹은 정치적 후진성이 지속되고 있다고 보고 있습니다.

『국가와 혁명』에서 보이듯이, 레닌은 아나키스트들과의 논쟁 속에서 그들 장점의 상당 부분을 흡수하기도 했고 당대의 사회주의자들에 비해서 상당히 진보된 민주주의적 관점을 확보했지만, 기본적으로 대의주의와 권위주의가 사회주의 운동의 필수불가결한 요소라고 보았습니다. 오늘날 우리의 촛불봉기에서도 대책회의는 공인된 지도부가 아님에도 불구하고 촛불집회의 시기, 장소, 시작과 종결 등을 대의적으로 결정하려는 태도를 보입니다. 이는 대책회의의 구성이나 운영방식의 비대의적 성격과도 모순됩니다. 대책회의에 참가하는 사람들은 소속 단체에서 선출된 파견자들이 아닐 것입니다. 1,700여 개의 단체들에서 그것도 끊임없이 바뀌 가면서 회의에 참석합니다. 파견의 임의성이 작동하는 것이지요. 소비에트적인 파견의 방식이라기보다 그때그때 조건에 맞는 사람들이 나오다가 또 임의적으로 불참하기도 하기 때문에 논의나 결정의 안정성이 뒷받침되지 않습니다. 그런데도 거기서 결정이 이루어지면 촛불집회에 참가한 수많은 사람들에게 영향을 미치는 권위로서 작용하게 되고 그렇게 됨으로써 수많은 사람들의 행동이 제약됩니다.

대표적인 예가 7월 5일 밤일 것입니다. 그때 YMCA 비폭력평화행동단과 한국청년연합회 깃발을 든 사람들 수백 명이 전경 차 앞에 도열해서 시민들이 차벽을 넘어가거나 혹은 차벽에 불만을 표현하는 행위를 저지했습니다. 대책회의가 이 저지행동에 무게를 실어 주었고 이 때문에 시민들은 차를 빼거나 낙서를 하거나 차안에 탄 전경들과 기싸움을 하는 것은 물론이고 차벽에 접근하는 것조차 저지당하고 있었습니다. 어떤 아주머니 같은 경우는 오늘은 우리 시위대가 전경 차에 가로막혀 있을 뿐만 아니라 대책회의의 인간 띠에 의해 가로막혀 있다고, 즉 두 개의 벽 앞에 마주 서 있다고 외치며 분노를 표현하는 것을 보았습니다. 차벽 앞의 평화행동단은 대책회의의 위임을 받은 일종의 내부 치안경찰로 기능하는 셈이었습니다. 대책회의가 공식적 대의권을 갖지 못한 상태에서 시위대 내부에 일정한 물리적 행동적 한계를 도입함으로써 운동 내부에 분열을 가져온 것이 아닐까요? 누구도 그렇게 하기를 요청하지 않았고 또 선출된 대표도 아닌 상태에서 대책회의가 운동의 일반적 방향성에 대한 자신의 표상을 대의적 방식으로 운동 내부의 타자들에게 부과함으로써 빚어진 문제적 상황이었다고 생각합니다.

우리는 주권 혹은 권력 등 어떤 주어진 집단을 통일시키고 이들 모두가 따라야 할 일반적 결정을 내리는 지도기관의 필요성을 쉽게 승인하곤 합니다. 그것이 근대에 효율적인 방법의 하나였다는 점은 부인될 수 없을 것입니다. 그러나 지금 우리는 권위 있는 지도보다 다중의 창의성이 몇 배는 더 큰 힘을 발휘하는 시대에 살고 있습니다. 과거의 패러다임은 끝났습니다. 지금 우리가 과거의 전위-대중, 지도-피지도, 권위-복종, 주권-영토의 패러다임과 다른 삶의 운영 방식을 상상해 내지 못한다면 지금까지 우리가 거쳐 온 수천 년 역사를 다시 반복하는 것 외에는 다른 길이 없을 것입니다. 과거에서 가져올 모델은 존재하지 않습니다. 소비에트가 가능성을 보여 주었지만 우리가 가져다 그대로 쓸 수 있는 모델도 아닙니다. 그것은 지금 여기에서 다중들의 삶과 투쟁 속에서 발견하고 또 발명해야 할 실험적 과제입니다.

한 가지 사례만 더 들어 보겠습니다. 지난 번에 전경차 위에서 '파천황'이라고 하는 흰색 깃발을 흔들던 젊은 친구가 생각납니다. '파천황'이 무슨 뜻인가를 찾아보니까 역사에서 새로운 의미더군요. 그런데 이 사람은 보통 사람들이 보기에는 거의 노숙자와 다를 바 없는 차림을 하고 다닙니다. 웃통을 벗은 맨몸으로 차벽 앞에서 늘 싸움을 하고 있기 때문에 비폭력을 외치는 다른 사람들은 그 사람 얘기는 귀담아 들으려 하지 않았습니다. 어제 시청에 이 청년이 할아버지들이 짚는 막대기를 짚고 나타났어요. 도열해 있는 전경들한테 눈 위의 상처를 보여 주며 너희들이 나를 이렇게 만들었는데 자기를 공격하면 가만있지 않겠다고 호통을 치더군요. 보기와는 달리 엄청난 달변이었습니다. "너네들이 제대하면 어디로 돌아올 것이냐" 질책하면서 막대기로 땅을 치더군요. 옆에 있던 시민들 중 하나가 무서우니까 막대기 좀 치웠으면 좋겠다고 얘기를 했습니다. 그는 방패에 맞아서 까진 눈 위의 상처 외에 팔뚝에 난 상처를 보여 주며 내가 지난 번에 이놈들한테 얻어맞고 자빠져서 다리를 절기 때문에 오늘 지팡이를 짚고 나왔다고 응수를 하더군요. 이런 유형의 사람들을 촛불시위 현장에서 자주 볼 수 있는데 이 사람들은 전통적 계급분류법에 따르면 아마 룸펜 프롤레타리아트로 분류될 사람일 겁니다. 거의 노숙생활을 하면서 매일 시위에 참가하고 있으니까요. 이런 사람들의 분노나 감정은 진지한 고려 대상이 되고 있지 않는 것 같습니다. 시위대의 주류 입장은 그런 사람들의 욕구와 행동을 제지하는 쪽으로 기울어 있는 것 같습니다. 국민대토론회 때도 아까 말한 그 청년이 몇 번이나 자유발언 신청을 했는데, 정식 발언 절차를 밟지 않았다며 사람들이 그를 에워싸서 토론장 바깥으로 밀어내는 모습도 보았습니다. 매우 민주적으로 선정된 패널들이 참석한 대토론회에서도 이런 식의 제한이 나타나고 있습니다. 그럼 이 사람들은 대체 누구이며 어떻게 살아야 될 것인가, 어떻게 자기 의사를 표현하고, 어떻게 행동하고, 누구를 믿고 살아야 될 것이냐, 이런 질문 앞에서 지도부를 따르라, 권위에 복종하라, 라는 식으로 응답한다면 과연 씨가 먹힐까요? 아직은 암중모색의 시기이고 하여튼 뭔가가 새로운 것이 모색되면서 지금까지와는 완전히 다른 삶의 형태를 창안해 내는 게 절대적으로 필요하다고 봅니다. 주권이나 지도나 권위와 같은 전통적 가치에 대한 근본적인 재사유를 수반하면서 말입니다. 실제로 그런 사람들의 전투성은 누가 봐도 우리들보다 훨씬 더 뛰어납니다. 그 사람들의 직관은 우리가 감히 표현할 수 없을 만큼 날카로운 측면들을 갖습니다. 이 힘들을 제한하지 않고 살려 낼 수 있는 길이 무엇일까를 숙고할 필요가 있다는 것입니다.

이진경 지금 조 선생님 말씀을 들으니까 내 얘기가 또 오해될 수도 있겠구나 하는 생각이 들어서 짧게 해명을 하겠습니다. 제가 레닌이나 당에 대해서, 그리고 대중과 지도에 대해 얘기를 한 것이 혹시라도 제가 대의제를 옹호한 것처럼 생각된다면, 그럴 생각이 전혀 없었다고 다시 말씀드려야 하겠습니다. 오히려 아까 얘기했듯이 대책회의 같은 경우에 조 선생님이 처음에는 대의적인 게 아닌 것처럼 말씀을 하셔서 그것도 대의제 아니냐고 지적을 한 것이죠.

조정환 대책회의는 불충분하지만 대책회의에 속한 시민단체들을 대의할 수는 있습니다. 그러나 촛불봉기에 참가한 시민들 전체를 대의할 수는 없습니다. 그럼에도 불구하고 시민 전체를 대의하려는 태도를 보일 때 문제가 발생한다는 의미였습니다.

이진경 조직에서 누군가를 파견하는 순간, 그것은 그 정의에 따르면 대의제가 되는 거죠. 어떤 방식으로 선발을 했건 간에 선발 방식은 자기가 알아서 하는 건데요. 대표를 뽑으면 대표가 되는 거니까 그런 관점에서 봤을 때 대의제 아닌 방식으로 어떤 게 가능한가라는 질문이었던 거고요. 저는 대의제에 대해 아주 적대감을 갖고 있어요. 그렇지만 그런 방식으로 대의제를 비판하는 것으로 대의제 문제를 피해 갈 수 있는 것은 아닌 것 같다는 생각을 말씀드린 겁니다. 저는 대책회의를 전혀 지지하지 않습니다.

그 다음에 아방가르드라는 이야기를 했을 때, 지금 촛불시위에서 아방가르드라는 개념에 가장 부합하는 건 가령 인터넷으로 영향을 미치는 파워블로거라든지 이런 걸 잘 다루는 사람들이지요. 그 사람은 자기도 '전위'를 자임하지 않고, 누구도 '전위'라고 인정하지 않지만, 가장 영향력 있는 아방가르드죠. 아까 말씀하신 그 분도 아방가르드일 거예요. 이 사람이 남들을 촉발해서 흐름을 만들었다면요. 반대로 밀려났다면 그게 더 이상 아닌 거고요. 시민들이 아니라고 해서 밀려났을 때, 그 시민들을 탓하는 건 조 선생님 논리랑 안 맞는 것 같아요. 시민들이 알아서 한 거니까요. 대책회의가 접근하지 못하게 했다면 문제를 삼을 수 있는데, 시민들이 그랬다면 그 사람은 적절한 촉발 지점을 못 찾은 거죠.

조정환 시민이란 말이 너무 폭넓은 말이었군요. 그때 그 청년을 에워싸 토론장 밖으로 밀어낸 사람들은 일반 시민이라고 할 수는 없고 국민대토론회 관리를 위해 자원봉사하는 젊은이들이었습니다.

이진경 네, 대책회의 관리자가 그랬다면 문제일 수 있지만, 시민들에 의해서 배제되는 경우도 있잖아요. 오바 하는 행동을 하거나 이랬을 경우에요.(웃음) 근데 그건 실제로 중요하잖아요. 대중들이 어디로 가야 될지, 자기들이 어디로 가야 될지 자기들끼리 판단하는 건데요. 그간 시위과정에서 프락치 얘기도 얼마나 많이 있었어요? 사실이든 아니든 대중들의 감각에서 크게 이탈한 행위를 하는 경우 그런 판단을 하게 되는 거겠지요. 대중 자신이 이런 것들을 자기가 알아서 걸러 낼 수 있는 것도 인정을 해야 할 겁니다. 분노를 표시하는 강도에 의해서 그 사람의 진정성을 인정할 수는 없는 것 같아요. 어쨌건 간에 아주 강한 강도로 사람들을 촉발하는 데 성공해서 사람들이 움직일 수 있게 했다면 우리가 막아도 촉발을 한 거죠. 이 촉발의 논리는 우리가 인정하냐 마냐의 다른 차원에서 작동하는 거지요. 아무리 "나는 잘나가는 논객인데" 하면서 써대도 사람들에게 영향을 못 미치면 아방가르드 역할을 못하는 거지요. 저는 그런 점에서 실질적으로 운동의 진행은 아방가르드의 촉발로 형성된 특이점들을 따라 대중들의 흐름에 따라 움직이는 거라고 봅니다. 레닌은 자기가 아방가르드 ─ 전위당─라고 생각을 했지만, 제가 보기에는 대표자라고는 생각하지 않았어요. 적어도 그런 말은 하지 않았어요. 그런데 예컨대 스탈린이나 카메네프 같은 보수주의자가, "우리는 노동자의 대표다"라고 썼다 하더라도 실제로 그게 볼셰비키로 하여금 대표자가 되게 만드는 건 결코 아니었을 겁니다. 오히려 그것과는 전혀 상관없이, 대표자라고 할 수 있는 지위가 전혀 주어지지 않았는데도 불구하고 촉발할 수 있는 능력이 그것을 만들어 준 것이지요. 저는 그런 의미에서 이전에 전위당론과는 전혀 다른 종류의 아방가르드 개념이 필요하지 않은가 하는 얘기를 하고 싶었습니다. 농담이 과했던 것 같습니다.

조정환 역사적으로 볼세비키는 창설 당시에는 대의 조직이 아니었죠. 혁명가들이 만든 조직이었잖아요. 만들어진 후에는 내부 대의제가 작동합니다. 『일보전진 이보후퇴』에서 레닌이 중앙위원회의 정치적 경향과 표수를 치밀하게 계산하고 있는 것을 볼 수 있는데, 이것이 내부 대의제의 한 예라고 생각됩니다. 1917년 혁명과정에서는 볼세비키가 대중을 대의하는 조직으로 분명히 나타납니다. 소비에트 내에서 맨 처음에 소수파였다가 점차 정세가 볼세비키 쪽으로 기울어 다수파로 되어 가는 과정이 있습니다. 소수-다수라고 하는 것은 소비에트에서 얼마나 많은 표를 얻는가에 따라 결정되는 것이었죠. 볼세비키는 분명히 대의정당으로 발전해 가는 과정에 있었습니다.

레닌의 대의주의는 이 외에도 다양한 방식으로 나타납니다. 레닌이 소비에트 권력을 볼세비키 권력으로 환원한 점에 대해서는 앞에서 말했습니다. 그는 또 소비에트 권력이라는 말과 소비에트 대표자들의 권력이라는 말을 구분 없이 사용합니다. 그게 의식적인 건지, 무의식적인 건지는 잘 모르겠지만, 소비에트 대의원들의 권력을 소비에트 권력으로 이해한다는 것입니다. 그런데 진정한 소비에트 권력이란 대의원들에 대해 소환하고 해임할 수 있는 권력이라고 본다면 권력은 대의원이 아니라 소비에트를 구성하는 대중들 자신에게 있는 것이지 그것을 대표자들의 권력과 동일시하는 것은 곤란하잖아요? 선출하는 사람들에게 권력이 있고 대표자들이 그것을 집행하는 것에 불과하다면 대표자들의 권력이 아니라 대중의 권력으로 불러야 마땅한데 레닌은 그렇게 표현하지 않은 경우가 너무나 많습니다.

박노자 그게 오역입니다. 레닌의 원문에 보면 "소비에트 나로드느크 데푸타톱", 그러니까 인민 대표자 소비에트라고 하지요. 그게 소비에트의 정식 명칭입니다. 레닌이 그 정식 명칭을 갖다가 그대로 썼는데, 그 명칭 자체가 대표자라는 단어를 포함하거든요. 레닌은 그것을 특별히 강조할 의도가 전혀 없었는데, 그냥 정식 명칭을 쓰다보니까 그렇게 되는 겁니다. 그게 오역이 된 겁니다.

조정환 한글본에서는 매우 자주 소비에트 대표자들의 권력이라는 말을 쓰고 있는데 확인이 필요하겠군요.

류한수 그래서 러시아의 가장 근본적인 아나키스트는 선거도 부정합니다. 자기의 권리를 남에게 주어 위임해서 그 사람이 나를 대표한다는 것 자체가 이미 거기에 왜곡이 있다, 그런 근본적인 입장을 제시하는 아나키스트들도 있었습니다.

조정환 선거를 부정한다는 것이 극단적이라고 말할 수 있을까요? 원래 민주주의가 선거를 의미하는 것은 아니었잖아요? 민주주의의 폴리스적 형태는 선거가 아니라 추첨을 작동기제로 삼았습니다. 아고라에서는 그게 찬성 반대 클릭을 하는 것으로 나타납니다. 하여튼 선출해서 대표자를 뽑는 것, 즉 선거가 민주주의의 필수불가결한 방식은 아니라고 봅니다.

김남섭 논의가 제 통제를 벗어나서 (웃음) 진행이 되어 버렸습니다. 여러 흥미로운 말씀들을 하시다 보니 벌써 시간이 5시 반이 다 되어 가는데요. 나머지 한 주제를 꺼내야 하나 말아야 하나 기로에 서 있는 것 같습니다. 20분 내에 끝낼 수 있도록 정리를 해보겠습니다. 마지막으로 우리가 또 하나

큰 수렁 속에 빠져 있는 문제가 있습니다. 폭력의 문제입니다. 레닌은 혁명을 일으키기 전부터 무장 폭력의 가능성을 굉장히 크게 강조하고 있습니다. 혁명과정에서 폭력은 필수적이라는 주장을 한 번도 포기한 적이 없는 듯 보입니다. 이것은 얼핏 이해가 되기도 하지만 혁명 이후에 실제로 광범하게 이루어진 폭력은 어떻게 평가할 것인가라는 문제는 여전히 남습니다. 폭력의 정당성 문제를 비롯해 폭력에 대한 근본적인 철학적 고찰이 필수적이라는 것입니다. 실제로 촛불 정국에서도 폭력이 마치 모든 것을 좌지우지 하는 결정적인 문제처럼 되고 있는데요. 이것에 대해서 다섯 분의 선생님께서 이야기를 돌아가면서 말씀해 주시면 고맙겠습니다. 박노자 선생님께서 한번 시작을 해보시죠.

박노자 레닌의 폭력성을 가장 중점적으로 비난을 했던 건 냉전 시대 미국에서 레닌을 비난했던 사람들입니다. 하지만 볼셰비키들의 역사를 보면 그 당시에 존재했던 다른 러시아의 혁명 정당에 비해서는 덜 폭력적이었다고 해요. (웃음) 볼셰비키를 혁명 이후에 가장 많이 공격했던 게 사회혁명당 우파인데요. 사회혁명당 우파의 대표자라는 사람이 사빈코프B. Savinkov였죠. 암살자이고 테러리스트 출신인데, 그의 회고록 타이틀이 재밌습니다. "테러리스트의 회고록"이라고 하지요. 본인이 테러리스트라는 것이 그렇게 자랑스러운지. 그 당시에는 볼셰비키하고 공존했던 비非맑스적인 혁명 정당들을 보면 거의 다 테러를 중요한 정치 수단으로 생각했어요. 그래서 사회혁명당이 테러리스트로서의 경력을 크게 자랑했던 것입니다. 재밌었던 것은 상당수의 러시아 민중들한테 테러리스트들의 용감무쌍한 모험담들이 어필했다는 겁니다. 1922년도에 드디어 볼셰비키들이 참다 못해 우파 사회혁명단 지도부를 재판하게 했을 때, 그 재판에 대해서 상당수의 공장위원회나 노동자들이 반대를 했는데요. 반대한 이유가 이렇습니다. "이렇게 용감하게 차르의 장관들을 죽였던 사람들을 어떻게 재판할 수 있단 말이야." 일반 노동자들이 했던 얘기입니다. 그러니까 테러리스트들의 폭력이 민중들의 갈채 박수를 받았던 부분도 분명히 있었던 거죠. 폭력이 인기를 끌었던 시대였습니다. 그럴 때 기억나는 단어가 일제시대 때 많이 썼던 단어인데요. 권위주의적인 단어이지만, '민도' 民度라고 했어요. 국민의 수준이라는 의미지요. 그런 단어를 요즘 같은 시대에 쓰면 절대 안 되지만, 그 당시 러시아 민중의 입장에서는 예컨대 징집이 되어 병사가 됐을 때, 4년 동안 의미 없는 제1차 세계대전 치르고 나서 "가장 하고 싶은 게 무엇이었습니까?"라고 물으면 자기 장교를 어떻게 능지처참할 수 있을까를 얘기했어요. 린치하는 거죠. 실제로 러시아 군대에서 1917년도에 가장 많았던 게 린치사건인데, 볼셰비키들이 권력을 갖고 나서 그것을 방지하려고 온갖 노력을 다합니다. 그것이 민중의 폭력이라면 폭력이지만, 볼셰비키들이 특별히 착해서 그렇게 한 것은 아니고 장교들을 붉은 군대에서 재활용해야 하니까 그랬다고 보여집니다.

그 당시 민초 차원에서의 폭력 사건, 민중들의 제어할 수 없는 복수욕 등으로 봐서는 러시아의 '민도'는 아직도 비폭력 변혁을 이룰 만한 수준은 결코 아니었습니다. 폭력이 인기를 끌었던 것이죠. 그런 상황에서는 적어도 아주 과잉한 폭력을 방지하고, 린치를 방지하고, 장교들을 살려 주고, 나름의 조직을 했던 볼셰비키들의 조절자로서의 역할은, 시대적으로 필요했던 거 아닌가 싶습니다. 그것이 민주적이든 아니든 간에요. 민중의 자발성을 죽이든 아니든 간에 어쨌든 그때 볼셰비키들이 막지 않았다면 러시아 지식인은 거의 전부가 도망가거나 죽었을지도 모릅니다.

그리고 폭력성을 이야기하자면 볼셰비키들이 집권한 후에 아까 말씀드린 것처럼 일종의 생존경쟁과정에서 여러 경쟁 국가체들이 상당한 폭력성을 발휘했던 것이 사실이고, 그것이 결국에는 반민중적인 폭력성이 되었다는 것이 또 사실입니다. 특히, 크론시타트 사건, 그러니까 1921년 이후로는 국가 폭력이 반민중적 폭력이 됐고, 민중을 폭력적으로 탄압하는 국가가 부활됐다고 봐야 하는데요. 여기에서 우리가 놓치지 말아야 하는 부분이 이런 추세에 대해서는 볼셰비키 안에서도 상당한 비판이 있었다는 사실이죠. 예컨대 크론시타트 사건 이후에는 제르진스키F. Dzerzhinsky라는 소련 비밀경찰의 수장이 사표를 썼어요. 사표를 쓴 이유를 보면 "나는 착취자들을 탄압하는 것까지는 할 수 있지만, 크론시타트 사건에서 했던 것처럼 노동자나 농민의 피를 흘릴 수는 없다"는 이야기였지요. 그 사표를 레닌이 기각했는데, 그 외에도 수많은 볼셰비키가 반反민중적 국가 폭력을 반대하곤 했습니다.

대표적으로는 볼셰비키 중에서 가장 노동자의 자발성을 중시했던 실랴프니코프A. Shlyapnikov를 들 수 있어요. 이 파들이 1919년 말부터는 국가 폭력이 반민중적으로 돌아설 가능성을 감지했고, 이것을 어떻게 하든 간에 민중의 통제하에 둬야 되고, 민중의 자발성인 노조라는 조직을 활성화시킴으로서 살려야 한다는 입장에 있었던 것입니다. 우리가 변증법적으로 양면을 봐야 할 것 같습니다. 볼셰비키가 다른 정당에 비해 더 폭력적이었다고 보긴 힘들 것 같고요. 그 당시 상황의 폭력성이라든가, 러시아 민중에게 내포되어 있었던 폭력성이나 전쟁이라는 폭력적인 상황을 다 생각해 보면 볼셰비키만이 식인종이었다는 그 냉전 시대의 논리를 믿기는 힘들 것 같습니다. 볼셰비키가 폭력적이었던 것은 사실이었고, 결국은 반민중적인 국가 폭력 형태를 띠었던 것도 사실이지만, 그 볼셰비키당 안에서도 그것에 반대했던 세력이 만만치 않았다는 사실 또한 동시에 봐야 합니다.

김남섭 감사합니다. 볼셰비키 내부에서도 폭력에 대해 찬반양론이 있었고, 볼셰비키만 그런 게 아니라 사실은 백군 쪽에서도 폭력이 자행되었다는 것을 우리가 인정할 수가 있는데요. 제가 여기서 질문을 던지고 싶은 것은 레 닌주의 안에 폭력을 부추기는 요소는 없는가, 혹은 폭력이 반드시 필요하 다고 주장하는 그런 논의는 없는가라는 것입니다. 특히, 이행기로서의 사 회주의 단계에서 프롤레타리아 독재 국가가 성립이 되고, 프롤레타리아 독 재국가의 한 가지 할 일은 철저히 구 국가를 파괴하는 것인데, 그 파괴는 평화스럽게 될 수가 없고, 반드시 폭력이 동반될 수밖에 없다라고 레닌이 주장하는 것으로 저는 알고 있습니다. 이 점에 대해서 많은 고민을 하고 계 시는 이진경 선생님께서 얘기해 주십시오.

이진경 프롤레타리아 독재와 폭력에 대해서는 『국가와 혁명』에 명시적으로 반복해서 써놨지요. 텍스트라는 게 원래 쓰여진 상황을 많이 반영하지요. 예를 들어서 촛불시위 전에 한국의 정치상황에 대해서 글을 쓸 때와 촛불 시위 이후에 쓸 때 똑같은 주제에 대해 써도 아주 다른 글이 되기 십상인 것처럼요. 레닌의 그 책 역시 혁명 전야 혹은 혁명 와중에 출판되었으니, 혁명적 상황이 텍스트 전체에 깊이 배어 있을 겁니다. 더욱이 「4월 테제」를 발표하면서 "레닌이 미쳤다"는 얘기를 들으면서까지 무언가를 하려고 했 을 때, 그 상황이나 '기분'이 강하게 반영이 되게 마련이지요. 그 텍스트를 읽을 때는 이를 고려할 필요가 있다고 생각해요. 그런 이유로 인해 국가장 치의 파괴나 폭력 같은 면이 정세적으로 굉장히 과장된 형태로 반영되었을 거라는 점을 고려해야 할 것 같습니다.

　이 글과 관련해 레닌은 부르주아 국가와 프롤레타리아 국가의 근본적 인 단절을 강하게 강조하고자 했습니다. 그래서 카우츠키 같은 사람이 엥 겔스의 '사멸'이란 단어를 사용해, 선거에서 집권하고 슬쩍 넘어가려고 하 는 그런 전략에 대해 분명하게 분리선을 긋고자 합니다. 폭력이라는 개념 이 특히 강조되었던 것은 이런 맥락에서 이해되어야 한다고 생각해요. 물론 그 텍스트가 그 상황에서 벗어나서 레닌주의의 중요한 문헌으로 일반화되었고, 그렇게 일반성을 갖는 것으로 읽히면서 오해되거나 아니면 반대로 받아들이기 어려운 얘기가 되는 게 아닌가 싶어요.

그러나 폭력에 대해서 부정적인 태도를 갖고 있지 않다고 보이는 맑스주의자들의 경우에도, 폭력의 개념은 대부분 방어적 폭력으로 한정해서 사용하는 것 같아요. 프롤레타리아 독재와 폭력 얘기를 할 때도 말이에요. 아까 박노자 선생 등도 말씀하셨지만, 전시 공산주의라고 불리던 그 시기에 안팎에서의 테러와 백군들과 싸워야 했던 과정, 그리고 제국주의와 싸우는 조건 속에서 프롤레타리아 혁명으로 만들어 낸 사회를 어떻게 수호할 것인가라는 문제의식이 프롤레타리아 독재 개념을 규정하는 데 깊이 자리 잡게 되었다고 해야겠지요. 이는 사실 그 당시 레닌만이 아니라 누구라도 갖지 않을 수 없는 거였을 겁니다. 그래서인지 가령 국가 파괴에 대한 명제를 환기시키며 국가의 강화를 비판하는 부하린에 대해서 레닌은 매우 강하게 비판하고 있습니다.

러시아만 그런 것은 아닙니다. 예컨대 칠레혁명 같은 경우, 아옌데 정권이 평화적인 방법으로 선거로 정권을 잡았지요. 하지만 잘 알다시피 그 뒤에 CIA에서 피노체트를 앞세워서 밀고 들어왔을 때, 혁명을 하고자 했던 아옌데 정권은 어떻게 해야 했을까? 그들에 대해 폭력을 행사하는 것을 포기하고 정권을 내주었어야 하는가 하는 질문을 피해 갈 수 없었을 겁니다. 아니, 그런 질문이 아예 던져지지 않았다고 해야 할 겁니다. 거기서 방어적 폭력은 피할 수 없는 것이었다고 보이니까 말입니다.

조금 더 가까운 경우를 생각해 보면, 지난 6월 28일 촛불집회에서 경찰들이 폭력을 사용하여 진압하기 시작했을 때, 거기에서 시위하는 대중들은 어떻게 해야 했는가 하는 질문을 던져 보고 싶습니다. 그 이전에도 그랬고, 그 이후에도 그랬지만, 두 달 가까이 동안 '비폭력'이 일종의 강박관념이었던 것은 아닌가 하는 느낌을 저는 받았어요. 그래서 6월 28일처럼 경찰이 대대적인 폭력을 사용하여 밀고 들어올 때조차도 "비폭력! 비폭력!" 하며 대응했던 셈인데, 이건 사실 너무나 부자연스러운 거 아닌가요? 폭력에 대해서 조·중·동 같은 부르주아 신문의 어법을 그대로 반복하는 느낌마저 듭니다. 그들은 경찰이나 국가가, 혹은 검찰이나 자본이 행사하는 폭력은, 심지어 사람을 죽이는 경우조차도 폭력이라는 말을 쓰지 않습니다. 반면 시위를 하거나 폭력에 저항하는 자들에 대해서는 각목 하나 들어도 '폭력'이라는 말로 비난하지요. 우리는 몽둥이 하나를 휘둘러도 폭력이라고 하고, 그들은 방패나 곤봉으로 사람을 두들겨 패고 심지어 사람이 죽어도 폭력이라고 하지 않습니다. 폭력이라는 말은 정말 어이없는 일면성이 지배하고 있지요.

이런 종류의 비대칭성이 분명히 있음에도 불구하고 비폭력이 무슨 신앙이나 신조가 되는 양, 모든 종류의 물리적 대항에 대해 비난하는 것은 정부나 경찰, 조중동의 논리를 그대로 반복하는 것입니다. 사실 폭력행사의 주도권을 갖는 것은, 일차적인 폭력을 행사하는 것은 경찰들이지요. 아니면 용역 깡패들을 동원하는 자본가들이거나, 폭력적 언사를 구사하는 언론들이지. 그런 폭력에 분노한 대중들이 그에 대항하는 방식으로 물리적 힘을 사용하게 되는데, 이는 저처럼 폭력이 싫고 폭력이 무서운 사람조차도 어쩔 수 없이 수긍하게 되는 자연스런 과정으로 보여요. 맞지 않으려면, 다치지 않으려면, 죽지 않으려면 다른 수가 없기 때문이에요. 1905년 러시아도 그랬고, 80년 광주에서도 그랬고, 최근의 시위에서도 그랬지요. 강력한 폭력을 써서 탄압했을 때 시위 대중들이 대항폭력을 사용하는 것을 비난하는 것처럼 불공정하고 부당한 게 어디 있겠습니까?

물론 저는 비폭력주의자입니다. 폭력이 좋은 투쟁의 방법이라곤 생각하지 않습니다. 그러나 국가가 '공권력'이랍시고 가하는 그런 폭력에 대해 그저 도망다니며 남들에게 '비폭력'을 외치는 건 아주 궁색하고 부적절해 보여요. 폭력을 쓰느니 그냥 해산하는 게 낫다고 말할 수 있겠냐는 거지요. 사실 비폭력투쟁은 심지어 간디의 경우에조차 폭력에 맞으면서도 도망가지 않고 싸우는 것이고, 그런 점에서 도망의 핑계가 아니라 투쟁의 방법이라는 점을 명심할 필요가 있습니다. 법을 준수하는 게 아니라 법을 지키지 않으면서(불복종) 폭력적인 진압에 대해서도 맞는 한이 있어도 물러서지 않는 것, 그게 비폭력투쟁이지요. 그것은 사실 폭력에 대항하여 폭력을 사용하는 반폭력(대항폭력)투쟁보다도 더 힘들고 결연함을 요구하는 투쟁인지도 몰라요. 도망칠 때 도망치고 폭력을 쓸 때 폭력을 쓰는 게 훨씬 쉬운 투쟁방법이지요. 그럼에도 불구하고 지금까지 촛불시위에서 비폭력이란 말은 법에 불복종하기보다는 가능한 한 지키면서, 폭력에 대해서는 회피로 대응하면서 외치는 말이 되었고, 그 결과 '비폭력'이 하나의 강박증처럼 대중의 흐름이 나아가는 것을 가로막는 벽이 되어 버린 것은 아닌가 하는 느낌을 솔직히 지울 수가 없습니다.

김남섭 강박이 확실한 것 같습니다. 우리 사회 전체가 폭력에 대해서 강박증을 갖게 된 것은 역사적으로 정통성 없는 정권과 민중들의 오랜 대항과정에서 정권이 민중들을 폭력 세력으로 일방적으로 매도해 온 것이 확실히 효과를 발휘하고 있다는 점을 보여 주는 것이라고 생각합니다. 어떤 때는 극단적인 공격적 폭력에 대해 방어의 일환으로 조그마한 폭력에 호소하는 것이 자연스러워 보이는데도, "그것마저 자제하자, 때리면 무조건 맞아라"라는 식으로까지 폭력이 근본적으로 거부되고 있습니다. 여기서 두 분 토론자 선생님들의 발언을 들어 보도록 하겠습니다. 금민 선생님께서는 어떻게 생각하시는지요.

글민 특별히 덧붙일 말이 없는 것 같습니다. 저 역시 상황의 산물이라고 보고요. 텍스트상에서 이진경 선생님 글에 잘 나타나 있듯이 레닌이 정작 강조했던 부분, 그러니까 폭력을 통해서 기존 국가기구의 파괴 문제를 이야기할 때 방점은 폭력에 찍힌 것이 아니라 단절에 찍힌 것이지요. 꼭 그것이 폭력적으로만 폭력적인 수단을 통해서 이루어져야 한다는 이야기는 아니지요. 폭력? 그것은 레닌 혹은 레닌주의의 본질적 구성 부분은 아니지 않은가? 저는 이렇게 생각합니다.

김남섭 레닌주의 자체 내에는 폭력이 반드시 있어야 한다라는 이야기가 들어 있지 않다는……

글민 방점은 단절이죠.

김남섭 단절이 어떻게 이루어지는가가 궁금한데요.

글민 러시아 같은 상황에서는 폭력을 수반한 단절이 이루어질 수밖에 없는 정세적인 조건에 있지 않았을까요?

김남섭 류 선생님은 이 말씀에 동의를 할 수 있는지요?

류한수 글쎄요, 러시아혁명과 폭력의 문제에 관해 덧붙인다면 아까 박노자 선생님께서 하셨던 말씀처럼 개인 테러에 반대하는 볼셰비키가 있었죠. 또 하나 내전 시기에 폭력의 문제를 보면 상상을 초월할 만큼 끔찍합니다. 그것은 러시아뿐만 아니라 내전이 벌어지는 모든 지역과 국가에서 마찬가질 텐데, 사람을 잡아서 기차 화통에 넣는다든지 이런 거요. 그런 것이 있었지만, 사실 1917년 상황을 보면 상당히 낭만적이라 할 정도로 폭력을 대하는 모습을 보여 줬는데요. 예를 들어서 임시정부를 맨 마지막까지 사수한 부대는 사관생도들이었죠. 어떻게 말하면 구체제의 최고 엘리트였는데, 이 사람들을 붙잡죠. 노동자 민병대가 붙잡아서 그냥 보내줘요. 손들게 한 다음에 "다시는 민중 권력에게 반항하지 않는다는 맹세를 해라." 당연히 하겠죠. 하면 그냥 풀어 주는 거예요. 루나차르스키가 문화부 장관이 되었을 때, 오보가 나옵니다. 모스크바에서 권력을 장악했는데, 충돌이 있었어요. 혁명군이 싸움을 하다가 크렘린 궁에 포격을 가해 문화유산이 파괴됐단 말을 듣고 루나차르스키가 꺼이꺼이 대성통곡하는 모습을 보이거든요.

이런 모습을 보면 결국 여기 계신 분들은 다 아시겠지만, 쓸데없는 의미 없는 폭력을 쓰는 것은 다 반대했습니다. 너무 마키아벨리스트 같은 얘기지만, 대의명분이 있고, 이것이 사실 제가 생각할 때, 지금 비폭력을 외치는 건 나름대로 전술적인 것 같아요. 지금 폭력을 가했다가는 저쪽에 말려들고 우리가 흔히 말하는 프티부르주아 대중이 폭력이라는 문제에 알레르기가 있으니까 더 많은 힘을 잃어버릴 가능성이 있으니까 비폭력을 외치는데요. 어느 임계점을 넘어서 방어적인 폭력이라는 것이 너무너무 명확해지고, 오히려 폭력을 행사해서 더 많은 촉발을 할 수 있을 때는 당연히⋯⋯. (웃음)

길밧섭 돌이켜 보면 무조건적 폭력이 아니라 대의명분이 있는 폭력, 조직된 폭력이 필요하다는 것은 1917년 혁명과정에서 아마 볼셰비키가 얘기를 했을 겁니다. 문제는 볼셰비키가 모든 대중들의 폭력을 통제할 수 있는 위치에 전혀 있지 않았다는 사실입니다. 왜냐하면 그들은 상트페테르부르크나 큰 대도시 몇 곳에서만 통제력을 발휘하고 있었지, 그 넓은 러시아 땅을 모조리 장악한 것이 전혀 아니었기 때문입니다. 따라서 볼셰비키가 폭력을 조직적으로 수행하라고 아무리 소리 높이 외치더라도 폭력은 통제 불가능할 정도로 확산될 수밖에 없던 그런 상황이었다는 점을 지적하고 싶습니다. 마지막으로 조 선생님께서 폭력에 대해서 말씀해 주세요.

조정환 저는 빨갱이라는 말과 폭력이라는 말이 우리 시대에 우리의 생각을 짓누르고 있는 가장 핵심적인 두 단어라고 생각합니다. 우리가 코뮤니즘에 대한 사유를 치열하게 해야 하는 만큼 폭력에 대해서도 치밀하고 정교한 생각을 제시해야 할 필요성은 이런 상황 때문에 주어지는 것 같습니다. 이 두 단어에 대한 유효한 관점을 제시하는 데 성공하지 못하면 앞으로 사회운동이 상당한 어려움을 겪지 않을까 생각됩니다. 그래서 최근에 저는 벤야민의 『폭력에 관하여』나, 조르주 소렐의 『폭력에 대한 성찰』, 혹은 레닌의 글들을 보면서 폭력 개념에 대해 나름대로 정리해 보려고 노력하고 있습니다.

우선 비폭력이 우리 운동의 기조로 작용하고 있습니다. 이것은 우리 시대에 많은 사람들이, 한국 사람뿐만 아니라 세계 시민들 전체가 염원하는 바, 어떤 유토피아적인 것, 즉 사람들이 바라는 바의 이상이라는 생각이 들어요. 그런데 이게 전술로 채택되는 순간 커다란 자기모순에 빠지고 심각한 문제를 낳는 것 같습니다. 요즈음 사람들은 피 흘리고, 상처를 입는 것을 좋아하지 않습니다. 과거보다 그런 취향이 훨씬 더 커진 상태에 우리가 살고 있다는 생각이 듭니다. 산업 시대만 하더라도 인류는 물리력, 신체력을 갖고 자연과 맞서 싸우면서 피 흘리고, 손발이 부러지고, 머리가 깨지는 노동 체험을 일상적으로 겪지 않았습니까? 그래서 웬만한 폭력 정도는 그냥 일상 중의 일부가 되어서 특별한 것으로 느껴지지조차 않았었지요. 그런데 요즘 시민들의 삶은 상당히 비물질화되어서 소통관계, 정동관계, 보살핌관계 등이 주요한 것으로 등장했습니다. 노동의 서비스화와 지성화 경향이 심화되었다는 의미입니다. 그러다 보니까 피가 나고 손발이 부러지는 것이 끔찍한 것으로 느껴지는 것이죠. 이번에 전경이 한 시민의 손가락을 깨물어 부러뜨렸습니다. 다음날 시위대가 경찰들을 향해 '손가락 내놔!'라는 구호를 외쳤는데, 생각할수록 소름끼치는 일이잖아요. 그런 식의 감성방식이 우리 내면에 이미 자리 잡았습니다.

이 때문인지 모르겠으나 폭력이라는 말을 입에 담거나 폭력을 긍정하는 말을 하기만 해도, 마치 자신과 다른 생각을 가진 사람들을 빨갱이로 몰아대듯, 그 사람을 악마로 몰아치는 마녀사냥적 분위기가 형성되어 있습니다. 이러한 분위기가 정당한가 물어보고 싶습니다. 우선 근본적으로 봤을 때 우리의 삶과 자연에 폭력 아닌 것은 하나도 없습니다. 모든 게 다 폭력으로 정의되어도 지나치지 않을 정도로 폭력은 편재적입니다. 무엇보다 자연 자체가 그러합니다. 태풍이 몰아친다거나 해일이 덮친다거나 폭염이 덮칠 때 자연 자체는 폭력 외에 다른 것이 아니지 않습니까? 홉스는 말할 것도 없고 스피노자도 자연 상태란 전쟁 상태와 다를 바 없는 상호간의 폭력 상태라고 규정되어야 한다고 생각했습니다. 바로 이 때문에 시민 상태로의 이행이 필요하게 된다고 말입니다. 폭력이라는 용어 그 자체가 무조건 부정되고 타기될 것이 아니라 오히려 우리가 절대적으로 폭력적인 존재이기 때문에 이 폭력에 대해서 정확하게 고려를 하고, 그것과 관계 맺는 유효한 방식을 발견하고 발명하는 것이 필요하다고 봅니다. 폭력에 대한 지금의 사유금지 상태는 극복될 필요가 있습니다.

우리의 몸만 폭력적인 게 아닙니다. 들뢰즈는 『차이와 반복』에서 지각 과정 그 자체가 폭력에 기초한다고 말합니다. 외부 세계가 우리한테 지각되고 수용되는 과정이 바로 폭력적 과정이라고 말입니다. 우리는 타자를 항상 폭력으로서 마주하고 뜻하지 않게 닥쳐오는 외압으로서 경험합니다. 타자는 우리에게 폭력이기 때문에 그만큼 중시될 수밖에 없는 존재들이지요. 지각이 폭력을 내포하는 것처럼 우리의 지력이나 상상력도 폭력으로부터 벗어나 있는 건 아니라는 것이죠. 정신적 행위도 폭력적 바탕 위에서 나오는 것이라고 봐야 한다고 생각합니다. 우리는 자연 상태에서 살도록 훈련된 존재가 아니고, 자연 상태를 벗어나 시민 상태로 진화해 왔고 그 과정에서 인류라는 존재형태를 창출해 왔습니다. 끊임없는 시민적 진화의 과정을 밟아 왔고, 앞으로도 그래야 할 것이므로 우리는 자연이 폭력상태이고 폭력적 존재이므로 우리도 그냥 폭력적으로 살자라고 생각할 수만은 없다고 봅니다. 그것은 안이하고 무책임한 발상이겠지요.

그렇다면 비폭력이 지금 우리의 대안일까요? 촛불집회에서 비폭력을 외치는 사람들에는 여러 유형의 사람들이 있겠지만 많은 경우에 앞서기보다 뒤에 서는 사람들입니다. (웃음) 앞에 서 있는 사람들은 더 큰 분노를 느끼고 있고, 그래서 더 전투적인 사람들인 경우가 많습니다. 그 사람들이 뭔가 비폭력에서 벗어나는 행위를 하면 경찰 쪽에서 폭력을 행사하지 않을까 하는 두려움은 이해가 되는 것이지만 이 이유로 비폭력을 일반화한다면 그것은 전쟁 그 자체를 회피하는 셈이 아닐까요? 지금은 내전 상황입니다. 경찰들은 이 점을 분명히 밝히고 있고 시민을 적으로 인식하고 있습니다. 다중범죄 진압이 적을 무찌르는 행위로 이해되고 있다는 것은 공공연한 상식이지 않습니까? 이런 상황에서 전쟁을 회피하고 이상화된 척도를 전쟁 속으로 도입하는 것, 그래서 글자 그대로의 축제는 끝났는데 축제를 기대하는 것은 자기모순적이라고 봅니다.

비폭력적인 욕망의 실재성은 인정할 수 있습니다. 지금은 그 비폭력적인 욕망을 어떻게 실현할 것인가를 같이 고민할 때입니다. 지금 비폭력 구호의 만연으로 인해서 우리들 내부에 조금의 실력행사도 회피하려는 분위기가 형성되어 있습니다. 명백히 전경대오가 방패로 선제공격을 하고 있는데에도 그 전경의 방패를 뺏거나 걷어차거나 하는 방어행위가 내부에서 금지되고 있습니다. 물론 폭력을 선제적 방식으로 사용하지는 말아야 합니다. 촛불의 승리는 군사적으로는 결코 달성될 수 없는 것이고 오직 윤리정치적인 승리만이 가능할 것이기 때문입니다. 우리가 군사적으로 승리하는 경우가 온다고 하더라도 그것은 우리 운동의 사실상의 패배를 의미할 것입니다. 우리는 더 높은 수준의 시민 상태를 지향해 가는 사람들로서 사고하고 행동할 필요가 있습니다. 시민은 폭력 상태의 존재를 협력 상태의 존재로 전환시켜 나가려고 하는 존재이고, 그게 인류의 진화의 핵심이죠. 그렇기 때문에 선제적인 폭력을 행사함으로써 우리 자신을 자연 상태로 떨어뜨리는 행위는 삼가야 한다고 보며, 폭력은 방어적인 수준에 제한되어야 한다고 봅니다.

그래서 앞서 나왔던 이야기 중에서 대의명분을 가진 폭력은 행사해도 되지 않느냐는 생각, 즉 대항적 의미에서의 폭력이 필요하다는 생각에 저는 반대합니다. 아무리 대의명분이 있더라도 그것이 선제공격이 될 때에는 우리의 혁명적 협력의 구축에 장애물이 되고, 많은 사람들을 협력 대오에서 추방하는 결과를 가져올 것이기 때문입니다. 그것에 대한 반대가 바로 비폭력주의로 나타납니다. 선제공격론은 비폭력론과 서로 거울 이미지처럼 대립하게 되는 것이죠. 그러나 방어폭력은 이와 전혀 다른 성격의 것입니다. 비폭력적 상황은 방어폭력을 통해서만 도달할 수 있습니다. 역설적인 이야기입니다. 하지만 방어폭력을 행사하지 않기 때문에 폭력적인 상황이 커져 가고 있는 현실을 직시해야 한다고 봅니다. 전경들은 우리를 전혀 두려워하지 않거든요. 이들은 시민들을 방패로 찍고, 발로 걸어차고 곤봉으로 후려치면 모조리 흩어져서 도망쳐 버리는 무력한 존재로 인식합니다. 시민들에 대해 아무런 두려움도 갖지 않습니다. 요즘 시위현장에서 전경들이 놀고 있는 모습을 자주 봅니다. 방패 돌리기 게임을 한다거나 심지어 7월 5일처럼 대치가 전혀 없는 날에는 전경들이 차벽 뒤에서 노름을 하며 놓았다는 이야기도 들리더군요. 아무런 두려움도 없이 시민들을 대하고 있는 거죠. 반면 시민들은 점점 전경대들을 무서워하고 공포가 일반적 심리로 자리 잡아 가고 있습니다. 이러한 비대칭현상은 시위대가 방어적 폭력조차 회피하기 때문에 나타나는 것이고, 방어적 폭력이 없는 상태에서의 내전 상황 전체는 조직된 폭력을 가진 사람들의 압도적인 우위를 가져오고 이 때문에 언제든지 무자비한 폭력행사를 통해 사람들을 죽음으로까지 몰아갈 수 있는 상황, 즉 폭력의 극단적 비대칭 상황을 초래할 수 있는 것입니다.

이 비대칭 상황은 우리들 전체에게 결정적으로 나쁜 결과를 가져올 수 있을 것이고, 그 효과에서는 우리들의 운동이나 봉기를 패배로 내몰면서 우리를 무력화시킬 수 있습니다. 그러한 패배는 아주 오랫동안 우리를 비참한 느낌 속에서 살게 만들 그러한 성격의 것이라고 생각합니다. 그래서 폭력이 필요하다면 그것은 다중의 협력을 위한 것으로서의 방어폭력이고, 이러한 방어폭력을 통해서만 비폭력적 이상에 한걸음이라도 더 접근해 갈 수 있다고 말하고 싶습니다.

김남섭 조 선생님의 말씀에 대해서 논의를 계속 하시고 싶은 분이 계시리라 생각합니다만, 시간 관계상 이 문제는 여기서 마치기로 하겠습니다. 시계가 벌써 6시를 가리키는데요. 당초 약속한 세 시간을 훨씬 넘겨 네 시간이 다 된 만큼 오늘 토론회를 이쯤에서 마무리해야 될 것 같습니다. 촛불과 러시아혁명이라는 흥미로운 두 사건에 대해 여러 고견들을 밝혀 주신 발표자 세 분 선생님과 토론자 두 분 선생님, 그리고 무더운 날씨에도 일부러 여기까지 오셔서 처음부터 끝까지 진지하게 토론회를 지켜봐 주신 많은 청중들께 다시 한 번 감사드립니다. 이상으로 토론회를 마치도록 하겠습니다.

LENIN IN FUTURE REVOLUTION

3부

레닌과 러시아 자본주의의 문제

레닌과 철학

지젝의 레닌, 정신분석학 비판의 형상화기

레닌과 러시아 자본주의의 문제[*]

보리스 카갈리츠키

최진석 옮김

19세기 말에 이르러 러시아는 마침내 급격한 발전의 도상에 오르게 된다. 1880년대의 침체기가 끝나자, 경제는 급속도로 회복되기 시작했으며, 러시아 자본주의는 마침내 '정상' 궤도에 진입하여 일약 '문명'의 단계로 나아가, 궁극적으로 서구의 발전을 따라잡을 수 있으리란 희망마저 품을 수 있게 되었다. 하지만 산업화의 추진력을 확보하고자 곡물 무역을 통해 얻은 수익의 대부분을 공업화에 투자했음에도 불구하고, 성장의 추력推力을 지속적으로 유지하기에는 아직 역부족이었다.

곡물 수출이 얼마간 이윤을 내게 되자, 곧이어 외국계 자본들이 대거 러시아로 유입되기 시작했다. 침체기 이전인 1856~87년간 러시아에는 총자본 7,110만 루블에 달하는 15개 외국 기업들이 진출해 있었으나, 침체기인 1888~94년에 이 수치는 22개 기업에 총자본 6,290만 루블로 줄어들었다. 하지만 침체기가 끝난 1895~1902년에 외국계 자본은 90개

---

[*] 이 글은 보리스 카갈리츠키의 글 "Ленин и проблема русского капитализма"를 완역한 것이다. 이 글의 주에는 원주와 옮긴이 주가 있는데, 옮긴이 주에는 따로 표시를 달았다.

기업에 총불입總拂入자본이 무려 2억 5천 3백만 루블로 다시 급증하기 시작했다.

1890년대의 러시아가 직면했던 문제는 산업화의 도상에 오른 '주변부' 국가들에서 흔히 빈발하던 특성을 고스란히 나타내고 있었다. 서구의 사례에서 잘 알 수 있듯, 자본주의의 '자연스런' 발전은 재정 부문의 점진적인 성장과 자원의 단계별 재배치를 요청하는 반면, 산업 생산의 현대화는 높은 수준의 자본 축적을 '즉각적으로' 요구한다. 이 과정에서 보유 자원을 통해 '중심부' 국가들의 자본 축적에 동원되는 '주변부' 국가들은 예기치 않은 재정 부족 현상에 봉착할 수 있게 된다. 그 경우 무역수지의 지속적 흑자는 문제 해결에 본질적인 도움을 주지 않는다. 산업화가 빠른 속도로 진행될수록, 자본 투자의 부족 현상이 점점 더 첨예하게 드러나는 까닭이다. 결과적으로 경제를 추동하는 힘으로서 외국 자본에 대한 의존 현상이 불가피하게 발생하게 된다. 이로부터 명확히 밝혀지는 사실은 자본주의의 발전에 있어 은행이 맡는 결정적인 역할로서, 은행은 산업 자본가들에 대한 자본의 대부자로서뿐 아니라 국내 생산자와 세계 금융 시장 사이의 중재자 역할을 맡고 있다는 것이다.

당시 페테르부르크에서 러시아 경제 정책의 주요 입안자로 활동했던 세르게이 비테Sergei Witte 백작은 국가의 미래에 펼쳐진 커다란 가능성을 심도있게 인식하고 있었다. 재무장관으로서 그가 집행하던 개혁 정책들로 인해 루블화는 이미 유럽 시장에서 상당히 강한 통화로 인지되던 형편이었다. 20세기 후반에 러시아에서 출간된 자유주의 계열의 정간물들에서 루블화의 "옛날 명예"를 자주 거론하는데, 사실 루블화의 역사를 보면 루블은 일관되게 대단히 약한 통화였던 편이었다. 실제로 러시아 정부조차 이런 경향을 거부감 없이 받아들이곤 했는데, 왜냐면 본국에서보다 유럽에서 더욱 싼 가격으로 통용되던 루블 덕택에 러시아 수출업자들은 큰 이익을 남길 수 있었기 때문이다. 하지만 비테의 개혁 정책은 모든 상황을 뒤바꾸어 놓았다. 러시아의 산업화라는 목표를 달성하는 데는 더 많은 산업 시설과 자본이 필요했던 것이다.

1892년 재무장관에 오른 직후, 비테는 금속 화폐의 유통을 재개하도록 지시했다. 1루블짜리 지폐는 66코페이카의 백은에 상당했는데, 유통 과정에서 지폐의 수량은 줄임과 동시에 은화는 재주조하는 정책을 폄으로써 지폐와 은화의 비율은 마침내 1:1에 이르게 되었고, 그 수준에서 고정되어 버렸다. 유럽에서 화폐 가치가 전반적 하락을 겪는 동안 진행된 러시아의 재정 개혁은 루블 가치의 급격한 상승을 초래했고, 그 결과 루블화는 사상 처음으로 금보다 비싼 가격에 거래되게 되었다. 러시아 화폐의 환율은 과거와는 정반대로 이제 상승일로를 타게 되었고, 이런 체제는 제법 효과적으로 작동하는 듯 보였다.

한편, 러시아의 무역수지는 오직 곡물 수출을 통해서만 유지될 수 있었다. 1880년대 중반 러시아 곡물 생산의 17%가 수출되었으나, 1890년대 초에 이르자 곡물 수출량은 이미 전체 곡물 생산량의 4분의 1선을 넘어서고 있었다. 마침 20세기 초 세계의 곡물 가격은 지속적으로 상승하고 있던 참이었다.

국가 재정의 상당수는 철도 부설에 투입되고 있었기 때문에 고용 창출은 철광 산업이나 일부 기계 생산 산업에 한정되어 있었고, 보호무역주의로의 회귀는 국내 생산을 부추겼다. 비테 재임 시 러시아의 관세는 세계에서 가장 높은 축에 속했다. 그럼에도 불구하고 막대한 양의 기계 설비류가 계속 수입되었고, 러시아 국내 시장의 성장은 외국 투자가들의 지대한 관심을 끌었다. 게다가 '강한' 루블이 설비 수입 비용을 상대적으로 절감시키고 있었던 것이다.

러시아 기업가들은 러시아 정부가 보증하는 외국 자본의 차관 대여

나 국가 발주 사업, 다시 말해 자본 투자의 정치적 안정성에 강하게 의존했기에, 너무나도 당연히 보수적 입장을 고수하고 있었다. 따라서 19세기 말 러시아 부르주아지의 정치적 입장은 서구의 전형적 범례와는 상당히 상반되는 경향을 띠고 있었다. 내수 시장을 성장의 발판으로 삼는 중·소 부르주아지는 아직 미미한 수준에 머물렀으며, 지방 분산적이었고, 무지하기까지 했다. 반면 대부르주아지는 외국 자본에 지나치게 의존하고 있었으며, 지주들과 긴밀하게 결탁하고 있었다.

따라서 부르주아지와 지주들의 이해가 전면적으로 결합하는 현상이 발생했다. 농민들에 대한 반#농노제적 착취로 벌어들여져 은행에 예치된 돈은, 사기업의 재정 충당에 투자되었다. 요컨대 농촌에서의 지주 경제는 도시 자본의 훌륭한 파트너 역할을 했던 셈이다. 만일 서구에서 봉건적 착취의 소멸이 산업화의 선행 조건이었다면, 러시아의 산업화는 그와 반대로 상당 정도 농촌에서의 가부장적이고 반봉건적인 착취를 통해 얻은 이익을 통해 실현될 수 있었다.

영국의 경우, 귀족과 부르주아지의 결합은 혁명의 공고화에 비례해 발생했으나, 러시아에서는 동일한 결합 현상이 부르주아 혁명이 있기 이전에, 혹은 부르주아 혁명을 '대신하여' 발생했다. 비유하자면, 러시아에서 자본주의와 관료주의적이고 반#봉건적인 전제정은 정확히 샴쌍둥이에 비견할 만한 것이었다. 관료주의에 본질적인 비효율성으로 특징지어진 전제정은 국가 발전의 저해 요소에 다르지 않았으며, 더 정확히 말해 자본주의의 '현대적'이고 '선진적'인 개혁에 크나큰 장애물이 아닐 수 없었다. 하지만 반대로, 전제정 없는 러시아 부르주아지의 성장 역시 상상하기 어려운 것이었다. 부르주아지는 가부장적 관습 및 권위주의적 국가 장치에 너무나 긴밀하게 연관되어 있었기에 전제정의 붕괴는 곧 부르주아지의 파멸을 뜻했다.

영국의 산업 자본 지도자들이 민주주의를 적당히 수용할 수 있던 반면, 러시아에서는 가장 '진보적인' 기업가들조차도 폭력적인 국가 장치 없이는 전혀 성장을 기대할 수 없었다. 레닌과 플레하노프를 비롯하여 보다 온건한 사회주의적 사회 비판가들 역시 러시아 자유주의의 그러한 '야비한' 본성과 진보적 부르주아지의 '무능력함'을 지속적으로 비난해 왔다. "유럽의 동쪽 변경으로 나아갈수록 부르주아지는 정치적으로 더 왜소하고 비겁하며 야비해진다." 애초에 이런 언명을 내뱉었던 이는 프리드리히 엥겔스였으나, 러시아에서 그 문구를 반복했던 이는 ─ 나중에 반反혁명의 이데올로그이자 우파 활동가가 된 ─ 청년 "합법 맑스주의자" 표트르 스트루베Pyotr Struve였다.[1]

스트루베를 비롯한 많은 자유주의적 정치가들이 주기적으로 자신들의 정치적 입장을 뒤집었다는 것, 다시 말해 갈수록 우익화되어 갔다는 사실은 물론 우연한 일이 아니었다. 러시아 자유주의에 쓸 만한 이론적·실천적 원군이 없었다는 사실은 곧 러시아 부르주아지의 유기적인 자립성의 결여와 열등성을 입증하는 것이기도 했다.

역사학자 미하일 포크로프스키Mikhail Pokrovsky에 따르면, 1903~05년간 부르주아지는 혁명의 열기를 어느 정도 고조시키는 역할을 수행하고 있었다. 민족적 산업 자본은 전제정에 대항하려 했지만, 일관성을 갖지 못했기 때문에 승리에 이르기까지 지속적인 투쟁을 벌이지는 못했다. 1905년 10월의 정치적 파업이 있던 시기, 많은 공장주들은 파업 중인 노동자들에게 계속 임금을 지불했다. 노동자들의 압박에 못 이겨 전국에 선포된 차르의 10월 성명은 오직 제한적인 자유만을 허용했기에, 이를 러시

<hr>

1) Первый Съезд РСДРП, Документы и материалы. М., 1958 (『러시아 사회민주주의 노동당 제1차 전당대회. 문서와 자료』, 모스크바, 1958) ; КПСС в резолюциях и решениях съездов, конференций и пленумов ЦК. Иад. 9, М., 1983 (『소비에트 사회주의 공산당. 전당대회와 중앙위원회 회의 및 총회에서의 결의와 결정』, 모스크바, 1983[제9판]. 제1권 16쪽).

아 입헌군주정의 시발점으로 보는 데는 다소 무리가 있다. 민주주의를 향한 투쟁은 러시아에서 아직도 갈 길이 멀었던 것이다. 하지만 일련의 혁명적 사태들은 투쟁의 분위기를 급속도로 바꾸어 놓았다.

러시아의 '후발성'이 의미하는 바가, 진보 세력의 의지 여부에 따라 온 나라가 과거 서구 제국이 밟아 왔던 모든 역사적 단계를 재빨리 통과해 나갈 수 있다는 것은 아니다. 예컨대 18세기 프랑스 부르주아지가 자신의 지지 세력을 찾아냈던 곳에서 러시아 기업가들이 발견했던 것은, 정확히 자기들의 이해에 적대적인 세력에 다름 아니었다.

비단 프롤레타리아트만이 아니라 농민들 역시 상당한 반反자본주의적 세력으로 드러났다. 가부장적 관습에 고착된 농촌은 현대적인 도시에 대립해 있었고, 빈민들은 부자들에 적대적이었으며, 공동체적 전통에는 여하한의 사적 소유도 전적으로 양립불가능해 보였다. 러시아가 그 자신만의 특수한 운명을 떠안고 있다고 맹신하던 나로드니키들과 논쟁을 벌이며, 청년 레닌이 『러시아에서 자본주의의 발전』에서 증명하고자 했던 것은, 러시아에서 소농小農 경제는 어느 정도 부르주아 경제 구조의 일부로 이미 편입되기 시작했으며, 기업형 자영농이 러시아 농촌에서도 벌써 자생하기 시작했다는 사실이었다. 차르의 검열을 통과한 레닌의 이 책은 자유주의 인텔리겐치아의 열렬한 공감을 얻을 수 있었는데, 거기서 서구주의자들은 자신들이 보길 원하던 러시아 농촌의 이상적 이미지를 발견했기 때문이다. 하지만 나로드니키와의 논쟁은 여전히 계속되었다. 레닌이 어떤 형태로든 상품 생산과 시장의 결속을 자본주의적 발전의 징표로 간주했던 반면, 나로드니키였던 알렉산드르 차야노프Alexander Chayanov는 도시 자본에 대한 농촌의 강제적 결속으로 인해 농민들이 기업형 자영농으로 성장할 수 없다고 보았기 때문이다.[2] 이제 논쟁의 초점은 농촌 경제의 부르주아적 변형의 달성이 아니라, 새로운 시장적 관계에 강력하게 노출된 과거의 농촌 경제가 어떻게 붕괴되고 있느냐로 이동하게 되었다.

도시에서 자본주의가 전면적인 승리를 거두는 상황이 벌어졌을 경우, 동일한 자본주의적 관계가 조만간 농촌에서도 똑같이 실현되리란 전망이 대세를 차지하게 되었다. 하지만 역으로 생각해 봤을 때, 러시아에 발전된 농촌 자본주의가 부재하다는 사실은, 곧 도시에서도 '유럽식 모델'에 입각한 부르주아지의 발전 가능성이 희박하다는 점을 반증하는 것이기도 했다. 실제적으로도 농민의 절대 다수는 '진보적인 부르주아지'와 어떠한 유대감도 갖지 못하고 있었으며, 서구적 의미에서의 '제3신분'이란 러시아에 전혀 존재하지 않았다.

부르주아지와 일반 민중을 연합하게 해주는 제3신분이 러시아에 존재하지 않았던 데 반해, 농민과 노동자는 보다 긴밀한 관계를 유지하고 있었다. 하지만 이와 같은 연대는 전제정의 국가에 대한 적대감에서 싹튼게 아니라, 그들이 '도시의 부자들'에 대해 갖고 있는 공통적인 불만과 적의로부터 자라난 것이었다.

포크로프스키가 지적했듯, 1905년에 접어들자 농촌은 도시적 혁명의 이념에 농촌적 이상을 덧붙여 나가며 도시를 압도해 가기 시작했다. 십여 년간 축적되었던 이 증오심의 폭발을 진보적 혁명의 과정이라고 부르기보다는, 차라리 피할 수 없이 닥쳐온 사회적 대파국이라 부르는 게 더 합당할 것이다. 부르주아지는 그 마지막 순간까지도 이 사실을 제대로 깨닫지 못하고 있었으며, 거의 아무런 위협감을 느끼지 못할 정도였다. 만일 1905년 이전에 활동하던 자유주의적 성향의 정치가들에게 부르주아 인민 민주주의적 연대에 대한 환상 같은 게 남아 있었다면, 제1차 러

---

2) 가부장적 농업 국가를 통치하던 말년의 레닌이 차야노프에 관해 관심을 갖게 되고 그의 저작들을 주의깊게 연구했다는 사실은 그리 놀랄 만한 일도 아니다.

시아혁명은 그 모든 것이 단순히 망상에 불과했음을 단번에 깨닫게 해주었다. 가령, 한때 '합법적' 맑스주의의 일원으로 활동하던 세르게이 불가코프Sergei Bulgakov 신부는 1차 혁명을 계기로 자유주의적 지식인들이 '만개한 적敵그리스도의 정신의 만연'[3]를 알아차리게 되었노라고 술회한 바 있는데, 기실 이와 같은 상황이 비단 자유주의 인텔리겐치아들에게만 국한된 것은 아니었다. 혁명적 파열의 '실천적 경험'은 모든 부르주아지의 전면적인 우익화를 촉발했기 때문이다. 러시아 대자본은 단 한순간도 체제의 민주주의적 변화에 관심을 기울여 본 적이 없으며, 1905년 10월 이후에는 입헌 개혁의 이념에 대해서도 급격히 냉담해지기 시작했다.

급진적 변혁의 필연성이 첨예화될수록, 부르주아지는 더욱더 반反혁명 쪽으로 기울게 되었다. 독일의 사회민주주의 이론을 통해 맑스주의를 학습했던 당대의 러시아 지식인들이 이러한 상황의 급변을 전혀 예상할 수 없었던 것은 어쩌면 너무나도 당연한 노릇이었다.

1905년에 벌어진 혁명을 분석하면서, 막스 베버는 자본주의적 발전 그 자체는 자동적으로 부르주아 민주주의를 이끌어내지 않을뿐더러, 그와는 전혀 반대로 부르주아 민주주의의 성장을 가로막을 수도 있다는 비관적 결론에 도달했다. 그에 따르면, 서구의 정치적 자유는 대항해大航海 시대와 중세 후반에 발생한 도시 문화의 융성, 그리고 종교개혁 등 일련의 '독특한 상황들의 복합적 관계'를 통해 발생했다는 것이다. 그 모든 연관 조건들은 반복 불가능한 것이며, 그 결과 야기된 자본주의 역시 이전과는 전혀 다른, 새로운 사회적 조건들을 구성해 냈다. "경제가 발전함으로써 필연코 생겨난 자본주의, 예컨대 러시아에 도입되었고 또 미국에 정착한 현재의 자본주의가 어떻게든 '민주주의'나 혹은 어떤 의미에서든

---

3) C. Булгаков. Агония. Париж, 1946 (세르게이 불가코프, 『고뇌』, 파리, 1946), 76쪽.

'자유'와 연계될 것이라 희망하는 일은 전혀 허황된 노릇이다. 우리는 다른 질문을 던질 수 있어야 한다. 즉, 장기적 전망에서 바라볼 때, '민주주의'와 '자유' 따위가 살아남을 수 있는 가능성은 어떠한 조건들에서 발견될 수 있는가? 그것은 오직 해당 민족이 아무런 자기의식 없는 상태, 곧 단순히 양떼의 무리로 남아 있지 않기 위해 스스로의 결정적 의지를 보여줄 때만 비로소 가능할 것이다." 베버에 따르면, 민주주의의 운명은 궁극적으로 정치 문화의 성숙도에 의지하는 것이며, 러시아에서도 "어떤 정치적 성향을 지니든 혹은 어떤 계급에 속해 있든, 자유를 원하는 자들이 어떻게 결단하느냐"에 달려 있다는 것이다.[4]

우리는 베버의 문제설정이 교조적 맑스주의자들보다 더욱더 변증법적이며, 맑스 자신에게 보다 근접해 있음을 지적하지 않을 수 없다. 하지만 러시아에서 최초로 노동자 정당을 창설했던 실천적 정치운동가들에게 이 독일 사회학자의 비관적 결론은 전혀 공감이 가지 않았을 것이다.

최초의 러시아 맑스주의자들은 러시아의 미래에 대한 평가를 내릴 때 자유주의자들의 입장과 별다른 차이를 나타내지 않았다. 따라서 자유주의적 진보주의의 주도적 이론가들이 초기의 이론 형성과정에서 맑스에 대한 열광을 보여 주었던 점이나, 사회민주주의자들이 그러한 자유주의자들과 공조하면서 세력을 확장할 수 있었다는 점은 결코 우연이 아니다. 그러므로 20세기 초의 '합법적 맑스주의'가 현대화modernization라는 이데올로기를 신봉했다는 점에서는 여타의 정치적 입장들과 큰 차이를 보이지 않았음을 확인할 수 있다.

예컨대 러시아 사회민주주의의 창시자라 할 수 있는 게오르기 플레하노프는 부르주아 민주주의 혁명과정에서 노동운동이 급진 좌파의 부차

---

4) M. Weber, Politische Schriften (막스 베버, 『정치저작집』, 러시아어 번역본: 〈신탁시스〉 제22호, 파리, 1988. 93-4, 96쪽).

적 역할을 수행하는 것이 순리라고 보고, 러시아 사회의 민주적 재건이라는 중차대한 임무는 아직 부르주아지에게만 부여된 과제로 여겼기 때문이다. 물론, 더욱 급진적인 사회주의자들은 프롤레타리아트가 그 자신만의 고유한 독립 조직을 결성해야 한다고 주장하며 부르주아적 파당의 모순을 강조하기도 했으나, 급진 사회주의자들의 궁극적 희망 역시 자본가계급 중에서 일부 '진보적' 분파를 찾아내 제휴하는 데 놓여 있었다. 그들에게 절박하게 제기된 문제는 어떻게 이 '진보적' 분파를 찾아내느냐에 있었다.

여타의 러시아 사회민주주의자들과 비교해 볼 때, 레닌의 진정한 탁월성은, 그가 자신의 정치적 이력의 초반부터 이미 교조적 맑스주의와 거리를 두는 데 주저함이 없었으며, 곧이어 그 한계를 쉽게 넘어서 버렸다는 점에 있다. 1905년 혁명의 초기에 레닌은 이미 교조주의의 도식성이 완전히 무용하다는 점을 명확히 깨달았다. 그가 보기에, 러시아는 부르주아 민주주의적 변혁을 시급히 요구하고 있었으나, 실상 진보적 부르주아지는 존재하지 않았고, 혁명의 과업을 이끌어 나갈 책무는 프롤레타리아트가 스스로 떠안아야 했다. 자본주의 발전과 산업 현대화로 배태되었으며, 기본적인 시민권조차 박탈당한 채, 한편으로는 산업 자본가들에게 또 다른 한편으로는 전제주의 국가에 의해 핍박받은 러시아 노동계급은 사회의 현대화라는 과제에 대해 다른 계급들보다 더욱더 큰 열정을 나타냈다. 부르주아 민주주의 혁명에서 프롤레타리아트가 헤게모니를 거머쥐어야 한다는 레닌의 저 유명한 테제는 바로 이렇게 모습을 갖추어 갔던 것이다.

하지만 레닌은 가장 중요한 질문에 대한 답변을 아직 내놓지 못하고 있었다. 만약 노동계급이 정말로 현대화를 원하고 있다고 해도, 이것이 곧 노동계급이 부르주아 민주주의적 전망을 실현하는 투쟁에 동원된다는 것을 의미하지는 않기 때문이다. 권력을 거머쥔 프롤레타리아트가 왜 부르주아 민주주의 체제를 건설하는 데 나서야 하는가? 다른 체제, 자유와 정의에 관한 프롤레타리아트의 고유한 이상理想에 적합한 체제를 건설할 수는 없는 것인가? 이는 진정 이해하기 어려운 문제였다. 1905년의 레닌에게 자본주의적 형식을 제외한 다른 가능한 현대화의 형식은 아직 구상하기 어려웠던 것이다. 하지만 그의 질문은 이미 그 비극성을 십분 노정露呈했다.

트로츠키는 더욱 급진적인 입장을 취했다. 사실 그가 구상하던 영구혁명론은 레닌이 멈추었던 바로 그 지점에서 시작하고 있다. 트로츠키에 따르면, 부르주아 민주주의 혁명과정에서 권력을 거머쥔 프롤레타리아트는 필연적으로 자본주의적 현대화라는 질곡을 벗어나게 되어 있고, 자기의 이데올로기와 계급적 이해를 관철시킬 수 있는 고유한 프로그램을 실현시켜야 한다. 러시아 사회가 사회주의 건설을 위해 아직 얼마나 뒤처져 있고 또 얼마나 더 준비해야 하는지 평가하면서, 트로츠키는 이 과제의 해결 방안이 영구혁명의 도정에 놓여 있음을 확신했다.

트로츠키는 러시아의 사회주의적 변형이야말로 서구의 노동자들에게 하나의 자극제가 될 수 있으며, 그리하여 선진 유럽 제국에서 사회주의의 승리는 러시아 노동자 공화국에 궁극적인 사회주의 형식을 부여하게 되리라 예견했다. 물론, 어떻게 그 실천적 과정이 완수될 수 있을지에 대해서는 아직 완전히 명확하게 인식하지 못한 상태였으나, 칼 카우츠키조차 이미 세기 초에 동유럽에서의 혁명이 서구의 변혁을 이끌어 내기 위한 기폭제가 될 것이라 발언했던 것을 떠올려 본다면, 러시아와 같은 거대한 국가에서 벌어지는 혁명적 파열이 인근 국가들에 아무 여파도 미치지 않은 채 그냥 사라져 버리지는 않으리란 트로츠키의 전망에 전혀 근거 없는 것은 아니었다. 다만 진정한 역사적 변혁의 과정은 아직 복잡하게 얽히고설킨 상태로 남아 있었고, 명철했던 이론가들의 예견보다는 더욱 교묘하고 비극적으로 끝날 운명이었다.

1905년 혁명은 체제를 뒤흔들어 놓았지만, 무너뜨리지는 못했다. 놀랍게도 차르는 신속하게 많은 것을 양보해 버렸다. 10월의 정치적 동맹 파업은 언론과 출판의 자유 및 재야 정당의 합법적 결성을 '허락하신' 차르의 선언으로 종결되어 버렸다. 체제는 한편으로 혁명 투쟁을 분쇄하고 다른 한편으로 자본주의 발전의 새로운 요구들에 부응하는 기민함을 발휘하고 있었다. 본질적으로 아무것도 바꾸지 않으면서도, 그와 같은 자본주의 및 전제주의 체제의 발전을 보조하려는 시도가 바로 표트르 스톨리핀Pyotr Stolypin의 농업개혁이었다.

폭력적인 정치적 억압을 배경으로 도입된 농업 개혁은 러시아 농촌에 자본주의 발전의 견인차 역할을 할 수 있는 독립적 자영농을 육성하겠다는 취지에서 시행되었다. 스톨리핀 자신의 표현에 따르면, "농민들의 폭력 봉기를 결코 좌시하지 않는 국가는 농민들에게 합법적으로 빈곤을 탈출할 수 있는 방안을 마련해 줘야 할 도덕적 의무가 있다"는 것이었다.[5] 농민들을 '오브쉬나'[6]의 속박에서 벗어나게 해주는 한편으로 미개간 지역으로의 이전을 장려함으로써 스톨리핀은 농촌 '쿨라크' 부농층─옮긴이를 자립적이며 현대적인, 곧 서구적 자영농에 유사한 기업농으로 변모시키는 데 필사적인 노력을 기울였다. 레닌조차 그의 개혁 시도를 "지주들의

5] П.А. Стольшин. Нам нужна великая Россия. М., 1991 (표트르 아르카디예비치 스톨리핀, 『우리에게 필요한 것은 위대한 러시아다』, 모스크바, 1991). 52쪽.

6] (옮긴이) "Община" 러시아의 전통적 농민 공동체. 가족 혹은 촌락 단위로 조직되었으며, 1917년 혁명 전까지 러시아 농촌 사회의 기본 구조를 형성하던 조직 단위였다. 농업 생산의 협업과 상호부조를 위해 만들어졌기 때문에, 알렉산드르 게르첸과 같은 초기 서구주의자들에 의해 이상적 농민 공동체로 미화되기도 했으나, 1861년 농노제 폐지 직전에는 농민들을 지주들의 토지에 강제로 결박시키고 도주나 흉작 등에 대해 집단적으로 책임을 지게 하는 등 러시아 농촌 사회 최악의 질곡으로 악명을 떨쳤다.

소유를 침해하지 않는 한도에서 최대한 열어젖힌 밸브"라고 부른 바 있다.[7] 하지만 이러한 개혁의 노력도 결국 아무런 효과를 거두지 못했는데, 왜냐하면 "새로운 사회를 향한 첫 걸음조차 예전의 권력을 결코 포기하지 않으려는 자들에 의해 디뎌졌던" 까닭이며, 따라서 "과거의 토지와 권력 관계를 유지한 상태로 실시되는 부르주아적 농촌 정책은 낡은 농노제적 구태로부터 한 치도 벗어나지 못했기" 때문이다.[8]

외적으로 따져볼 때 이러한 지적은 전적으로 타당하다. 하지만 스톨리핀 개혁의 본질은 비단 그 지적에만 한정되던 게 아니었다. 전제 정부는 지주 경제의 자본주의적 변환을 유도하기 위해 농노제 폐지 이후에도 50년 동안 지주들의 권리를 보장해 줘야 했으며, 따라서 '프러시아식 개혁'은 러시아에서 결코 이루어질 수 없는 것이었다. 러시아의 농촌에는 고유한 자본주의적 세력이 부재했으며, 그것은 오직 인공적으로 만들어 내야 할 대상이었다.

스톨리핀은 농촌에서의 사회적 관계들을 속속들이 뒤집어 놓고자 했다. 이 목표를 달성하기 위해 오브쉬나에 대한 농민들의 강제적 구속을 없앴으며, 또한 그 자신의 표현을 빌리면 "인간의 자유 및 노동의 개념에 양립할 수 없는 개인에 대한 속박"도 폐지해 버렸다.[9] 그러나 스톨리핀 개혁의 내적 모순은, 오브쉬나를 해체함으로써 농촌 인구의 일부를 부르주아지로 탈바꿈시키고 또 나머지를 프롤레타리아트로 재편하고자 했던 시도 자체에 있었다. 후진 국가에서 그렇듯, 농민들의 프롤레타리아화는 새로운 부르주아지의 형성보다도 더욱 빠른 속도로 진행되고 있었기 때문이다. 바로 이와 같은 점에서 스톨리핀의 개혁은 체제 자체의 문제를 해

---

7) В.И. Ленин. ПСС (블라디미르 일리치 레닌, 『전집』, 제16권). 18쪽.
8) 같은 책, 20~21쪽.
9) 스톨리핀, 앞의 책, 52쪽.

결하지도 못했을 뿐 아니라, 1917년에 일어날 더욱 커다란 사회적 파열을 오히려 심화시키고 있었다고 할 수 있다.

산업화의 진전에도 불구하고, 인력의 공급은 농촌과 도시 자본력이 합목적적이고 생산적인 노동을 제공하는 속도보다 더욱 빠른 속도로 증가했다. 특히 산업 노동자의 수가 급증해 갔다. 1915년 초반 제1차 세계대전의 부담으로 개혁의 힘이 거의 고갈되어 버린 시점에, 오브쉬나로부터 벗어난 농민들의 30%가 자신들의 분할지를 매각해 버렸다. 다시 말해, 서구식 자영농이 되는 대신, 농민들은 소작농, 농촌 프롤레타리아트, 룸펜 등으로 전락해 버린 것이다. 다른 한편, 노동 시장에서 산업 발전의 속도를 확실히 넘어서 버린 노동력 공급의 증가는 급여의 성장을 지체시키고 있었다. 사회적 불만은 점차 가중되었고, 정치적 긴장감 역시 팽배해져갔다. 달리 말해 스톨리핀의 개혁은 '주변부' 국가들에서 볼 수 있는 많은 다른 현대화의 시도들과 동일한 결과를 몰고 왔던 것이다. 발전의 가속도가 약간 붙은 것은 사실이나, 동시에 사회적 긴장의 새로운 동기들이 속속 드러나고 있었다.

스톨리핀은 농업 경제에 대한 국가적 차원의 지원 프로그램을 서둘러 착상함으로써 사회적 긴장감을 완화시키려 노력했다. 그 자신이 시인했던 바, 그와 같은 프로그램은 "흡사 사회주의적 원칙을 떠올리게" 할 정도였다. 스톨리핀의 자신의 말을 빌린다면, "만일 그 시책이 사회주의의 원칙과 동일한 것이라면, 그것은 서구에서 여러 차례 수용되었으며 실질적이고도 본질적인 결과를 이끌어 냈던 국가 사회주의에 유사한 것"이었다고 말할 수 있을 정도였다.[10] 러시아에 자본주의적 변형을 도입하고자 전무후무한 노력을 기울였던 국가 관료조차도 '사회주의적' 방법에

10) 같은 책, 95쪽.

매달리지 않고는 자본주의적 현대화를 도입할 수 없었다는 점이야말로 역사의 아이러니가 아닐 수 없다.

스톨리핀의 개혁은 농촌에 심각한 사회 분화와 엄청난 수의 빈농층을 발생시키면서 종결되었다. 특히 1914년 무기를 거머쥐었던 빈농들은 1917년에 비단 볼셰비키 당만을 지원했던 게 아니라, 더욱 급진적인 혁명 세력도 지지하고 나섰다.

러시아가 세계 곡물 시장에서 벌어들일 수 있었던 이윤이야말로 스톨리핀의 개혁이 성공할 것처럼 보이게 만든 결정적 요인이었다. 곡물 판매의 이윤이 개혁 자체를 시도할 수 있도록 추동한 근본 조건이었던 것이다. 그러나 이제 상황은 말 그대로 뒤집어져 버렸다.

산업 성장은 새로운 자금을 요구했다. 1900년의 위기 동안 프랑스계 자본이 본국으로 철수하였고 러시아 산업 자본은 더욱 '민족 자본화' 되어야 했으며, 다른 한편으로 러시아의 기업가들은 비좁은 내수 시장에서 서로 치고받는 결전을 벌여야 했다. 스톨리핀의 개혁은 농촌에서 부유한 농민층'쿨라크 ─옮긴이'을 낳기도 했으며, 그들은 생필품뿐만 아니라, 부분적이나마 농업용 기계를 구입할 수 있을 정도의 구매력도 지니고 있었다. 그러나 이런 부농층은 매우 얇은 층만을 구성하고 있었다. 더욱이 보호무역주의를 고수했음에도 불구하고, 러시아 제국의 수입 의존도는 더욱 심화되어 무역수지는 갈수록 악화되어 갔다. 자유주의 경제학자인 투간-바라노프스키Mikhail Tugan-Baranovsky는 제1차 세계대전 이전의 생산 총계를 검토하면서 이렇게 확언했다. "산업 성장이 우리에게 가져다 준 결과는 수출을 급격히 능가해 버린 수입의 폭증에 있다."[11] 1913년에 이르자 성

---

11) Под ред. М.И. Туган-Барановского. Вопросы Мировой вой ны. Петроград, "Право", 1915 (미하일 이바노비치 투간-바라노프스키 편, 『세계대전의 제 문제』, 페트로그라드: '법' 출판사, 1915), 292쪽.

장이 그 한계선에 도달한 게 가시적으로도 확연해졌으며, 이 상황은 당시의 언론 보도들에서 분명히 확인할 수 있다.

안정적인 경제적 성장세가 몇 년간 지속된 후, 1914년 급작스럽게 상황이 돌변하며 거리 곳곳에 바리케이드가 설치되면서 '스톨리핀 모델'이 위기에 봉착했다는 이야기가 널리 유포되어 갔다. 당시 페테르부르크에서는 오스트리아-헝가리 제국 및 독일과의 전쟁 개시조차도 혁명의 불을 끌 수 있게 하는, 별로 나쁘지도 않은 뉴스거리라고 보는 이들이 많았다. 여하간 유일한 방도는 아니었을지라도, 전쟁의 발발은 임박한 혁명을 저지시키는, 나름대로 최선의 방책으로 기능하게 되었다.

하지만 전쟁은 국가를 비롯해 사회 전체의 기반을 뿌리부터 뒤흔들어 놓는 엄청난 군사적 패배로 끝났다. 수백만의 사상자를 낳으며 3년간 이어진 러시아의 패퇴는 체제의 버팀목이었던 군대의 기강을 무너뜨렸고, 군으로 하여금 혁명의 프로파간다에 손쉽게 동조하도록 동요시켜 놓았다. 전제정은 마침내 붕괴되었고, 러시아는 마치 전제정의 잿더미 속에 파묻혀 버릴 것만 같았다. 부르주아지는 전제정이 몇 개월이나마 더 연명할 수 있도록 무던히도 애쓰고 있었다. 어느 한쪽만 갖고는 도저히 살아남을 수 없었던 후진적 자본주의와 차르의 관료주의는 공멸을 바로 눈앞에 두고 있었다.

부르주아지는 낡은 질서의 잔해 위에 새로운 질서를 구축할 수 없었으며, 사회·경제·정치적 카오스를 어떻게든 회피하려고만 했다. 다시 말해, 부르주아지는 새로운 상황을 통제하고 제어할 수 있는, 지배력을 발휘할 만한 계급이 아니었던 것이다.

전제정의 잔해 위에 세워진 민주주의 공화국은 한 해를 못 버텼고, 이를 대신하여 '소비에트 공화국'이 탄생했다. 새로운 공화국을 일으켜 세운 혁명의 추동력이 볼셰비키당의 정치적 의지보다도 더욱 큰 것이었음은 말할 것도 없다. 하지만 신생 소비에트 공화국은 곧 볼셰비키 독재에 자리를 내줌으로써 애초의 정치적 형태를 오래 지속시킬 수 없었다. '소비에트들의 권력' the power of Soviets이 '소비에트적 권력' Soviet power으로 변질되어 버린 것이다.

수도를 페테르부르크에서 모스크바로 옮기고 행정부를 크렘린으로 이전한 사실은, 표트르 대제의 북방 전쟁[12]부터 시작하여 제1차 세계대전에 이르는 러시아사의 특정 시기를 상징적으로 결산해 버린 사건이었다. 러시아를 자본주의 세계질서에 통합시키려 두 세기 동안 쏟아부었던 전략이 궁극적으로 도달한 결론은, 그런 노력이 제정 러시아에 대해서나 혹은 (전제주의 러시아 정부가 그 일부를 구성하던) 자본주의 세계체제에 대해서나 지극히 적대적인 혁명을 불러일으켰다는 사실이었다.

"전적인 교착상태가 오히려 노동자 농민의 힘을 열 배씩 강화시키면서 우리로 하여금 서유럽 제국들과 다른 방식으로 기본적인 문명의 여건을 창조할 수 있는 가능성을 부여해 주지 않았는가?" 혁명을 결산하며 레닌이 반문했던 말이다.[13] 실제로 혁명 자체, 그리고 레닌이 지도했던 볼셰비키당의 권력 장악은 자본주의 세계체제의 위기와 그 체제에 기입되어 있던 러시아 엘리트 지배의 붕괴가 낳은 결과에 다름 아니었다.

자신들의 역사적 소명과 당조직에 대한 신념으로 무장한 볼셰비키 맑스주의자들은 사회 경제적 파탄을 겪은 러시아에 새로운 질서를 도입할 수 있는, 본질적으로 유일한 정당을 구성했다. 그런데 멘셰비키와 달리, 볼셰비키를 다만 사회민주주의의 이데올로기적 급진파로 간단히 규

---

12) (옮긴이) 제위에 오른 표트르 대제가 러시아를 유럽의 패권 국가로 키우고자 당시 북유럽의 패자를 자처하던 스웨덴과 1700~21년간 벌인 전쟁. 근대적 국가 체제를 갓 정비하기 시작한 러시아의 국력에 엄청난 부담을 안긴 전쟁이었으나, 결국 승리함으로써 18세기 이후 러시아를 유럽 열강의 하나로 등장하게 만든 계기가 되었다.

13) 블라디미르 일리치 레닌, 『전집』, 제45권, 380쪽.

정할 수 없음을 우선 지적해 두자. 많은 멘셰비키 지도자들 역시 이념적 급진성에 있어서는 볼셰비키에 못지않았기 때문이다. 볼셰비키의 진정한 힘은 공허하고 잡다한 이론적 문제들에 파묻히지 않으면서 자신들의 사회적 이해를 관철할 수 있는 능력에 있었다. 때때로 폭력적으로 드러나기도 했지만, 신속한 실천력이야말로 볼셰비키의 탁월한 능력이었다.

러시아 사회민주주의는 그 시작부터 현대화의 대안적 방안으로서 등장했다. 자유주의자들이 상대적으로 더 계명된 사회 상층부에 의지하려 했던 반면, 맑스주의자들은 자신들의 지지층을 더욱 현대화된 사회 하층부, 곧 대도시의 산업 노동자들과 인텔리겐치아들에게서 찾고자 했다. 산업의 현대화와 유럽적 문화 형식을 추구하던 이 사회 계층은 구체제와 절연되어 있었다는 점에서 부르주아지와 달랐으며, 바로 그 이유로 현대화를 선도할 준비가 되어있었다.

이러한 지지층 구성 방식은, 한편으로 도시의 이익을 지키면서, 다른 한편으로 가부장적 농촌에 대한 불신과 적대감을 표시했던 볼셰키비 정책의 강점과 약점을 동시에 설명해 준다. 볼셰비키가 쓰라린 패배를 겪어야 했던 내전의 첫 1년 동안 줄기차게 요구되었던 것은, 새로 성립된 사회주의 정부가 농민들을 '야만인'으로 간주하여 교화해야 할 대상으로 간주할 게 아니라, 필요하다면 대포와 기관총을 동원해서라도 사회 혁명의 동반자로 인식하고 끌고 가야 한다는 사실이었다. 볼셰비키는 무엇보다도 도시의 정당이었으며, 집권 첫 수개월 동안의 권력 형태는 이미 전복된 부르주아 정치에 대립하는 '프롤레타리아트 독재'라기보다, 차라리 농촌을 지배하는 도시 중심적 독재체제였음이 밝혀진 것이다.

볼셰비키의 권력 장악은 전적으로 합법적 과정을 통해 실행되었다. 그러나 이로부터 볼셰비키가 권력의 운영에 있어서도 필요한 능력을 발휘하기에 충분히 준비되었음이 증명되는 것은 아니었다. 4년간 이어진

처절한 내전 동안 러시아를 휩쓸었던 경제 구조의 붕괴와 사회적 대혼란은 볼셰비키의 승리를 무색하게 만들기에 충분했다. 1917~19년간 레닌과 트로츠키가 이끌었던 경제 정책은 혁명 전 구상되고 입안되었던 기획의 실현이 아니라, 구체제에서 조성되었던 사회 구조에 대한 반동에 보다 가까웠다.

저명한 볼셰비키 경제학자인 프레오브라젠스키Yevgeni Preobrazhensky는 경제가 전반적으로 붕괴된 상황에서 산업의 국유화는 어느 정도 필요불가결한 조치였음을 강조한 바 있다. 포크로프스키 역시 이 문제에 대해서는 이견이 없었다. 실제로 시장의 붕괴와 식료품 가격의 급격한 상승은 모든 공산품 생산에 대한 수지타산을 무의미하게 만들어 버렸다. 프레오브라젠스키가 지적했듯, "상품을 생산해도 결국 손해만 보는 일이 너무 자주 벌어졌던 것"이다.[14] 그런 상황에서는 사기업이 생존할 수 없으며, 당연히 생산 활동은 당장의 이윤 창출이나 임금 지급 문제에 절박하지 않은 고용주만이 감당할 수 있는 것이었다. 이때 그 고용주의 자리는 오직 국가만이 맡을 수 있는 것이다. 국가가 기술과 생산 자원 및 인재를 보존할 수 있는 유일한 수단은 오로지 국유화에 있었다. 전통적인 경제 메커니즘이 전쟁으로 파괴되고 도시로의 식료품 공급이 차단되었던 차르 정부 시절에도 유사한 종류의 기획들이 구상되었던 사실은 결코 우연한 일이 아니었다. 차르 정부나 혹은 다만 수개월간 지속되었을 뿐인 임시정부도 이 문제에서 자유롭지 않았으며, 따라서 이 두 체제의 파멸은 어느 정도 미리 예견할 수조차 있었다. 권력은 유일 정당인 볼셰비키의 손에 들어갔으며, 그들은 조금도 지체하지 않고 농촌으로부터 식량을 탈취할 준비가 되어 있었다.

---

14) Вопросы экономики, 1988 (『경제의 제 문제』, 1988년), 제9호, 123쪽.

후일 자유주의적 소비에트 역사가들과 논평가들은 1918~20년간의 '전시 공산주의' 정책에 대해 엄청난 비판을 가했다. 그들이 보기에 이 정책이야말로 스탈린의 테러주의와 공상적 유토피아주의의 원형에 다름 아니었기 때문이다. 게다가 혁명 직후 볼셰비키 정부가 수립되자마자 레닌이 발간했던 「소비에트 권력의 다음 과제」를 면밀히 읽어 본다면, '전시 공산주의' 정책은 사실 혁명 이전부터 착상되고 준비된 기획이 전혀 아니었음을 알 수 있다. 1918년 초 레닌은 비록 시장적 수단에 의지해서라도 어떻게든 경제 질서를 정상화하고 싶어했지만, 그 시도는 별다른 실효를 거둘 수 없었다. 화폐의 유통 체계는 결국 무너져 버리고 말았고, 무기를 제외한 공산품에 대한 수요는 마이너스 수준으로까지 급락해 버렸던 것이다. 도시와 농촌 간의 상품 교환은 완전히 불가능해졌다.

"지리멸렬하게 분산된 농민들과 열악한 통신 시설만을 갖춘 나라의 주민들에게 식량 공급이라는 과제를 해결하기란 너무나도 어려운 노릇이다……. 인민위원회소비에트 공화국의 정부—옮긴이에서 벌어졌던 수많은 회의들을 돌아보건대, 식량 문제처럼 소비에트 정권이 집요하게 매달렸던 문제는 일찍이 없었다." 1919년 4월에 레닌이 했던 발언이다.[15] 이 발언에서 주의를 기울여야 할 대목은, 레닌이 여하한의 문제를 다룰 때마다 습관적으로 연관짓던 계급적 범주, 곧 '프롤레타리아트'라는 범주를 버리고 '주민'에 대해 이야기하고 있다는 사실이다. 물론, 여기서 레닌이 말한 '주민'은, 당시 식량을 자급자족할 수 있었던 부농들이 아니라, 굶주린 도시 주민들이었다. 1918~21년간의 내전 동안 전쟁은 비단 백군과 적군 사이에서만 벌어졌던 게 아니라, 도시와 농촌 사이에서도 벌어지고 있었다.

도시민들을 먹여 살리기 위해서는, 군사적 수단을 동원해서라도 농

15] 레닌, 『전집』, 제38권, 63쪽.

촌으로부터 식량을 탈취해 오는 일이 불가피했다. 그렇게라도 하지 않으면, 차야노프가 『농촌 유토피아』[16]에서 예견했듯 도시 경제가 완전히 파탄에 처할 지경이었기 때문이다. '야만적인' 농촌에 대해 '현대적'이고 '문명화된' 도시가 채택한 방식은 지극히 야만스러운 것이어서, 대규모의 농민들이 반볼셰비키 세력으로 이탈해 버렸으며, 따라서 내전은 점점 확대되어 갔다. 그 결과 더욱 가혹한 독재체제가 요청되었음은 물론이다. 다시 말해 경제적 빈궁으로 야기된 잔혹성과 폭력성이 도시 출신 혁명가들의 선입견과 무능력으로 인해 더욱 심화되어 갔던 것이다. 이때 볼셰비키들을 구원했던 것은 아이러니컬하게도 백군의 지도자들이었는데, 그들은 농촌에서 어떤 일이 벌어지고 있는지에 관해 명확하게 인식하지도 못했을 뿐 아니라, 오직 구지배층의 특권을 복구하는 데만 열을 올리고 있었기 때문에 농민들과도 계속 충돌하고 있었다. 두 가지 악惡을 마주한 가운데 농촌은 보다 덜해 보이는 악을 선택했을 따름이며, 1919년 말에 이르자 제법 사태 파악을 할 수 있게 된 볼셰비키의 편으로 완전히 돌아서 버리게 된다.

1918년의 충격적인 군사적 패배는 레닌과 소비에트 정부에 많은 교훈을 남겼다. 그들은 농민층의 이해관계도 챙겨 주어야 함을 깨달았던 것이다. 그럼에도 불구하고 농촌은 볼셰비키 지도자들에게 여전히 낯설고 잠재적으로 적대적인 세력으로 간주되었으며, 어느 정도 공통의 이해관계를 찾을 수는 있어도 전적으로 함께 갈 수는 없는 존재로 여겨졌다. 결국 내전에서 엄청난 희생을 치르며 볼셰비키의 승리를 이끌었던 것은 도시 노동자들과 인텔리겐치아들이었고, 승리가 확정되자 그들은 군사-관

---

16) (옮긴이) A.B. Чаянов, Путешествие моего брата Алексея в страну крестьянской утопии, M., 1920 (알렉산드르 바실리예비치 차야노프, 『알렉세이의 농촌 유토피아 여행기』, 모스크바, 1920).

료주의적 사회기구의 볼모가 되어 버렸다. 농촌에 대한 도시의 독재를 유지하기 위해 만들어진 군사-관료주의적 기구는 체제 보존의 메커니즘을 재빨리 발견했으며, 진보적 도시민들을 복속시켜 나갔고, 이 구조를 보존 및 재생산하는 데 주력하기 시작했다. 그 결과 1920년대 초에 이르자 이미 번창할 대로 번창해 버린 관료주의는 마침내 새로운 체제의 주요한 버팀목으로 자리매김하게 되었다.

내전에서 승리한 볼셰비키는 새로운 경제 정책NEP : 신경제 정책 을 내놓는데, 그 주요 목표는 국가 산업의 중앙 집중적 지배와 농촌의 자유 시장을 결합하는 것이었다. 혁명 초기에 토지를 분배받았던 농민들이 1918 ~ 20년간의 볼셰비키 통치에서 알아차린 것은, 그들이 자기 생산물에 대한 처분권을 전혀 갖지 않고 있다는 사실, 즉 '농산물 징발'을 통해 도시가 강압적으로 모든 생필품들을 농촌으로부터 강탈해 가고 있다는 사실이었다. 하지만 내전이 끝나고 '전시 공산주의'를 대신하여 제시된 신경제 정책은 '농산물 징발'을 '식량세' 현물세 — 옮긴이로 대체해 버렸고, 이로써 곡물의 대부분은 농민들의 손에 남아 있게 되었으며 시장으로 가져다 팔 수도 있게 되었다. 농민들은 마침내 자기들이 투쟁하던 바를 손에 넣게 되었다. 토지와 그 생산물들은 모두 농민들의 것이었다.[17]

1921 ~22년 신경제 정책의 깃발 아래 시행된 시장 경제로의 이행은 새로운 체제에서 관료주의를 제거한 게 아니라, 오히려 뿌리내리게 만들었다.[18] 적어도 '전시 공산주의' 체제하에서는 볼셰비키가 억압적인 태도

17] (옮긴이) 신경제 정책을 통해 소비에트 연방의 산업 전반은 1920년대 중반에 이르자 대체로 제1차 세계대전 직전의 수준까지 회복될 수 있었다. 이 과정에서 생겨난 신흥 부유층이 '네프맨' 이었는데, 쿨라크와 더불어 사회주의 이념 실현의 불필요한 부산물이었던 이 계층을 쓸어내려던 시도의 하나가 바로 스탈린의 집단화 정책이었다. 기업의 사적 운용은 다시 금지되고, 모든 생산물은 국가에 강제 귀속됨으로써 이들은 완전히 말살되었고, 그와 함께 신경제 정책 역시 1930년대 초에 종료되었다.

18] 정치학자 알라 글린치코바에 따르면, 혁명 이후 제정 시대의 장관직들을 대신해 다만 4개의 인민위원직이 신설되었을 뿐이며, 통치기구의 급격한 팽창은 1920년대에 이르러 시작되었다." (Мир России[『러시아 세계』], 2003, 제1호, 114쪽)

를 보이기는 했으나, 관료주의에 침윤된 모습을 띠진 않았다. 가령, 기관총으로 무장한 병사들이 대다수였던 지방혁명위원회의 하위 집행기구들에 떨어진 임무는 농민들로부터 곡물을 빼앗아 아사 직전에 몰린 도시에 공급하는 것이었다. 하지만 이 집행기구들의 실제적 태도는 실로 다양해서, 어떤 지역에서는 폭력적인 통제가 실시되었던 반면, 다른 지역에서는 극도의 자유주의적 방임이 허락되는 사례가 빈번했다. 요컨대 모든 것은 임의적이었다. 문서화된 어떤 지침도 존재하지 않았으며, 만일 그런 게 있었다 해도 어느 누구도 그런 것을 읽어 보거나 준수할 의사가 전혀 없었다. 행정보고서나 질의문답 따위도 일체 오가지 않았다. 나중에 자의적 통제에 대한 책임을 물어 일부 지방혁명 지도자들이 총살되는 일이 벌어지기도 했으나, 동일한 행위가 다른 지방에서는 중앙에의 승진 기회로 작용하는 일도 허다했다. 예를 들어, 페트로그라드에서 만들어진 규정이 모스크바에서는 전혀 통하지 않거나, 모스크바에서만 지켜져야 할 규정들이 키예프에서도 예외없이 적용되는 일이 숱하게 벌어지곤 했던 것이다.

이러한 임의성의 또다른 예를 들어보자. 많은 소비에트 공화국들이 고유한 법적 제도들을 구비하며 구러시아 제국의 영토 내에서 신속하게 구성되었는데,[19] 이 과정에서 '혁명의 적'들에 대한 무자비한 탄압은 당 내부에서도 첨예한 논란을 불러일으키기도 했다. 그래서 일부 반볼셰비키적 사회주의자들, 즉 좌파 멘셰비키나 소수의 아나키스트들, 혹은 혁명적 공산주의자들과 우크라이나 사회혁명당 좌파 등이 적법한 절차를 통해 반대 의견을 내세우는 일도 없지 않았다. 재야의 정간물들이 폐간되었

---

19) 가령, 1922년 당시 아직 비볼셰비키적 사회주의당이 공개적 활동을 벌이고 있었을 뿐 아니라, 통치 체제에도 참여할 수 있었던 극동 사회주의 공화국의 정치 체제가 더욱 '자유주의적'이었다. 반면 모스크바의 레닌은 그루지야 지역의 적군(赤軍)을 포섭하기 위해 볼셰비키와 멘셰비키의 제휴를 제안했으나, 그의 제안은 볼셰비키 당 지도부에서조차 아무런 지지를 얻지 못했다.

다가 곧 다시 발간되는 일이 흔했고, 검열도 도입과 동시에 폐지되는 일이 잦았다.

하지만 신경제 정책으로 이행이 진행되면서 이런 분위기는 완전히 끝장나 버렸다. 우선 볼셰비키당 내부에서의 분파주의적 활동이 전면 금지되었고, 소비에트의 합법적인 반대당조차 해산되었다. 1921 ~22년간 실시된 반볼셰키비적 사회주의자들에 대한 탄압의 물결은 정치 생활의 '정상화'를 목표로 삼은 억압적 통치 기구의 첫번째 활동이었으며, 이것이야말로 억압 기구 본연의 임무라는 사실을 아는 데는 그리 오랜 시간이 걸리지 않았다. 반혁명 세력과의 투쟁이라는 과제는 혁명의 제1선에서 이미 사라졌으며, 체제 내부에 '기생하는' 이질적 사상과 저항 세력이 우선적 타격 목표로 설정되었다. 관료주의 기구는 권력을 거머쥐고서 그것을 강화하기 위해 안간힘을 쓰고 있었다.

1922년이 되자 우크라이나와 백러시아, 카프카즈 연방에 세워진 독립 소비에트 공화국들은 형식상의 독립마저 상실했으며, 단일 소비에트 연방에 공식적으로 통합되었다. 지역 공산당들이 이런 결정의 합목적성에 상당한 회의를 표시했음에도 불구하고 소비에트 연방이 결국 성립되었던 것이다. 상호 평등한 연방이라는 레닌의 본래 기획은 스탈린의 기획보다도 더욱 민주적이었다고 단언할 수 있는데, 스탈린은 모스크바 정권에 지역 소비에트 국가들을 완전히 복속시킴으로써 과거의 독립 소비에트 국가들을 모스크바 정부의 지방 정권으로 만들어 버렸기 때문이다. 물론, 통합에 대한 자연스런 요구가 있었음도 의심할 여지가 없다. 내전 동안 볼셰비키를 지원했던 우크라이나와 백러시아의 노동자 농민들은 '적군'의 승리는 곧 러시아와의 재통일로 나아가는 길이라는 사실을 너무나도 잘 알고 있었다. 하지만 단일한 연방기구의 구성은 새로운 관료주의 엘리트의 형성에 있어 중요한 방향지표임이 드러나게 된다.

이제 본격적으로 당 기구가 정비되기 시작했다. 혁명 초기에, 마침내 사회민주주의자들과 결별하는 데 성공했던 레닌주의자들은 자신들을 '러시아 사회민주주의 노동당' (볼셰비키)[20]에서 '러시아 공산주의당' (볼셰비키)[21]으로 바꾸어 부르기 시작했다. 1920년대에 당명은 다시 한번 개명되었는데, 그것은 '러시아' 를 '전全연방' 으로 개칭한 것이었다. 매번 당명을 바꿔 부를 때마다 조직의 내부 사정도 함께 변화를 겪었다. 새로 바뀐 '전연방 공산주의당'[22]은 이전의 '러시아 사회민주주의 노동당' 이나 보다 혁명적 색채를 띠었던 '러시아 공산주의당' 보다도 더욱 엄격한 조직 구조를 갖추게 되었다. 당 조직은 국가기구 및 경제적 통치체제와 더욱 긴밀하게 연관되어 있었다.

소비에트 사회주의 연방의 성립은 모스크바 정부에 격렬한 중앙 집권화가 발생했음을 의미한다. 그에 따라 통치기구는 새로이 정비되고 확대되었다. 신경제 정책은 관료주의적 조직 구조를 강화해 나갔다. 전시 공산주의 시기와 달리, 이제는 '강압' 이 아니라 '계획과 통제' 가 국가의 주요한 목표로 설정되었으며, 이는 수많은 관료기구들이 구축되었음을 뜻한다. 국가 영토 전체에서 세금을 걷어내고 단일한 법적용이 실천되도록 만드는 게 통치의 지상 과제가 되었다. 이 모두는 국가라는 메커니즘의 '정상적 작동' 을 뒷받침하는 당연한 수순이었으나, 동시에 관료주의를 공고화하는 과정이기도 했음을 부인할 수 없다. 이런 의미에서 '민주주의 없는 시장' 이라는 레닌의 기획은 '시장 없는 독재' 라는 스탈린적 기획의 지반을 닦아 놓았다고도 말할 수 있다.

---

20) (옮긴이) Российская социал-демократическая рабочая парция (большевиков) [약칭: РСДРП(б)]. 1898~1917년까지 사용된 명칭.

21) (옮긴이) Российская коммунистическая парция (большевиков) [약칭: РКП(б)]. 1918~25년까지 사용된 명칭.

22) (옮긴이) Всесаюзная коммунистическая парция [약칭: ВКП(б)]. 1952년 소비에트 연방 공산주의당 (Коммунистическая парция Советского союза, 약칭: КПСС)으로 개칭.

국가의 현대화라는 주요한 역사적 과제는 아직 미완의 상태로 남아 있었다. 1920년대의 재건 사업을 통해 새로운 사회는 어느 정도 혁명 이전의 수준을 회복하게 되었으며, 몇몇 분야에서는 혁명 이전 수준을 훨씬 뛰어넘기까지 했다. 예컨대 1913년의 전체 산업 생산량이 100억 251만 루블이었던데 반해, 1926년에는 110억 8천만 루블로 상승했으며, 중공업 부문의 생산량은 제1차 세계대전 때보다 16.5%나 증가하게 되었다.[23] 그러나 차르 시대에 러시아가 이룬 소위 '성취'들은, 경제 성장이 빨랐을 때도 꽤 상대적이었다는 걸 기억해 두어야 한다. 즉, 1913년의 수준을 회복했다는 것은 그리 대단한 성공은 아니었고, 경제 발전의 잃어버린 13년을 어떻게든 뒤따라 잡아야만 했다.

자본주의적 발전의 가능성이 소진되어 버린 상황에서 레닌이 세웠던 혁명 전략은 전적으로 옳았다. 볼셰비키의 권력 장악은 현대화를 추구하는 과정에서 기술적·경제적 수준에서뿐만 아니라 사회적 차원에서도 엄청난 자극을 주었던 까닭이다. 레닌과 볼셰비키들이 창조하지 못했던 것은 사회주의적 변형의 효과적 전략이었는데, 그러나 이를 이유로 그들에게 혁명의 파국에 대해 책임지라고 요구하는 데도 무리가 있다. 왜냐하면 사회주의의 미래는 단지 어떤 하나의 국가를 탈취함으로써 일거에 결판낼 수 있는 과업이 아니기 때문이다. 설령 그 나라가 세계사적 과정에 있어 가장 중요한 역할을 맡고 있다고 할지라도, 다만 그 하나의 국가를 전복시킴으로써 사회주의가 즉각 도래하리라 믿는 것은 어불성설이다.

러시아는 자본주의의 경계 바깥으로 찢겨져 나가야만 했으며 정말 그럴 가능성도 있었다. 정치적 실천에 몸소 나섰던 이론가로서 레닌의 탁월함은 바로 이런 점을 그가 올바르게 이해하고 있었다는 점이었다. 물

23] История социалистической экономики в СССР(『소비에트 사회주의 경제사』, 모스크바, 1976). 제2권 268쪽을 참조하라.

론, 자본주의로부터의 탈주가 곧 사회주의로의 직접적 이행을 담보하는 게 아님을 올바로 인식해야 할 것이다.

소비에트 러시아는 어쩔 수 없이 '길 없는 길'로 나아가야만 했다. 그리고 러시아혁명은, 고대 그리스인들이 이해하고 있던 바로 그 의미에서 '거대한 비극'으로 판가름났다. 이 비극은 역사과정의 가장 중요한 이정표 가운데 하나를 여실히 보여 주고 있다. 1917년에 벌어진 사건들로 시작된 일련의 과정들은 여전히 완결되지 않았고, 아직도 먼 도정을 앞두고 있다. 자본주의의 외부로 탈주하고자 분투하던 러시아 볼셰비키들의 노력은 다음 세대의 혁명가들과 좌파 운동가들에게 여전히 영감에 찬 사례로 남겨져 있는 것이다.

레닌과 철학[*]

루이 알튀세르

진태원 옮김

귀 협회가 존재한 이래 그렇게 불러 왔고, 그리고 분명히 앞으로도 오랫동안 그렇게 부르게 될, 마음을 누그러뜨리는 향수어린 용어, 곧 코뮈니카시옹communication[1]이라는 것을 영광스럽게도 귀 협회에서 발표하도록 나를 초청해 준 귀 협회에 감사드린다.[2]

I

과학자는 당연한 권리에 따라 과학자협회에서 코뮈니카시옹을 발표할 수 있다. 코뮈니카시옹과 토론은 **과학적**일 수밖에 없다. 하지만 철학적 코뮈니카시옹, 철학적 토론은 어떤가?

철학적 코뮈니카시옹. 이 용어는 틀림없이 레닌으로 하여금 웃음을 터뜨리게 만들었을 텐데, 이 크고 호탕한 웃음소리를 들었다면 카프리 섬

---

* 이 글은 Louis Althusser, *Lénine et la philosophie*(Editions La Decouverte, 1982)의 완역이다. 이 글에서 인용된 레닌의 저서 및 다른 저작들의 경우 국역본이 있을 경우 해당 쪽수를 표시해 두었다. 하지만 대개 옮긴이가 번역을 수정했다. 그리고 별도의 표시가 없는 한 모든 주는 옮긴이의 역주다.

의 어부들은 레닌이 자기들과 같은 부류의 사람, 한패라고 생각했을 것이다. 때는 정확히 1908년이었다. 당시 레닌은 막심 고리키와 카프리 섬에 있었는데, 레닌은 고리키의 관대함을 좋아하고 그의 재능을 높이 샀지만, 그를 소부르주아 혁명가로 간주했다. 고리키는 자신이 같은 테제를 공유하고 있었던 소규모 볼셰비키 지식인 집단, 곧 소환주의자들Otzovistes과 철학적인 토론에 참여하도록 레닌을 초대했다. 이때는 최초의 러시아혁명이었던 1905년 혁명이 끝난 지 얼마 되지 않은 때였으며, 노동자운동이 퇴조기를 맞고 억압당하고 있던 시기였다. 이때는 또한 볼셰비키 지식인을 포함한 "지식인들" 사이에 동요가 일어나고 있던 시기였다. 그들 중 여럿은 역사에서 소환주의자들이라는 이름으로 알려진 집단을 이루었다.

정치적으로 볼 때 소환주의자들은 좌익주의자들이었으며, 두마 의원들의 소환Otzovat, 일체의 합법적인 활동 형태의 거부, 폭력적인 행동으로 직접 이행하기 등과 같은 급진적 조치를 요구했다. 하지만 이러한 좌익주의적인 발언들은 우익적인 **이론적** 입장을 은폐하고 있었다. 소환주의자들은 당시 오스트리아의 저명한 물리학자였던 에른스트 마흐[3]가 그 형식을 일신했던 "경험비판론"이라는 당대의 유행철학 또는 철학적 유행에 심취해 있었다. 물리학자이자 생리학자(마흐는 풋내기가 아니었다. 그는 과학사에 자신의 이름을 남긴 사람이었다)의 이 철학은 앙리 푸앵카레[4] 같

---

1) 불어의 'communication'은 '소통', '통신' 같은 일반적인 의미 이외에도 어떤 학술회의에서 발표하는 발표문을 뜻한다. 따라서 보통의 맥락이라면 이 단어는 '발표문'이나 '강연문'이라고 번역할 수 있다. 하지만 알튀세르가 이 글에서 코뮈니카시옹이라는 단어가 지니는 일반적인 의미, 곧 '소통'이나 '대화' 같은 의미를 염두에 두고서, 철학에서는 소통이나 대화, 토론이 불가능하다는 점을 강조하기 위해 이 단어를 사용하고 있기 때문에, 여기서는 소리 나는 대로 코뮈니카시옹이라고 옮겼다.

2) (원주) 이 글은 1968년 2월 24일 프랑스 철학회에서 발표되었다.

3) Ernst Mach(1838~1916). 오스트리아의 물리학자이자 철학자. 빈학파의 논리실증주의에도 중대한 영향을 미쳤다.

4) Henri Poincaré(1854~1912). 프랑스의 수학자·철학자. 위상수학과 응용수학 분야에서 많은 업적으로 남겼고, 수학 및 과학에 관한 다수의 대중적인 저술도 남겼다. 주요 저서에 『수리물리학 강의』(Cours de physique mathématique, 1891), 『과학과 가설』(Science et hypothèse, 1902) 등이 있다.

은 과학자들이나 피에르 뒤엠[5] 및 아벨 레[6] 같은 과학사가들이 만들어 낸 다른 철학들과 모종의 친화성을 지니고 있었다.

우리가 인식하기 시작하는 것이 바로 이 현상들이다. 어떤 과학들(당시에는 수학과 물리학)이 중요한 혁명을 겪을 때는 항상 직업적인 **철학자들**이 나타나서 수학이나 물리학 같은 "과학의 위기"가 닥쳤다고 선언하는 일이 일어난다. 감히 말하자면 이러한 철학자들의 선언은 당연한 일인데, 왜냐하면 철학자들이라는 부류 전체는 과학에게 철학의 종부성사(더 커다란 신의 영광을 위해ad majorem gloriam Dei)를 거행하기 위해 과학의 임종의 순간을 예언하고 시시각각 그때를 지켜보는 일로 시간을 보내기 때문이다.

하지만 더욱 기묘한 점은, 그와 동시에 과학의 위기에 대해 말하는 **과학자들** 역시 존재하며, 그들은 갑자기 스스로 놀라운 철학자의 소명을 발견하게 된다는 점이다. 이때 그들은 갑자기 자신들이 스스로 철학자가 된다고 생각하지만, 사실 그들은 계속해서 철학을 "실행해" 왔다. 이때 그들은 자신들이 계시를 표현한다고 생각하지만, 사실 그들은, 철학이 자신의 역사라고 간주할 수밖에 없는 것에 속하는 진부하고 낡아빠진 이야기들을 되풀이하고 있을 뿐이다.

어쨌든 직업 때문에라도 우리 철학자들은, "위기"가 존재한다면 그것은 이 과학자들 자신이 전환점에 놓여 있다고 간주하는 어떤 과학이 성장 시점에서 맞이하게 된 가시적이고 명백한 철학의 위기 ——어떤 아이에 대해 열병의 위기를 겪게 마련이라고 말하듯이 ——라고 생각하는 경향이 있다. 여기서는 그저 과학자들의 자생적이고 일상적인 철학이 **그들**

---

5) Pierre Duhem(1861~1916). 프랑스의 과학철학자·과학사가. 『물리학 이론의 목표와 구조』(*La Théorie physique: son objet, sa structure*, 1906), 『세계의 체계』(*Le Système du monde*, 전10권, 1913~1959) 등과 같은 저술을 남겼다.
6) Abel Rey(1873-1940). 프랑스의 과학철학자. 『현대 철학』(*La Philosophie moderne*, 1908) 등의 주요 저작을 남겼다.

자신에게 가시적이게 되었을 뿐이다.

마흐의 경험비판론 및 그것에서 파생된 모든 부산물들, 곧 보그다노프나 루나차르스키, 바자로프 등의 철학은 이러한 종류의 철학적 위기를 나타내는 것이었다. 이는 만성적인 사건들이었다. 다른 점들이 같다고 가정하고서 현재 일어나고 있는 현상에서 이에 관한 사례를 들어본다면, 몇몇 생물학자나 유전학자, 언어학자 등이 오늘날 "정보"에 관해 꾸며내고 있는 철학이 바로 이런 종류의 작은 철학적 "위기"——지금 이 경우는 도취감에 사로잡힌 위기이긴 하지만——의 한 표현이 된다.

그런데 이러한 과학자들의 철학적 위기에서 주목할 만한 것은 이러한 위기들이 철학적으로는 항상 하나의 동일한 방향을 취하고 있다는 점이다. 곧 이러한 위기들은 **경험주의** 내지 **형식주의**, 곧 **관념론적인** 낡은 주제들을 새롭게 다듬어서 다시 취하고 있다. 따라서 이러한 위기들은 **항상 유물론을** 자신의 적수로 삼는다.

그러므로 소환주의자들은 경험비판론자들이었다. 그런데 그들은 (볼셰비키로서) 맑스주의자들이었기 때문에 다음과 같이 말하곤 했다. 곧 맑스주의가 20세기의 맑스주의가 되기 위해서는 "변증법적 유물론"이라는 전前비판적인 형이상학을 벗어던지고, 궁극적으로는 바로 이 관념론적이고 얼마간 신칸트주의적인 철학, 과학자들이 새롭게 모델화하고 인증한 **경험비판론**이라는 철학, 맑스주의에 항상 결여되어 있던 그 철학을 받아들여야 한다는 것이다. 이 집단에 속한 몇몇 볼셰비키들은 심지어 맑스주의에다가 종교에서 유래한 "진정한" 인간 가치들을 포함시키고 싶어 했으며, 이를 위해 "신의 구성자들"로 자처하곤 했다. 하지만 이 점은 제쳐두기로 하자.

따라서 고리키의 의도는 레닌을 초빙하여 소환주의 철학자 집단과 토론하게 하는 것이었다. 레닌은 다음과 같이 자신의 조건을 달았다. "친애하는 알렉세이 막시모비치, 저는 당신을 보러 가고 싶습니다. 하지만 저는 **일체의 철학적 토론**은 거부하렵니다."

물론 이는 전술적인 태도였다. 다시 말해 중요한 것은 이민자 볼셰비키 사이의 정치적 통일이었기 때문에 철학적 토론으로 인해 분열이 일어나서는 안 되었던 것이다. 하지만 이 전술에서 우리는 단순한 전술보다 훨씬 더 많은 것을 간파해 낼 수 있는데, 내가 철학의 **실천**이라고 부르고자 하는 것이 그것이며, 철학의 실천이 뜻하는 것에 대한 의식, 요컨대 철학은 **분할한다**는, 이 일차적이고 적나라한 사실에 대한 의식이 그것이다. 만약 과학이 통일한다면, 그리고 만약 과학이 분할 없이 통일한다면, 철학은 분할하며, 분할함으로써만 통일할 수 있다. 그렇다면 우리는 레닌의 웃음을 이해할 수 있다. 그것은 철학적 코뮈니카시옹〔소통〕이란 존재하지 않는다는 것, 철학적 토론이란 존재하지 않는다는 것을 뜻한다.

오늘 나는 그저 이 웃음에 대해 주석을 달고 싶은데, 이 웃음은 그 자체로 하나의 테제다.

감히 바라건대 이 테제가 우리를 어디론가 데려가 주었으면 한다.

그리고 이 테제는 곧바로 나로 하여금 내가 제기하지 않을 수 없는 질문을 던지도록 인도한다. 만약 철학적 토론이 가능하지 않다면, 내가 어떤 담론을 전개할 수 있을까? 이는 분명히 철학자들 앞에서 이루어지는 담론이다. 하지만 옷이 사람은 아니듯이 청중이 담론을 만들지는 않는다. 따라서 내 담론은 철학적 담론은 아닐 것이다.

그렇지만 이 담론은, 우리가 도달한 이론사의 현 시점에서 작용하는 필연적인 이유들로 인해, 철학 **안에서의** 담론이 될 것이다. 하지만 철학 안에서의 이 담론은 결코 철학의 담론은 아닐 것이다. 이는 철학에 **대한** 담론일 것이다. 또는 오히려 그런 담론이 되었으면 한다. 이는 귀 협회가 나로 하여금 여러분 앞에서 하나의 **코뮈니카시옹**을 발표하도록 초빙함으로써 나의 소망을 미리 간파했다는 뜻이다.

실제로, 만약 내가—바라는 바이지만—여러분에게 철학에 **대해** 무언가를, 요컨대 철학에 대한 이론(내가 말하는 이론이란, 모종의 방식으로 과학을 선취하는 어떤 것을 가리킨다)이라는 관념을 전개하기 위한 몇 가지 초보적인 요소들을 소통할 수 있게 된다면, 내가 말하고자 하는 것은 코뮈니카시옹이라는 그 이름에 부응할 수 있을 것이다.

따라서 나는 여러분이 「레닌과 철학」이라는 내 발표의 제목을 잘 이해해 주도록 요구하고 싶다. 곧 레닌의 철학이 아니라 철학에 **대한** 레닌의 입장인 것이다. 사실 나는 우리가 레닌에게 빚지고 있는 것은 아마도 완전히 전무후무한 것은 아닐지 모르지만 적어도 매우 귀중한 것이라고 믿고 있으며, 그 덕분에 우리는 언젠가는 철학에 대한 비철학적 이론으로 존재할 어떤 것을 선취하는 일종의 담론을 전개할 수 있게 되었다.

II

만약 현재 우리의 주제와 관련해 볼 때 이러한 것이 분명 레닌의 가장 큰 장점이라면, 우리는 (프랑스의 강단 철학도 포함된) 강단 철학과 레닌 사이에서 미해결된 상태로 남아 있는 한 가지 오래된 질문을 우선 간단하게 해결하면서 시작해 볼 수 있을 것이다. 나 역시 강단 철학자 중 한 사람이고 대학에서 철학을 가르치고 있기 때문에, 나도 레닌이 "경고"를 보낸 "사람들" 중 하나에 속한다.

내가 알기로는, 레닌에 관한 훌륭한 저서를 쓴 바 있는 앙리 르페브르[7]를 제외한다면 프랑스 강단 철학계의 어느 누구도, 현대사에서 가장

---

7) Henri Lefebvre, *Pour connaître la pensée de Lénine*, Paris, Bordas, 1957.

위대한 정치혁명을 지도했으며, 더욱이 『유물론과 경험비판론』에서는
—— 몇 사람만 거론하자면 —— 앙리 푸앵카레, 피에르 뒤엠, 아벨 레 같은
우리나라 사람들을 길고 세심하게 분석한 바 있는 사람에 대해 관심을 기
울이지 않았다.

우리 스승들 중에서 혹시 내가 빠뜨린 사람이 있다면 용서를 바라겠
지만, 나는 지난 50여 년 동안 공산주의 철학자들과 과학자들의 논문 이
외에는 사르트르가 『현대』*Les Temps modernes*에 발표한 글(「유물론과 혁명」
Matérialisme et Révolution), 메를로 퐁티의 글(『변증법의 모험』*Aventures de la
dialectique*에 수록된), 리쾨르의 글(『에스프리』*Esprit*에 실린) 이외에 레닌에
관한 글은 거의 찾아볼 수 없다고 생각한다.

리쾨르는 자신의 글에서 존중심을 드러내면서 『국가와 혁명』에 대하
여 언급하고 있지만, 내가 보기에 레닌의 "철학"에 대해서는 다루지 않는
것 같다. 사르트르는 엥겔스와 레닌의 유물론 철학은 아무것도 아니라는
Unding 의미에서 "사고 불가능한 것", 곧 간단한 반론에도 제대로 견뎌
내지 못하는 사상이라고 말하는데, 왜냐하면 그것은 전前비판적·전칸트
적·전헤겔적인 자연주의 형이상학이기 때문이다. 그럼에도 사르트르는
관대하게도 그 철학에 대해 플라톤적인 "신화"의 기능을 인정하는데, 어
쨌든 그것은 프롤레타리아를 혁명적으로 만드는 데 도움을 준다는 것이
다. 메를로 퐁티는 레닌의 철학은 "임시방편"에 불과하다고 한마디로 일
축한다.

하지만 내가 만약 그것에 필요한 재능을 갖고 있다 하더라도 지난
150여 년 동안의 프랑스 철학 전통에 대한 고발을 시도한다는 것은 적절
치 않을 것 같다. 왜냐하면 프랑스 철학이 이러한 과거를 침묵 속에 **덮어
둔** 것은 그 어떠한 **공개적인** 고발보다 더 의미심장하기 때문이다. 오늘날
에 이르기까지 어떤 저명한 프랑스 철학자도 이 전통의 역사를 공개적으

로 써보겠다고 나서지 않는 걸로 볼 때 이는 참으로 봐주기 어려운 전통이 아닐 수 없다.

사실 멘 드 비랑[8]과 쿠쟁[9]에서부터 라베송[10], 아믈랭[11], 라슐리에[12], 부트루[13]를 거쳐 베르그손과 브륀슈빅[14]에 이르는 프랑스 철학은 그 전통이 완강하게 맞섰던 콩트나 뒤르켐 또는 그 전통이 망각 속에 묻어 버렸던 쿠르노[15]나 쿠튀라[16] 같은 위대한 정신들 덕택에, 그리고 우리 프랑스 철학이 지난 30여 년 동안 부활하는 데 기여한 철학자들을 길러내기 위해 묵묵히 참을성 있게 작업해 온 양심적인 철학사가들과 과학사가들, 인식론자들 덕택에 겨우 그 역사에서 **구원될** 수 있다. 우리들 각자는 이 후자의 인물들이 누군지 알고 있는데, 그 중에서 작고한 장 카바이에스[17]와 가

---

8) François-Pierre-Gonthier Maine de Biran(1766~1824). 『심리학의 기초에 관한 시론』(*Essai sur les fondements de la psychologie*, 1812), 『인류학의 새로운 시론』(*Nouveaux Essais d'anthropologie*, 1823~24) 등의 저작을 남긴 프랑스 유심론 전통의 창시자.

9) Victor Cousin(1792~1867). 주요 저작으로 『근대 철학사 강의』(*Cours d'histoire de la philosophie moderne*, 1841), 『진선미에 대하여』(*Du vrai, du beau et du bien*, 1853) 등이 있다.

10) Félix Ravaisson(1813~1900). 주요 저작으로 『습관에 대하여』(*De l'habitude*, 1838), 『아리스토텔레스 형이상학에 대한 시론』(*Essai sur la métaphysique d'Aristote*, 1837~1845) 등을 남겼다.

11) Octave Hamelin(1856~1907). 주요 저작에 『표상의 주요 요소들에 대한 시론』(*Essai sur les éléments principaux de la représentation*, 1907) 『데카르트의 체계』(*Le système de Descartes*, 1911) 등이 있다.

12) Jules Lachelier(1832~1918). 『귀납법의 기초에 대하여』(*Du fondement de l'induction*, 1871) 『심리학과 형이상학』(*Psychologie et Métaphysique*, 1885) 같은 저서를 남겼다.

13) Émile Marie Boutroux(1845~1921). 『자연법칙의 우연성』(*De la contingence des lois de la nature*, 1874), 『현대 철학에서 과학과 종교』(*Science et religion dans la philosophie contemporaine*, 1907) 등의 저서를 남겼다.

14) Léon Brunschvicg(1869~1944). 『판단의 양상』(*La Modalité du jugement*, 1897), 『인간 경험과 물리적 인과성』(*L'expérience humaine et la causalité physique*, 1922) 같은 주요 저작이 있다.

15) 앙투안 오귀스탱 쿠르노Antoine Augustin Cournot(1801~1877). 프랑스의 철학자, 수학자, 경제학자로 수리경제학의 창시자 중 한 사람이다. 주요 저작에 『부의 이론의 수학적 원리 연구』(*Recherches sur les principes mathématiques de la théorie des richesses*, 1838), 『우연 및 개연성에 대한 이론 개요』(*Exposition de la théorie des chances et des probabilités*, 1841) 등이 있다.

16) 루이 알렉상드르 쿠튀라Louis-Alexandre Couturat(1868~1914). 기호논리학의 창시자 중 한 사람으로, 『라이프니츠의 논리학』(*La Logique de Leibniz*, 1901), 『수학의 원리들』(*Les Principes de mathématiques*, 1905) 등을 남겼다.

17) Jean Cavaillès(1903~1944). 프랑스의 인식론 철학자이자 레지스탕스 운동가였으며, 『과학의 논리와 이론에 대하여』(*Sur la logique et la théorie de la science*, 1947), 『공리적 방법과 형식주의』(*Méthode axiomatique et formalisme*, 1938) 등의 저작을 남겼다.

스통 바슐라르만을 거명하는 것을 이해해 주기 바란다.[18]

　어쨌든 지난 150여 년 동안 뿌리 깊은 종교적·유심론적·반동적 성격을 띠어 왔고, 그 다음 개중 나은 경우는 보수적인 성격을, 그리고 나서 뒤늦게 자유주의적이고 "인격주의적인" 성격을 띠기도 했던 이 프랑스의 강단 철학은 어처구니없게도 헤겔, 맑스, 프로이트를 무시했으며, 강단 철학이면서도 칸트, 그리고 헤겔, 후설을 진지하게 읽기 시작하고 프레게와 러셀 같은 철학자가 존재한다는 사실을 발견한 것은 겨우 20~30년밖에 되지 않았다. 대개의 경우는 그 정도도 안 된다. 그러니 이 강단 철학이 레닌이라는 이런 볼셰비키, 이런 혁명가, 이런 정치가에 관심을 기울일 이유가 어디 있겠는가?

　자신의 철학 전통에 대한 엄청난 계급적 압력이라는 이유 외에도, 프랑스 철학에서 가장 "자유로운" 정신을 지닌 사람들이 "레닌의 전前비판적인, 사고 불가능한 철학사상"에 대해 가한 비난 이외에도, 우리가 물려받은 프랑스 철학은, 정치나 정치로부터 철학적으로 배울 만한 것은 아무것도 없다는 신념을 고수해 왔다. 한 가지 사례만 들자면, 몇몇 프랑스 강단 철학자들이 마키아벨리, 스피노자, 홉스, 그로티우스, 로크 및 심지어 루소, "우리의" 루소 같은 위대한 정치철학 이론가들을 연구하기 시작한 것은 얼마 되지 않았다. 30여 년 전만 하더라도 이 사상가들은 부수적인 인물로 치부되어 문학가들이나 법학가들에게 넘겨지곤 했다.

　그런데 프랑스 강단 철학이 정치가들 및 정치로부터, 따라서 레닌으로부터는 아무것도 배울 것이 없다고 강력하게 거부한 것은 전혀 그릇된 것이 아니다. 정치와 관련된 모든 것은 철학에 치명적일 수 있는데, 왜냐하면 철학은 정치에 기대어 살아가기 때문이다.

18| (원주) 이제는 슬프게도 이 목록에 장 이폴리트(Jean Hyppolite, 1907~1968)의 이름을 포함시켜야 하리라.

물론 프랑스 강단 철학이 레닌을 읽었다 하더라도 레닌이 "밑천이 바닥나서" 강단 철학에게 한수 가르쳐 줄 만한 게 없었을 것이라고 말할 수는 없다! 레닌이 『유물론과 경험비판론』에서 요제프 디츠겐[19], 곧 맑스와 엥겔스가 그는 "자기 혼자서" 순전히 독학으로 **변증법적 유물론**을 발견해 냈으며, 그가 이렇게 할 수 있었던 것은 그가 전투적인 프롤레타리아였기 때문이라고 말했던 디츠겐을 인용하며 말한 것을 들어보기로 하자.

"이상적인 축복"을 떠들어대면서 그들의 뒤틀린 "관념론"으로 사람들을 기만하는 "학위를 가진 하인배"——디츠겐은 철학 교수들을 이렇게 보고 있다.(p.53) "하느님의 반대자가 악마이듯이 강단 사제들의 반대자는 유물론자다." 유물론적 인식론은 "종교적 신앙에 대한 보편적 무기"다.(p.55) 유물론은 또한 "악명 높고, 형식적이며, 흔한 사제들의 종교뿐만 아니라 혼란된 관념론자의 가장 세련되고 걸출한 강단적 종교에 대해서도 보편적 무기가 되는 것이다."(p.58)
디츠겐은 자유로이 사고하는 교수들의 "어중간함"보다 "종교적인 정직함"을 더 좋아하였다.(p.60) 왜냐하면 "거기에는 체계가 서 있고", 거기에는 이론과 실천을 분리하지 않는 완전한 사람들이 있기 때문이다. 교수 양반들의 "철학은 과학이 아니라 사회민주주의에 대한 방어수단이다."(p.107)
"철학자라고 자처하는 대학교수와 대학강사는 자유로이 사고하는 것처럼 보이지만 사실은 모두 다소간 미신과 신비주의에 빠져 있고 …… 사회민주주의에 반대하는 단일한 …… 반동 집단과 관계가 있

---

19) Joseph Dietzgen(1828~1888). 독일의 노동자로서 독학을 통해 독자적으로 변증법적 유물론 철학을 만들어 냈다. 『인간 두뇌활동의 본질』(Das Wesen der menschlichen Kopfarbeit, 1869)을 비롯하여 『철학의 성과』(Das Akquisit der Philosophie, 1887) 같은 저작을 남겼고 그의 아들인 오이겐 디츠겐이 1911년에 디츠겐 전집을 펴내기도 했다.

다."(p.180) "모든 종교적 내지 철학적 횡설수설에 현혹되지 않고 정
도를 걸으려면 **아무 데로도 인도하지 않는 길들 중의 길**den Holzweg der
Holzwege, 즉 철학을 **공부하지** 않으면 안 된다." (p.103)[20]

이 텍스트는 가혹하기 짝이 없지만, "자유로이 사고하는 사람들"과,
비록 종교적일지라도 "완전한 사람들"을 구별하고 있는데, 이 후자의 사
람들은 단지 사변적일 뿐만 아니라 실천 속에 기입되어 있는 하나의 "체
계"를 지니고 있다. 이 텍스트는 또한 명쾌하다. 이 텍스트가 레닌이 인용
하는 디츠겐의 놀라운 말로 끝나고 있는 것은 우연이 아니다. 곧 우리는
좋은 길을 따를 필요가 있다. 하지만 좋은 길을 따르기 위해서는 **아무 데
로도 인도하지 않는 길들 중의 길**den Holzweg der Holzwege로서 철학을 **공부해**
야 한다. 이것이 실제로 뜻하는 바는 이렇다. 공부하지 않고서는, 그리고
그것을 넘어, **아무 데로도 인도하지 않는 길**로서 철학에 대한 이론 없이는
좋은 길이 존재할 수 없다(과학들 안에서, 하지만 무엇보다 정치 안에서).
결국, 우리가 방금 언급한 모든 이유를 넘어서, 레닌이 강단 철학 및
(철학자 전체라고는 할 수 없겠지만) 강단 철학자든 아니든 간에 대다수의
철학자들──누구를 공격하자고 말하는 게 아니다──에게 **참을 수 없는**
인물이 된 것은 분명 바로 이 때문이다. 그는 우리 모두(이는 분명히 나 자
신도 포함된다는 뜻이다)에 대해 이런저런 순간에 철학적으로 참을 수 없

---

20) (원주) 블라디미르 일리치 레닌, 『유물론과 경험비판론』(정광희 옮김, 아침, 1989), 363쪽. 레닌이 인용한 디츠겐의 어구
는 " "로 표시했다. "den Holzweg der Holzwege"라는 문구를 강조 표시한 것은 레닌 자신이다.
(옮긴이) 번역은 약간 수정했다. 특히 "den Holzweg der Holzwege"는 국역본에는 "미로 중의 미로"라고 되어 있고,
영역본에는 "the falsest of all false paths"(*Materialism and Empirio-criticism*, in *Collected Works*, Moscow, 1962,
Vol.14, p.341)라고 되어 있다. 하지만 알튀세르는 이 문구를 "le chemin des chemins qui ne mènent nulle part"라
고 독창적으로 번역하고 있으며, 뒷부분의 논의에서도 이러한 의미로 사용하고 있다. 이 점을 감안해서 이 문구는 알튀
세르 자신의 번역을 존중해서 옮겼다. 또한 알튀세르 말년의 "우발성의 유물론"이나 "마주침의 유물론"에서도
"Holzweg"라는 개념(이는 하이데거 저서의 제목으로도 사용된 바 있고, 알튀세르는 이를 염두에 두고 이 개념을 사용한다)은
중요한 개념으로 활용된다.

는 인물이며, 그런 인물이어 왔다. 그가 참을 수 없는 것은, 철학자들이 그의 철학의 전비판적 성격에 대해, 그의 몇몇 범주들의 피상적인 측면에 대해 할 말이 아주 많기는 하지만, 근본적으로 그들은, **진정한** 질문은 이 것이 아니라는 점을 분명히 느끼고 있으며 또 잘 알고 있기 때문이다. 그 들은 레닌이 자신들의 반론에 대해 전혀 개의치 않는다는 점을 느끼고 있고 또 잘 알고 있다. 그가 개의치 않는 것은, 우선 그가 이러한 반론들을 오래전부터 예견하고 있었기 때문이다. '저는 철학자가 아니어서 이 분야에 대해서는 별로 아는 게 없습니다' (고리키에게 보낸 1908년 2월 7일자 편지)라고 말한 것은 레닌 자신이었다. "저는 제 정식들, 제 정의들이 막 연하고 잘 다듬어지지 않았다는 것을 알고 있습니다. 저는 철학자들이 유 물론은 '형이상학적'이라고 비난하리라는 것을 알고 있습니다." 하지만 레닌은 덧붙인다. '문제는 이것이 아닙니다. 저는 그들의 철학을 하지 않 았을 뿐더러, 그들처럼 철학을 "하지" 않습니다. 그들이 철학을 "하는" 방 식은 오묘한 지성의 보물들을 소비하여 철학 속에서 **되새김질하는/반추하 는**ruminer[21] 것과 다르지 않습니다. 나는 철학을 다르게 취급하며, 맑스가 원했던 것처럼, 존재하는 바대로의 철학에 합치하게 철학을 **실천합니다**. 바로 이 점에서 저는 제가 '변증법적 유물론자'라고 믿습니다.'

이 모든 것은 『유물론과 경험비판론』에서 때로는 명료하게, 때로는 행간에 씌어 있다. 그리고 이 때문에 철학자 레닌은, 알고 싶어 하지 않는

---

21) 이 글에서 "ruminer" (및 명사인 "rumination")는 매우 중요한 의미를 지니고 있는 단어들이다. 주지하다시피 이 단어는 '반추(反芻)하다'를 의미한다. 그리고 '반추'는 소나 염소 같은 동물이 일단 삼킨 먹이를 되풀이해서 씹어 먹는 행위를 가리키며, 비유적으로는 어떤 일이나 문제에 대해 곰곰하게 숙고하고 성찰하는, 되새겨 보는 행위를 뜻할 때 사용된다. 알튀세르가 철학 및 철학적 사고를 가리키기 위해 이 단어를 사용하는 것은, 4절에서 좀더 분명히 밝혀지겠지만, 이중 적인 목적 때문이라고 할 수 있다. 첫째, 이 단어는 철학은 유물론과 관념론이라는 대립 경향들 사이에 경계선을 긋는 행위이며, 계속 되풀이해서 이러한 경계선을 긋는 행위와 다르지 않다는 점, 따라서 철학은 본질적으로 아무것도 아닌 되풀이, 반복의 행위라는 점을 가리킨다. 둘째, 따라서 이 단어는 또한 철학은 어떤 실재하는 대상에 대한 객관적인 인 식이 아니며, 기본 범주들에 대한 되풀이되는 성찰, 되새김이라는 점을 의미한다. 이 점을 감안해서 이 글에서 "ruminer"는 "되새김질하다"로, "rumination"은 "되새김질"로 번역했다.

다수의 철학자들, 곧 **진정한 질문**은 그것이 아니라는 것을 시인하지 않는 가운데 깨닫고 있는 철학자들에게 참을 수 없는 인물인 것이다. 진정한 질문은, 맑스·엥겔스·레닌은 진정한 철학자들인지 아닌지, 그들의 철학적 언표들이 형식적으로 비난의 여지가 없는 것인지, 그들이 칸트의 "물자체"에 대해 어리석은 이야기를 하는지 안 하는지, 그들의 유물론이 전비판적인 것인지 아닌지와 같은 질문이 아니다. 왜냐하면 이 모든 질문은 철학에 대한 특정한 **실천** 내부에서 제기되는 것이고 계속 그 내부에 머물러 있기 때문이다. 진정한 질문은 정확히 이러한 전통적인 실천에 대한 것이며, 레닌은 철학에 대한 **전혀 다른** 실천을 제안하면서 전통적인 실천을 문제 삼는다.

이 다른 실천은 철학의 존재 양식에 대한 **객관적 인식**의 약속 내지 소묘와 같은 것을 포함하고 있다. 홀츠베크 데어 홀츠베게Holzweg der Holzwege로서 철학에 대한 인식이 그것이다. 그런데 철학자들 및 철학이 정말 견뎌내기 어려운 것, 참을 수 없는 것은 아마도 바로 이러한, 철학에 대한 인식이라는 관념일 것이다. 철학이 견뎌낼 수 없는 것은 자신의 전통적인 실천을 변화시킬 수 있는 철학에 대한 이론(곧 객관적 인식)이라는 관념이다. 이러한 이론은 철학에 대해 치명적일 수 있는데, 왜냐하면 철학은 그것에 대한 부인否認, dénégation[22]으로 삶을 영위하기 때문이다.

따라서 강단 철학은 두 가지 이유 때문에 (맑스와 마찬가지로) 레닌을 참을 수 없는 인물로 여기는데, 이 두 가지 이유는 사실 단 하나의 동일한 이유다. 한편으로 강단 철학은 자신이 정치와 정치가로부터 무언가를 배워야 한다는 관념을 견딜 수 없어 한다. 다른 한편으로 강단 철학은 철학이 어떤 이론, 곧 어떤 객관적 인식의 대상이 될 수 있다는 사실을 견

---

[22] 알튀세르가 사용하는 "부인" 개념의 의미에 대해서는 이 글의 주 44)을 참조하라.

딜 수 없어 한다.

　더욱이 이 정치가가 레닌과 같은 인물이라면, "조잡하고" 독학으로 철학을 공부했으면서도 대담하게도 철학에 대한 이론이 진정으로 의식적이고 책임 있는 철학의 실천을 위해 본질적이라는 주장을 펼치는 인물이라면, 이건 분명 도가 지나친 것이다.

　여기에서도 역시 철학——강단 철학이든 아니든 간에——은 잘못을 저지르지 않는다. 만약 철학이 외관상으로는 우연적인 이러한 마주침 rencontre, 일개 정치가가 철학 자신에 대해 철학이 무엇인지 인식하기 시작할 수 있는 방법을 제안하는 그런 마주침을 완강하게 거부한다면, 이는 이러한 마주침이 가장 민감한 지점, 가장 참을 수 없는 지점, 무언가가 **억압되어 있는** 지점——철학은 전통적으로 이 지점에 대한 되새김질에 불과했다——을 **정확히** 건드리기 때문이다. 이 지점은 정확히 말하면, 철학이 자신의 이론 안에서 자기 자신을 인식하기 위해서는, 자신은 일정한 방식으로 투자된investie 정치, 일정한 방식으로 계속되는 정치, 일정한 방식으로 되새김질되는 정치에 불과하다는 점을 인정할 수밖에 없는 지점이다.

　레닌이야말로 처음으로 이를 말한 인물이라는 점이 드러난다. 또한 그가 이를 말할 수 있었던 것은 바로 그가 정치가였기 때문이라는 점, 아무 정치가가 아니라 **프롤레타리아의 지도자**였기 때문이라는 점도 드러난다. 바로 이 때문에 레닌은 프로이트가 심리학적 되새김질로서는 참을 수 없는 인물이었던 것만큼이나 철학적 되새김질로서는 참을 수 없는 인물이었다.

　레닌과 기성 철학 사이에는 오해 및 상황에 따른 갈등만 존재한 것은 아니며, 심지어 풋내기 변호사였다가 혁명의 지도자가 된 장학사의 아들이 느닷없이 철학 교수들은 대부분 소부르주아 지식인들로서 부르주아 교육 체계 내에서 어린 학생 대중들에게 지배 계급의 이데올로기의 독단적 교리 ——사람들이 얼마나 비판적인 철학자 및 포스트비판적인 철학자가 되고 싶어 하든 간에 ——를 주입하는 이데올로그들로서 기능하고 있다고 선언한 것에 대해 격분한 철학 교수들의 감정적인 반응들만 존재하는 것도 아니라는 점을 이해할 수 있다.[23] 레닌과 기성 철학 사이에는 근본적으로 참을 수 없는 관계가 존재하는 것이다. 지배적인 철학의 뼈아픈 급소, 곧 그것이 억압해 온 정치라는 급소를 건드리는 관계가 바로 그것이다.

III

하지만 어떻게 레닌과 철학 사이의 관계가 이런 지점까지 이르게 되었는지 정확히 파악하기 위해서는, 레닌과 철학 일반에 대해 이야기하기 전에 약간 뒤로 물러나서 맑스주의 철학에서 레닌의 위치를 지정해 보고, 따라서 맑스주의 철학의 상태에 대해 언급해 볼 필요가 있다.

　여기서 문제는 맑스주의 철학의 역사를 소묘하는 것이 아니다. 우리는 그럴 만한 능력이 없는데, 여기에는 아주 결정적인 이유가 있다. 그렇게 하기 위해서는 우선 지금 그 역사를 기록하는 것이 문제가 되는 그 미지의 X가 무엇인지 알아야 하고, 그것을 알게 되면, 이 X가 역사를 갖는지 아닌지, 곧 역사를 가질 권리가 있는지 없는지 알 수 있는 위치에 있어야 하기 때문이다.

　나는 아주 개략적이나마 맑스주의 철학의 "역사"를 소묘하기보다는, 역사 속에서 연속해서 전개돼 온 텍스트들 및 저작들을 통해, 한 가지 증상적인 난점을 드러내 보고 싶다.

23| (원주) 이 글 말미에 있는 '보론' 을 보라.

이러한 난점은 유명한 논쟁들을 낳았으며, 이 논쟁들은 오늘날까지 지속되고 있다. 우리는 이 논쟁의 가장 공통적인 명칭들을 통해 그 난점의 존재를 지적해 볼 수 있다. 맑스주의 이론의 기초는 무엇인가? 과학인가 철학인가? 맑스주의는 근본적으로 하나의 철학, "실천 철학"인가? 하지만 만약 그렇다면 맑스가 공표했던 과학적 주장들은 어떻게 되는가? 반대로 맑스주의는 근본적으로 하나의 과학, 역사 유물론, 역사과학인가? 하지만 만약 그렇다면 그 철학, 변증법적 유물론은 어떻게 되는가? 또는 만약 우리가 역사 유물론(과학)과 변증법적 유물론(철학) 사이의 고전적인 구별을 받아들인다면, 이러한 구별을 어떻게 사고할 것인가? 전통적인 용어들로 사고할 것인가 아니면 새로운 용어들로 사고할 것인가? 또는 변증법적 유물론에서 유물론과 변증법의 관계는 무엇인가? 또는 변증법이란 무엇인가? 단순히 하나의 방법인가? 아니면 철학 전체인가?

그 많은 논쟁들을 야기했던 이러한 난점은 **증상적**이다. 증상적이라는 말로 내가 제안하고 싶은 것은 이러한 난점이 부분적으로는 수수께끼 같은 어떤 실재를 잘 입증해 준다는 점인데, 내가 방금 전에 지적했던 고전적인 질문들은 이 실재에 대한 특정한 치료, 곧 특정한 해석이다. 아주 도식적으로 말하자면 고전적인 정식들은 이러한 난점을 오직 **철학적 질문들**의 관점에서만, 따라서 우리가 철학적 되새김질이라고 불렀던 것 내부에서만 해석했다. 반면 이러한 난점들을 철학적 질문들──이 난점들이 이 질문들을 산출한다는 것은 분명하다──을 가로질러 전혀 다른 관점에서, 곧 **문제**의 관점, 다시 말해 객관적(따라서 과학적) 인식의 관점에서 사고해야 한다. 의심할 여지 없이 오직 이러한 조건 아래에서만, 철학에 대한 맑스주의의 본질적인 이론적 기여를 조급하게 철학적 질문들의 관점에서 사고하게 만든 혼동을 이해하는 것이 가능해진다. 이러한 이론적 기여는 어떤 **문제**의 완강한 되풀이로서, 이는 분명 철학적 효과를 낳을 수 있지만 그것은 이러한 문제가 최종 심급에서 철학적 **질문**이 아닌 한에 서만 그렇다.

내가 의도적으로 이러한 용어들, (과학적 문제와 철학적 질문의) 구별 을 전제하는 용어들을 사용한 것은 이러한 혼동을 범한 이들을 평가하기 위해서가 아니다. 왜냐하면 우리 모두가 그러한 혼동을 범하고 있으며, 우리는 그러한 혼동이 과거에 불가피했으며 지금도 여전히 불가피하다고 생각할 만한 충분한 이유들을 갖고 있기 때문이다. 이는 맑스주의 철학 자신이 필연적인 이유들 때문에 이러한 혼동에 사로잡혔었고 또 지금도 사로잡혀 있는 만큼 더욱더 그렇다.

왜냐하면 결국, 「포이어바흐에 관한 테제」 이래 맑스주의 철학이라 고 불리는 연극을 일별해 보더라도, 이러한 연극이 아주 독특한 공연을 제공하고 있음을 충분히 지적할 수 있기 때문이다. 만약 여러분이 맑스의 청년기 저작들은 제쳐두고(나는 이러한 요구가 내가 제시했던 논거들[24]의 설득력에도 불구하고 몇몇 사람들로서는 받아들이기 어려울 것이라는 점을 알고 있다), 『독일 이데올로기』가 "우리의 과거의 철학적 의식의 청산", 따라서 그의 사상에서의 단절과 전환을 이룬다는 것에 동의할 수 있게 허 락해 준다면, 그리고 사람들이 「포이어바흐에 관한 테제」("절단"의 최초의 징표, 1845)와 엥겔스의 『반反뒤링』(1879) 사이에 일어난 것을 잘 고려해 보려 한다면, 이 사이에 철학적 공백 기간이 매우 길었다는 점을 깨닫고 깜짝 놀랄 수밖에 없을 것이다.

「포이어바흐에 관한 11번째 테제」는 다음과 같이 선언했다. "철학자 들은 단지 세계를 해석해 왔지만, 문제는 세계를 변혁하는 것이다." 이 간

---

24) 이는 아마도 『맑스를 위하여』에서 알튀세르가 제시했던 청년 맑스와 장년 맑스의 사상 사이의 단절rupture 내지 절단 coupure에 관한 논의를 뜻하는 것 같다.

단한 문장은 새로운 철학, 더 이상 세계의 **해석**이 아니라 **변혁**이 될 새로운 철학을 약속하는 것처럼 보였다. 게다가 이 문장은 50여 년 뒤에 라브리올라[25]에 의해, 그리고 그 다음에는 그람시에 의해 이런 식으로 읽혔으며, 이들은 맑스주의를 본질적으로 새로운 철학, "실천 철학"으로 정의했다. 하지만 이 예언적인 문장은 결코 어떤 새로운 철학도, 아무튼 어떤 새로운 철학적 담론도 생산하지 않으며, 그와는 정반대로 오랜 철학적 침묵을 낳았을 뿐이라는 명백한 사실을 인정해야 한다. 이 오랜 침묵은 겉보기에는 전혀 예상치 못한 우연적 사건에 의해 공개적으로 깨어지게 됐다. 그것은 뒤링Dühring에 맞서 이데올로기적인 투쟁을 벌이도록 강제된, 엥겔스의 조급한 개입이었다. 엥겔스는 맹목적인 한 수학교수의 "철학" 저술들이 낳은 정치적 귀결들──이 저술들은 독일 사회주의자들에게 위험스러울 만큼 영향력을 확대해 가고 있었다──에 맞서기 위해 "적진에서 적수를 쫓아가는" 제약을 무릅쓰고 이러한 투쟁을 개시했다.

따라서 이는 아주 이상한 상황이다. 철학 안에서의 혁명을 예고하는 것처럼 보이는 테제 이후에, 30여 년에 가까운 철학적 침묵이 뒤따르고, 마지막에는 정치적이고 이데올로기적인 이유 때문에 엥겔스가 맑스의 과학 이론에 대한 주목할 만한 개론의 서론격으로 출간했던, 철학적 논쟁을 위해 즉흥적으로 쓰인 몇 개의 장이 있다.[26]

우리가 「11번째 테제」를 철학혁명에 대한 예고로서 읽는다면, 우리는 회고적인 철학적 가상의 희생자들이 된다고 결론을 내려야 할까? 그렇기도 하고 그렇지 않기도 하다. 하지만 나는 아니라고 말하기에 앞서 **우선** 진지하게 그렇다고 답해야 한다고 믿는다. **그렇다, 우리는 본질적으**

---

25) Antonio Labriola(1843~1904). 이탈리아의 맑스주의 철학자. 『유물론적 역사관』(*La concezione materialistica della storia*, 1896), 『사회주의와 철학에 대한 대화』(*Discorrendo di socialismo e di filosofia*, 1897) 등의 저작을 남겼다.
26) 이는 『반뒤링』의 1부에 나오는 철학에 관한 논의를 가리킨다.

로 **철학적 가상의 희생자들이다.**「포이어바흐에 관한 테제」에서 예고된 것은, 모든 "해석적인" 철학과의 단절을 선언하는 필연적으로 철학적인 언어 속에서 표현되지만, 그와는 전혀 다른 것이었다. 그것은 새로운 과학, 역사과학이었으며, 맑스는 곧이어 『독일 이데올로기』에서 여전히 너무나 취약한 상태에 머물러 있던 이 역사과학의 최초의 토대들을 정립하게 될 것이다.

따라서 「11번째 테제」의 예고 다음에 있었던 철학적 공백은 사실은 어떤 과학의 충만함이었으며, 전례 없는 어떤 과학을 만들어 내는 장기간에 걸친 밀도 높고 고된 작업, 끝내 완성되지 못했던 『자본』의 마지막 원고들에 이르기까지 맑스가 자신의 전 생애를 바치게 될 그런 작업의 충만함이었다. 「11번째 테제」가 철학을 표시할 수 있는 어떤 사건을 예언적으로 예고했음에도 결국 하나의 철학을 산출하지 못한 것은, 또는 좀더 정확히 말하면, 맑스의 과학적 발견을 위한 이론적 준비 작업을 부각시키기 위해 실존하는 모든 철학의 발본적인 폐지를 공표**해야 했던** 심원한 일차적인 이유는 바로 이 과학적 충만함에 있다.

주지하다시피 이러한 철학의 발본적 폐지는 『독일 이데올로기』에 문자 그대로 기록되어 있다. 맑스는 이 저작에서, 모든 철학적 공상을 몰아내고 실정적인 현실에 대한 연구에 몰두해야 하며, 철학의 장막을 찢어 버리고 마침내 존재하는 그대로의 현실을 보아야 한다고 말하고 있다.

『독일 이데올로기』는 이러한 철학의 폐지를, 철학을 환각과 신비화로, 또는 좀더 분명히 말하자면 **꿈**으로 간주하는 이론 위에 정초하고 있다. 철학은, 내가 구체적인 인간들의 실제 역사의 낮의 찌꺼기들[27]——순수하게 상상적인 존재의 모습을 띠고 있는 이 낮의 찌꺼기들에서는 사물의 질서가 전도되어 있다——이라고 부르고자 하는 것으로 만들어지는 꿈인 것이다. 종교 및 도덕과 마찬가지로 철학은 이데올로기에 불과하며,

역사를 갖지 않는다. 철학에서 일어나는 것처럼 보이는 모든 것은 사실은 철학 바깥에서, 오직 현실 역사 속에서, 인간들의 물질적 삶 속에서 일어난다. 그렇다면 과학은, 현실을 은폐하는 이데올로기들——이 이데올로기 중 첫번째가 철학이다——을 파괴함으로써 현실을 드러내는 행위를 통해 알려지는 현실 자체다.

이 극적인 순간에 잠시 멈춰서서 그것의 의미를 밝혀 보기로 하자. 따라서 「11번째 테제」가 예고하는 이론적 혁명은 사실은 새로운 과학의 정초다. 바슐라르의 개념 하나를 사용하자면, 우리는 새로운 과학을 창설하는 이론적 사건을 "인식론적 절단"으로 사고할 수 있다고 믿는다.

맑스는 새로운 과학을 정초한다. 곧 이전에는 이데올로기적 통념들 notions의 배열만 군림하던 곳에서 새로운 과학 개념들의 체계를 만들어낸다. 맑스는 역사철학들만 존재하던 곳에서 역사과학을 정초한다. 우리가 맑스는 이전에는 역사철학들만 군림하던 영역에서 과학 개념들의 이론적 체계를 조직한다고 말할 때, 우리는 하나의 은유에 불과한 은유를 확대하고 있는 셈이다. 왜냐하면 역사라는 동일한 공간 속에서 맑스가 이데올로기적 이론들을 과학적 이론으로 대체했다고 제안하고 있기 때문이다. 사실은 이 영역 자체가 개조된다. 하지만 이러한 근본적인 사항을 유보해 둔 상태에서, 나는 이 은유를 잠정적으로 유지하자고, 심지어 이 은유에 대해 좀더 정확한 형태를 부여하자고 제안하려고 한다.

만약 우리가 인간 역사에서 볼 수 있는 위대한 과학적 발견들을 고찰해 본다면, 우리가 **과학들**이라는 이름으로 부르는 것을, 앞으로 우리가 거대한 이론적 **대륙들**이라고 부르고자 하는 것에 그 대륙들에 속하는 **국지**

27] 여기서 알튀세르가 실제 역사의 "낮의 찌꺼기들"이라고 부른 것은 프로이트의 꿈에 대한 정의를 문자 그대로 옮겨 온 것이다.

적 형성체들로서 연결시킬 수 있을 것으로 보인다. 이제 우리가 유지하게 된 거리를 두고서, 하지만 맑스도 그렇고 우리 자신도 역시 "마음대로 요리할 수" 없는 장래에 관해 예견하지는 않은 가운데, 좀더 다듬어진 우리의 은유를 계속 사용해서 말하자면, 맑스 이전에는 **오직** 두 개의 커다란 대륙만이 연속적인 인식론적 절단coupure épistémologique을 통해 과학적 인식에게 열려 있었다고 말할 수 있다. 그것은 그리스인들(탈레스 내지 이 신화적인 이름이 가리키는 사람들)이 열어 놓은 **수학이라는 대륙**과 (갈릴레이 및 그 계승자들이 열어 놓은) **물리학이라는 대륙**이다. 라부아지에의 인식론적 절단에 의해 정초된 화학 같은 과학은 물리학이라는 대륙에 속한 국지적 과학이다. 이제 모든 사람은 화학이 물리학의 대륙에 속해 있음을 알고 있다. 최근 10여 년 동안에야 비로소 다윈과 멘델이 이룩한 인식론적 절단의 첫번째 국면을 끝마친 생물학과 같은 과학도 물리학의 대륙에 속한다. 현대적인 형태를 지닌 논리학은 수학의 대륙에 속한다 등등. 역으로 프로이트의 발견은 새로운 대륙을 열어 놓았다고 볼 수 있을 듯한데, 우리는 이제 겨우 이 대륙을 탐사하기 시작했다.

만약 이 은유가 그것을 확대하면서 겪게 되는 시험을 견뎌낸다면, 우리는 다음과 같은 명제를 제시할 수 있다. 맑스는 「포이어바흐에 관한 테제」에서 예고된 이후 『독일 이데올로기』에서 최초로, 하지만 여전히 동요하는 가운데 이루어진 인식론적 절단을 통해 과학적 인식에 대해 세번째의 과학적 대륙, 역사라는 대륙을 열어 놓았다. 이러한 인식론적 절단은 분명히 일회적인 사건이 아니다. 우리는 심지어, 이러한 절단의 **세부적인 내용** 중 이런저런 측면에 대해서는, 회귀를 통해 과거의 어떤 것을 이러한 절단의 전조로 규정할 수도 있을 것이다. 이러한 절단은 어쨌든 자신의 최초의 징표들에서 **가시화**되지만, 이러한 징표들은 끝없는 어떤 역사의 시작을 열어 놓은 것에 불과하다. 왜냐하면 모든 절단과 마찬가지로 이러한 절단은 연속적인 절단으로서, 그 내부에서 우리는 복잡한 개조 작용들을 관찰할 수 있기 때문이다.

사실 우리는 맑스의 연속적인 저술 속에서 이러한 개조 작용을 관찰할 수 있는데, 이 개조 작용은 본질적인 개념들 및 그 이론적 장치에 영향을 미친다. 가령 1847년의 『공산당 선언』과 『철학의 빈곤』, 1857년의 『정치경제학 비판 서설』, 1865년의 『임금, 가격, 이윤』, 1867년 『자본』 제1권 등에서 이를 볼 수 있다. 또 다른 개조와 발전이 레닌의 저작 속에서 이루어지는데, 이는 특히 『러시아에서 자본주의의 발전』, 『제국주의』 등과 같이 능가하기 어려운 경제사회학 저작 ─ 하지만 불행하게도 사회학자들은 이 저작들을 모르고 있다 ─ 에서 볼 수 있다. 우리가 인정하든 아니면 거부하고 싶어 하든 간에, 우리는 오늘날에도 여전히 이러한 절단이 표시하고 열어 놓은 이론적 공간 속에 기입되어 있다. 우리가 알고 있는 두 개의 대륙을 열어 놓은 다른 절단들과 마찬가지로 이러한 절단은 결코 끝나지 않을 하나의 역사를 창설한다.

이 때문에 우리는 「포이어바흐에 관한 11번째 테제」를 새로운 철학을 예고하는 것으로 읽어서는 안 되며, 새로운 과학을 정초하기 위한 정돈된 자리를 마련하기 위해 철학과 단절하는 데 필요한 선언으로 읽어야 한다. 이 때문에, 모든 철학의 급진적인 폐지로부터 『반뒤링』의 철학에 관한 장들을 촉발했던 예견치 못한 "우연적 사건"에 이르기까지 철학적인 침묵이 지속된 것이며, 이 시기에는 오직 새로운 과학만이 말을 하고 있었다.

물론 새로운 과학은 유물론적이지만, 모든 과학 역시 유물론적이기 때문에, 이 일반 이론은 "역사 유물론"이라는 이름을 지니고 있다. 그렇다면 유물론은 아주 단순하게도 자신의 대상의 실재성에 대해 과학자가 지니는 엄격한 태도이며, 이는 엥겔스가 말하듯이 "외재적인 부가물 없이 자연"을 파악할 수 있게 해준다.

약간 이상한 "역사 유물론"이라는 표현(왜냐하면 화학을 지칭하기 위해 우리는 화학적 유물론이라는 표현을 사용하지는 않기 때문이다)에서 유물론은 역사철학에 함축된 관념과의 선행적인 단절을 표시하면서 동시에 역사에 대한 과학성의 창설을 표시한다. 그렇다면 역사 유물론은 바로 역사과학을 뜻한다. 만약 맑스주의 철학과 같은 어떤 것이 정말 태어날 수 있다면, 이는 항상 과학혁명과 그것에 대한 철학적 재편을 분리하는 장기적인 시간적 거리를 둔 이후에, 이 과학——정말 이상한 자매이긴 하지만, 그 이상함 자체에서 기존의 과학들의 자매인——의 수태 자체에서 가능할 것 같다.

사실 이러한 철학적 침묵의 이유들을 좀더 정확히 간파하려고 하다 보니 이제 여기서 과학들과 철학 사이의 관계에 대해 한 가지 테제를 제안하게 될 처지에 놓이게 되었는데, 그렇다 해도 이는 경험적인 자료들을 통해 이 테제를 예시하는 것 이상이 되지는 않을 것이다. 레닌은 다음과 같은 단순한 언급과 함께 『국가와 혁명』을 시작하고 있다. "국가가 항상 존재해 왔던 것은 아니며, 우리는 계급사회에서만 국가의 존재를 관찰할 수 있다." 같은 식으로 우리는 다음과 같이 말하고자 한다. 철학은 항상 존재해 오지 않았다. 우리는 과학 또는 과학들이라고 불리는 것을 포함하는 세계 속에서만 철학의 존재를 관찰할 수 있다. 여기서 과학이란 이론적——곧 이념적이고 논증적인——분과학문이라는 엄밀한 의미에서의 과학이지, 경험적 결과들의 집적체라는 뜻이 아니다.

그리고 짧막하게 우리의 테제에 대한 경험적 예시를 해본다면 다음과 같다.

철학이 탄생하거나 재탄생하기 위해서는 과학들이 필요하다. 그리스 수학의 존재에 의해 탄생하도록 촉발된 엄밀한 의미에서의 철학이 플라톤과 더불어 비로소 시작된 것은 아마 바로 이 때문일 것이다. 또 철학이, 갈릴레이의 물리학이 일으킨 과학혁명에 촉발되어 데카르트에 의해 전복된 이유도, 뉴턴 발견의 효과로 인해 칸트에 의해 재정초된 이유도, 최초의 공리계 이론의 자극 아래 후설에 의해 재모델화된 것 등도 아마 바로 이 때문일 것이다.

나는 헤겔이 철학은, 이미 새벽에 태어난 과학은 긴 대낮의 시간을 다 보내고 난 다음 **땅거미가 질 무렵에** 날개를 펴고 날아오른다고 말한 것은 결국 틀린 말이 아니었다는 점을 언급해 두기 위해——하지만 여전히 경험적인 방식으로——나중에 입증해 봐야 할 이 주제를 제안하는 것뿐이다. 따라서 철학이 그 최초의 형태 아래 탄생하도록, 또는 과학혁명들의 와중에 재탄생하도록 촉발한 과학에 대하여 철학은 항상 긴 대낮의 시간만큼 뒤처져 있는데, 이 시간은 몇 년 동안 지속될 수도 있고, 20년, 반 세기 또는 백 년 동안 지속될 수도 있다.

과학적 절단들의 충격은 그 순간에 당장 느껴지지 않으며, 철학이 개편되기 위해서는 시간이 필요하다고 믿어야 한다.

또한 분명히 철학적 수태 작업은 과학적 수태 작업과 부분적으로 결부되어 있으며, 양자는 각각 타자 안에서 작업 중에 있다고 결론 내려야 한다. 새로운 과학의 작업 속에서 새로운 철학 범주들이 가공된다는 것은 명백하다. 하지만 어떤 경우에는(정확히 말하자면 플라톤과 데카르트) 철학이라 불리는 것이, 새로운 과학의 개념들이 요구하는 새로운 범주들이 정련될 이론적 실험실 역할을 맡을 수도 있다. 예컨대 일종의 "인식론적 장애물" 로서의 아리스토텔레스주의적인 원인 개념에 부딪친 갈릴레이의 물리학에 필요한 새로운 인과성 범주는 바로 데카르트주의 안에서 가공되지 않았는가? 만약 우리가 알고 있는 위대한 철학적 사건들(플라톤 이래의 고대 철학, 데카르트 이래의 근대 철학)은 그리스 수학과 갈릴레이 물리학이라는 두 개의 커다란 과학 대륙이 여러 효과들을 촉발하면서 열렸다는 사실에 명시적으로 준거하고 있다면, 우리가 생각하기에 맑스주의 철학이라 불릴 수 있는 것에 대해 몇 가지 추론을 언표해énoncer볼 수 있을(왜냐하면 이 모든 것은 여전히 경험적인 것에 머물러 있기 때문이다) 것이다.

첫번째 추론. 만약 맑스가 과학적 인식에 대해 정말 새로운 대륙을 열어놓았다면, 그의 과학적 발견은 철학 내에서의 중요한 개편과 같은 어떤 효과를 분명히 촉발했을 것이다. 「11번째 테제」는 아마도 사태를 좀 앞질러 간 것 같다. 하지만 이 테제는 실로 철학 내에서의 주요한 사건을 예고했다. 실제로 정말 그런 것 같다.

두번째 추론. 철학은 과학적 촉발에 대한 지체 속에서만 존재할 뿐이다. 따라서 맑스주의 철학은 맑스주의 역사과학에 대해 지체되어야 한다. 실제로 정말 그런 것 같다. 「포이어바흐에 관한 테제」와 『반뒤링』 사이의 30년 동안의 불모의 기간이 그 증거이며, 우리와 다른 많은 사람들이 여전히 그 자리에서 맴돌고 있는, 그 뒤의 오랜 답보 기간 역시 그 증거가 된다.

세번째 추론. 맑스주의 과학에 대한 맑스주의 철학의 지체에 관해 좀 더 물러서서 생각해보면, 우리는 맑스주의 철학을 만들어내기 위해 맑스주의 과학의 수태 속에서 우리가 생각하는 것보다 더 진전된 이론적 요소들을 발견할 기회를 갖고 있다. 레닌은 맑스의 『자본』 속에서 맑스의 변증법을 찾아야 한다고 말했는데, 이 때 그가 변증법으로 염두에 둔 것은 맑스주의 철학이었다. 『자본』 속에는 새로운 철학적 범주들로 성취하거나 다듬어야 할 요소들을 분명히 존재한다. 이러한 범주들은 분명히 『자본』 속에서 "실천적인 상태로" 작동하고 있다. 실제로 정말 그런 것 같다.

『자본』을 읽고 작업을 시작해야 한다.

　낮은 항상 길지만, 다행스럽게도 낮은 이미 많이 지나가서 이제 저녁이 오려고 하고 있다. 맑스주의 철학이 날개를 펴기 시작했다.

　이러한 추론들을 전망들로 간주한다면, 감히 말하거니와 이 추론들은 우리의 근심과 희망 속에, 그리고 또한 몇몇 우리의 생각 속에 일종의 질서를 가져다준다. 그렇다면 우리는, 빈곤한 삶과 악착같은 과학적 연구, 긴급한 정치적 지도 활동에 사로잡혀 있던 맑스가 자신이 꿈꾸었던 변증법(또는 철학)에 대해 쓰지 못한 궁극적인 이유는, **그 자신이 어떻게 믿었든 간에**, "시간이 없었기" 때문이 아니라는 것을 이해할 수 있다. 그렇다면 우리는, 그 자신이 쓴 바와 같이 갑자기 "철학적인 물음들에 대해 자신의 견해"를 밝혀야 할 필요성에 직면했던 엥겔스가 직업적인 철학자들을 설득시키지 못한 궁극적인 이유가 단순히 이데올로기적 논쟁의 필요 때문에 생겨난 그의 글의 즉흥적인 성격 때문이 아니라는 점을 이해할 수 있다. 그렇다면 우리는, 『유물론과 경험비판론』이 지닌 철학적 한계의 궁극적인 이유가 단지 이데올로기적 투쟁의 강제 때문이 아니라는 점을 이해할 수 있다.

　이제 우리는 말할 수 있다. 맑스가 갖지 못했던 시간, 엥겔스의 즉흥적인 철학적 저술, 레닌이 자신의 적들의 무기를 그들에 맞서 사용하는 데 만족할 수밖에 없게 했던 이데올로기적 투쟁의 법칙과 같은 이 모든 것은 그저 핑계거리일 뿐 이유가 되지는 못한다.

　궁극적인 이유는 아직 시간이 성숙하지 못했기 때문이며, 저녁이 오지 않았기 때문이고, 맑스 자신도 엥겔스도 레닌도 맑스주의에 결여되어 있던 이 위대한 철학 저작을 아직 쓸 수 없었기 때문이다. 그들이 이런저런 식으로, 맑스주의 철학이 의존하는 과학 이후에 작업한 것이 사실이라면, 그들은, 필연적인 **지체**를 겪은 뒤 탄생할 수밖에 없는 필수 불가결한 철학에 대해서는 **너무 일찍** 작업한 것이다.

이러한 필연적인 "지체"라는 개념에서 출발하면 모든 것은 명료해질 수 있는데, 여기에는 청년 루카치와 그람시, 그리고 그들과 같은 재능을 지니지는 못했던 다른 많은 이들의 오해도 포함된다. 이들은 너무나 느리게 탄생하는 이 철학에 대해 조급함을 느낀 나머지 이 철학은 이미 오래 전부터, 기원에서부터, 「포이어바흐에 관한 테제」에서부터, 따라서 맑스주의 과학이 시작되기 **이전**부터 태어나 있었다고 선포했다. 그들은 이 사실에 대한 증거를 제시하기 위해 아주 간단히, 모든 과학은 "상부구조"에 속해 있기 때문에, 따라서 모든 실존하는 과학은 부르주아적이라는 이유에서 실증주의적이기 때문에, 맑스주의 "과학"은 **철학적**일 수밖에 없으며, 맑스주의는 하나의 철학, 포스트헤겔적인 철학 또는 "실천 철학"이라고 선언했다.

이러한 필연적인 "지체"라는 개념에서 출발하면, 맑스주의 조직의 정치적 역사 및 그것들의 실패와 위기를 비롯한 다른 많은 난점들도 해명될 수 있다. 맑스주의 전통 전체가 고백하듯이 계급투쟁의 역사에서 가장 위대한 사건이 맑스주의 이론과 노동자운동의 연합이라는 것이 사실이라면, 이러한 연합의 내적 균형은 **편향**이라 불리는 이론적 실패(아무리 사소한 것이라 하더라도)에 의해 위협 받을 수 있다. 그렇다면 우리는 사회주의 운동에서, 그 다음에는 공산주의운동에서, 레닌이 단순한 "뉘앙스의 차이"라고 불렀던 것을 둘러싸고 벌어진 격렬한 이론 논쟁의 정치적 함의를 이해할 수 있다. 왜냐하면 레닌은 『무엇을 할 것인가』에서 "러시아 사회민주당의 장래는 오랫동안, 이런저런 '색조' 중 어떤 것을 강화하느냐에 따라 결정될 것이다"[28]라고 쓰고 있기 때문이다.

그렇다면 우리는, 맑스주의 이론은 하나의 과학 및 하나의 철학으로 이루어져 있고, 철학은 과학에 대해 뒤처질 수밖에 없기 때문에, 이러한 이론적 편향은 근본적으로 **불가피**하며, 이는 단지 이론에 대한, 이론 속에서의 계급투쟁의 효과 때문만이 아니라 이론 자체에 내적인 균열 때문이라고 생각해 볼 수 있다.

실제로 우리는 맑스주의 노동자운동의 과거로 되돌아가, 프롤레타리아의 거대한 역사적 실패, 단 하나의 사례만을 들어보자면, 제2인터내셔널의 실패를 낳았던 이론적 편향들을 그 이름 그대로 지시해 볼 수 있다. 이러한 편향들은 경제주의, 진화주의, 자생주의, 인간주의, 경험주의, 독단주의 등으로 불린다. 이러한 편향들은 근본적으로 **철학적** 편향들이며, 위대한 노동자운동의 지도자들, 특히 일차적으로는 엥겔스와 레닌에 의해 철학적인 편향들이라고 비판받았다.

하지만 그렇다면 우리는 이제 왜 이러한 편향들을 비판하는 사람들조차 이러한 편향들에 휩쓸리는 것인지 이해하는 일에 아주 근접하게 되었다. 이러한 편향은 맑스주의 철학의 필연적인 지체의 기능에 따라 어떤 식으로든 불가피한 것이 아니었을까?

끝까지 나아가 보기로 하자. 만약 그렇다면, 그리고 오늘날 국제 공산주의 운동을 분열시키는 심원한 위기의 와중에도, 맑스주의 철학자들은 역사가 그들에게 할당하고 맡겨 놓은 과제, 너무 기대한 나머지 예상치 못한 과제 앞에서 놀라고 전율하게 되기 마련이다. 많은 징조들이 입증하듯이, 맑스주의 철학의 지체가 정말 오늘날 부분적으로 메워질 수 있게 된다면, 단지 과거가 해명될 뿐만 아니라 아마도 장래가 변화하게 될 것이다.

이 변화된 장래에는, 정치적 긴급함과 철학적 지체의 모순 속에서 살

---

28) 『무엇을 할 것인가』, 최호정 옮김, 박종철출판사, 1999, 30쪽.

아가야 했던 모든 이들에게 공정하게 정의가 베풀어질 것이다. 정의는 가장 위대한 사람들 중 하나인 레닌에게 베풀어질 것이다. 정의가 베풀어지게 될 것이라는 말은, 그의 철학적 작업이 완성될 것이라는 뜻이다. 완성된다는 말은, 곧 완결되고 정정될 것이라는 뜻이다. 정치를 위한 시기에 태어날 기회를 얻었지만, 철학에 관해서는 너무 일찍 태어나는 불운을 겪었던 사람에게 우리는 분명 이러한 도움을 빚지고 있으며 따라서 그에게 마땅히 경의를 표해야 한다. 어쨌든 누가 자신이 태어날 때를 고를 수 있겠는가?

IV

이제 우리는 맑스주의 이론의 "역사"를 통해 역사과학에 대해 맑스주의 철학이 지체된 이유를 알게 되었기 때문에 곧바로 레닌에게 나아가서 그의 저작을 다루어 볼 수 있게 되었다. 하지만 이렇게 되면 우리의 철학적 "몽상"은 깨지게 된다. 사태는 그리 단순하지 않은 것이다.

나는 결론을 미리 말하겠다. 그렇지 않다. 레닌은 철학에 관해 너무 일찍 태어나지 않았다. 누구도 철학에 관해 너무 일찍 태어날 수 없다. 만약 철학이 지체된다면, 만약 지체된다는 사실 자체가 철학을 만드는 것이라면, 어떻게 역사를 갖지 않는 어떤 지체에 대하여 지체될 수 있겠는가? 만약 반드시 어떻게든 지체에 대해 말해야 한다면, 레닌에 대해 지체된 것은 바로 우리들이다. 우리의 지체는 오해의 다른 이름에 불과하다. 왜냐하면 우리는 레닌과 철학의 관계에 대해 철학적으로 오해하고 있기 때문이다. 레닌과 철학의 관계는 분명 철학 **속에서**, 철학을 철학으로 구성하는 "작용jeu" 내부에서 표현되지만, 이러한 관계는 철학적인 것이 아니다. 그것은 이러한 "작용"이 철학적인 것이 아니기 때문이다.

나는 이러한 결론의 이유를 서술해 보고 싶은데, 이러한 서술은 간략하고 체계적인 형태, 따라서 필연적으로 매우 도식적일 수밖에 없는 형태를 띠게 될 것이며, 레닌의 위대한 "철학" 저작인 『유물론과 경험비판론』을 분석 대상으로 삼을 것이다. 나는 이 서술을 세 가지 계기로 나누어 볼 생각이다.

1. 레닌의 위대한 철학 테제들
2. 레닌과 철학적 실천
3. 레닌과 철학에서의 당파적 입장

이 세 가지 논점들 각각에서 나는 레닌이 맑스주의 이론에 새롭게 기여한 바를 보여주려고 노력하겠다.

1. 레닌의 위대한 철학 테제들

여러분 각자와 마찬가지로 나는 테제들을, 철학적 언표들 속에 기입되어 있는 레닌의 철학적인 입장들로 이해한다. 강단 철학이 『유물론과 경험비판론』을 읽지 않기 위한 차단막 내지 구실로 활용하는 반론, 곧 〔전前비판적인〕 범주적 용어법, 역사적 전거들 내지 심지어 레닌의 무지 같은 반론은 당분간 제쳐두겠다.

레닌이 느닷없이 버클리와 디드로에게 되돌아가는 『유물론과 경험비판론』의 놀라운 「서문」에서부터 자신을 18세기 경험론의 이론적 공간 속에, 따라서 "공식적으로" 전前비판적인—만약 철학이 칸트와 더불어 "공식적으로" 비판적이게 되었다고 한다면—철학적 문제설정 속에 위치시키고 있다는 것은 여러 가지 측면에서 볼 때 분명히 사실이며, 이러한 사실은 그것 하나만으로도 독자적인 연구 주제가 될 만하다.

우리가 이러한 준거체계에 주목한다면, 우리가 그 구조적 논리를 인식한다면, 레닌의 이론적 정식들은 이러한 논리의 효과들로서 설명될 수 있으며, 여기에는 레닌이 경험론 자신에 맞서 활용하기 위해 수행하는 경험론의 범주적 용어법에 대한 도저히 믿기 어려운 비틀기도 포함된다. 왜냐하면 그가 객관적 경험론의 문제설정 **속에서** 사고한다면(그는 심지어 "객관적 감각론"이라고 말하기까지 한다), 그리고 이러한 문제설정 속에서 사고한다는 사실이 자주 그 정식들만이 아니라 레닌의 어떤 사고 운동들에게까지 영향을 미친다면, 어느 누구도 레닌이 **사고한다**는 사실, 다시 말해 체계적이고 엄밀하게 사고한다는 사실을 부정할 수 없을 것이다. 이러한 사고가 몇 가지 테제를 언표하는 한에서 우리에게 중요한 것은 바로 이러한 사고다. 여기 그 적나라한 본질 속에서 언표된 테제들이 있다. 나는 세 개의 테제를 구별해 보겠다.

테제 1. 철학은 과학이 아니다. 철학은 과학들과 구별된다. 철학 범주들은 과학 개념들과 구별된다.

이 테제는 핵심적이다. 이 테제의 운명이 달려 있는 결정적인 지점을 인용해 보겠다. 그것은 물질이라는 범주와 관련된 것인데, 이는 유물론 철학에게는, 그리고 철학의 구원, 곧 철학의 죽음을 원하는 모든 철학적 영혼들에게는 급소에 해당하는 것이다. 그런데 레닌은 아주 분명하게, 물질〔질료〕이라는 철학 범주와 과학적 개념으로서 물질의 구별은 맑스주의 철학에게는 사활이 걸린 문제라고 말한다.

"물질은 철학 범주다."[29]
"철학적 유물론이 인정하는 물질의 유일한 '속성'은 객관적 실재라는 속성이다."[30]

존재existence에 관한 테제이자 **객관성**에 관한 테제이기도 한 물질이라는 철학 **범주**는 물질에 대한 과학적 **개념**들의 내용과 결코 혼동될 수 없다는 점이 따라 나온다. 물질에 대한 과학적 개념들은, 과학들의 역사적 상태와 상관적으로, 이 과학들의 대상에 대한 인식을 정의한다. 물질에 대한 과학적 개념들의 내용은 과학적 인식의 발전, 곧 깊이의 증대와 더불어 변화한다. 물질이라는 철학 범주의 의미는 변화하지 않는데, 왜냐하면 그것은 어떤 과학의 대상과 관련된 것이 아니며, 대상에 대한 모든 과학적 인식의 **객관성**을 긍정하는 것이기 때문이다. **물질**이라는 범주는 변화할 수 없다. 그것은 "절대적"이다.

이러한 구별로부터 레닌이 이끌어내는 결과들은 근본적이다. 우선 이 당시 "물리학의 위기"라고 불리던 것에 관해서 근본적이다. 레닌은 진리를 재확립한다. 곧 물리학은 결코 위기에 처해 있지 않으며, 오히려 성장하고 있다. 물질은 "사라지지" 않는다. 오직 물질에 대한 과학적 개념의 **내용만이 변화했으며**, 이 내용은 장래에도 계속 변화할 것이다. 왜냐하면 인식의 과정은 그 대상 자체 속에서 무한하기 때문이다.

물리학의 사이비 위기는 사실은, 이데올로그들 ── 그들이 또한 과학자들이라 하더라도 ── 이 공공연하게 유물론을 공격하는 **철학적** 위기 또는 실신 상태일 뿐이다. 그들이 물질은 사라졌다고 선언할 때, 그 욕망의 숨은 담론을 들을 수 있어야 한다. **유물론은 사라져 버려라!**

그리고 레닌은 자신들의 시간이 도래했다고 믿은, 일시적으로 철학자 행세를 하는 이 모든 과학자들을 비난하고 제압한다. 이 인물들은 오늘날 어떻게 됐을까? 오늘날 이 인물들을 알고 있는 사람이 있을까? 철

---

29) (원주) 『유물론과 경험비판론』, 135쪽.
30) (원주) 같은 책, 278쪽.

학에 무지한 이 레닌이라는 인물이 적어도 제대로 된 판단을 내렸다는 점은 말해 두기로 하자. 과연 어떤 직업적인 철학자가 그처럼 지체 없이, 주저하지 않고, 그렇게 멀리, 그렇게 확고하게, 단 한 사람이 모든 사람에게 맞서서, 질 게 뻔한 전쟁에 뛰어들 수 있었겠는가? 나는 누군가가 우리에게 단 한 사람이라도 그런 철학자의 이름을 대주었으면 좋겠다. 후설이 그런 철학자가 될지도 모르겠는데, 그는 이 당시 경험론과 역사주의에 맞섰던 사람으로 레닌의 객관적 동맹자였다. 하지만 이러한 동맹은 잠정적인 것이었으며, 그는 레닌과 **조우하지** 못했는데, 왜냐하면 후설은 좋은 "철학자"로서 "어딘가"로 나아갈 수 있다고 믿었기 때문이다.

하지만 레닌의 테제는 당시의 직접적인 정세보다 훨씬 더 큰 의미를 지니고 있다. 만약 물질이라는 철학 범주를 모든 과학 개념과 절대적으로 구별해야 한다면, 이로부터, 마치 철학적 범주들이 과학 개념들인 것처럼 그것들을 과학의 대상들에 적용하는 유물론자들은 일종의 "오인誤認, quiproquo" 상태에 **빠져들게** 된다는 점이 따라 나온다. 사례를 들어보자면, 물질/정신이나 물질/의식 같은 **범주쌍**을 **개념적으로** 사용하는 사람은 **오류추리**에 **빠져들기** 쉬운데, 왜냐하면 "물질과 의식 간의 대립은 극히 제한된 범위 내에서만——이 경우에는 무엇이 일차적이고 무엇이 이차적인가 하는 근본적인 인식론적 질문의 범위 내에서만〔곧 철학 내에서만〕——절대적 의미를 지니기 때문이다. 그리고 이 범위를 넘어서면〔곧 과학들 내에서는〕이 대립은 물론 상대적인 의미밖에 없는 것이다."[31]

나는 매우 광범위한 반향을 일으킬 만한 다른 결과들에 대해서는 더이상 다룰 수 없다. 예컨대 레닌의 관점에서 볼 때 철학과 과학들의 구별은 필연적으로 인식의 역사 이론이라는 장을 열게 될 것인데, 레닌 자신

---

31) (원주) 같은 책, 155쪽. 대괄호 속 추가는 알튀세르.

은 이를 모든 진리(이는 모든 과학적 인식이라고 이해하면 된다)의 역사적 **한계들**에 관한 이론에서 예고한 바 있으며, 이를 **절대적 진리와 상대적 진리**의 구별 이론(이 이론에서는 단 하나의 범주쌍 아래에서 철학과 과학의 구별과 동시에 과학사 이론의 필연성이 사고된다)으로서 사고했다.

나는 단지 다음과 같은 점만 언급해 두고 싶다. 철학과 과학의 구별, 철학 범주들과 과학 개념들의 구별은 **모든 형태의 경험론 및 실증주의에 맞선** 근본적인 철학적 입장을 구성한다. 이는 몇몇 유물론자들의 경험론 및 실증주의에 맞선 입장이며, 자연주의, 심리주의, 역사주의에 맞선 입장(이 마지막 문제에 대해서는 보그다노프의 역사주의에 맞선 격렬한 논쟁을 보라)이기도 하다.

사람들이 몇 가지 정식들에 근거하여 전비판적이고 전칸트적인 관점을 지니고 있다고 선언하는 어떤 철학자가 보여 주는 구별은 그리 나쁘지 않으며, 심지어 아주 놀랄 만한 것이라는 점을 고백해야 할 것 같다. 왜냐하면 분명히 이 볼셰비키 지도자는 1908년에 칸트와 헤겔은 한 줄도 읽지 않았으며 버클리와 디드로에 관한 논의에 만족하고 있음에도 불구하고, 이상한 이유들 때문에 실증주의적인 적수에 대해 "비판적" 감각을 보여 주고 있고, 당시에는 "초비판적"이었던 철학(곧 경험비판론—옮긴이)의 종교와의 협력에 대해 놀랄 만한 전략적 식별력을 보여 주고 있기 때문이다.

가장 놀랄 만한 점은 레닌이 **그가 준거하는 경험론적 문제설정의 장 자체 내에서 이처럼 반경험론적인 입장을 취하는** 위력을 발휘하고 있다는 점이다.

경험론의 기초 범주들 속에서 사고하고 또 그 범주들에 따라 자신을 표현하면서도 반경험론적 입장에 도달할 수 있다는 것은 역설적인 업적이라고 할 만하지만, 이는 이러한 업적을 기꺼이 검토해 보려고 하는 선의를 가진 철학자들에게 작은 "문젯거리"를 하나 제기한다.

이는 혹시 철학적 문제설정의 장, 범주적인 정식들, 철학적 언표들은 철학적인 입장을 취하는 것과 상대적으로 무관한 일이라는 것을 의미하는가? 이는, 철학을 구성하는 것처럼 보이는 것 속에서는 궁극적으로 아무 일도 일어나지 않는다는 것을 의미하는가? 이상한 일이다.

테제 2. 만약 철학이 과학들과 구별된다면, 철학과 과학들 사이에는 특권적인 연계가 존재한다. 이러한 연계는 객관성이라는 유물론적 테제로 표상/대표된다.

여기서는 두 가지 점이 본질적이다.

첫번째 논점은 과학적 인식의 본성과 관련된다. 『유물론과 경험비판론』에 담겨 있는 언급들은 『철학노트』[32]에서 다시 좀더 깊이 있게 발전된다. 이 언급들은 **과학적 실천**에 대한 관점 내부에서 레닌이 견지하고 있는 반경험론과 반실증주의의 의미를 모두 살려준다. 이런 측면에서 볼 때 레닌은 또한 실제로 과학을 실행하는 사람으로서 과학적 실천에 대해 말하는 한 증인으로 간주되어야 한다. 역사와 정치경제학, 사회학에 대한 맑스주의 이론가로서 그의 과학적 실천이 지속적으로 예리한 인식론적 성찰——그의 철학 텍스트들은 이러한 성찰을 좀더 일반적인 형태로 다시 표현한 것에 불과하다——과 중첩된다는 점을 파악하기 위해서는, 레닌이 1898년에서 1905년에 이르기까지 맑스의 『자본』에 대해 남긴 텍스트들 및 『러시아에서 자본주의의 발전』에서 수행한 분석을 읽어 보는 것으로 충분하다.

---

32) 레닌, 『철학노트』, 홍영두 옮김, 논장, 1989.

레닌이 경험론에 대한 준거 때문에 훼손될지도 모를 범주들(가령 반영 범주)을 통해 명료하게 드러내는 것은 과학적 실천의 반경험론이며, 과학적 추상의 결정적인 역할, 또는 좀더 정확히 말하자면 개념적 체계성의 역할 및 좀더 일반적으로는 이론 그 자체의 역할이다.

정치적으로 레닌은 "자생주의"에 대한 비판으로 잘 알려져 있는데, 이러한 비판은 인민대중의 자생성, 풍요로움, 창발성, 재능을 겨냥한 것이 아니라 대중의 자생성에 대한 말로만의 예찬을 핑계 삼아 그릇된 정치에 동원하기 위해 대중을 이용하는 정치 이데올로기를 겨냥한 것이었다는 점에 주목해야 한다. 하지만 사람들은 레닌이 과학적 실천에 대한 개념화에서도 정확히 동일한 입장을 취하고 있었다는 점은 대개 간파하지 못한다. 레닌이 "혁명적 이론이 없다면 혁명적 운동도 있을 수 없다"[33]고 썼다면, 그는 또한 "과학적 이론이 없다면 과학적 인식의 생산도 있을 수 없다"고 썼을 법도 하다. 과학적 실천에서 이론의 긴요성에 대한 옹호는 정치적 실천에서 이론의 긴요성에 대한 옹호와 정확히 부합한다. 그렇다면 그의 반자생주의는 반경험론, 반실증주의 및 반실용주의의 이론적 형태를 띠고 있다.

하지만 그의 정치적 반자생주의가 대중들의 자생성에 대한 가장 심원한 존중을 가정하고 있는 것과 정확히 마찬가지로 그의 이론적 반자생주의는 인식 과정에서 **실천**에 대한 가장 커다란 존중을 가정하고 있다. 레닌은 그의 과학관에서든 그의 정치관에서든 단 한 순간도 **이론주의**에 빠지지 않는다.

이 첫번째 논점은 **두번째 논점**을 이해할 수 있게 해준다. 레닌이 보기에 유물론 철학은 과학적 실천과 심원하게 연계되어 있다. 내가 볼 때 이

---

33) 『무엇을 할 것인가』, 30쪽.

테제는 두 가지 의미로 이해해야 한다.

우선 지극히 고전적인 첫번째 의미는 모든 철학을 과학들과 연결해 주는 관계들의 역사 속에서 우리가 경험적으로 관찰할 수 있었던 것을 설명해 준다. 레닌이 보기에 과학에서 일어나는 일은 무엇보다도 철학이 관심을 가질 만한 것이다. 위대한 과학혁명들은 철학에서 중요한 개편을 가져왔다. 유물론은 위대한 과학적 발견이 이루어질 때마다 형태가 변화했다는 것은 엥겔스의 테제였다. 엥겔스는 자연과학의 발견(세포, 진화, 카르노의 원리 등)이 낳은 철학적 결과들에 매혹되어 있었던 반면에, 레닌은 유물론 철학의 불가피한 개편을 가져오는 결정적인 발견은 자연과학보다는 **역사과학**, 역사 유물론에서 나온다는 점을 보여 줌으로써 엥겔스의 테제를 엥겔스 자신과 다른 식으로, 그리고 그보다 더 뛰어나게 옹호한다.

두번째 의미에서 레닌은 중요한 한 논거를 환기시킨다. 그는 더 이상 철학 일반에 대해 말하지 않고 유물론 철학에 대해 말한다. 유물론 철학은 자신의 고유한 방식에 따라 특히 과학적 실천에서 일어나는 일에 관심을 기울이는데, 왜냐하면 유물론 철학은 자신의 테제들을 통해, 자신들의 과학적 대상의 존재 및 자신들의 인식의 객관성에 관한 과학자들의 "**자생적인**" 확신을 **표상/대표하기** 때문이다.

레닌은 『유물론과 경험비판론』에서 자연과학의 전문가들 중 다수는 "자생적으로" 유물론자들이라는 점, 적어도 그들의 자생적인 철학의 **경향들 중 하나**에 의해 유물론자라는 점을 계속 되풀이해서 주장하고 있다. 과학적 실천에 대한 자생주의 이데올로기들(경험론, 실용주의)에 맞서 싸우면서도 레닌은, 과학적 실천의 경험 속에는 맑스주의 철학에 대해 지극히 중요한 의미를 지니는 자생적인 유물론 경향이 존재한다는 점을 인지해 낸다. 이렇게 해서 그는 과학적 **인식**의 종별성을 사고하기 위해 필요한 유물론 테제들과 과학의 **실천가들**에게 자생적인 유물론적 경향을 연관시킨다. 양자[유물론 테제와 자생적인 유물론적 경향]를, 존재와 객관성에 대한 단 하나의 동일한 유물론 테제를 이론적이면서 동시에 실천적으로 표현하는 것으로 간주하는 셈이다.

좀 앞서가는 이야기이긴 하지만, 레닌이 과학들과 맑스주의 유물론 철학 사이의 특권적인 연관성을 거듭 강조하는 것은, 여기서는——이렇게 말해도 된다면——우리가 **결절점** 1이라고 부를 수 있는 결정적인 결절점이 문제라는 것을 입증해 준다.

하지만 바로 과학자들의 자생적인 철학에 관한 언급을 통해 중요한 어떤 것이 소묘된 셈인데, 이는 우리에게 또 다른 결정적인 결절점, 전혀 다른 본성을 지닌 결절점을 제시해 줄 것이다.

테제 3. 여기에서도 레닌은 엥겔스가 『포이어바흐와 독일 고전철학의 종말』에서 제시했던 고전적인 테제를 다시 받아들이면서 그 테제에 대해 이전보다 훨씬 더 큰 효력을 부여한다. 이 테제는 유물론과 관념론이라는 두 개의 경향 사이에 존재하는 오래된 투쟁의 역사로 인식된 철학사를 문제 삼는다.

이 테제는 직업적인 철학자들 거대 다수의 신념과 적나라하게 정면에서 충돌한다는 점을 말해 두어야 한다. 만약 그들이 레닌을 읽는 것을 흔쾌히 수락하고 언젠가 실제로 레닌을 읽게 된다면, 그들은 사람들의 평판과 달리 그의 철학 테제들이 그렇게 조야하지 않다는 점에 기꺼이 동의할 것이다. 하지만 나는 그들의 가장 내밀한 신념에 크게 상처를 입힐지도 모를 이 마지막 테제에 대해 그들이 완강하게 저항하지 않을까 상당히 두렵다. 그들에게 이 테제는 결정적으로 너무나 거칠어서 대중적인 논쟁, 곧 이데올로기적이고 정치적인 논쟁에나 적합한 것으로 비칠 것이다. 철학사 전체가 최종 심급에서 유물론과 관념론 사이의 투쟁으로 환원된다고 말하는 것은, 철학사가 지닌 풍요함 전체를 헐값에 팔아넘기는 것처럼 보인다.

　사실 이 테제의 본질은 **철학은 실은 역사를 갖지 않는다**는 점을 주장하는 데로 귀착한다. 두 가지 기본 경향의 충돌의 반복에 불과한 역사란 도대체 무엇이겠는가? 투쟁의 형식과 논거들은 변화할 수 있지만, 철학사 전체가 이러한 형식들의 역사에 불과하다면, 이 형식들을 그것들이 대표/표상하는 불변적인 경향들로 환원하게 되면, 이 형식들의 변혁은 일종의 아무것도 아닌 게임이 돼 버린다. 극단적으로 말하면 철학은 역사를 갖지 않으며, 철학은 정확히 아무것도 일어나지 않는, 이 아무것도 아님[34]의 **반복** 이외에는 아무것도 일어나지 않는 기묘한 이론적 장소다. 철학에서는 아무것도 일어나지 않는다고 말하는 것은, 철학은, **그것이 아무 데로도 가지 않기 때문에 아무 데로도 인도하지 않는다**고 말하는 것이다. 철학이 열어 놓는 길들은, 하이데거 이전에 디츠겐이 말한 것처럼 홀츠베게Holzwege, 곧 아무 데로도 인도하지 않는 길들이다.

　게다가 이는 레닌 자신이 『유물론과 경험비판론』 첫머리에서 마흐는 버클리를 반복하고 있을 뿐이라고 설명하면서 이에 맞서기 위해 스스로 디드로를 **반복함**으로써 **실천적으로** 시사하고 있는 점이기도 하다. 더 나쁜 것은 사람들이 깨닫게 되듯이 버클리와 디드로가 **서로를 반복하고 있**

---

34) 불어에서 "rien"은 "아무것도 아님", "무"를 모두 뜻하는데, 전자와 후자는 약간 뉘앙스에 차이가 있다. "무"라는 단어가 좀더 형이상학적이고 존재론적인 범주를 가리킨다면, "아무것도 아님"은 좀더 일상적이면서 서술적인 사태를 가리키는 단어다. "아무것도 아님"은 가치나 양 따위가 "사소함", "적음"을 가리킨다. 알튀세르가 뒤에서 전개하는 논의의 핵심은 철학에서 이루어지는 일은 "물질/정신"이라는 기본 범주쌍이 관념론적 입장을 택하느냐, 유물론적 입장을 택하느냐에 따라 그 우위가 바뀌는 일, 항들의 우월성이 전도되는 일이며, 각각의 시대, 각각의 철학자들은 이러한 기본적인 작용(물질/정신의 우월성의 전도)을 되풀이하는 일 말고 다른 일을 하지 않는다는 것이다. 따라서 철학사는 이처럼 "아무것도 아닌 일rien"의 역사에 불과하기 때문에, 철학사라는 것은 "무rien"에 불과하다는 것이 알튀세르의 주장인 셈이다. 이러한 뉘앙스의 차이를 살리기 위해 이 글에서는 주로 "rien"을 "아무것도 아님"으로 옮겼지만, 여기에는 동시에 "무"라는 뜻이 담겨 있음을 유념하기 바란다.

다는 점인데, 왜냐하면 그들은 물질/정신이라는 쌍에 대해서는 일치하면서 다만 이 두 항들 각각을 서로 다르게 배치하는 데 만족하고 있기 때문이다. 그들의 철학이 아무것도 아닌 이유는, 그들의 철학이 불변적인 범주쌍(물질/정신)의 항들을 전도시키는, 아무것도 아닌 일에 불과하기 때문이며, 이러한 전도는 물질/정신이라는 이러한 쌍을 통해 대결하는 두 개의 적대적인 경향들의 작용/공연jeu을 철학 이론 안에서 표상/대표/상연하는représente 것이다.[35] 그렇다면 철학사는 이처럼 [물질/정신이라는 항들을] 반복해서 전도시키는 아무것도 아닌 일[무]과 다르지 않다. 더욱이 이 테제는 맑스가 헤겔을 전도했다는 정식의 의미를 복원할 수 있게 해주는데, 엥겔스는 헤겔은 그 자신이 이미 하나의 전도를 수행한 것에 불과하다고 말한 바 있다.

이 점에 관해 레닌의 주장에는 아무런 혼란도 한계도 존재하지 않는다는 점을 분명히 인정해야 한다. 그는 적어도 『유물론과 경험비판론』에서는(왜냐하면 『철학노트』에서는 이 점에 관한 논조가 달라지기 때문이다) 철학이 자신의 "대상"을 사고하기 위해 동원하는 모든 뉘앙스의 차이들, 모든 구별들, 섬세함 및 모든 이론적인 미묘함들을 내팽개친다. 이것들은 모든 철학이 관여하고 있는 진정한 쟁점, 곧 유물론과 관념론 사이에 벌어지는 기본 경향을 둘러싼 투쟁을 은폐하는 것만을 목적으로 삼는, 교수들의 궤변과 말장난, 미봉책과 타협에 불과하다. 정치에서와 마찬가지로 제3의 길, 중도, 절충적 입장이란 존재하지 않는다. 근본적으로는 관념론자들과 유물론자들이 존재할 뿐이다. 공개적으로 자신이 유물론자거나 관념론자라고 선언하지 않는 모든 이들은 "수줍어하는"(칸트, 흄) 유물론

---

35) 여기서 "jeu"라는 말을 "작용/공연"으로, "représente"를 "표상/대표/상연"으로 옮겼는데, 이는 III절에서 "맑스주의 철학"에 대해 그리고 뒷부분에서는 철학에 대해 알튀세르가 '연극'이라고 비유하는 데서 알 수 있듯이, 그가 이 단어들에 부여한 연극적 함의를 드러내기 위해서다.

자들이거나 관념론자들이다.

하지만 그렇다면 여기서 좀더 나아가야 한다. 만약 철학사 전체가 단 하나의 투쟁만을 수행하는se consomme 논거들의 되풀이일 뿐이라면, 철학이란 경향들 사이의 투쟁, 칸트가 말했던 전장戰場, Kampfplatz[36]에 불과할 것이며, 이렇게 되면 우리는 이데올로기 투쟁의 순수하고 단순한 주관성으로 전락하고 만다. 이는 **정확히 말하면 철학은**, 과학이 대상을 갖는 것과 반대로 **대상을 갖지 않는다**는 뜻이다.

레닌은 바로 여기까지 나아갔으며, 이는 레닌이 **사고할 줄 아는** 사람이었음을 입증해 준다. 우리는 관념론의 궁극적인 원리들을 증명할 수 없고 논박할 수도 없는(디드로에게는 화가 나는 일이겠지만) 것처럼 유물론의 궁극적인 원리들도 증명할 수 없다고 레닌은 선언한다. 이 원리들을 증명할 수 없는 것은 그것들이 인식의 대상이 될 수 없기 때문이다. 여기서 인식이라는 말은 자기 대상의 속성들을 증명하는 과학의 인식과 비교될 수 있는 인식으로 이해하자.

따라서 철학은 대상을 갖지 않는다. 하지만 그럼으로써 모든 것은 잘 들어맞게 된다. 만약 철학 안에서는 아무 일도 일어나지 않는다면, 이는 정확히 철학이 대상을 갖고 있지 않기 때문이다. 만약 과학 속에서는 어떤 일이 일어난다면, 이는 과학이 대상을 갖고 있기 때문이며, 과학은 이 대상에 대한 인식을 심화시킬 수 있고, **이는 과학에게 역사를 제공한다**. 철학이 대상을 갖고 있지 않기 때문에 철학에서는 아무런 일도 일어날 수 없다. 철학사의 아무것도 아님은 그 대상의 아무것도 아님을 반복하는 것에 불과하다.

---

36) "이런 끝없는 싸움거리의 전장이 다름아닌 **형이상학**이라 불리는 것이다." 칸트, 『순수이성비판 1』, 백종현 옮김, 아카넷, 2006, A VIII, 166쪽(강조는 원문).

여기서 우리는 이 유명한 **경향들**과 관련되는 **결절점 2**에 접근해 가기 시작한다. 철학은 [관념론과 유물론의] 논거들을 되풀이하고 반추할 뿐이며, 이러한 논거들은 범주들이라는 형식 아래에서 자신들의 근본적인 갈등을 표상/대표/상연한다. 철학 **안에서는** 이름 붙일 수 없는 이러한 경향들 사이의 갈등이 무에 불과한 영원한 전도——물질/정신이라는 근본 범주쌍의 전도——를 지탱하고 있으며, 철학은 이 영원한 전도가 이루어지는 수다스러운 연극무대théâtre일 뿐이다. 그렇다면 하나의 경향은 어떻게 발현되는가? 그것은 이러한 경향이 범주쌍의 항들 사이에서 복원하는 위계 질서, 곧 지배 질서 속에서 발현된다. 레닌의 말을 들어보자.

> 보그다노프는, 비겁하게 엥겔스는 피하고 오직 벨토프Beltov만을 반박하는 체하면서 이러한 **정의들**은, 철학의 한 경향에서는 물질이 일차적이고 정신은 이차적인 데 반해, 다른 경향에서는 그 반대라는 "정식"[……]의 "단순한 **반복들**에 불과하다"[……]고 비난하고 있다. 그런데 러시아의 모든 마흐주의자들은 보그다노프의 "반박"을 열광적으로 반복하고 있다! 그러나 아주 조금이라도 성찰해 본다면, **물질과 정신이라는 인식론의 두 가지 궁극적인 통념에 대해서는 그것들 중 어느 것이 더 일차적인가를 지적하는 것 이외에 그 어떠한 정의도 근본적으로 불가능하다**는 것을 이들도 알 수 있을 것이다. "정의"를 내린다는 것을 무엇을 의미하는가? 그것은 본질적으로 한 개념conception을 그보다 더 포괄적인 다른 개념conception 속에 포섭하는 것을 의미한다. [……] 그렇다면 존재와 사고, 물질과 감각, 물리적인 것과 심리적인 것이라는 두 개의 통념 이외에, 인식론이 취급할 수 있는 훨씬 더 포괄적인 다른 통념이 존재하는가가 문제가 된다. 그 이상의 통념은 존재하지 않는다. 이것들은 지금까지 인식론이 넘어서지 못한 무한하

게 넓은, 가장 넓은 개념들이다(그러나 이 두 개념을 표현하는 **용어들**을 변형시키는 것은 **언제든지** 가능하다). 오직 허풍선이나 바보천치만이 **이 두 가지 무한하게 넓은 개념들의 "계열"에 대해, 둘 중 하나가 일차적인 것으로 간주되어야 한다고 "단순히 반복하는 것"과 다른 정의들을 요구할 수 있을 것이다.**[37]

철학 속에서, 철학의 명시적인 담론 속에서 발생하는, 형태상으로는 무에 불과한 전도는 무가 아니며, 이는 오히려 무화無化의 효과, 곧 전도된 위계에 의해 대체된 이전의 위계를 무화시키는 것이다. 모든 철학 체계를 지휘하는 궁극적인 범주들을 통해 철학 속에서 작용하는/공연하는 것은 따라서 이러한 위계의 의미이며, 어떤 범주를 지배의 위치에 올려 놓는 것의 의미는 철학에서는 권력의 장악이나 권력의 위치에 오르는 것을 불가피하게 떠올리게 하는 어떤 것이다. 철학적으로 볼 때, 권력의 위치에 오른다는 것은 대상이 없는 것이라고 말해야 한다. 권력의 위치에 오른다는 것 역시 여전히 순수하게 이론적인 범주 아닌가? 권력 장악(또는 권력의 위치에 오르기)은 정치적인 것으로, 대상을 갖지 않으며, 정확히 말하면 권력이라는 하나의 쟁점을 가질 뿐이고, 권력 효과라는 하나의 목표를 가질 뿐이다.

여기서 잠깐 멈춰 서서 레닌이 엥겔스와 관련하여 새롭게 기여하는 점을 살펴볼 필요가 있다. 사람들이 대부분 뉘앙스의 차이에 불과한 것으로 간주하곤 하는 것의 효과들을 잘 측정해 본다면, 레닌의 기여는 엄청난 것임이 밝혀진다.

맑스에 대해 작업할 때에는 깜짝 놀랄 만한 천재적인 재능을 드러내

37] (원주) 「유물론과 경험비판론」, 153쪽(생략 및 강조는 알튀세르).

는 엥겔스는 근본적으로는 레닌의 사상과 비교될 만한 **사상**을 갖지는 못했다. 엥겔스는 테제들 사이의 관계의 통일성 속에서 테제들을 **사고하기**보다는 대개 테제들을 병치시켜 놓는다.

더 나쁜 것은 엥겔스가 『독일 이데올로기』의 어떤 실증주의적 주제에서 결코 벗어나지 못한다는 점이다. 엥겔스는 철학에 대한 체계적 연구를 권장하지만, 그에게 철학은 사라져 버려야 할 것이다. 왜냐하면 철학은, 과거에 과학에게 필수적이었던 철학 범주들이 가공되었던 장인의 작업장에 불과하기 때문이다. 이러한 시대는 이제 지나갔다. 철학은 이미 자신이 해야 할 일을 다 마쳤다. 이제 철학은 자신의 자리를 과학에게 물려주어야 한다. 과학들이 이제 과학적인 방식으로 **자신들 사이의 관계를 유기적인 통일적 체계**로 제시할 수 있게 된 만큼, 자연철학도 역사철학도 필요하지 않게 된 것이다.

철학에 남아 있는 것은 무엇인가? 변증법, 곧 자연 및 사고의 가장 일반적인 법칙들(하지만 자연법칙들은 과학이 제공한다)이라는 한 대상만이 남았을 뿐이다. 따라서 사고의 법칙들만이 남게 되는데, 이는 과학사로부터 이끌어낼 수 있다. 그렇다면 철학은 과학들로부터 결코 분리될 수 없는 셈이며, 이 때문에 엥겔스의 몇몇 정식들에는 실증주의의 위험이 깃들게 된다. 특히 엥겔스가 유물론자라는 것은 "외재적인 부가물 없이" 존재하는 그대로의 자연을 인정하는 것이라고 말할 때가 그렇다. 하지만 엥겔스는 과학들이 인식 과정임을 알고 있었다. 이 때문에 철학도 하나의 대상을 갖게 되는데, 역설적이게도 그것은 순수한 사고라는 대상이며, 이는 관념론으로서도 전혀 불쾌할 게 없는 일이다. 예컨대 오늘날 본인도 시인하다시피 엥겔스를 원용하고 있는 레비 스트로스가 한 일이 무엇인가? 그 역시 사고의 법칙들, 말하자면 사고의 구조들을 연구하고 있는 것이다. 리쾨르는 레비 스트로스에게 그가 초월론적 주체 없는 칸트와 같다는 점을 보여 주었는데[38], 이는 일리가 있는 주장이다.

레비 스트로스도 이를 부인하지 않았다. 사실 철학의 대상이 순수 사고라면, 사람들은 엥겔스를 원용할 수 있으며, 또 자신이 초월론적 주체 없는 칸트주의자임을 발견할 수 있을 것이다.

똑같은 난점을 다른 식으로 표현해 볼 수도 있다. 철학의 대상으로서 변증법은 논리학이라고들 한다. 철학은 정말로 논리학이라는 대상을 자신의 대상으로 가질 수 있는가? 오늘날 논리학은 점점 더 철학에서 벗어나고 있는 것으로 보인다. 그것은 이제 과학이 되었다.

물론 엥겔스는 이와 **동시에** 두 개의 경향이라는 테제를 옹호하기도 했다. 하지만 그가 말하는 두 개의 경향이란, 한편으로는 유물론과 변증법, 다른 한편으로는 오직 과학적 진보에 의해서만 규정되는 철학적 진보와 경향들의 투쟁인데, 이는 함께 사고하는 것이, 다시 말해 **사고하는 것** 자체가 매우 어려운 것이다. 엥겔스는 이를 사고하려고 시도하지만, 우리가 그의 말을 문자 그대로 받아들이지 않고 좀더 융통성 있게 이해하려 한다고 해도(비전문가인 경우에 이 정도는 최소한 눈감아줄 수 있다) 그에게는 무언가 **본질적**인 것이 **결여**돼 있음이 너무나 명백하다.

다시 말하면 그는 사고할 수 있기 위해서 그의 사고가 갖추어야 할 본질적인 어떤 것을 **결여**하고 있다는 뜻이다. 레닌 덕분에 우리는 여기서 문제가 되는 것이 어떤 결여라는 점을 파악할 수 있다. 왜냐하면 엥겔스의 사고에 결여되어 있는 것을 가져다준 것이 바로 레닌이기 때문이다.

레닌은 심원하게 일관된 사상을 가져다주었으며, 이 사상에서는 몇개의 급진적인 테제들이 자신의 자리를 얻는데, 이 테제들은 분명히 공백

---

38) "Structure et herméneutique", in *Le conflit de des interprétations: Essais d'herméneutique*, Seuil, 1969; 「구조와 해석학」, 『해석의 갈등』, 양명수 옮김, 아카넷, 2001.

들vides, 하지만 **적합성을 지닌**pertinents 공백들의 윤곽을 그리고 있다. 이 사상의 중심에는 철학은 **대상을 갖지 않는다**는 테제, 곧 철학은 **그것이 과학들과 맺는 관계들만으로는** 설명되지 않는다는 테제가 자리를 잡고 있다.

우리는 **결절점 2**에 접근해 가고 있다. 하지만 아직 거기에 도달하지는 않았다.

2. 레닌과 철학적 실천

결절점 2에 도달하기 위해서 우리는 이제 새로운 영역, 철학적 실천이라는 영역에 들어가 볼 것이다. 다양한 저작들에서 수행되는 레닌의 철학적 실천을 연구하는 것은 흥미로운 일이 될 것이다. 하지만 이는 우리가 철학적 실천 자체가 무엇인지 알고 있을 것을 전제한다.

그런데 정확히 말하면, 아주 드문 몇몇 경우에 레닌은 철학 논쟁의 요구들에 의해 자신의 **철학적 실천에 대한** 일종의 **정의**를 내리도록 강요받게 된다. 다음과 같은 정의들이 가장 간명한 것들이다.

당신은 상대적 진리와 절대적 진리 사이의 구별이 불명확하다고 말할 것이다. 그러면 나는 다음과 같이 대답하고자 한다. 이러한 구별이 "불명확"하긴 하지만, 그것은 **과학이 나쁜 의미에서의 도그마**, 곧 죽어 버린, 얼어붙은, 화석화된 어떤 것이 되는 것을 막는 데는 충분하다. 동시에 그것은 신앙주의, 불가지론, 철학적 관념론, 칸트와 흄의 추종자들의 궤변과 우리 사이에 **결정적이고 삭제할 수 없는 경계선을 그을 수 있을 만큼은 충분히** "명확하다."[39]

물론 사태의 본질상 우리는 실천이라는 기준이 인간의 표상을 **완전**

---

39) (원주) 『유물론과 경험비판론』, 142쪽(강조는 알튀세르).

히 확증하거나 반박할 수 없음을 잊어서는 안 된다. 이 기준은 인간 인식이 "절대적인 것"이 되는 것을 허용하지 않을 정도로 충분히 "불명확"하지만, 다른 한편으로는 모든 종류의 관념론과 불가지론을 가차없이 공격하게 할 수 있을 정도로 충분히 규정적이다.[40]

다른 텍스트들도 레닌의 입장을 입증한다. 이것들은 분명히 임시변통의 단편적인 정식들이 아니라 심원한 사상을 표현하는 정식들이다.

따라서 레닌은 철학적 실천의 궁극적 본질을 이론적 영역 속에서의 개입으로 정의한다. 이러한 개입은 이중적인 형태를 띠고 있다. 범주들을 정의하는 정식들에 의한 이론적 형태와 이 범주들의 기능에 의한 실천적 형태가 그것이다. 이 범주들의 기능은 이론 영역 내부에서, 참이라고 선언된 관념들과 거짓이라고 선언된 관념들 사이에서, 과학적인 것과 이데올로기적인 것 사이에서 "경계선을 그리는" 데 있다. 이 경계선 긋기의 효과는 이중적이다. 이 효과들이 어떤 실천(과학적 실천)을 위해 사용된다는 점에서는 적극적이며, 이러한 실천을 몇몇 이데올로기적 통념들notions —여기서는 관념론과 독단론의 통념들— 로부터 방어한다는 점에서는 소극적이다. 이것이 적어도 **레닌의** 철학적 개입이 산출한 효과들이다.

이러한 경계선 긋기에서 우리는 이미 문제가 된 바 있던 두 개의 근본 경향이 대결하는 것을 보게 된다. 관념론 철학의 공격으로부터 과학적 실천을, 이데올로기적인 것의 공격으로부터 과학적인 것을 보존하기 위해 이러한 경계선을 긋는 것은 유물론 철학이다. 우리는 다음과 같이 말함으로써 이러한 정의를 일반화해 볼 수 있다. 모든 철학은 주요한 경계선을 긋는 데서 성립하며, 이러한 경계선 긋기를 통해 철학은, 자신과 대

---

40) (원주) 같은 책, 148~49쪽.

립하는 경향을 표상/대표/상연하는 철학들의 이데올로기적 통념들을 몰아낸다. 이러한 경계선 긋기, 따라서 철학적 실천의 쟁점은 과학적 실천, 과학성이다. 우리는 여기서 우리의 **결절점 1**, 곧 철학이 과학들과 맺고 있는 특권적인 관계를 재발견하게 된다.

우리는 또한 항들의 전도라는 역설적인 작용/공연을 재발견하게 되는데, 여기서 철학사는 자신이 산출하는 무 속에서 무화된다. 이러한 무는 아무것도 아닌 게 아니다. 왜냐하면 이러한 무는 과학적 실천, 과학적인 것과 그것의 타자, 곧 이데올로기적인 것의 운명을 쟁점으로 지니고 있기 때문이다. 다시 말하면 과학적 실천이 착취당하든가 아니면 철학의 개입을 통해 도움을 받든가 둘 중 하나다.

이렇게 되면 철학은 역사를 지니고 있지만 거기서는 아무것도 일어나지 않는다는 것이 이해 가능해진다. 왜냐하면 실존하는 철학 범주들을 전치轉置, déplacement하거나 변형하고, 따라서 철학 담론——이러한 담론에서 철학사는 철학에게 실존을 제공해 준다——속에서 이러한 변화들을 산출하는 각각의 철학의 개입은 철학적인 무(우리는 이것이 되풀이된다는 것을 앞에서 살펴봤다)인데, 왜냐하면 경계선은 실제로는 아무것도 아니며, 심지어 하나의 선도, 분할의 흔적도 아니며, 나뉘어진다는 단순한 사실, 따라서 〔관념론과 유물론 사이에〕 **거리를 냄으로써 생겨난 공백**이다.

이러한 공백은 철학적 담론의 구별들, 그 변형된 범주들 및 장치들 속에 자신의 흔적을 남기지만, 이 모든 변형들은 그 자체로는 아무것도 아니다. 왜냐하면 그것들은 자신들의 현존 바깥에서만, 곧 투쟁의 쟁점인 과학적 실천들의 적대적 경향들을 분리시키는 거리 내기 또는 거리 내지 않기 속에서만 작용하기 때문이다.

이러한 아무것도 아닌 분할의 흔적 속에서 진정으로 철학적인 것은 그 전치일 뿐인데, 이러한 전치는 과학적 실천들 및 과학들의 역사와 상관하여 이루어진다. 왜냐하면 과학사가 존재하는 데다가, 철학적 전선戰線은 과학적 정세의 전환 및 이러한 전환이 촉발하는 철학적 장치들의 상태에 따라(곧 과학들의 상태 및 그 문제들에 따라) 전치되기 때문이다. 따라서 과학적인 것과 이데올로기적인 것을 지칭하는 용어들은 각각의 경우마다 **다시 사고되어야** 한다.

그러므로 철학**의** 역사가 존재하기보다는 철학 **안에** 역사가 존재한다. 철학 안에 존재하는 이 역사는 아무것도 아닌, 하지만 현실적인 효과들을 낳는 [경계선 긋기의] 흔적의 무한정한 반복의 전치의 역사다. 우리는 이러한 역사를 모든 위대한 철학자들, 심지어 관념론적인 철학자들, 특히 철학사 전체를 집약하고 있는 관념론 철학자 헤겔에서 유익하게 읽어낼 수 있다. 이 때문에 레닌이 헤겔을 읽는 것이며, 그것도 경탄스럽게 읽는다. 하지만 또한 헤겔에 대한 독서는 레닌의 **철학적 실천**에 속하는 것이기도 하다. 헤겔을 유물론적으로 읽는 것은 헤겔 안에서 경계선을 긋는 것이다.

분명 내 이야기는 레닌 텍스트의 자의字意를 넘어선 것이지만, 그러나 나는 내가 레닌에 충실하지 못했다고는 생각하지 않는다. 어쨌든 내 이야기는 간단하다. 레닌은 우리에게 **철학적 실천**이 지닌 특수한 형태를 그 본질에서 사고하기 시작하는 법과 함께, 위대한 고전적인 철학 텍스트들 속에 담긴 다수의 정식들에 대해 회고적으로 의미를 부여하는 법을 제시해 주었다. 왜냐하면 플라톤 역시 그 나름의 방식으로 이미 형상의 친구들과 대지의 친구들 사이의 투쟁에 대해 이야기한 바 있으며[41], 진정한 철학은 분할선을 나누고 잘라내고 그릴 줄 알아야 한다고 선언한 바 있기 때문이다.

---

41) 플라톤, 「소피스테스」, 244b~245e 참조.

하지만 근본적인 질문이 하나 남아 있다. 철학사에서 대결하는 이 두 가지 커다란 경향들에 대해서는 어떠한가? 레닌은 이 질문에 대해 미숙한sauvage[42] 답변을 제시하는데, 어쨌든 이는 하나의 답변이다.

3. 레닌과 철학에서 당파적 입장

이 답변은 유명한 테제, 하지만──이 점을 분명히 말해 두어야 한다── 많은 사람들에게는 경악스러운 테제, 곧 철학에서의 당파성이라는 테제에 담겨 있다.

이 말은 마치 **직접적인** 정치적 구호처럼 들리며, 당파parti라는 이 단어는 마치 정치 정당, 공산주의당을 뜻하는 것처럼 보인다.

하지만 레닌을 좀더 읽어보기만 하면, 『유물론과 경험비판론』만이 아니라, 또한 특히 역사와 경제이론에 대한 그의 분석을 읽어보기만 하면, 여기서 문제가 되는 것은 단순한 구호가 아니라 하나의 개념이라는 점을 알 수 있다.

레닌은 단순히, 모든 철학은 자신의 근본 경향에 따라, 반대의 근본 경향──자신을 표상/대표/상연하는 철학들을 통해 존재하는──에 맞서 당파를 정한다는 사실을 확인하고 있을 뿐이다. 하지만 그는 동시에, 대다수의 철학은 **자신들은 당파를 정하지 않는데, 왜냐하면 자신들은 정해야 할 당파가 없기 때문**이라는 점을 어떻게 해서든 공개적으로 선언하려고 하며, 또 그에 대한 증거를 제공하려고 한다는 사실을 확인하고 있다.

가령 칸트는 자신이 말하는 전장Kampfplatz은 전비판적인 다른 철학들에 대해서는 어울리지만 비판철학에는 그렇지 않다고 말한다. 자신의 철학은 전장 바깥에, 다른 장소에 존재한다는 것인데, 여기서 비판철학은

---

42) 알튀세르가 여기서 쓰고 있는 '미숙한'이라는 말의 의미에 대해서는 주 45)를 참고하라.

이성의 이익이라는 이름 아래 형이상학의 갈등을 중재하는 기능을 스스로 떠맡고 있다. 또한 철학사는 철학이 존재한 이래, 플라톤의 테오레인 theorein[43]이 존재한 이래, 후설이 자임한 "인류의 공복公僕"으로서 철학자에 이르기까지, 그리고 심지어 하이데거의 몇몇 텍스트에 이르기까지, 모순의 반복이기도 한 다음과 같은 반복에 의해 지배되어 왔다. **자신의 실천에 대한 이론적 부인否認[44] 및, 이러한 부인을 정합적인 담론들 속에 기입하려는 엄청난 이론적 노력.**

대다수의 철학에 구성적인 것으로 보이는 이 놀라운 사실에 대한 레닌의 답변은, 철학사에서 서로 대결하는 이 신비스러운 경향들의 집요한 반복에 대해 우리에게 그저 몇 마디를 던지는 것뿐이다. 레닌이 보기에 이 경향들은 궁극적으로 계급적인 입장들 및 따라서 계급 갈등과 연루되어 있다. 나는 연루되어 있다고 말했는데, 왜냐하면 레닌은 그 이상 말하지 않았으며, 더욱이 철학이 전적으로 계급투쟁 —— 이것이 맑스주의 전통에서 말하는 이데올로기적 계급투쟁을 뜻한다 해도 —— 으로 환원된다고는 결코 말하지 않았다. 레닌이 분명하게 말한 것 이상을 넘어서지 않기 위해, 우리는 레닌이 보기에 철학은 계급투쟁, 곧 정치를 **표상/대표/상연한다**고 말할 수 있을 것 같다. 철학은 계급투쟁을 표상/대표/상연하며, 이는 과학이라는 **하나의 심급**을 가정한다. 정치는 이 심급**에서**auprès de 표상/대표/상연된다.

---

43) theorein은 순수한 이론적 인식활동을 가리키는 말인데, 원래는 "보다"라는 뜻을 가진 말이다. 플라톤은 theorein을 eidos(곧 형상)에 대한 인식과 결부시키는데, eidos 역시 "보다"는 뜻을 가진 eidein에서 파생된 개념이다.

44) "부인"은 "dénégation"을 옮긴 말인데, 이는 프로이트의 Verneinung이라는 개념(이는 프로이트가 1925년에 쓴 짧은 글의 제목이기도 하다)의 불어 번역어다. 독일어에서 verneinen은 "아니다"를 뜻하며, 이는 "그렇다"는 뜻의 bejahen의 반대말이다. 따라서 Verneinung은 일상적으로는 (어떤 질문 등에 대한 답변으로서) "부정"을 뜻한다. 그런데 정신분석 개념으로 Verneinung이 가리키는 것은, 피분석자가 어떤 관념을 부정하는 것이 사실은 그 관념에 대한 긍정을 뜻한다는 사실이다. 「부정」, 『정신분석학의 근본 개념』, 윤희기 옮김, 열린책들, 2004 참조. 프로이트의 이 개념은 1950년대 장 이폴리트와 라캉의 논쟁 이후 프랑스 철학계 및 인문사회과학계에서 자주 활용된 바 있다.

결절점 1. 철학과 과학 사이의 관계.

결절점 2. 철학과 정치의 관계. 모든 것은 이 이중적 관계 속에서 작용/공연한다.

그렇다면 우리는 다음과 같은 명제를 제시해 볼 수 있다. 철학은 어떤 실재에 대하여, 어떤 영역에서, 특정한 방식으로 계속되는 정치다. 철학은 이론의 영역에서, 좀더 정확히 말하면 과학에 대해 정치를 표상/대표/상연한다고 할 수 있다. 그리고 역으로 철학은, 정치에서, 계급투쟁에 관여하고 있는 계급들에 대해 과학성을 표상/대표/상연한다고 할 수 있다. 어떻게 이러한 표상/대표/상연이 규제되는지, 어떤 메커니즘에 의해 이러한 표상/대표/상연이 보장되는지, 어떤 메커니즘에 의해 이것이 왜곡되거나 날조될 수 있는지, **일반적인 규칙으로서 왜곡되는지**에 관해 레닌은 우리에게 아무런 말도 하지 않는다. 그는 어떤 철학도 궁극적으로 이러한 조건을 뛰어넘을 수 없다는 것, 이러한 이중적 표상/대표/상연의 결정성에서 벗어날 수 없다는 것, 요컨대 철학은, 철학 자신을 하나의 심급으로 구성하는 두 가지 주요한 심급, 곧 계급투쟁과 과학이라는 심급 사이에 위치한 제3의 심급으로서 어딘가에 존재한다는 점을 분명히 깊이 확신한다.

그렇다면 한마디면 충분하다. 만약 우리가 엥겔스에서 **결절점 1**, 곧 과학을 발견할 수 있다면, 철학에서 경향들 사이의 투쟁에 대한 그의 언급에도 불구하고 **결절점 2**, 곧 정치의 심급은 발견할 수 없다. 이는 곧 레닌은 엥겔스의 단순한 주석가가 아니며, 맑스주의 철학의 영역이라고 불리는 것 안에다가 새롭고 결정적인 어떤 것, 엥겔스에게는 **결여되어 있던** 것을 가져온다는 뜻이다.

그렇다면 또 다른 한마디면 결론으로 충분하다. 왜냐하면 철학의 이러한 이중적 표상/대표/상연에 대한 인식은, **철학에 대한 이론**의 떠듬거리는 출발점에 불과하지만, 어쨌든 그것은 분명히 출발점이기 때문이다. 이 이론이 맹아 상태에 있는 이론이라는 점, 우리가 일개 논쟁이라고 생각했던 것 안에서 겨우 소묘된 것에 불과하다는 점은 이론의 여지가 없다. 적어도 레닌의 이러한 지적은——우리가 그것을 명심한다면——**질문을 하나의 문제로 전치시키는** 예상치 못한 결과를 낳게 되며, 맑스주의 철학이라고 불리는 것을 철학적 실천의 되새김질로부터, 다시 말해, 항상 그리고 압도적으로 자신의 현실적인 실천에 대한 **부인**의 실천으로 존재해 온 것으로부터 벗어날 수 있게 해준다.

레닌은 바로 이런 방향에서 「포이어바흐에 관한 11번째 테제」의 예언에 대해 응답했으며, 그는 그렇게 한 최초의 인물인데, 왜냐하면 그 이전에는 누구도——심지어 엥겔스조차도——그렇게 하지 않았기 때문이다. 그는 자신의 철학적 실천의 "스타일"에 따라 답변했다. 이러한 실천은 프로이트가 미숙한 분석analyse sauvage[45]에 대해 말했던 의미에서 미숙한 실천, 곧 자신의 시술에 대해 이론적인 자격을 부여하지 않는 실천으로서, 이는 세계에 대한 "해석"의 철학, **부인**의 철학이라고 이름 붙일 수 있는 철학이 고함을 지르게 만든다. 여러분이 원한다면 미숙한 실천이라고 해도 좋지만, 그러나 미숙한 상태로 시작하지 않은 것이 무엇이 있겠는가?

사실은, 이러한 실천은 **새로운** 철학적 실천이다. **새롭다**는 것은 이러한 실천이 부인의 실천에 불과한 되새김질이 아니라는 뜻이다. 부인의 실천에서는 철학이 과학의 실질적인 운명이 걸려 있는 과학적인 것(과학들이 창설하는)과 이데올로기(과학들을 위협하는) 사이의 논쟁 속에 계속해

---

45) 이 용어는 프로이트가 충분한 숙련과 경험을 쌓지 않은 분석가들이 범하는 정신분석 진료에서의 오류들을 가리키기 위해 쓴 것이다. 가령 피분석자의 이야기를 충분히 청취하지 않고서 대번에 정신분석가 자신이 생각하는 피분석자의 무의식의 비밀을 털어놓음으로써 분석이 실패로 돌아가게 만드는 경우가 한 사례가 될 수 있다.

서 "정치적으로" 개입하고, [다른 한편으로는] [피지배] 계급들에 봉사하는 과학적인 것과 [피지배] 계급들을 위협하는 이데올로기적인 것 사이에서 벌어지는, 계급들의 사활이 걸려 있는 투쟁들에 계속해서 "과학적으로" 개입하면서도 철학적인 "이론" 속에서는 완강하게 자신이 개입한다는 사실을 부인한다. 따라서 **새롭다**는 것은 이러한 실천이 부인을 포기했으며, 자신이 하는 일이 무엇인지 알고 있으면서도 **자기 자신 그대로의 모습대로 행위하는** 실천이라는 뜻이다.

만약 그렇다면, 이러한 전례 없는 효과가 맑스의 **과학적** 발견에 의해 촉발되고, **프롤레타리아 정치**의 지도자에 의해 사고된 것이 과연 우연적인 것인지 의심해 볼 수 있을 것이다. 왜냐하면 만약 철학이 그리스의 한 계급사회에서 인류 역사상 최초의 과학에 의해 탄생하도록 촉발되었다면, 그리고 계급 착취가 얼마나 멀리까지 자신의 효력을 미치는지 염두에 둔다면, 이러한 효력이 궁극적으로——지배계급이 자신이 지배한다는 사실을 **부인하는** 계급 사회에서는 고전적인 형태인——다음과 같은 형태, 곧 철학이 정치에 의해 지배된다는 사실에 대한 철학적 부인의 형태를 띤다는 점에 대해 놀랄 만한 것은 아무것도 없기 때문이다. 그렇다면 철학에 고유한 부인의 환상, 곧 사람들이 믿게 만들게 하기 위해, 또 자기 자신도 스스로 그렇다고 믿기 위해 자신은 계급투쟁 너머에 존재하며 또한 정치 너머에 존재한다고 스스로 자기 자신에게 이야기하는 이러한 환상을 동요시키는 이 비범한 전치를 촉발할 수 있었던 것은 오직 계급 지배의 메커니즘 및 그것이 낳는 모든 효과들에 관한 과학적 인식, 맑스가 생산하고 레닌이 응용했던 이러한 인식뿐이었다는 점에 대해 놀랄 만한 것은 아무것도 없다.

「포이어바흐에 관한 11번째 테제」의 수수께끼 같은 문장, 곧 (지금까지) "철학자들은 세계를 해석해 왔다. 하지만 문제는 세계를 변혁하는 것이다"라는 문장은 오직 레닌에 의해 비로소 실체를 얻고 의미를 얻게 되었다는 점이 이로부터 따라 나온다. 이 문장은 새로운 철학을 약속하는 것인가? 나는 그렇게 생각하지 않는다. 철학은 폐지되지는 않을 것이다. 철학은 철학으로 남게 될 것이다. 하지만 철학의 실천이 무엇인지, 철학이 무엇인지 알고 있다면, 또는 그것을 알기 시작하게 된다면, 철학은 점차 변혁될 수 있을 것이다. 그렇다면 이전 그 어느 때보다 더 우리는 맑스주의는 새로운 철학이라고, 실천 철학이라고 말할 수 없다. 맑스주의 이론의 중심에는 하나의 과학이 존재하는데, 이것은 극히 독특한 과학이지만, 여전히 하나의 과학이다. 맑스주의가 철학에 새롭게 도입한 것은 **철학의 새로운 실천**이다. **맑스주의는 (새로운) 실천 철학이 아니라, 철학의 (새로운) 실천이다.**

이러한 철학의 새로운 실천은 철학을 변혁할 수 있다. 게다가 자기 나름대로 세계의 변혁에 **도움을 줄** 수 있다. 단지 도와줄 수 있을 뿐인데, 왜냐하면 역사를 만드는 것은 이론가도 과학자도 또는 철학자도 아니고, "인간들"도 아니며, "대중들", 곧 동일한 계급 투쟁 속에서 동맹을 맺은 계급들이기 때문이다.

보론

철학 교수들 및 그들이 가르치는 철학에 대한 이러한 비난의 의미에 대한 오해를 방지하기 위해 이 텍스트가 발표된 날짜 및 몇 가지 표현들에 주의할 필요가 있다. 디츠겐을 원용하는 레닌은 철학 교수들을 **집합적으로** 비난하지, 예외 없이 모든 개개의 철학 교수들을 비난하지는 않는다. 그는 철학 교수들의 철학을 비난하지 철학 자체를 비난하지는 않는다. 그는 심지어 그들의 철학적 실천과 다른 실천을 정의하고 또 새로운 실천을 따르기 위해 그들의 철학을 **공부할** 것을 권장하고 있다. 따라서 세 가지 사실을 확인해 두는 것이 좋을 것 같은데, 결국 날짜와 상황이 실질적인 내용을 변화시키지는 않을 것이다.

1. 철학 교수들은 교수들이다. 곧 그들은 어떤 학교 체계에 고용되어 이 체계에 종속된 가운데 자신의 대중에게 "지배적인 이데올로기적 가치들"을 주입하는 사회적 기능을 행사한다. 학교 체계나 다른 체계에서 몇몇 교수들이 개별적으로 이러한 기성의 "가치들"에 맞서 자신들의 교육 및 성찰을 되돌릴 수 있게 해주는 어떤 "작용/공연"이 존재할 수 있다는 사실이 철학 교수의 기능이 낳는 **집합적** 효과를 변형시키지는 못한다. 철학자들은 지식인, 따라서 부르주아 및 프티부르주아 이데올로기에 집합적으로 종속되어 있는 프티부르주아다.

2. 이 때문에, 철학 교수들이 집합적으로, 자신들의 "비판적" 자유 속에서도 대표/상연하거나 담지하고 있는 지배적인 철학은 이러한 지배 이데올로기, 맑스가 『독일 이데올로기』에서부터, 지배계급의 이데올로기라고 정의한 바 있는 지배 이데올로기에 종속된다. 이 이데올로기는 관념의 지배를 받는다.

3. 프티부르주아 지식인들인 철학 교수들의 상황 및, 그들이 가르치는, 또는 각자 개인적인 형태를 부여함으로써 그들이 재생산하는 철학이 처해 있는 이러한 상황은 몇몇 지식인들이 지식인 대중을 지배하고 있는 제약들에서 벗어날 수 있다는 것, 그리고 만약 그들이 철학자들이라면, 유물론 철학 및 혁명적 이론에 결속될 수 있다는 것을 배제하지는 않는다. 『공산당 선언』은 이미 이러한 가능성을 환기시킨 바 있다. 레닌은 이

를 다시 받아들여서, 지식인들의 협력은 노동자 운동에 필수 불가결하다고 덧붙인 바 있다. 1908년 2월 7일 레닌은 고리키에게 다음과 같이 썼다. "우리 당에서 지식인들의 역할이 감소하고 있습니다. 도처에서 지식인들이 당을 떠난다는 소식이 들려옵니다. 이 악당들이 모두 사라져 버렸으면 좋겠습니다. 당은 프티부르주아 찌꺼기들을 몰아내야 합니다. 노동자들이 좀더 중요한 역할을 맡게 됐습니다. 노동자 평당원들의 역할이 강화된 셈이죠. 모든 게 다 잘됐습니다." 레닌이 협력을 요청했던 고리키가 레닌의 편지에 대해 항의의 뜻을 표시하자, 레닌은 1908년 2월 13일에 다음과 같이 답변한다. "저는 선생께서 우리들 사이의 차이점에 대해 제게 제기한 질문들 중 몇몇은 오해에 불과하다고 생각합니다. 왜냐하면 분명히 말해 두지만, 저는 멍청한 생디칼리스트들이 주장하듯이 '지식인들을 몰아내자'고 말한 적이 없으며, 노동자 운동에서 지식인들이 필요하다는 것을 부정한 적도 없기 때문입니다. 이 모든 문제에 관해 선생님과 저 사이에는 아무런 이견도 없습니다." 역으로 같은 편지에서 철학에 관해서는 두 사람 사이의 이견이 지속되고 있다. "세계관으로서 유물론에 관해 저는 선생님과 근본적으로 일치하지 않는다고 생각합니다." 충분히 짐작할 수 있는데, 왜냐하면 고리키는 경험비판론 및 신칸트주의의 대의를 변호했기 때문이다.

지젝의 레닌,
정신분석은 왜 혁명의 분석인가

박정수

1. 정신분석과 혁명: 신경증을 치료하려면

슬라보예 지젝은 정신분석가이고 레닌은 혁명가이다. 정신분석가가 혁명가를 분석한다는 것은 어떤 의미일까? 뻔한 예상과는 달리 지젝은 레닌의 개인사를 추적하여 그가 혁명가가 된 심리적 정황을 분석하지 않는다. 지젝이 분석하는 것은 '인간' 레닌이 아니라 '혁명가' 레닌이다. 지젝에게 '레닌'은 '혁명가'의 고유명이다. 또한 지젝은 레닌을 분석의 대상이 아니라 분석의 모델로 여긴다. 지젝은 자신을 레닌에 동일화하며, 정신분석을 혁명에 동일화한다. 그에게 레닌은 탁월한 정신분석가이며 레닌의 혁명은 탁월한 정신분석 실천이다.

정신분석과 혁명은 어떤 점에서 동일한가? 둘 다 치료기술이다. 정신분석은 신경증 치료술이고 혁명은 이데올로기 치료술이다. 분야는 다른데 성격만 같은 게 아니다. 지젝에 따르면 신경증의 원인은 이데올로기이며, 신경증 치료는 이데올로기의 치료를 통해 완결된다. 프로이트의 첫번째 히스테리 환자인 도라의 사례를 보자. 그녀의 히스테리성 흉부압박은 이웃집 유부남의 성기압박감이 어떤 무의식적 관념 때문에 억압되어 흉부로 이동한 결과이다. 도라는 그 유부남을 사랑했다. 그런데도 그 남자와의 포옹 시 느꼈던 성기의 압박감을 억압하고, 그 성적 흥분을 흉부의 압박감으로 전치시킨 것은 그 남자가 자기네 입주 가정교사에게 했던 말 때문이다. "아내한테는 아무런 흥미를 못 느낀다"라는 유혹의 말을 도라에게 똑같이 한 것이다. '감히 나를 한낱 고용인 취급하다니!' 그녀의 계급의식이 그녀의 성적 흥분을 억압한 것이다.

프로이트의 대표적인 강박신경증 사례인 '쥐인간'의 경우는 어떤가? 그의 어처구니 없는 강박행위들은 가난한 불임 여성과 돈 많은 여성 중 한쪽을 선택하는 행위를 지연하려는 무의식적 방어이다. 결국에는 돈 많은 여자와의 중매결혼을 선택할 거면서도 이렇게 완강히 주저하는 이유는 그 선택의 순간 어렸을 적 아버지의 폭력이 떠올랐기 때문이다. 네 살 무렵 그는 성기에 집중된 리비도를 보모에게 투사했고 그걸 본 아버지는 무자비한 폭력을 행사했다. 하층민 여자와의 쓸데없는 성관계를 금지했던 그 아버지는 실은 결혼 전 아들과 똑같은 선택 상황에서 돈 많은 여자와의 중매결혼을 선택했다. 아버지와 동일한 처지에 놓인 순간 아들은 어렸을 적 폭력의 예감을 억압하기 위해 발버둥친 것이다. 한국의 수많은 남자들이 '쥐인간'처럼 결국에는 부르주아적 결혼을 선택할 거면서도 낭만적 혼외관계를 신비화할 때 거기에는 하층민 여성과의 성관계를 금지하는 부권에 대한 저항의 이데올로기가 숨어 있다.

신경증과 이데올로기의 관계에 대해 프로이트는 흥미로운 지적을 한 바 있다. 남편이 아내의 신경증을 고쳐 달라고 의사를 찾아올 때 만약 치료가 성공해서 "노이로제로 억제되어 있던 것을 벗어 버리고 나면 아내는 즉시 이혼을 하려고 한다. 왜냐하면 그녀가 노이로제에 걸려 있어야만 그 결혼이 유지될 수 있었던 것이기 때문이다."[1] 아내는 히스테리를 통해 남편의 관심과 보호를 얻어 낼 수 있었고 남편은 처녀 적부터 아내의 신경증을 사랑했던 것이다. 신경증은 충동 억제의 결과일 뿐 아니라 억제 수단이기도 하다. 신경증이 제거되면 아내는 충동을 억제하지 않고 '아웃팅' 할지도 모른다. 그러지 못하는 이유는? 단순하다. 그녀에게는 경제적으로 독립할 능력이 없기 때문이다. 신경증은 사회 경제적 이익을 준다.

요즘 우리 사회에서 흔히 볼 수 있는 "신경질적인 아이를 고쳐 주세요"라며 의사를 찾아오는 부모들에게 프로이트는 이렇게 충고한다. 고칠 수는 있다. "그러나 아이는 고쳐지면 전보다 더 결정적으로 자기 갈 길을 간다."[2] 최근에 어느 초등학생이 인터넷에 올린 글 중 이런 게 있었다. "전 과목 백점 맞았는데. 수학만 두 개 틀렸다. 죽고 싶다. 하지만, 엄마가 불쌍해서 죽을 수 없다." 초등학교 때부터 입시경쟁에 내몰리면서 이런 고민을 호소하는 학생들이 늘고 있다. 무서운 건 과도한 경쟁의 스트레스뿐만이 아니라 엄마와의 과도한 정서적 애착관계이다. 죽고 싶지만 엄마가 불쌍해서 죽을 수 없다는 말에는 엄마에 대한 무의식적 공격충동이 번뜩인다. 이런 조건 속에서 신경증은 발생할 수밖에 없고, 그러면 엄마들은 아이를 데리고 정신과 의사를 찾는다. 프로이트를 배운 정신과 의사라면 이렇게 충고할 것이다. 신경증 때문에 학업에 방해가 되겠지만 신경증을 해소하면 아이는 엄마를 공격하거나 집을 나갈지도 모르니 참으라고.

신경증은 부르주아 가족 내의 오이디푸스 콤플렉스 때문에 생기지만 부르주아 가족을 유지시키는 이데올로기 장치이기도 하다. 신경증이 사라지면 화목한 가정을 얻는 게 아니라 부르주아 가족의 해체를 얻는다. 신경증으로 억제되고 있던 도착적 충동이 분출될 수도 있고 정신병적 충

1) 프로이트, 『늑대인간』, 김명희 옮김, 열린책들, 1996, 13쪽.
2) 같은 책, 14쪽.

동이 분출하여 잔혹한 친족 살해가 일어날 수도 있다. 이를 위해 자본주의 시장경제는 성-도착 상품을 제공하고 국가는 교도소나 수용시설을 마련해 둔다. 가장 바람직한 것은 신경증으로 억제된 충동을 승화하는 것이다. 항문기의 충동을 화폐에 대한 충동으로 승화하고, 어머니에 대한 금지된 충동을 조국과 대지에 대한 사랑으로 승화하고, 프로이트의 '늑대인간'처럼 아버지에 대한 수동적 동성애 충동을 신에 대한 사랑으로, 군대의 전우애로, 인류 공통의 문제에 대한 관심으로 승화시키는 것이다.

프로이트에 의하면 인류 문명은 이렇게 승화된 충동으로 수립되고 발전해왔다. 이런 승화를 통해 신경증적 갈등은 종교와 종교, 인종과 인종, 국가와 국가, 계급과 계급 간의 적대로 확장된다. 이런 문명 집단의 적대 속에서 개인의 충동은 또다시 집단적 요구에 의해 억제되고 그 결과 억제된 충동은 신경증을 낳고 그 중 일부는 또다시 승화되는 악무한에 빠진다. 따라서 신경증 치료학인 정신분석이 자신의 임무를 완수하기 위해서는 신경증을 통해 유지되는 문명사회를 종식시켜야 한다. 정신분석이 사회혁명에 참여할 수밖에 없는 이유가 여기에 있다.

2. 정신분석의 혁명: 가족을 해체하려면

프로이트는 「문명 속의 불만」에서 신경증과 문명사회의 공모관계를 명확히 인식했지만 혁명을 통한 해결방법에 대해서는 회의적이었다. 왜냐하면 신경증은 문명사회의 요청 이전에 개체보존 본능과 생식 본능, 그리고 죽음을 향한 본능을 지닌 생명체로서 인간의 존재조건 자체로부터 발생한다고 보았기 때문이다. 문명이란 단지 집단적으로 노동하고 그 결과물을 분배하고 그 분배규칙을 제정하는 인간 유기체의 특수한 생존 방식에 불과하다. 그렇기 때문에 야만 상태로 되돌아가지 않는 한 문명사회의 신경증은 벗을 수 없는 인간의 숙명적 굴레라는 것이다. 그러므로 정신분석이 문명의 혁명을 사유하기 위해서는 인간의 존재조건에 대한 프로이트의 생물학적 관점 자체를 혁명해야 한다.

지젝은 자크 라캉의 정신분석에서 프로이트 정신분석의 혁명을 발견한다. 지젝은 라캉 정신분석의 이론적 토대인 구조주의와 헤겔의 변증법에 구 유고연방에서 독립한 슬로베니아의 맑시즘 전통을 결합하여 인간의 존재조건을 다시 규정한다. 인간의 존재조건은 생물학적 본능으로 결정되는 게 아니라 일정한 언어 구조 속에서, 표상의 변증법적 운동을 통해, 사회적 생산관계의 역사적 변화에 의해 규정된다. 그렇다고 프로이트 정신분석이 틀렸다는 것은 아니다. 라캉의 모토가 '다시 프로이트로!'인 것처럼 정신분석의 혁명은 프로이트 정신분석에서 이미 드러났지만 억압되어 있던 것을 반복함으로써 이뤄진다.

프로이트가 자신의 심리학을 '정신분석' psycho-analysis이라고 명명할 때 그것은 두 가지 단절을 함축한다. 우선, 『꿈의 해석』에서 정식화된 정신분석은 이전의 「과학적 심리학 초고」에서 시도된 신경생리학적 관점을 벗어나면서 탄생했다. 정신분석은 신경생리학이라는 '과학'을 꿈이라는 수면 중 표상활동의 '해석학'으로 전환하면서 탄생한 것이다. 신경생리학을 전공했던 프로이트는 「과학적 심리학 초고」에서 뉴런을 통한 성적 흥분량의 축적과 이동(방출) 메커니즘으로 히스테리성 전환을 해명하고자 했다. 하지만 신경생리학적 설명만으로는 개별 표상에 투여된 뉴런의 흥분량이 각기 다르게 결정되는 원인을 설명할 수 없었다. 그것은 『꿈의 해석』에서 정립된 것처럼 관념의 분석을 통해 즉, 표상의 가치(의미)를 결정하고 표상의 대체와 전치를 결정하는 무의식의 분석을 통해 가능하다. 개별적 의식 너머에서 작동하는 무의식적 관념의 운동 법칙을 다룰 때 정신분석은 더 이상 신경생리학이나 정신의학의 제한된 영역에 머물지 않는다. 정신분석은 헤겔의 『정신현상학』이나 맑스의 『독일 이데올로기』처럼 개별적 의식이 미치지 못하는 정신(표상)의 자동적(무의식적) 운동 법칙을 다루는 철학이 된다.

둘째, 프로이트의 정신분석은 브로이어 박사와 함께 했던 최면요법과의 단절을 통해 탄생했다. 최면을 통해 무장 해제된 환자의 무의식으로 직접 들어가 암시를 통해 억압된 관념을 제거하는 치료법은 편리하긴 하지만 그 효과가 일시적이었다. 프로이트는 꿈 분석을 통해 최면요법과 유사한, 그러면서도 항구적인 치료효과를 기대할 수 있음을 발견했다. 프로이트에게 꿈은 해석되어야 할 텍스트이다. 해석자의 해석 행위 저편에 객관적으로 있는 텍스트가 아니라 꿈꾼 자의 자기분석과 분석가의 상호주관적 관계 속에서 재구성되는 텍스트이다. 그래서 정신분석에서는 환자patient를 분석자analysand로 부른다. 분석자는 꿈이나 증상을 통해 무의식적 발화행위를 하고 있다. 다만 그 무의식적 발화의 의미를 몰라서 괴로워하는 것이다. 분석가라면 그 의미를 알 거라는 가정 속에서 분석은 시작되고 분석가를 향한 전이 감정의 투사 속에서 무의식적 의미가 드러난다. 분석자 스스로 잃어버린 삶의 의미를 재구성할 수 있을 때 분석은 종료되고 분석자는 사회적 소통관계로 돌아간다.

이런 담화 분석에는 당연히 분석자의 주관적 해석, 즉 무의식적 관념에 대한 저항과 왜곡의 계기가 작용한다. 프로이트는 그런 저항을 부정의 대상으로 보지 않았다. 오히려 억압된 관념은 그에 대한 부정의 계기를 통해서만 드러난다고 생각했다. 이처럼 정신분석 기술은 억압된 관념의 회귀, 즉 어떤 관념의 부정(억압)의 부정(회귀)을 조직하는 변증 기술이다. 프로이트가 변증법에 대한 신념을 가질 수 있었던 것은 인간의 언어가 지닌 독특한 성질 때문이다. 인간의 언어는 진실을 드러내는 동시에 진실을 은폐한다. 프로이트는 분석자의 꿈과 자유연상과 증상이 진실을 말하는 듯하면서 거짓을 말하고 거짓을 말하는 듯하면서 진실을 드러내는 것을 발견한다. 자크 라캉은 언어의 이런 특성을 개별적 발화를 초과하는 언어 구조의 효과로 설명한다. 언어는 발화자의 것이 아니라 사회적으로 이미 주어진 것이기 때문에 거기에는 발화자의 의도를 초과하는 의미화의 가능성이 항상 있다. 가령, 한강대교 난간의 "이 세상에 존중받지 못할 인간은 없습니다"라는 플래카드 글귀는 정작 수신자(자살 시도자)에게 전달될 때는 말해진 것 이상을 말한다. "존중받지 못해서 왔지? 그래서 당신은 인간이 아니라는 거야. 이 쓰레기, 죽어 버려!"

라캉이 소쉬르의 일반언어학을 프로이트 정신분석에 결합할 때 그런 계기는 프로이트에게 이미 있었다. 프로이트는 꿈, 농담, 증상행위와 같은 무의식적 사고는 의식적 사고와 마찬가지로 단어들의 결합을 통해 형성된다고 보았다. 그는 무의식적 단어 연쇄가 원래의 의미와 분리된 채 음성적 가치의 유사성에 의해 해체되고 전치되고 복합되는 것을 발견했다. 가령, '쥐인간'[3]이 '항문으로 들어가는 쥐Ratten'에 대한 사고에서 아버지를 떠올릴 때 그 사고 연쇄는 군대 다닐 때 노름꾼Spielratte(놀다-쥐, 도박꾼)이었던 아버지, 그 아버지가 갚지 못한 빚Raten라는 단어의 음성적 유사성에 의해 형성된 것이다.

라캉이 일으킨 정신분석의 혁명은 프로이트가 발견한 이 기표적 유사성의 계열을 기표적 차이의 체계로 바꾼 것이다. 분석되어야 할 것은 기표적 유사성의 계열이 아니라 기표적 차이의 연쇄가 총체적 체계를 형성하는 구조화 메커니즘이다. 이에 따라 오이디푸스 콤플렉스는 생물학

---

3) 이 강박증 환자가 '쥐인간'이라는 별명을 갖게 된 것은 프로이트를 찾아오기 직전, 군대에서 들은 '쥐고문'에 대한 이야기 때문이다. 행군 도중 잠시 쉬는 시간에 체코 이름을 가진 한 장교가 죄수의 엉덩이에 산 쥐를 집어 넣는 동방의 끔찍한 고문기술에 대해 이야기해 준다. 그 순간 그는 그런 일이 자기가 사랑하는 여자에게 일어나고 있으며 그런 고문을 할 사람은 자기 아버지밖에 없다는 생각에 사로잡힌다.

적으로 유전된 본능에서 비롯된 게 아니라 가족적 구조가 형성되는 과정의 부산물로 설명된다. 프로이트처럼 라캉도 사회의 핵은 엄마, 아빠, 자식(남/녀)으로 구성된 가족이라고 보았다. 하지만 라캉에게 엄마, 아빠, 자식은 그 자체로는 아무런 의미도 없고 체계를 형성하는 기표이다. 그 세 기표-항들은 서로 간의 차이를 통해 가족이라는 완결된 체계를 형성한다. 라캉은 기표들의 연쇄가 완결된 체계로 구조화되기 위해서는 어떤 하나의 기표가 '부재증명'(알리바이)의 방식으로 존재해야 한다고 한다. 그 특이한 기표는 자신이 지시하는 대상의 부재를 증명하는 기표로, 가족적 체계를 형성하는 기표는 '남근'이다. 남근기표는 존재하는 남근을 표상하는 기표가 아니라 남근의 부재를 증명하는 기표이다. 기표가 사물의 부재를 전제로 한 기호 표상이라면 남근기표는 기표의 기표성을 표상하는 가장 순수한 기표라고 할 수 있다.

남/녀 성별 체계는 이 남근-부재-기표의 작용으로 구조화된 변별 체계이다. 다시 말해 성별 체계는 남근의 존재 유무로 변별된 인간관계가 아니라 남근의 부재를 표상하는 서로 다른 방식들의 변별 체계이다. 그래서 성별 체계는 남근을 가진 남자와 남근을 결여한 여자 사이의 관계가 아니라, 남근의 현재적 부재(남근 선망)로 표상되는 여성과 남근의 미래적 부재(거세)로 표상되는 남성 사이의 변별 체계이다. 가족이란 무한 성, 혹은 무성의 존재를 남/녀의 성적 변별 체계로 할당하는 상징적 구조의 다른 이름이다. 여기서 부모와 자식의 친자관계filiation는 공시적 성별 체계의 통시적 투사일 뿐이다. 어머니란 남근의 현재적 부재로 정의되는 여성의 과거적 역상, 즉 과거에 남근을 소유했다고 상상되는 여성이고, 아버지란 남근의 미래적 부재로 정의되는 남자의 현재적 역상, 즉 현재 남근을 소유하고 있다고 상상되는 남성이다. 이런 상상적 투사 항의 작용으로 인간은 남근의 부재를 현재형으로 표상하는 여성이나 남근의 부재를 미래형으로 표상하는 남성이 된다.

이렇게 가족을 남근기표로 구조화된 성별 체계로 파악할 때, 정신분석이 사회적 관계를 생물학적 가족관계로 환원시킨다는 통상적인 비판은 지젝의 표현대로 열려 있는 문을 부숴 버린다. 라캉의 정신분석에서 사라지는 것은 사회적 관계가 아니라 생물학적 관계로 상상된 가족이다. 라캉의 정신분석에서 가족은 생물학적 친자관계가 아니라 상징적 성별 체계이다. 지젝은 라캉이 수립한 가족적 변별 체계의 구조화 원리를 사회적 관계의 구조화 원리로 확장한다. 라캉이 남근기표의 구조화 작용을 분석함으로써 가족의 자연적 근거를 무너뜨린 것처럼 지젝은 이데올로기의 기표작용을 분석하여 사회적 관계의 자연적 근거를 무너뜨리는 것을 자신의 임무로 삼는다.

3. 이데올로기의 정신분석: 사회적 관계란 건 없다

지젝의 이데올로기론은 분명 맑스의 이데올로기론을 계승하고 있다. 지젝은 맑스주의 전통에 따라 이데올로기를 계급 적대의 진실을 은폐함으로써 지배.권력의 재생산에 복무하는 사회적 환상으로 보았다. 하지만 라캉의 구조주의 정신분석을 받아들임으로써 지젝은 맑스의 이데올로기론에 미세하지만 결정적인 균열을 낸다. 우선 환상을 이해하는 방식이 달라진다. 정신분석에서 환상은 객관적 현실을 잘못 반영하는 '무지'나 '왜곡된 지식'이 아니다. 사회적 환상인 이데올로기의 작용에는 분명 '무지'나 '왜곡'의 계기가 내재하지만 그것은 객관적 현실과 관련해서가 아니라 주관적subjective 실재와 관련해서이다.

정신분석적 환상 이론의 출발점은 프로이트의 '늑대인간' 분석이다. 프로이트는 '늑대인간'의 신경증을 한 살 반 때 목격한 원초적 장면의 회귀로 보면서 한 살 반 때 목격한 부모의 후배위 성관계 장면은 네 살 때의 그가 재구성한 환상일 수 있다고 말한다. 그럼에도 그 환상이 "심리적 실재"로서 신경증의 원인으로 작용할 수 있는 것은 그것이 네 살 무렵의 '늑대인간'이 안고 있던 성기기의 의문들 "아이는 어떻게 태어날까? 내 고추가 사라진다면? 아빠는 왜 나를 거절한 걸까?"에 대한 해답을 제공하기 때문이다. 그 원초적 환상은 아버지에게 사랑받기 위해서는 거세되어 항문으로 아버지의 성기를 받아 아이를 낳아야 한다는 해답을 상연한다. 라캉에 의하면 '늑대인간'의 신경증적 삶을 지배한 이 객관적 '진리'는 여성과의 성관계가 불가능한 알리바이를 제공함으로써 "성관계란 없다"는 주체의 진실을 은폐한다.

사회적 환상인 이데올로기도 마찬가지다. 이데올로기는 사회적 증상행위들의 원인이다. 이데올로기는 민족의 적들을 말살하고, 공산주의의 적들을 청소하고, 벌거벗은 군주의 옷을 찬미하고, 종이 쪼가리인 화폐를 숭배하는 사회적 증상행위들에 원인을 제공한다. 민족주의, 공산주의, 군주주의, 자본주의와 같은 거대 담론의 증상만 그런 게 아니다. 지젝에 따르면 변기의 똥을 응시하거나, 외면하거나, 대충 보고 외면하는 각각의 스타일은 독일의 관념론, 프랑스의 혁명적 급진성, 미국의 절충주의가 만들어 낸 향락의 스타일들이고, 카페인 없는 커피, 지방 없는 크림, 알콜 없는 맥주, 성관계 없는 가상섹스를 즐기는 서구의 소비문화는 폭력 없는 이데올로기, 탈-이데올로기적 이데올로기의 증상행위들이다.

이데올로기는 항상 과거의 기억을 구성한다. 민족주의는 민족의 전통에서, 공산주의는 역사의 필연적 법칙에서, 군주주의는 주권자의 혈통에서, 자본주의는 물물교환에서 출발하는 상품교환의 발전과정에서 자신의 존재 이유를 찾는다. 이처럼 이데올로기는 원인을 기원으로 대체한다. 이런 기원의 환영이 가능한 것은 이데올로기가 현실적 의문들에 해답을 제공하기 때문이다. 우리 민족은 왜 분열되고 있을까? 공산당은 왜 오류 투성이일까? 왕은 왜 벌거벗었을까? 화폐는 왜 종이 쪼가리가 되었을까? 이데올로기는 사회구성체 내부의 이 근본적 질문에 대한 해답을 타자에게서 구한다. 민족의 적들이 전통을 훔쳤다. 공산당 내부의 배신자가 역사적 지식을 왜곡했다. 누군가 군주의 옷을 벗겼다. 화폐의 담보물이 사라졌다, 기타 등등. 이데올로기는 이처럼 타자에 의해 "잃어버린 대상"을 창조한다. 프로이트가 사물을 "판단을 벗어나는 찌꺼기"[4]로 정의할 때 그 잔여물은 민족주의에 의해 숭고해진 전통, 공산주의에 의해 숭고해진 역사적 필연, 군주주의에 의해 숭고해진 왕의 신체, 자본주의에 의해 숭고해진 금 같은 것이다. 프로이트의 '사물'은 이데올로기의 숭고한 잔여물이다. 자신에게는 없고 타자에게는 있는 이 숭고한 대상을 창조하는 것이 이데올로기의 기능이다.

환상은 언제나 부재하는 신체를 창조한다. 전통을 구현한 민족(인종), 역사적 필연을 체현한 당, 주권자의 신체, 모든 상품과 교환될 수 있는 상품(금), 이런 환상의 구성체를 통해 이데올로기는 사물의 부재, 타자의 부재, 자기 동일성의 근원적 부재를 은폐한다. 민족이란 없다는 것, 역사적 필연이란 없다는 것, 주권을 구현한 신체란 없다는 것, 화폐의 물질적 담보물은 없다는 것, 한마디로 "사회적 관계란 없다"라는 사회 자체의 주체적 진실을 은폐하는 것이 이데올로기의 기능이다. 혁명은 바로 이 주체적 진실이 드러나도록 하는 행위, 그래서 사회적 관계의 환상으로 구성된 사회구성체를 해체하는 행위이다.

---

4) 프로이트, 『정신분석의 탄생』, 임찬수 옮김, 열린책들, 2006, 265쪽.

4. 자본의 정신분석: 자본이란 건 없다

지젝의 이데올로기론은 물질적 토대와 이데올로기적 상부구조라는 맑스주의의 전통적 이분법에 균열을 낸다. 지젝이 보기에 맑스 자신부터 레닌, 그리고 들뢰즈·가타리까지 물질적 관계 형식과 관념적 표현 형식을 양분하고 물질적 관계에 우선권을 부여하는 것은 유물론이 아니라 관념적 경험론에 불과하다. 멀리 스피노자의 실체론적 자연신학에 뿌리를 두고 있는 이 유사-유물론에 따르면 인간의 의식은 경험을 통해 외부의 물질적 관계를 점근선적으로 반영해 간다.

지젝이 보기에 의식 외부에 물질적 실체가 독립적으로 존재한다는 강박적인 강조는 물질의 선차성을 증명하기보다는 오히려 의식 자체가 객관적 실체의 외부에 있음을 가정한다. 자기 바깥의 물질적 형식으로 반영되는 정신적 실체를 인정하는 플라톤주의가 되고 마는 것이다. 맑스가 헤겔의 정신현상학을 물구나무선 유물론이라 부르고, 들뢰즈·가타리가 신체의 기계적 운동을 '추상기계'로 표현한 것은 외부적 관계의 물질과 의식, 신체와 관념은 서로 자리를 바꿀 수 있음을 시사한다. 의식은 물질의 객관적 운동을 점근선적으로 반영한다는 레닌의 유사-유물론적 태도는 역사의 객관적 운동에 대한 지식을 체현한 신체로서의 공산당이라는 스탈린적 관념론으로 전도될 계기를 이미 안고 있다. 라캉 정신분석을 맑스 유물론으로 뒤집은 들뢰즈·가타리의 욕망이론이 융의 분석심리학과 후기 라이히의 신비주의적 신체 양생술을 지지하는 것도 이 때문이다.

지젝은 맑시즘적 유물론의 이런 아이러니를 물질적 운동의 반영과정에 '주체'의 계기를 포함시키지 않은 결과로 본다. 주체의 계기란 일차적으로 물질의 운동이 반영되는, 즉 의식되고 표상되는 계기이다. 물질의 운동은 그것을 반영하는 의식의 운동, 관념의 운동, 표상의 운동에 다름 아니다. 동시에 물질은 그것의 반영, 즉 표상과 같지 않다. 물질은 분명 표상의 외부에 있다. 이 외부성은 표상의 선험적 원인으로서의 외부성이 아니라 의식적 표상과정의 잔여물로서의 외부성이다. 지젝은 의식(표상)이 도달하지 못하는 물질을 의식의 자기 동일성을 가로막는 의식의 잔여 물질로 이해할 때 비로소 진정한 유물론에 도달한다고 본다. 그때서야 물질은 의식과 동일화되지 않는 물질성을 획득하는 것이다.

이 잔여물의 출현 지점에서 의식적 자아와는 다른 주체성이 발생한다. 그것은 어떤 인식론적 근거도 갖지 않고 오직 의식의 잔여물질을 생산한 자로서의 책임성만 요구받는 주체이다. 이 주체성의 계기에 의해 세계는 객관적 법칙의 실현으로 완결되지 않고 끊임없이 운동하는 것이다. 지젝의 유물론은 칸트적이면서 헤겔적이다. 칸트적이라는 것은 인식의 잔여물로서 '물자체'와 대면하는 순간 윤리적 이성의 주체, 즉 자유로운 주체가 출현한다는 의미이고, 헤겔적이라는 것은 이 과정이 주관적 의지에 의해서가 아니라 역사의 객관적 변증법에 의해 진행된다는 의미이다.

이렇게 물질을 표상의 외부적 원인이 아니라 표상의 내적 잔여물로 이해할 때 물질적 토대와 이데올로기적 상부구조라는 도식은 무너진다. 이 이분법은 물질적 토대를 경제적 생산관계로, 이데올로기적 상부구조를 정치적 권력관계로 등치시킴으로써 경제와 정치는 구분 가능하다는 환영을 형성한다. 아버지 부시를 향한 빌 클린턴의 유명한 신자유주의 선언 "문제는 경제야, 바보야!"는 미국의 경제성장이 미국의 정치적 패권과 무관하다는 환영을 전파한다. 그에 비하면 "나는 대한민국 주식회사의 CEO다"라는 이명박의 신자유주의 선언은 훨씬 더 솔직하다. 지젝이 신자유주의의 메카 미국을 이데올로기 투쟁의 전장으로 삼으면서 일관되게 주장하는 것은, 경제는 지극히 정치적이며 신-자유민주주의 정치는 지극히 계급적이라는 것이다.

지젝의 유물론에 따르면 자본주의는 이데올로기 외부의 물질적 생산관계가 아니라 그 자체로 이데올로기적 구성체이다. 자본은 물질이 아니라 표상이다. 자본은 새끼 치는 돈, 잉여가치를 낳는 화폐인데, 화폐는 물질이 아니라 표상이다. 화폐는 상품에 내재하는 가치의 일반적 표상자이다. 그 자체로는 아무런 가치도 없고 오직 다른 상품의 교환가치를 표상함으로써 상품의 일반적 가치 교환을 매개하는 표상이 화폐이다. 지젝은 맑스가 『자본』 1장에서 도출한 가치의 화폐적 형식을 라캉의 '전제군주 기표'와 결합한다. 전제군주 기표master-signifiant란 스스로는 아무런 실정적 가치(의미)를 갖지 않고 다른 기표들의 가치(의미) 교환을 매개해 주는 기능만 하는 예외적 기표이다. 화폐는 상품 왕국의 전제군주 기표인 것이다. 헤겔적 의미의 전제군주가 스스로는 아무런 사회적 직능도 갖지 않고 오직 다른 모든 신민들의 직능 교환에 관한 결정사항을 '날인'으로 승인하기만 하는 것처럼, 그리고 왕의 권위가 그에 대한 신민들의 믿음에서만 발생하는 것처럼, 화폐의 일반적 교환능력은 화폐의 권능에 대한 상품 교환자들의 믿음에 의해서만 발생한다. 하지만 화폐는 아직 자본이 아니다. 자본은 상품과 일반적 교환능력으로 정의되는 화폐가 아니라, 새끼 낳는 능력·잉여가치를 낳는 능력으로 정의되는 화폐이다. 자본의 물질성은 화폐라는 가치표상의 운동 결과로 발생한 잔여물로 정의된다. 잉여가치란 이와 같은 화폐 표상의 운동적 잔여물이자 운동 원인이다.

　　신자유주의는 이와 같은 새끼 치는 화폐의 표상적 운동을 선명하게 드러낸다. 맑스는 이것을 이자 낳는 자본의 환상적 증식이라고 불렀다.[5] 가치를 생산하는 물질적 과정, 즉 노동력의 신체적 사용을 통하지 않고 그 예상이윤의 시장가치로 증식된다고 해서 '환상적'이라는 수식어를 붙

5) 맑스, 『자본론 III』, 김수행 옮김, 비봉출판, 1989, 568쪽.

인 것이다. 지젝의 관점에서 환상은 현실을 구성하면서 잔여(잉여) 물질을 생산하는 실효적 힘을 지니고 있다. 신자유주의는 이런 이자 낳는 자본의 환상적 증식을 현실 구성의 일반 원리로 삼는다. 신자유주의의 중심축인 금융 자본은 노동력을 착취해서 잉여가치를 생산하는 게 아니라 그렇게 생산될 잉여가치에 대한 배당권이나 청구권의 시장가치로 증식한다. 이런 금융적 증식이 일반화되면서 산업 자본도 환상적 증식 원리를 따른다. 오늘날 대부분의 초국적 기업은 산업 활동을 통한 이윤을 노리는게 아니라, 산업 활동의 제 요소에 대한 소유권, 즉 노동력의 소유권, 생산설비의 소유권, 지식 정보의 소유권, 상품 소유권을 증권 시장에 팔아서 얻는 매매차익을 노린다.

이렇게 자본의 증권화가 일반화되면서 상품의 가치는 상호주관적 표상의 논리에 의해 결정된다. 증권은 그것에 담보된 상품가치와는 무관하게 순전히 증권 시장의 상호주관적 가치표상과정에서 결정된다. 증권 시장의 가치 분석가들은 담보된 기업이나 상품의 잠재적 가치를 분석하는 게 아니라, 그것이 보장할 예상이윤에 대한 다른 사람들의 분석(관념 표상)을 분석한다. 이처럼 타자의 가치 표상을 분석할 때 증권분석가는 정신분석가가 된다. 그 결과 상품의 가치는 생산비용이나 수요 공급량과는 무관하게 증권 시장 참여자들의 투자 심리와 이윤 의지에 의해 결정된다. 상호주관적 표상작용에 지배된 시장은 빠른 속도의 버블화와 빠른 속도의 거품 붕괴를 거듭한다. 공황의 주기는 짧아지고 그럴 때마다 국가는 인민의 세금으로 파산한 기업을 구제하기에 급급하다.

이와 같은 자본의 추상적, 유령적 증식 속에서 노동력은 더욱 유연하게 착취되고 지구적 자원은 무정부적으로 고갈된다. 신자유주의적 자본의 자기 충동적 증식이 자본의 본연적 환상성을 드러낼수록 국가의 계급성은 노골적이 되고 자본주의 문명의 지속가능성은 줄어든다. 그럼에도 불구하고 계급투쟁은 약화되고 혁명을 기획하는 사람은 없다. 혁명의 필요성은 증가하지만 혁명의 가능성은 희박해진 신자유주의 속에서 지젝은 '불가능한' 혁명을 기획한다.

5. 혁명의 정신분석: 혁명, 그것은 미친 짓이다

어떻게 혁명의 가능성은 희박한데 불가능한 혁명을 주장할 수 있을까? 지젝에게 이것은 모순되지 않는다. 왜냐하면 혁명은 가능성의 폭발이 아니라 불가능성의 폭발이기 때문이다. 지젝은 헤겔의 논리학을 따라 불가능성은 "장미는 코끼리가 아니다"와 같은 현존재의 무한판단 형식으로 나타난다고 본다. 장미가 코끼리인 것은 존재론적으로 불가능하다. 그 불가능성에 대한 언명은 공허하지만 참이다. 이 참됨은 코끼리를 장미가 속한 유적 보편성(식물)으로부터 빼냄의 참됨이다. 혁명의 불가능성도 이와 같다. 지젝은 혁명을 자본주의가 속한 이데올로기로부터 빼낸다. 자본주의 이데올로기 안에서 자본주의 외부를 창조하는 혁명은 불가능하다. 지젝은 이 참된 불가능성을 강조한다. 왜냐하면 많은 사람들이 자본주의 안에서도 자본주의 외부의 삶은 가능하다고 믿기 때문이다. 윤리경영, 복지국가, 시장을 통한 환경보호, 친환경적 소비, 남과 여, 이성애와 동성애, 인종 간 차별이 없는 사교, 다양한 개인들의 공동체가 가능하다는 것이다. 지젝 역시 그럴 가능성을 인정한다. 소규모 생활공간에서나 일개 기업, 혹은 일개 도시나 심지어 일국 차원에서 냉혹한 자본의 법칙을 벗어난 삶을 경험할 수 있다. 하지만 그런 국지적 해방이 다른 기업, 다른 지방, 다른 나라 노동자들의 더 많은 착취의 원인이자 결과였음을 간과해선 안 된다고 지젝은 강조한다. 자본의 착취는 언제나 세계적으로 이뤄지기 때문이다.

지젝이 자본주의 내부에서의 개량을 자본주의의 혁명과 명확히 구분하는 것은 그것이 항상 경험적 가능성의 논리 안에서 이뤄지기 때문이다. 헤겔의 논리학에서 가능성은 "모든 인간은 항상 죽을 가능성 속에 있다"라는 명제처럼 경험적 반영의 산물이다. 하지만 혁명은 경험적으로 반영되지 않는다. 혁명은 경험적 반영의 조건 자체를 바꾸는 것이기 때문이다. 칸트식으로, 혁명을 가능하게 하는 것은 경험적 판단이 아니라 경험적 판단 외부의 물자체를 창조하는 실천이성이다. 지젝이 레닌을 '혁명가'의 고유명으로 평가하는 이유가 여기에 있다. 레닌은 혁명을 경험적 가능성의 차원에서 바라보는 자들과 끊임없이 싸운다. 그리고 그들이 불가능한 것으로 규정한 것을 주장하고 실천한다.

1914년 가을 유럽의 모든 사회민주주의 정당들이 애국의 노선을 채택했을 때 레닌은 『국가와 혁명』을 준비하며 부르주아 국가기구의 철폐를 기획했다. 당시의 이데올로기 지형에서는 불가능했던 그 기획은 1917년 「4월 테제」에서 "모든 권력을 소비에트로!"라는 슬로건으로 구체화된다. 1917년 2월혁명으로 차르 체제가 무너지고 임시정부와 소비에트의 이중권력 지형이 형성되었다. 1905년부터 러시아 주요 도시들에서 자생적으로 형성된 소비에트는 노동자, 농민, 병사의 대의기관이자 집행기관이며 무장기관으로 발전했다. 레닌은 러시아의 소비에트는 프랑스혁명 때의 '코뮌'을 반복한다고 보았다. 임시정부에 분산되어 있던 권력을 전부 소비에트로 이양함으로써 부르주아 국가기구를 철폐하고 사회주의 혁명에 돌입하여 코뮌주의로 나아가자고 주장했다. 그러나 이름과는 반대로 항상 '다수자'의 사유를 해온 멘셰비키는 레닌의 주장을 '미친 기획'이라며 비난했다. 볼셰비키 내부의 다수 사민주의자들조차 레닌이 미쳤다고 생각했다.

그것은 가능성이 희박해서가 아니었다. 1917년 4월 당시 임시정부의 권력은 약했고 소비에트 권력은 강했다. 소비에트에 의한 노동자, 농민, 병사들의 총파업만으로도 모든 권력을 소비에트로 이양시키는 것은 가능했다. 레닌은 그 혁명의 동력으로 소비에트 내부에서의 계급투쟁 역시 평화롭게 전개될 수 있으리라 믿었다. 그럼에도 대다수 사민주의자들은 레닌을 미쳤다고 생각했다. 왜냐하면 그것은 역사의 필연적 발전법칙에 위배되기 때문이다. 그들은 당시 러시아는 봉건적 전제 군주제를 철폐하고 부르주아 혁명을 완수해야 하는 역사적 단계에 있다고 생각했다. 소비에트는 사회민주주의 정당이 주도하는 부르주아 민주주의의 권력을 강화하는 수단이지 그 자체로 사회주의 혁명의 주체가 될 수 없다는 것이다. 러시아의 노동자계급은 아직 다수 계급이 아니고 생산력의 사회화 역시 충분하지 못했기 때문에 이런 조건에서 사회주의 혁명에 돌입하는 것은 역사적 필연에 반하는 '미친 짓'이라는 것이다.

레닌은 정말 미쳤을까? 지젝에 따르면, 그렇다. 레닌은 미쳤고, 미친 혁명을 기획한 것이다. 지젝에게 모든 혁명은 미친 짓이다. 광기의 분출이 아닌 혁명은 가짜 혁명이다. 광기란 무엇인가? 지젝은 정신분석에서의 정신병을 헤겔의 논리학으로 재규정한다. 정신분석 경험에 따르면 정신병자들은 항상 우연적인 것을 필연적인 것으로 사고한다. 돌멩이 하나가 굴러 떨어지는 것에도 신의 음모나 외계인의 음모나 배우자의 음모가 숨어 있다. 짐 캐리 주연의 영화 「트루먼 쇼」는 전형적인 편집증상을 상연한다고 할 수 있다. 일상생활의 모든 우연성이 타자(방송국)의 조작에 의한 필연으로 경험되는 것이다. 화투나 산통으로 운명을 점치거나 추첨으로 행정관을 선출하고 회사 직원을 선발하는 것도 우연성 속에서 필연성을 찾는다는 점에서 미친 짓이다. 하지만 이 광기야말로 인간의 유한한 인식능력과 그로부터 발생하는 온갖 불합리와 차별을 극복하는 순수한 이성이기도 하다. 헤겔이 이성적인 것은 현실적이고 현실적인 것은 이성적이라고 말할 때 그것은 필연적인 것은 우연적이고 우연적인 것은 필연적이라는 말과 같다. 헤겔의 논리학에서 필연성은 가능성의 실현이다. 만약 그것이 필연성의 잠재태라면 실현된 가능성은 우연적인 게 아니라 필연적이다. 왜냐하면 필연적인 것은 스스로 자신의 조건들을 정립하기 때문이다. 칸트의 실천이성이란 이렇게 자신의 가능조건을 스스로 창조하는 필연적 이성이다. 그때 그것은 이전의 경험 장에서는 우연성으로 인식된 것을 필연성으로 정립한다.

따라서 필연성은 예견될 수 없다. 필연성은 사후적이기 때문이다. 레닌이 사회의 필연적 발전단계를 근거로 러시아혁명을 부르주아 혁명으로 제한한 멘셰비키들을 맹렬히 비난한 것은 이 때문이다. 역사적 필연성 속에서 도래할 혁명을 기다리는 그들을 향해 레닌은 "혁명을 기다리는 자들은 영원히 혁명을 기다리기만 할 것"이라고 비난한다. 물론, 혁명은 아무 때나 오지 않는다. 그것은 역사적 '단계'라는 말로 표현된 '가능조건들'을 가진다. 레닌은 러시아의 혁명적 소비에트와 거대은행, 그리고 신디케이트가 사회주의 혁명의 가능조건들을 형성한다고 보았다. 혁명가가 기다려야 할 것은 혁명의 필연적 도래가 아니라 이와 같은 가능조건들이다.

1917년 「7월 테제」에서 레닌은 혁명을 위한 가능조건들의 '기다림'을 명령한다. 「4월 테제」의 "즉각, 모든 권력을 소비에트로!"라는 슬로건을 스스로 철회한 것이다. 1917년 7월 4일 이후 임시정부와 소비에트의 이중 권력 지형은 바뀌었다. 레닌은 소비에트가 더 이상 임시정부와 독립된 권력기관으로 기능하지 않는다고 분석했다. 임시정부와 소비에트 양편에 권력을 행사하던 멘셰비키와 사회혁명당 우파들이 볼셰비키에 등을 돌린 것이다. 그들은 군벌과 카데트, 검은 백인단이 자행한 볼셰비키 투옥, 『프라우다』 폐간, 탈영병 총살 행위에 대해 "자신은 책임질 일이 아니다"라며 방관했다. 그들은 소비에트를 이용하여 부르주아와의 연립정부에서 자신의 발언권을 키우는 데 급급했던 것이다. 그런 상황에서 7월 4일 아나키스트들이 주도한 50만 명의 급진적 데모 행렬이 페트로그라드의 거리를 덮쳤다. 그들은 여전히 "평화 협상! 그리고 모든 권력을 소비에트로"라는 슬로건을 내걸었다. 하지만 레닌은 발을 빼며 기다렸다.

아나키스트들의 정권 타도는 실패했고 레닌은 망명했다. 이후 러시아군은 독일과의 전쟁에서 연패했고 반동 군벌의 쿠데타는 볼셰비키에 의해 좌절됐다. 그 과정에서 임시정부와 온건파 사회민주주의자들은 정치적으로 파산했다. 레닌이 기다린 혁명의 가능조건이 바로 이것이다. 소비에트가 부르주아 민주주의 이데올로기로부터 벗어나는 것, 대다수 인민들이 부르주아 국가기구에 대해 아무것도 기대하지 않는 것, 그것이 혁명의 주체적 가능조건이다. 그 가능조건의 기다림 끝에 레닌은 9월의 「혁명의 한 가지 근본 문제」에서 다시 "모든 권력을 소비에트로!"라는 슬로건은 제창한다. 「4월 테제」를 반복한 것이다. 7월의 부정을 다시 부정한 이 슬로건의 반복은 이전과는 다른 형식을 갖는다. 4월에는 평화적 이행의 슬로건이었지만 9월의 슬로건은 볼셰비키 전위에 의해 지도되는 무장봉기의 슬로건이다.

10월의 폭력혁명을 통해 레닌은 비로소 우연성으로 정립되는 혁명의 필연성을 실현한다. 지젝에 따르면 필연성은 폭력성을 내포할 수밖에 없다. 승리한 쿠데타는 처벌할 수 없다는 말은 이런 의미에서 참이다. 혁명은 자신의 존재조건 자체를 창조하는 행위이기 때문이다. 그것은 세계를 인식하는 법을 바꾸고 사물의 존재조건 자체를 바꾼다. 모든 법의 정초과정은 폭력적이다. 이런 제헌적 폭력이 없는 혁명은 가짜 혁명이다. 레닌의 혁명이 폭력적인 것은 단지 무장봉기를 통한 혁명이라서가 아니라 혁명 자체가 자기 정당성을 스스로 창조하는 제헌 행위이기 때문이다. 이런 제헌 행위가 무장봉기로 일어날 수밖에 없는 것은 이전의 법 보존적 폭력과 대결할 수밖에 없는 상황에서이다.

이 제헌적 폭력은 우연적으로 발생한다. 헤겔은 어떤 존재가 개념적 필연성을 획득하게 되는 조건은 우연적이라고 말한다. 가령, 어떤 집이 '집'이라는 개념에 적합한 '좋은' 집으로 판정되는 것은 "이러저러한 건축은 좋다→이 집은 그런 방식으로 지어졌다→이 집은 좋다"와 같은 삼단논법을 통해서이다. 이때 어떤 집이 자신의 개념에 필연적으로 적합한지 아닌지는 우연적 상황에 따를 수밖에 없다. 이런 저런 우연적 조건을 충족시킬 때 집은 자신의 개념에 필연적으로 적합하게 된다. 성 정체성도 그렇다. 헤겔이 필연성 판단의 예로 든 "인간은 남자이거나 여자이다"가 개별 인간에게 적용될 때, 정신분석적으로 말해서 거세의 구조적 필연성이 실현될 때 그것은 남근의 부재를 암시하는 지극히 우연적인 사건들 속에서이다. 예컨대 꼬마 한스의 경우 오줌 누는 말, 쓰러진 말, 물을 뿜는 기차, 오줌 누는 기관이 없는 책상에 대한 우연적인 경험들이 자신의 거세를 필연화한다.

정신분석가의 임무는 그 우연적 사건들을 분석하는 것이다. 분석가는 그 억압된 사건들과 상징적으로 연결된 기표의 출현을 기다린다. 그 거세기표가 어떤 것일지 예측할 수는 없다. 그것이 분석자의 눈 깜박임이 될지, 찰나적인 침묵이 될지 미리 알 수 없다. 거세기표는 분석자의 상상적 우주를 붕괴시키는 효과를 통해서만 사후적으로 증명된다. 따라서 정신분석가가 할 일은 우연적으로 출현하는 거세기표의 효과를 조직하는 것이다. 해석의 말을 주고, 분석자의 전이에 대해 공백의 기표를 줌으로써 분석자의 이데올로기적 우주를 붕괴시키는 거세기표의 출현-효과를 조직하는 것이 분석가의 임무이다.

지젝은 혁명가의 임무도 이와 같다고 본다. 정신분석의 주체가 분석자analysand 자신이듯이 혁명의 주체는 억압받는 대중 자신이다. 그러나

분석자 스스로 자신의 억압을 해소할 수 없듯이 대중의 자발성만으로는 혁명이 일어나지 않는다. 혁명가-집단, 즉 전위당이 외부로부터 개입하여 대중의 자기만족적 자발성을 털어내야 한다. 빌헬름 라이히가 지적한 것처럼 대중은 단지 수동적으로 억압받을 뿐 아니라 자발적으로 억압을 욕망하기 때문이다. 그렇게 되는 것은 초자아 때문이다. 자신의 이드적 욕망을 억압하는 또 다른 자아, 그 초자아에 대한 사랑 때문에 대중은 억압을 욕망한다. 지젝에 따르면 초자아는 단지 주체의 이드적 욕망을 억압하는 작인일 뿐 아니라 거세의 필연성을 은폐하는 환상의 구성물이다. "초자아가 없다면 성관계가 가능할 텐데……"라는 환상을 통해 거세의 필연성, 즉 성관계의 구조적 불가능성을 은폐하는 것이다. 대중의 초자아는 '국가'이다. "저 악랄한 국가만 없다면 사회적 관계가 가능할 텐데……" 지젝에 의하면 이런 환상 속에서 사회적 거세, 즉 사회는 기능적 통합체가 아니라 계급 적대로 분열되어 있다는 사실이 은폐된다. 혁명의 분석집단, 즉 전위당이 할 일은 이런 환상을 깨는 것이다. 국가는 노동자와 자본가 사이의 사회적 관계를 가로막는 방해물이 아니라 계급 적대를 은폐하는 환상 구조물이라는 것을 깨닫게 하는 것이다.

이것은 단지 인식론적 깨달음의 문제가 아니다. 이런 각성은 이드적 욕망의 해방을 통해 이뤄진다. 신경증자의 환상 속에서 초자아는 이드적 욕망의 담지자이자 명령자이다. 초자아는 무력한 자아가 받아들일 수 없는 이드적 욕망을 명령한다. "즐겨라!" 정신분석가가 할 일은 초자아란 실체가 아니라 환상을 통해 객체화된(타자화된) 자아 자신이라는 사실을 깨닫게 하는 것이다. 그렇게 함으로써 주체는 타자(초자아)의 욕망을 주체 자신의 욕망으로 받아들이게 된다. 레닌의 볼셰비키당이 한 일도 그런 것이었다. 자본가와 노동자 사이의 사회적 관계를 가로막는 국가라는 환상을 붕괴시키고 부르주아 국가(타자)의 독재 욕망을 노동자계급의 독재 욕망으로 주체화하도록 한 것이다. 지젝이 레닌의 폭력혁명을 승인한 것은 이 때문이다. 레닌의 폭력혁명은 단지 10월의 무장봉기만이 아니라 혁명 이후의 프롤레타리아 독재까지 포함한다. 지젝은 이 계급 독재의 폭력성을 두려워하는 자는 부르주아 계급 독재를 비난할 자격이 없다고 말한다. 부르주아 국가가 폭력적이기 때문에 프롤레타리아의 국가는 평화적이어야 한다는 주장은 정신분석적 관점에서 초자아의 폭력성을 근거로 자신의 증상을 계속 향유하는 신경증자의 '아름다운 영혼'에서 나온 외침에 불과하다. 레닌의 프롤레타리아 독재는 버리고 레닌의 10월혁명만 취하는 것은 아이를 씻은 물과 함께 아이까지 버리는 것이다.

6. 정신분석적 혁명: 그것은 전부 주인이 되는 것이다

지젝은 1917년 3월부터 10월까지 레닌이 쓴 글들을 모아 'Revolution at the Gate'라는 제목을 붙여 출간했다. 이미 정평이 난 지젝의 작명 솜씨는 이 제목에서도 드러난다. 이 영어 제목은 중의적이다. '문 앞의 혁명'으로 직역될 때의 의미와 '임박한 혁명'으로 의역될 때의 의미가 중첩되어 있다. 헤겔식으로, '문 앞의 혁명'은 즉자적 혁명이다. 카프카의 「법 앞에서」에서 자기 몫의 문이라고는 생각지 못하고 마냥 문지기의 허락만 기다리다 죽어 간 가련한 농부처럼 '객체화된' 혁명이다. 이에 반해 '임박한 혁명'은 혁명을 임박한 것으로 의식하는 '우리'에게 대자화된 혁명이다.

이 변증법적 제목처럼 혁명은 즉자적으로 우리의 의식과는 무관하게 객관적 가능조건의 변화 속에서 온다. 지젝은 후기-자본주의에서 혁명의 객관적 가능조건은 충분하다고 본다. 지젝에 의하면 신자유주의 금융체제 속에서 자본은 자신의 허구성을 노골적으로 드러내며, 자본의 환상적 증식 속에서 노동자계급의 착취와 지구적 자원 배분의 무정부성은 극에 달했다고 분석한다. 그럴수록 부르주아 국가기구가 계급적대를 은폐할 여지는 줄어들며, 그 때문에 자유민주주의적 관용의 문화와 다원주의적 인권의 정치가 저항의 이데올로기로 대두한다. 지젝이 보기에 그것은 계급 적대를 은폐하는 또 다른 자본주의 이데올로기일 뿐이다. 자유민주주의자들이 레닌의 혁명을 실패로 기억하면서 자신의 대안을 정당화할 때 지젝은 그런 기억의 이데올로기를 비판한다.

레닌의 혁명은 성공일까, 실패일까? 자본주의자들은 그것을 성공한 사회주의 혁명이라고 말하면서 '현실' 사회주의의 붕괴와 함께 공산주의를 향한 역사도 종언을 고했다고 선포한다. 이에 반해 유럽과 영미의 자유민주주의 좌파들은 소비에트 혁명을 새로운 '리바이어던'을 탄생시킨 실패한 혁명으로 규정하고 '진정한' 사회주의가 도래하기를 기다린다. 그러나 지젝은 자유민주주의 좌파들이('제3의 길'이나 '신사회운동') 실패로 규정한 소비에트 혁명을 공산주의 혁명의 성공적 주체화로 재해석한다. 마치, 유대인들이 (유대민족의 해방이라는 지상적 임무의) 실패로 규정한 예수의 십자가 수난을 '인류 구원'이라는 유토피아적 과제의 성공한 주체화로 해석한 사도 바울처럼, 지젝은 소비에트 혁명의 실패를 공산주의적 유토피아의 성공한 주체화로 해석한다.

지젝은 유토피아를 이상주의적 이념의 '내용'으로 정의하지 않고 장소 없음u-topia의 '형식'으로 실현된 이념으로 정의한다. 현실은 어떤 비인칭적 대타자가 보증하는 의미화에 의해 구성되는데, 유토피아는 그 의미화 연쇄로부터 이탈하는 장소, 즉 무의미의 이탈 지점을 선택하는 행위에 의해 규정된다. 『문 앞에 다가온 혁명』국역본 제목은 '지젝이 만난 레닌'의 2부는 이런 저런 가능성들 중 하나를 선택하는 것이 아니라, 대타자가 보증하는 가능성들과 더 이상 대타자가 보증하지 않는 불가능성의 지점 중 후자를 선택한 '레닌의 선택'을 분석한다. 현실의 가능조건 자체를 바꾸는 혁명은 그 불가능성의 지점(유토피아)을 선택하는 지극히 예외적이고 자유로운 행위이다. 이 텅빈 자유의 지점을 선택한 자에 의해 혁명은 비로소 '임박한 혁명'으로 대자화된다. 물론, 이 자유의 공간은 아무에게나 오는 게 아니다. 자신을 이념적 대타자에게 호명된 자로 여기는 자만이 그 대타자로부터의 혁명적 배신을 감행할 수 있다. 지젝이 후기자본주의를 이념으로부터 벗어난 탈-이데올로기 사회로 규정하는 자들을 맹렬히 비난하는 것은 이 때문이다. 지젝에 의하면 탈-이데올로기를 주장하는 서구의 자유민주주의자들은 근본주의자들에게서 대타자의 형상을 발견한 후기-자본주의의 신경증자들에 불과하다.

카프카의 「법 앞에서」에서 법정의 대타자로부터 호명받은 농부만이 자신의 주저함을 깨치고 과감히 법의 관문을 통과할 수 있는 것처럼 혁명의 이념에 부름받은 자만이 이념의 대타자에게 매혹되지 않고 삶의 진실에 도달할 수 있다. 그때 이념의 법은 객체적 신비를 상실하고 주체적 행위 형식으로 되돌아온다. 칸트가 말한 것처럼 법은 따라야 할 규범이 아니라 윤리적 주체의 행위 형식에 다름 아니다. 정신분석이 겨냥하는 주체화란 이런 것이다. 자신의 삶을 괴롭히는 무의식의 법을 의식화하는 것, 그럼으로써 객체화된 법을 자신의 행위 형식으로 주체화하는 것이다. 그때 분석자는 신경증자의 삶을 끝내고 자기 삶의 행위 형식을 스스로 결정하는 주체, 즉 입법적 주체가 된다.

지젝이 레닌을 정신분석가로 본 이유가 여기에 있다. 레닌의 전위당은 노동자계급의 신경증적 환상을 깨트린다. 자본주의하에서 노동자계급은 부르주아 국가기구의 억압성 때문에 국가 자체를 타자의 향락기관으로 객체화한다. 국가 때문에 자신의 사회적 관계가 침해받고 있다는 경험적 인식 속에서 국가 자체를 두려워하는 것이다. 국가만 없다면 평등한 사회적 관계가 가능하다는 판타지를 떨쳐 버릴 때 노동자계급은 국가를 프롤레타리아의 독재기구로 자기화하는 혁명에 돌입한다. 그 혁명의 과정에서 프롤레타리아트는 특수한 이해관계를 지닌 계급이 아니라 사회적 생산력의 보편적 담지자로 비-계급화되고 노동자계급의 독재기관으로서의 국가는 맑스가 말한 자유로운 생산자들의 연합을 위한 행정기구가 된다. 레닌이 기획한 부르주아 국가기관의 철폐는 레닌이 기획하고 스탈린이 실행한 프롤레타리아의 계급독재를 매개로 해서 이뤄지는 것이다. 마치 정신분석가가 주인의 자리를 차지함으로써 분석자의 주인에 대한 공포를 해소시키는 것처럼, 혹은 헤겔의 입헌군주를 매개로 모든 인민의 사회적 평등이 이뤄지는 것처럼 프롤레타리아 독재는 국가기관 자체의 해체를 위한 사라지는 매개자가 될 것이다. 지젝이 농담반 진담반으로 자신은 스탈린주의자라고 말하는 것에는 이유가 있다.

찾아보기